JN495175

전제정치

Translation from the English language edition:
"Autocracy" by Gordon Tullock
Copyright ⓒ 1987 Springer as a part of Springer Science + Business Media
All rights reserved.

Korean translation edition ⓒ 2011 Kyungsung University Press
Translated by Sooyoun and Inhak Hwang

이 책의 한국어 판권은 저작권자와 독점 계약한 경성대학교 출판부에 있습니다.
저작권법에 의해 한국 내에서 보호를 받는 저작물이므로
어떠한 형태로든 무단 전재와 부단 복제를 금합니다.

전제정치

| 고든 털럭 지음 | 황 수 연 · 황 인 학 옮김 |

경성대학교 출판부

역자 서문

본 역서는 Gordon Tullock, *Autocracy* (Dordrecht: Kluwer Academic Publishers, 1987)를 번역한 것이다. 털럭은 이 책에서 전제 정치를 공공선택 접근법을 사용하여 분석하고 있다. 거의 대부분의 공공선택 연구가 민주주의를 대상으로 하고 있는데 반해 이 책은 전제 정치를 분석했다는 점에서 희소가치를 가진다. 털럭은 이 책을 통하여 전제 정치에 대한 우리의 지식을 증진하려고 하고 있다.

털럭은 전제 정치를 독재 정치와 군주 정치로 구분하고, 독재 권력을 얻기 위해서 그리고 얻은 독재 권력을 계속 유지하기 위해서 독재자가 어떤 행동을 취하는지를 중심으로 전제 정치를 설명한다. 독재자는 미끄러운 기둥을 다투어 타고 올라간 야심차고 거칠며 영리한 사람이다. 독재자는 특히 타도되지 않기 위해 온갖 수단을 강구한다.

독재자는 대부분 재임 중에 공식적인 후계자를 갖지 않고, 후계자를 가질 때도 끊임없이 그를 의심하고 제거하려고 한다. 털럭은 현재의 독재 체제가 오래 계속되면 결국에는 세습적으로 될 가능성이 크다고 예측한다. 이러한 털럭의 예측은 보통 이상의 실적을 보여 주었다. 북한의 김씨 왕조와 3대 세습은 털럭의 이론에 비추어 볼 때 충분히 예견될 수 있는 일이다.

털럭은 이런 독재자는 쿠데타와 전쟁에 의해서 타도되는 것이 대부분이고 민중 봉기에 의해서 타도될 가능성은 극히 희박하다고 주장한다. 대부분의 독재자들은 민중 봉기보다는 자신의 정권의 고위 관리에 의해 타도된다. 이와 관련해서 왕이나 독재자의 가장 큰 사망 원인은 아들이나 후계자에 의한 정치적 살인이라는 것도 털럭의 통찰력 있는 관찰이다.

독재자가 강한 군대를 유지하면 독재자가 그 군대에 의해 타도될 가능성은 높아지지만, 그 독재자가 외국에 의해 타도될 가능성은 낮아진다. 민주주의 체제의 국가가 전제 국가를 전쟁으로 정복하여 피정복국을 민주주의 체제로 바꿀 수 있음은 물론이다. 전쟁은 과거에는 독재자나 전제 군주를 타도하는 가장 흔한 방법이었지만 오늘날에는 덜 흔하다. 선군 정치로 국토를 병영으로 만든 김정일 정권을 정복으로 타도하기는 더욱 어려워지고 있다.

털럭은 독재 정권이나 군주 정체가 민중 봉기에 의해서는 거의 무너지지 않는다고 역설하고 있다. 낭만 문학에서 독재자나 전제 군주가 민중 봉기에 의해 타도되는 것으로 자주 묘사하고 있다. 그러나 독재자나 군주가 군대와 경찰의 지지를 얻는 한 진정한 민중 봉기에 의해 정부가 전복되는 경우는 드물다. 민중 봉기인 것 같은 것도 사실은 정부의 한 부분에 의한 정부 전복이라는 점을 털럭은 잘 밝히고 있다.

이상을 종합할 때 독재 및 군주 정부를 무너뜨리는 방법은 쿠데타와 전쟁밖에 없고 민중 봉기는 효과가 없다는 이야기가 된다. 전제 정치의 압제 아래 신음하는 국민들로서는 체념하고 살아야 하는가?

다행히 국민의 여론과 사상이 비록 간접적이고 장기적이지만 전제 정치의 타도에 영향을 미친다. 국민의 여론이 전제 정치를 반대할 때는 독재자나 군주는 민주 정치로 체제를 바꿀 가능성이 있다. 군인이나 고위 관료에 의한 쿠데타로 독재자나 군주를 몰아낼 때에도 국민들의 여론이 민주주의를 옹호하는 것이면 전제정이 민주정으로 바뀔 수 있다.

털럭은 독재자의 정책 선호는 확고하지 않다고 강조한다. 그 결과 독재자의 변경으로 인한 정책 변경은 그리 크지 않다. 그 크기는 민주 국가에서 한 당이 다른 당을 대체할 때 일어나는 정책 변경과 대동소이하다는 것이다. 이렇게 보면 그저 쿠데타로 정권을 바꾼다고 정책이 바뀌는 것이 아니다. 한 국가가 다른 국가를 침입하여 정복하여도 그 두 국가의 체제가 같은 한 전쟁으로 인한 정책 변경은 없다.

이런 면에서 다시 국민의 여론과 사상이 중요하다. 국민의 사상이 바뀔 때 쿠데타에 의한 정권 변동으로 다른 정책이 실시될 수 있고, 다른 사상을 가진 다른 국가가 전쟁으로 독재 정권을 정복하여 다른 정책을 실시할 수도 있다. 정치가는 정책을 실시하기 위해 집권하는 것이 아니다. 민주주의건 독재 체제건 정치가는 권력을 유지하기 위하여 정책을 실시한다. 그리고 권력의 유지는 국민의 여론에 좌우된다.

우리는 지상 최악의 독재자, 세습 군주와 대결하고 있다. 이 대결에서 승리하려면 북한의 독재 정권을 바꾸기 위한 전략을 연구해야 한다. 쿠데타와 전쟁이 대안이 되기 어려운 경우, 국민들의 여론과 사상이 중요하다. 쿠데타와 전쟁밖에 독재 정권을 전복할 가능성이 없다고 하더라도, 국민들의 여론과 사상이 중요하다. 그것들이 뒷받침되지 않으면 그러한 정권 변경은 효과가 없기 때문이다.

남북한 국민들의 사상을 자유민주주의 사상으로 무장하는 것이 그래서 중요하다. 그리고 그러한 사상의 형성을 위해서는 남북한 사람들이 전제 정치의 실상을 제대로 아는 것이 중요하다. 털럭 교수님의 이 책은 이러한 면에서 국민들의 여론과 사상을 바꾸고 강화하는 데 이바지할 것이다.

전제 정치에서 도움을 얻을 요소가 전혀 없는 것이 아니다. 어느 제도나 문제점이 있고 민주주의도 문제점이 있기 때문이다. 민주주의는 오늘날 더욱 노골화되고 있는 포퓰리즘과 같은 문제점을 지니고 있다. 털럭은 이 책에서 군주정과 민주정을 혼합한 제한 전제 정치를 높이 평가하고 있다. 그는 제한 전제 정치가 매우 효율적인 제도임을 역설한다.

이 역서는 부자(父子) 공동 작업으로 이루어졌다. 부자가 1991년 9월부터 교분을 나누어 온 고든 털럭 교수님의 저작에 대해서 아버지는 진작부터, 아들은 특히 대학에 다니면서 관심을 가지기 시작했다. 아들은 털럭 교수님의 이 책을 흥미 있어 했고, 그래서 부자는 번역을 같이 하기로 하였다. 아버지와 아들이 반씩 분담하기로 하였는데, 아들은 2008년 3월 군 입대 전에 자기 몫을 완성했으나 여러 사정으로 아버지는 늦어졌다. 이러한 분담 외에, 참고문헌은 아들이 작성하고 퇴고는 아버지가 담당하였다.

황수연은 박사 과정 대학원 학생들, 이상현 군, 김지혜, 정다운 양이 퇴고 과정에서 도움을 준 데 감사한다. 또한, 여러 번 원고 제출을 연기했음에도 예나 다름없이 성실하게 편집 작업을 해 주신 김미현 선생님께도 감사드린다. 이 역서의 출간에는 경성대학교 출판부의 지원이 있었다. 학교 당국의 지원에 감사한다.

2010년 11월

차례

서문

내가 정치에 대한 과학적 접근에 관해 처음으로 진지하게 생각해 본 것은 중화인민공화국에서였다. 공산당원들이 중국을 장악하였을 때 미 국무부는 그들을 승인하려고 계획하고 있었으므로 전 외교적 시설을 그 자리에 남겨 놓았다. 그 당시 나는 톈진의 부영사였고, 그래서 나 자신은 공산당 치하에서 살게 되었다. 국무부가 중공을 승인하기를 계획하고 있었던 반면, 중공의 계획은 모호하였다. 하여간 그들은 두 정부 사이에 공식적 관계가 수립될 때까지 총영사관의 우리를 승인하려 하지 않았고, 그래서 나는 많은 여가를 가졌다.

당시 국무부의 정치 공무원으로 인생을 보내려고 했던 사람으로서 나는 정치학 저작을 읽는 것으로 이때를 보내기로 작정하였다. 그런데 정치학 저작이 과학적 관점에서 보아 다소 불만족스러웠을 뿐만 아니라 그 당시 내가 그 지배하에 살고 있던 공산당 정부에 그리 큰 적실성을 지니고 있는 것 같지도 않다는 점을 나는 재빨리 알아차리게 되었다.[1]

그 당시 나는 그 문제를 풀 수 없었는데, 어느 쪽도 실제로 민주주의의 모범이 아니었던 홍콩과 남한에서의 근무를 포함해서 많은 부침(浮沈)들을 겪은 후 나는 국무부를 사임하고 공공선택론(Public Choice)이

1) 이것은 특히 마르크스적 문헌에서 그러했다.

라고 불리는 경제학과 정치학의 혼합에 주로 관심을 기울이는 학문적 경력으로 전환하였다.

공공선택론에서의 대부분의 나의 연구는 민주 정부를 다루었다. 이것은 내가 민주 정부를 오늘날이든 역사적으로든 지배적인 정부 형태로 생각해서 그렇게 한 것이 아니다. 오늘날 더욱 많은 사람들이 민주 정부보다 전제 정부의 지배를 받고 있고, 옛날에도 그랬다는 점이 분명하다. 나는 민주 정부가 "때때로 시도되어 왔던 여러 대안들"보다 더 낫다고 정말 생각했지만, 내가 출간한 대부분의 저술들이 민주 정부를 다룬 기본적인 이유는, 간단히 말해, 내가 독재 정부가 아주, 아주 어려운 문제임을 발견했기 때문이다.

그러나 나는 그 문제에 관해 많이 생각해 왔고, 이 책은 그러한 사고의 결과다. 그것이 완전하게 논리적인 독재 정부 이론이 아니어서 유감이다. 참으로 그것은 전혀 완전하지 않다. 그러나 여기에는 일관성 있는 접근법이 존재하고, 나는 그 접근법이 독재 정부에 관해 쓴 대부분의 다른 저자들의 접근법보다 훨씬 더 현실적이라고 생각한다.[2)]

그렇다면 본질적으로 이 책은 내가 지금껏 알게 된 것을 요약한 것이라 할 수 있다. 그것이 내가 바라는 만큼 완전하지 못해 유감이지만, 나는 이제 나이가 지긋하게 되었고, 그래서 그것이 나와 함께 사라질 위험을 감수하기보다 내가 아는 것을 지금 출판하는 것이 더 나을 것 같았다. 이 책이 전제 정부의 연구에 관한 마지막 이야기가 되지 않고

---

2) 물론 마키아벨리는 이런 면에서 나의 선배들 중 가장 중요하다. 흥미롭게도 그 역시 분명히 전제 정부를 어려운 문제로 여긴 것 같다. 『군주론』(*The Prince*)은 정치적 문제에 관한 저작 총량이 방대한 사람에 의해 쓰인 아주 짧은 책이다. 나머지 거의 전부는 투표로 결정을 내리는 체제들을 다루었다.

최초의 이야기가 되었으면 하는 것이 나의 희망이다. 나는 이 책이 다른 학자들을 고무하거나 화나게 하여 그들이 내가 처리할 수 없었던 남아 있는 문제들을 해결하게 될 추가적인 연구를 해 주기를 희망한다.

이 책이 독재 정부가 채택하는 정책이 아니라 독재 정부의 내부적 작동에 관심을 기울인다는 면에서 일반적으로 이 책은 이 주제에 관한 기존의 얼마 안 되는 자료와는 다르다. 일단 절대 지배자가 되면 절대 지배자의 가장 중요한 문제는 통제를 유지하는 것이다. 그의 정책들은 항상 통제 유지라는 그러한 압도적 우선 사항에 종속될 것 같다. 물론 절대 지배자들은, 우리 나머지 사람들과 마찬가지로, 100퍼센트 이기적이지는 않다. 그들은 공공선을 위하고, 가난한 사람들을 돕고, 예술을 촉진하는 등의 일을 위해서 아마 매우 크지는 않겠지만 다소의 희생을 할 용의가 심지어 여러분과 나만큼이나 있다. 우리들 대부분이 그러한 목표들에 우리 소득의 대략 5퍼센트 이상을 자발적으로 이전하지 않고 우리 소득의 대부분을 우리 자신들을 위해 쓰듯이, 독재자도 자기의 정치적 자본의 일정액만 자기 생각에 훌륭하다고 생각하는 일을 하는 데 투입하고 그것의 태반은 자기의 권력을 강화시킬 일을 하는 데 투입할 것 같다. 덧붙여서, 이런 종류의 직위를 갖게 되는 대부분의 사람들은 정책 관념이 상대적으로 빈약하다는 점도 언급되어야겠다. 그들은 정치적 조종에는 전문가지만 실체적으로 바람직한 정책들을 과학적으로 선택하는 데는 전문가가 아니다.

이 책에는 경험적 연구가 별로 없다. 이것은 내가 경험적 연구를 반대해서가 아니라[3] 그러한 연구가 상대적으로 별로 존재하지 않기 때문

3) 비록 내가 나의 비교 우위는 그 분야에 있지 않다고 느끼는 경향이 분명 있지만.

이다. 더 나아가서, 정말 존재하는 경험적 연구의 대부분도 내가 여러 대학원생들에게 그 분야를 연구해 보라고 자극해서 나온 것이다. 여기서 기본적인 문제는 자료의 결핍이다. 이 말은 역사가 우리에게 아주 많은 전제 정부들에 관해 별로 이야기해 주지 못한다는 말이 아니고, 내부적으로 일관성 있는 통계 계열을 생산하기 위해 이 방대한 역사적 기록을 조사하는 것이 이루어지지 않았다는 말이다.

그러한 통계를 수집하는 것은 극히 어려운 과제일 것이다. 그것을 위해서는 많은 상이한 언어들로 연구하는 것이 필요하다. 몇몇 사소한 질문들을 해 보자. 절대 지배자는 자기의 개인 생활비로 얼마나 많이 쓸까? 그는 개인 근위대에는 얼마나 많이 쓸까? 정말 그는 단일의 통합된 근위대를 가질까, 아니면 서로 균형을 이루는 여러 상이한 기관들을 가질까, 그리고 만약 후자라면 그는 각 기관에 얼마나 많이 쓸까? 절대 지배자는 자신에 대한 음모를 아주 자유롭게 공공연히 공격할 수 있다. 이런 음모들 가운데 얼마나 많은 것이 진정한 것이고, 얼마나 많은 것이 지배자에 의해 정치적 이유로 꾸며진 것이며, 아니면 가능한 세 번째 설명으로서, 얼마나 많은 것이 지배자의 다른 조신(朝臣)들이 지배자에 대한 자신의 처지를 향상시키기 위하여 "음모자들(plotters)"을 제거하고 싶어서 꾸며낸 것일까? 50 내지 60개 언어들을 아는 훈련된 역사학자들의 대규모 연구진이 그런 확정적인 통계 집합을 생산할 수 있겠지만, 내가 아는 한, 이 주제들의 어느 것에 관해서도 이용 가능한 자료가 없다.

그러나 이것들은 그저 몇몇 표본들일 뿐이다. 이러한 유형의 연구가 이루어질 때까지는, 내가 그렇게 했듯이, 학자들은 본질적으로 일화(逸

話)와 같은 증거에 관심을 기울이지 않을 수 없다. 그러나 어떤 면에서는 내가 고대 그리스에서 일어난 어떤 일의 예를 제공할 때—물론 그것은 한 번은 일어났다는 증거가 되지만—나는 그것을 종종 일어날 수 있다는 증거로서 제시하고 있는 것이 아니라 이론적인 점을 설명하고 있는 것이다. 경험적으로 이론이 옳다는 것을 실제로 증명하기 위해서는 한두 개가 아니라 매우 많은 관찰들이 필요할 것이다.

그렇다면 실제로 이 책에서 제공되고 있는 것은 전제 정부에 대해 그것의 내부적 작동을 크게 강조하면서 일관성 있게 접근하는 것이다. 명백히 이 일반적인 묘사는 우리가 현실 세계의 전제 정부들에서 보는 것과 밀접하게 부합된다. 그러나 우리가 필요로 하는 것은 묘사의 각 측면에 관한 자세한 경험적 연구이다. 나는 이 책이 그러한 연구를 고취할 것을 희망하지만, 우리가 가까운 미래에 대규모 자료 집단에 토대를 둔 확정적인 통계적 검증을 할 수 있을 것이라고 생각하지는 않는다. 자료 수집은 그저 너무 어려울 뿐이다.

그러나 그 일반적인 묘사는 이 서문과 정말 이 책의 기본적인 주제이다. 나는 이 책이 전제 정치의 연구에서 중요한 진일보가 되기를 희망한다. 그러나 나는 우리가 갈 길이 많이 남아 있다는 점도 의심하지 않는다.

제1장 서론

오늘날 세계의 대부분의 정부들은 이런 저런 종류의 독재 정부이다.[1] 이런 사실에도 불구하고 마키아벨리 이후 이런 형태의 정부에 관해 거의 과학적 분석이 이루어지지 않았다. 칼 뢰벤슈타인(Karl Loewenstein)과 칼 프리드리히(Carl Friedrich) 같은 학자들은 박식하고 통찰력 있는[2] 연구들을 저술했지만, 그것들은 본질적으로 정치 철학에 대한 공헌이었지, 공공선택론에 대한 공헌이 아니었다. 이 책은 그 간격을 메우는 쪽으로 첫걸음을 내디디려는 것이다.

나는 그것을 "독재 정치(dictatorship)"라는 말 대신에 "전제 정치(autocracy)"라고 부르기로 했는데, 또한 왕국과 제국도 논의하고 싶기 때문이다. 독재 국가와 왕국 사이의 차이는, 내가 볼 수 있는 한, 그저 왕국은 세습적인 경향이 있다는 점이다. 나는 "경향이 있다"는 말을 강조하고 싶은데, 왜냐하면 승계 분쟁이 결코 드문 것이 아니기 때문이다. 우리처럼 영어를 쓰는 사람들에게는 3세대 동안 승계를 다투지 않은 일이 본질적으로 거의 알려져 있지 않을 정도로 아마도 유럽에서

---

1) 달(Dahl)은 오늘날의 정부들의 대략 80%로 추정한다(Dahl, 1971, p. 202). 또한 p. 67의 그의 표 5.3도 참조.

2) 항상 통찰력이 있지는 않았다. 1946년 뢰벤슈타인은 프랑코(Franco)가 일찍 전복될 것이라고 예상했다(Loewenstein, 1946, p. 152). 아마도 나의 책도 역시, 지금부터 40년 후 읽히게 된다면, 나의 점치는 수정 구슬이 흠이 있음을 보여줄 것이다.

가장 불안정한 군주제였을 제도를 이어받고 있다.[3] 유럽의 대부분의 다른 군주 국가들은 다소 더 안정적이었지만, 여전히 프랑스에 프롱드당(Fronde)의 반란이 있었고,[4] 오스트리아 계승 전쟁과 스페인 계승 전쟁이 있었다.[5]

그러나 실제 통치에서는 세습적 지배자와 독재자 사이에 그리 많은 차이가 있지 않다.[6] 차이점들이 존재하고 그것들이 아래에서 논의될

---

3) 1400년과 1900년 사이 영국에서는, 셋 이상의 군주의 승계를 포함하여, 승계를 다투지 않은 사례가 딱 하나만—조지 1세로부터 빅토리아 여왕에 이르기까지의 하노버가(家) 핏줄—있었다. 1715년과 1745년에는 하노버가에 반항하는 주요 봉기가 있었고, 조지 3세는 자신의 왕국의 1/3뿐만 아니라 그 왕조의 실제 권력도 잃었다. Ward, Prothero, and Leathers(1911)의 표 1에서 표 4까지를 참조하라.

4) 프롱드당의 반란이란 17세기에 프랑스에서 일어났던 두 개의 공공연한 반란을 집합적으로 지칭하는데 사용되는 단어이다. 첫 번째 반란은, 파리 의회가 주도했고 다수의 구(舊)귀족이 가담하였는데, 1648년 6월에 일어났다. 그것은 이탈리아 출신 재무 장관 쥘 마자랭(Jules Mazarin)이 재정적 남용을 저질렀다고 생각되어 촉발되었다. 이 반란은 이내 붕괴되었다. 두 번째 반란은 1650년에 일어났는데, 이번에도 구귀족과 그들의 사적 군대에 의해 주도되었다. 이 반란은 내분과 합종연횡으로 시달리다가 1653년에 그쳤다. Blum(1966), pp. 224-225와 또한 Blum, Cameron, and Barnes(1970), pp. 235-237, 269를 참조하라.

5) 오스트리아 계승 전쟁(1740-1748)은 합스부르크 왕권에 대한 마리아 테레사의 요구에 대해 스페인의 필립 5세가 자신이 더욱 적법한 승계자라고 다투어서 일어났다. 결국 스페인, 프랑스, 삭소니(Saxony), 바바리아(Bavaria), 프러시아 및 영국이 (물론 오스트리아와 함께) 개입하였다. Dupuy and Dupuy(1977), pp. 630-637을 참조하라. 스페인 계승 전쟁(1701-1704)은 영국과 홀란드(Holland)가 프랑스의 루이 14세의 손자에 의한 스페인 왕권 계승에 반대하면서 비롯되었다(상게서, pp. 617-627).

6) "왕(king)"이라는 단어는 현대 어법으로 두 가지 의미를 가지고 있다. 첫째는 현재의 스웨덴 왕처럼 상냥하고 힘없는 사람이다. 둘째는 정복자 윌리엄(William the Conqueror)(1066-1087년 재임; Cantor, 1969, p. 62를 보라)이나 루이 16세(1661-1715년 재임; Goubert, 1970을 보라)처럼 군림할 뿐만 아니라 실제 지배하는 사람이다. 스웨덴은 미국만큼 민주적인 국가이다. 스웨덴 사람들이 도심지 스톡홀름에서 일정 의식들을 계속하는 데 자신들의 자원의 약간

것이지만, 그것들은 명백히 같은 국가족(族)에 속한다. "전제 정치(autocracy)"라는 단어는 양쪽 다 포함한다.

내가 말했듯이 이러한 통치 형태는 오늘날 세계에서 지배적인 통치 형태이다. 더 나아가서 지금은, 말하자면 25년이나 30년 전보다, 더 많은 세계가 그러한 전제적 통치의 지배를 받고 있다. 역사적 추세에 기초하여 예측하는 것은 위험하지만, 1914년 이래 대체로 민주주의는 덜 중요한 통치 형태가 되었고 독재 정치는 더 중요한 통치 형태가 되었다.[7] 그러나 그 상황은 아주 불안정하다. 내가 이 책의 최종 원고를 쓸 준비를 하고 있을 때 라틴 아메리카에는 단지 6개의 독재 국가들만 있었는데, 아마도 역사적으로 아주 낮은 숫자일 것이다. 그때와 마지막 퇴고 사이 몇 달 안 되는 기간에 그 숫자는 7개로 늘어났다. 여러분이 이 책을 읽을 때 몇 개나 존재하게 될지 나는 추측하기 망설여진다.[8]

그러나 전제 정치가 가장 흔한 통치 형태라고 말했으므로, 나는 두 가지 다른 통치 형태들도 간단히 논의하고 싶은데, 그 주된 이유는 그것이 내가 전제 정치라는 말로써 의미하는 바를 한정하는 가장 쉬운 방법이기 때문이다. 어떤 종류의 투표에 의존하거나 봉건적인 통치들

을 사용하기를 다소 즐긴다는 사실이 자기들의 정부의 형태를 결정하는 데 중요하지 않은 것은 해병대들이 여름 동안 화요일마다 이오지마 기념물(Iwo Jima Monument)에서 수행하는 정교한 의식들이 미국의 정부 형태를 결정하는 데 중요하지 않은 것과 같다.

7) 예측은 여기서 특히 어렵다. 1959년에 태드 스즐럭(Tad Szluc)은 남아메리카를 다룬 『폭군의 황혼』(*Twilights of Tyrants*)이라는 제목의 책을 썼다. 지금 우리가 알듯이, 그 시대에 대해서는 『전제 정치의 부활』(Tyranny Resurgent)이 더 나은 제목이었을 것이다.

8) 앨버트 허시먼(Albert O. Hirschman)은 이 문제에 대해 서베이를 시작했다. "라틴 아메리카에서 민주주의의 기회에 대한 어떠한 진지한 사고이든 그 출발점은 확실히 비관론이어야 한다." "On Democracy in Latin America," *New York Review of Books,* 1986년 4월 10일자, p. 41.

이 그것들인데, 그것들은 전제 정치와 다르다. 이 세 가지 외에 다른 통치 형태들이 없을 것이라고 전혀 확신하지 못하지만, 이 세 가지는 모든 역사적 통치들의 압도적 다수를 구성한다. 참으로 전제 정치는 그 하나만으로도 지배적인 통치 형태이고, 전제적이지 않은 대부분의 통치들은 봉건적(feudal)이거나 선거적(electoral)이다. 그러나 우리가 보게 되겠지만 이 세 통치 형태들 사이에는 중간적인 단계들이 존재한다.

대부분의 사람들은 흔히 자기들 자신의 경험이 보편적이라고 생각하고, 대부분의 국가들이나 지역들은 흔히 자기들의 역사가 보편적인 역사라고 생각한다. 우연히도 서유럽 지역은 적어도 500년 동안 본질적으로 봉건적이었다. 이로부터 마르크스를 포함해서 많은 사람들이 봉건제가 발전에 꼭 필요한 단계라는 결론에 도달했다.[9] 사실은, 봉건제는 세상에서 아주 드물고 내가 알고 있는 유일한 다른 명백한 사례는 일본이다. 아마도 라지푸트족(Rajputs; 옛날에 북인도를 지배한 종족으로서 크샤트리아(무사 계급)의 자손이라 칭함—역주)이 세 번째일 것이고 미케네의 그리스가 네 번째일 것이다.[10]

봉건제 역사의 위대한 시대들 중의 하나가 십자군 시대였고 봉건 영주들이 중앙 집권적 비잔틴 제국과 연합하거나 때로는 그것에 대항하면서[11] 중앙 집권화된 비봉건적 모하메드 왕국들을[12] 공격했으므로, 봉

9) Ingram(1925), p. 705의 논의를 보라.

10) 기원전 1200년과 기원전 800년 사이에 발달된 고대 그리스의 봉건제의 형태에 관해서는 Forrest(1979), pp. 45-46을 보라.

11) 사실상 한 십자군 운동(네 번째, 1195-1200)은 콘스탄티노플의 정복을 그 목표로 삼았고, 그것은 모든 실제적 목적상 비잔틴 제국의 조종(弔鐘)이 되었던 것으로 일반적으로 여겨지고 있다. Dupuy and Dupuy(1977), pp. 380-382를 보라.

12) 혹은 몇몇 경우들에는 터키 종족들을. 최초의 십자군 운동(1096-1099)은 셀주

건제가 보편적이라는 미신이 발생할 수 있었다는 점이 특히 놀랍다. 사실상 중앙 집권적 모하메드, 비잔틴, 페르시아, 중국 그리고 인도 왕국들은 봉건 시대와 나란히 진행되었다. 이 중앙 집권적 체제 아래 산 인류가 봉건 유럽이나 봉건 일본에 산 인류보다 훨씬 더 많았다. 가능한 봉건제로서 내가 언급한 라지푸트의 사례는 유럽 봉건 시대보다 다소 더 후기이다.[13] 그러나 대부분의 인도는 이러한 라지푸트 봉건 연합의 일부가 아니라 일단의 독립적인 전제 국가들이었는데, 이것들은 역시 봉건적이지 않은 대(大)무굴(Great Mogul)의 지배 아래 잠시 동안 뭉친 적이 있다.[14]

봉건 제도는 상이한 권력들을 복잡하게 혼합한 것이었다. 이론상 왕은 일단의 귀족들로 둘러싸여 있었는데, 귀족들은 각자 왕으로부터 영토를 나눠 받았고 왕에게 충성하였으며 이 영토를 더 낮은 귀족들에게 재분봉하는 등의 일을 하였다. 실제로 그것에 관한 역사를 읽는 누구나 그들의 왕에 대한 충성도가 뚜렷이 제한되어 있었음을 알아차릴 것이다. 뿐만 아니라, 유럽의 제도는 또 하나의 매우 강력한 권력인 교회의 존재와 더 나아가서 많은 자유 도시들의 존재로 복잡하게 되었다.[15]

훌륭한 판사 액튼 경은 13세기가 인간 자유에서 최고점이라고 생각했다.[16] 누구든 이 말을 들을 때 갖게 되는 즉각적인 생각은 그가 제정신이 아니라는 것이지만, 사실상 그는 나쁘지 않은 논거를 가지고

크를 공격했다. Dupuy and Dupuy(1977), p. 311을 보라.

13) 일본 봉건제는 유럽 봉건제보다 훨씬 더 오래 지속되었고, 사실상 또한 더 늦게 시작되었다.

14) 라지푸트 영주들은 무굴 제국 아래서 봉건 제도를 유지하였다. 사실상 그들은 무굴 제국 기병대의 대부분을 제공했다.

15) North(1981), pp. 126-129를 보라.

16) Himmelfarb(1968), pp. 82-84를 보라.

있었다. 그가 지적한 것은 아주 다수의 권력들이 존재함으로써 어느 개인이든 명목상 자기보다 높은 사람을 다룰 때 많은 협상력을 가지게 된다는 것이었다. 농부는 법률적으로는 토지에 묶여 있었다. 그러나 사실상 만약 그가 자기 영주에 기분이 나쁘면, 길을 따라 20마일 내려가면 토지를 경작할 농부들이 더 필요해서 자기를 환영해 줄 다른 영주가 있을 것임을 꽤 자신하면서 그는 밤에 살짝 도망칠 수 있었다.[17] 물론 교회와 자유 도시도 있었는데, 이 둘 다 그에게 보호를 제공하곤 했다.

물론 이것은 이 시대의 표준적인 역사적 서술은 아니지만, 신경제사가들(new economic historians)은 보통의 농부가, 만약 자기가 원한다면, 영주를 바꿀 수 있음을 매우 잘 설명하였다.[18] 런던에서 의회 회담을 하면서 농부들이 자기 토지를 떠나는 것을 금지하고 영주들이 낯선 농부들을 받아들이는 것을 막기 위하여 강력한 법을 통과시키고 있는 대영주도 그와 동시에 찾아오는 어느 농부든 받아들일 것을 부추기는 편지를 자신의 집사에게 쓰고 있는지도 모른다.

일본에서는 농부들이 유럽에서만큼 자유롭지 않았지만, 그럼에도 불구하고 어떤 주어진 봉건 영주도 보유한 토지의 규모가 작아서 농부

---

17) 노스와 토머스의 진술에 의하면 “새로운 장원을 건설하려는 사람은 농부들을 공격적으로 찾아 나서지 않으면 안 되었는데, 심지어 잠재적 이주자들을 꾀기 위하여 하사금과 특권을 제공함으로써 자신의 권력을 제한하는 정도에 이르기까지 하였다. . . . 변경(邊境)의 유혹에 굴복한 농부들은 자기들의 영주로부터 자기들의 자유를 사거나, 새로운 장원을 조직하는 영주가 그 농부들을 위해 자유를 사 주거나, 아니면 밤중에 몰래 도망가거나 할 수 있었다. 그들 가운데 다수가 변경에 이르는 이러한 길들 가운데 이런 혹은 저런 길을 따랐음이 명백하다.” North and Thomas(1973).

18) North and Thomas(1973), pp. 25-37을 보라.

들의 이동이 가능하다는 점이 사실이었다. 더 나아가서, 봉건 영주에 대한 통제가 상급자에 의해 이루어졌는데, 도쿠가와보다 앞선 아시카가는 통제를 별로 혹은 전혀 행사할 수 없었다. 아시카가는 사실상 전제 정치와 봉건제 사이의 중간 단계였지만, 봉건제가 르네상스 동안 점차 전제주의로 바뀌었으므로, 유럽에서 보는 것과 다소 다른 중간 단계였다.[19)]

이러한 봉건제 정의는, 비록 통상적인 정의에 매우 가깝긴 하지만, 아주 통상적인 정의는 아니다. 많은 사람들은 봉건제를 그저 더 이른 사회 상태로 생각하는데, 물론 그 정의에 따르면 현대적이고 서구적이지 않으면 거의 어느 것이나 봉건적이다.[20)] 물론 마르크스주의자들은, 중국에서 청나라가 봉건적이냐 아니냐에 관해 진지하게 토론했기 때문에, 이런 정의에 크게 기여했다.[21)] 전통적인 중국 역사들은 주 왕국을 봉건적이라고 정말 불렀고, 초기 시대에는 그랬을지 모른다. 그러나 그것이 사실상 역사의 일부로 될 때까지는 주 황제는 실제 권력을 가지지 못한 실체가 없는 인물이었음이 명백하다. 개개 "가신들(feudatories)"은 자기들 자신의 영토 안의 통치가 전제적이었지 봉건적이었던 것이 아닌 사실상 독립 군주였다.[22)] 예를 들어 그것은 중세 신성 로마 황제의 통치와 달랐는데, 신성 로마 황제로부터 소유권을 얻은 대(大)가신들은 자기들 자신의 봉건 가신들을 가질 뿐 자기들의 왕국이나 공작령 안에 있는 태반의 토지에 대해 직접 통제권을 행사하지

19) Blum(1966), pp. 64-72와 Thorndike(1917), pp. 576-612를 보라.
20) 이 논쟁에 관한 서술은 Smith(1983), pp. v-xi에서 보라.
21) Hofheinz(1977), pp. 3-9를 보라.
22) Coulborn(1965), pp. 54-58과 65-71을 보라.

않았다.

멘(Men)의 왕 메넬라오스(Menelaus)가 군대를 이끌고 트로이를 포위 공격했던 고대 그리스의 더 이른 시기의, 아마도 봉건적일, 통치는 상대적으로 별로 알려져 있지 않다. 그것은 도리아인의 침입으로 멸망하였다.[23] 그리스 암흑시대의 밤이 물러났을 때, 일련의 독립적인 도시국가들이 생겼다.[24]

물론 서양 봉건제는 근대 시대의 전개와 함께 소멸하였다. 프랑스와 스페인에서는 왕이 영주들에 대해 완전한 권력을 확립함으로써, 그리고 독일과 이탈리아에서는 영주들이 독립적인 지배자들이 되고 명목상의 황제는 그저 의식적인 인물이 됨으로써 그것은 끝나게 되었다.[25] 영국은 이 문제에 대해 독특한 해결책, 즉 일종의 절충을 취했다. 이 절충은 물론 서양 세계에서 민주주의의 발전을 위해 굉장히 중요하였다.

불행하게도 나는 라지푸트족에 관해서는 거의 아무것도 모른다. 내가 알 수 있는 한, 그들은 자기들의 봉건 조직을 무굴 제국의 멸망 바로 전까지 유지하였고, 비록 개별 귀족들(Rajas)은 그 당시 자기들의 권력이 굉장히 제한되었다 하더라도, 심지어 영국 지배(British Raj) 아래서도 그 조직을 계속 유지했다고 얘기할 수 있을 것이다.[26] 이 책은

23) Forrest(1979), p. 10과 A. R. Burn(1984), pp. 56-60을 보라.
24) Forrest(1979), p. 45를 보라. A. R. Burn(1984), pp. 56-83은 그 암흑시대에 관한 간결한 서술이다.
25) 사실상 대부분의 이 시기 동안 명목상 황제는 또한 오스트리아-헝가리의 지배자이기도 하였고, 그래서 가장 힘이 센 단일 영주였다. 그러나 실제로, 이를테면, 브란덴부르크에서 진행되는 일에 대한 그의 통제는 아마도 러시아 황제의 통제보다도 더 강력하지 않았을 것이고, 브란덴부르크는 실제로 그 둘 다를 외국 군주로 간주했을 것이다.
26) 라지푸트 귀족들은 자기들의 권력을 상당히 제한한 조약을 영국 총독과 체결하지 않을 수 없었다(Edwards, 1961을 보라).

봉건제에 관한 책이 아니므로, 우리는 봉건제를 우리가 봉건제와 전제정치 사이의 가능한 전환을 논의할 때만 가끔씩 논할 것이다.

민주주의 또한 이 책의 주제가 아니지만, 나는 민주주의를 한 구성요소로 가지는 더욱 일반적인 통치 범주를 자세히 다루지 않을 수 없다. 특히, 만약 통치가 상당히 많은 사람들의 표를 통해 진행된다면, 나는 그것을 "선거 체제(Electoral System)"라고 부를 것이다. 달(Dahl)은 "다두 체제(polyarchy)"라는[27] 낱말을 만들어 내었는데, 만약 그가 그것에 나의 것과는 다르긴 하지만 내가 그것을 사용하면 혼동을 일으킬 만큼 매우 가까운 의미를 부여하지 않았더라면, 나는 그것을 나의 "선거 체제"보다 더 선호했을 것이다.

민주주의는 물론 선거 체제의 한 예이지만, 선거 체제에는 다른 예들도 있다. 예를 들어 약 30명의 귀족 가장들의 협의회에 의해 통치되는 그리스 암흑시대로부터 어느 그리스 도시 국가가 생긴다. 그들은 투표로 결정을 내리지만, 우리는 이것을 결코 민주주의라 부르지 않을 것이다. 그러한 "선거 체제들"은 역사적으로 중요하기 때문에 때때로 언급될 것이다. 통상적으로 이 책에서 논의되는 선거 체제들은 선거권이 제한되어 있기 때문에 민주 제도들은 아닐 것이다. "민주주의(democracy)"라는 낱말은 건전하고 죄를 범하지 않은 전(全) 성인 주민들이 투표할 수 있는 통치들에 사용하기 위해 남겨 놓을 것이다. 나는 그저 전제적 통치 형태들과 구분하려 하고 있다.

따라서 이 정의에 따르면 아테네는 광범위한 노예 소유가 있었고 거주 외국인들과 같이 투표할 수 없었던 많은 사람들이 있었다는[28] 사

27) Dahl, 1971.
28) Forrest(1979), pp. 48ff(여기서 ff는 그 페이지 이하라는 뜻—역주).

실에도 불구하고 선거 체제를 가지고 있었다. 그러나 또한 과두제(oligarchies)라 불렸던 그리스 국가들도 선거적일 것인데, 왜냐하면 그것들도 비록 주민들의 대부분은 아닐지라도 역시 상당히 많은 사람들의 표에 의존했기 때문이다.[29] 비슷하게 베니스, 베아른(Béarn), 그리고 대부분의 도시 국가들도 선거 체제를 사용하였다. 현대의 이스라엘과 남아프리카 공화국도 비록 두 경우 모두 상당히 많은 지역 주민들이 투표할 수 없다 하더라도 역시 선거적이다.[30]

"민주주의"에 관한 나의 정의가 통상적인 정의보다 더 엄격함을 주목하라. 대부분의 저자들에게는 "민주주의"란 투표자들의 수가 큰 것이라고 정의된다. 이 정의에서 "크다"는 것이 정확하게 무엇을 의미하는지 매우 명백하지 않다. 앤서니 다운스(Anthony Downs)는[31] "민주주의"라는 낱말을 사용하기 위해서는 보편적인 성인 참정권이 필요하다고 여긴다.[32] 다운스의 정의와 나의 정의 둘 다 거의 모든 역사적 실례들을 배제한다. 영국은 제1차 세계 대전이 끝날 때까지 결코 민주 국가가 아니었다. 참으로 제1차 세계 대전 전까지는 실제로 민주 국가가 없었고, 확실히 1850년 전에는 하나도 없었다. 워싱턴, 제퍼슨 등은 민주

29) 상게서, pp. 98-101.

30) 물론 그 수는 이스라엘보다 남아프리카 공화국에서 훨씬 더 많다. 이스라엘은 대략 350만의 유대 인구와 대략 165만의 아랍 인구를 가지고 있다. 후자들 가운데서 대략 115만은 1966년 이스라엘에 의해 정복된 지역에 살고 있고 투표할 수가 없다. 남아프리카 공화국에는 완전한 선거권을 가진 대략 540만의 백인들과 선거권이 제한되어 있거나 없는 대략 1800만의 흑인들과 아시아인들이 있다. Dunnigan and Bay(1985), pp. 48-49 및 pp. 170-171을 보라.

31) Downs(1957), pp. 23-24를 보라.

32) 그는 아마도 여성에게 투표권을 허용하지 않는다 하더라도 그 국가에게서 민주적이라고 불릴 권리를 박탈하지는 못할 것이라고 말하는 각주를 가지고 있다. p. 23.

주의 정치가들이 아니었고 페리클레스도 마찬가지였다. 시저는 로마 민주주의를 전복한 것이 아니다 등과 같다. 대부분의 사람들은 "민주주의"라는 낱말의 사용에 그렇게 극단적인 제한을 가하지 않지만, 필요한 투표자들의 수의 정확한 크기는 모호하다. 다행히 이 책은 민주주의에 관한 책이 아니고, 그래서 나는 그 문제를 해결할 필요가 없다.

나는 여기서 전제 정치 범주 안에서 대충 몇 개 더 구분해 보아야겠다. 첫째, 문헌에서는 독재 통치에 대비한 전체주의 통치에 관해 현재 많은 논의가 있다. 이 용어들은 반드시 명백하지는 않지만, 그 대부분이 오늘날의 세계에서는 공산주의 통치인 일정 통치 부류를 다른 통치 부류들로부터 구분하는 것이 자료를 고찰하는 누구에게나 용이하다는 점은 명백하다. 나는 전체주의적이라는 낱말을 정부가 실제로 자기 백성들의 삶의 모든 측면들을 강력하게 통제하려고 시도하는 정부들에 대해 사용할 것이다. 오늘날의 러시아와 중국이 분명한 예들이다.

칼 위트포겔(Karl Wittfogel)의 『동양적 전제 정치』에[33] 서술된 유형의 고대 수경 문명(hydraulic civilization)이, 위트포겔이 그렇다고 생각했듯이, 현대 공산주의 국가들의 논리적 선행물인지 아닌지는 미해결의 질문이다. 확실히 이런 정부들은 자기 백성들에게 큰 권력을 행사했지만, 대부분의 그런 국가들에서 지방 마을들은 자치적이었고 본질적으로 민주적인 자치 방식들을 사용했다는 점도 또한 주목할 만하다. 위트포겔은 이것을 행정의 한계 수익 체감(declining marginal return on administration)의 면에서, 즉 만약 정부가 어느 것이나 다 통제하려고 든다면 정부의 통제가 정부 기구의 외연에서 와해될 것임을 정부가 알

33) Wittfogel(1981)을 보라.

고 있었다는 면에서 설명한다.[34] 이 문제는 역사적으로는 크게 흥미가 있지만, 우리의 목적에는 크게 중요하지 않다. 우리는 현대 전체주의 통치들과 기타 독재 정치들 사이를 아주 쉽게 구분할 수 있다.

예를 들어 프랑코(Franco)의 전성기 동안의 스페인을 고찰해 보자. 이것은 명백히 다소 비효율적이고 잘못 운영된 독재 국가였다. 그러나 그것은 러시아가 전체주의적이라는 의미에서 전체주의적이지는 않았다. 프랑코는 자기 국민들의 사적 생활을 간섭하려는 시도를 별로 하지 않았다. 그는 자기가 독재자로 있었던 대부분의 시간 동안 심지어 사형을 내리지도 않았다. 더 나아가서 자기가 독재자로 있었던 전 시간에 걸쳐서 외국 신문이나 잡지가 마드리드에서 무리 없이 구독될 수 있었다.[35] 프랑코의 통치의 처음 몇 년이 지난 후에는, 스페인에서 심지어 정치범이, 물론 항상 약간은 있었지만, 그리 많지 않았다.[36] 이것은 스탈린의 정부라든가 심지어 고르바초프의 정부와도 근본적으로 다르다.

이런 측면에서 프랑코는 비교적 오늘날의 보통의 아프리카, 남아메리카 혹은 아시아 독재자를 대표한다. 우리는 이러한 종류의 상황을 책 전체에 걸쳐서 아주 자세히 논의할 것이므로 그것을 여기서 상설(詳說)할 필요는 없다. 지배적인 전제 정치 형태는 프랑코, 싱가포르의 리(Lee) 혹은 자이레의 모부토(Mobuto)가 나타내는 비전체주의적 유

---

34) 이 점의 형식적인(formal) 설명을 위해서는 Tullock(1965), pp. 137-165를 보라.

35) 여기에서 외국이라는 말은 서반아어로 쓰이지 않은 것들이라는 의미이다. 프랑코는 외국어를 읽을 수 있는 사람들은 신뢰할 수 있는 사람들이거나 아니면 아마도 통제가 불가능할 사람들일 것이라고 여겼음이 명백하다. 프랑코의 독재 정부의 제한된 학정에 관해서는 Johnson(1983), p. 607을 보라.

36) 상게서, p. 608.

형이었다. 나는 그런 이름들을, 덧붙여 말하자면, 사전에 의도를 가지고 선택했다. 자이레는 확실히 세계에서 최악으로 통치되는 국가들 중의 하나이고 싱가포르는 최선으로 통치되는 국가들 중의 하나이다. 그러나 그것들 둘 다 우리의 표준적인 독재 국가 범주에 속한다.

물론 전제 정치와 여러 다른 통치 형태들 사이에 몇몇 중간 단계들이 존재한다. 우리 모두는 영국 민주주의의 발전의 역사를 아는데, 영국 민주주의는 본질적으로 전제 정치로부터라기보다는 봉건제로부터 생겼다. 그러나 오늘날 세계를 둘러보면 우리는 내가 "제한적 전제 국가(limited autocracies)"라고 부르려고 하는 많은 국가들을 발견한다. 그것들은 마르코스 치하의 필리핀, 남한 그리고 멕시코와 같은 곳들인데, 거기서는 아주 분명한 독재자가 있지만,[37] 또한 선출직 의회도 있다. 이 의회는 영국의 조지 2세의 의회처럼[38] 보통 ACLU(미국 자유 인권 협회 · American Civil Liberties Union)의 승인을 충족시키지 못할 방식들로 선출되지만, 그럼에도 불구하고 완전히 통치자에 의존하고 있지는 않다. 통치자에 대한 의회의 관계 또한 다소 불명확하다. 마거릿 대처가 영국 하원에 의해 통제되는 것과 똑같은 방식으로 통치자가 의회에 의해 통제되지 않는다는 점은 명백하지만, 의회가 통치자의 권력을 다소 정말 견제한다는 점 역시도 명백하다. 이 중간적인 통치 형태는 차후에 자세히 논의될 것이다.

봉건제와 전제 정치 사이의 중간 단계는 주로 내가 그것에 관해 별로 많이 알지 못한다는 이유로 이 책에서 그리 많이 논의되지 않을 것

37) 멕시코에서는 그는 단지 6년만 지배한 다음 자기 후계자를 지명하고 은퇴해야 한다.

38) Namier(1957)을 보라.

이다. 봉건 군주로부터 "계몽(enlightened)" 전제주의로 점진적으로 전환한 프랑스와 스페인 둘 다를 다룬 역사가들이 여기에서 해명에 다소 도움이 될 수 있을지 모른다.

봉건제와 선거 체제 사이의 중간 단계는 중요할지도, 그러고 나서 다시, 중요하지 않을지도 모른다. 우리는 이전의 아마도 봉건적이었을 사회가 도리아인들(Dorians)에 의해 멸망된 후 그리스 암흑시대 동안 무슨 일이 일어났는지에 관해[39] 거의 아무것도 모른다. 일본 봉건제와 라지푸트 봉건제가 민주주의로 바뀐 것은 본질적으로 외부적 영향을 통해 생겼다. 이 결과 우리들에게는 영국만 남는다.

거기서 정확하게 무슨 일이 일어났는지 전혀 명백하지 않다. 장미전쟁은 많은 봉건 영주들을 죽였고, 봉건 영주들을 이어받은 것은 강력한 튜더(Tudor) 군주들이었는데, 이들은 영주들의 권력에서 남아 있는 것을 씻어내려고 작정했던 것이 명백하다.[40] 그들이 사용한 수단들 중의 하나는, 다소 사소한 것이지만, 하원이었다.[41] 마지막 튜더가인 엘리자베스는 자식 없이 죽었다.[42] 왕위는 스코틀랜드 왕(King of Scotland)에게 돌아갔다.[43] 스튜어트(Stuart)가는 소위 영국 내전에서 약간의 귀족 그리고 하원과 연루되게 되었다.[44] 이 경우에 반역은 왕이 했지 하원이 한 것이 아님이 지적되어야겠다. 왕은 옥스퍼드로 가서 반기를

39) Forrest(1979), p. 45를 보라.
40) Aubyn(1983), pp. 11-15를 보라.
41) 상게서, p. 16. 하원이 중세 시대에 중요한 정부 부분이었다는 미신이 존재한다. 그것이 행한 매우 사소한 역할에 관해 정확한 서술을 보기 위해서는 Sayles를 보라.
42) Cantor(1970), p. 807을 보라.
43) 상게서, pp. 809-810.
44) Ashley(1966), pp. 93ff를 보라.

들었고 유일한 상비 직업 군대인 해군은 런던의 하원에 변함없이 충성을 바쳤다.[45] 그러나 본질적으로 전쟁은 종교적 근거에서 행해진 것 같다.[46] 그것의 즉각적인 결과는 크롬웰 치하에서 훨씬 더 강력한 군주제가 수립된 것이었지만, 그는 문제를 병약한 아들의 손에 남기고 죽었고, 입헌 군주제가 수립되었다.[47] 우리의 현재의 목적상 우리가 이것으로 무엇을 만들 수 있을지 분명하지 않다. 그러나 말하자면 찰스 2세의 복위로부터 조지 3세의 정신병에 이르기까지의 기간은[48] 우리가 제한적 전제 정치라고 불러 온 기간인데, 즉 이때는 그가 아무리 강력한 통치자라 할지라도 자기가 완전히 통제하지 못하는 선출된 기관의 표들을 어느 정도 참지 않으면 안 되었다.

독자는 틀림없이 지금까지 이 책이 무엇에 관한 책인지에 관해 대체적으로는 알게 되었을 것이지만 경계가 다소 모호하다는 느낌도 얻게 되었을 것이다. 모호성은 이런 주제에는 고유한 것 같다. 매우 예리하게 정의하고 구분하는 것이 아주 쉽지만, 여러분이 그렇게 한다 하더라도, 여러분은 세상이 그런 식으로 나누어지는 것 같지 않다는 점을 발견하게 될 것이다. 우리의 역사적 증거의 모호성을 받아들이고 거기서부터 앞으로 나아가는 것이 더 쉽고 더 효율적일 것 같다.

다른 문제는 내가 사용할 역사적 증거의 성질이다. 그것은 불행하게도 주로 일화(逸話)의 성격을 띨 것이다. 이것은 내가 더욱 세련된 방법들을 좋아하지 않아서가 아니라 그것들의 사용을 위해 필요한 자료

---

45) Dupuy and Dupuy(1977), p. 511을 보라.
46) Ashley(1966), pp. 43ff를 보라.
47) 상게서, pp. 350-358.
48) 1660년의 찰스 2세의 복위에 관해서는 Dupuy and Dupuy(1977), p. 556을 보라. 조지 3세의 정신병에 관해서는 Cantor(1970), p. 892를 보라.

가 이용 가능하지 않기 때문이다. 더 나아가서, 전제 정치들의 다양성을 감안할 때, 그러한 증거를 수집하기 위해서는 아주 많은 언어들을 알 필요가 있을 것이다. 내가 그 과제를 수행할 수 없었지만, 나는 이 책이 다른 학자들로 하여금 그 연구를 시작하는 계기가 되기를 희망한다. 나는 나의 이론들의 경험적 검증에 다소 도움이 되도록 책의 말미에 이론적으로 검증될 수 있는 가설들을 열거하는 부록을 삽입하였다. 나는 다른 학자들이 그 도전에 응하기를 기대한다.

이제 책의 나머지에 관해 몇 마디 할 차례다. 나는 독재 체제나 어떤 형태의 전제 정치가 오늘날의 세계에서뿐만 아니라 역사에 걸쳐서도 명백히 지배적인 정부 형태라고 말했다. 사실상, 서양의 역사에서 가끔씩 선거 정부들이 급증했지만, 더 이른 세기들에서는 선거 정부들이 전제 정치의 복귀로 이어졌다. 그 점은 그것이 이번에도 일어날 것이라는 것을 증명하지는 않지만, 그래도 그것이 지금까지의 역사에 관한 진술로서 받아들여져야 한다. 그러므로 가장 흔한 정부 형태인 이것을 이해하는 것이 중요하다.

책의 조직이 독자에게 다소 이상하다는 인상을 줄지 모른다. 나는 기존 독재자가 어떻게 집권을 계속하는가를 논의하는 것으로 시작할 것이다. 그는 본질적으로 세 가지 잠재적 위험 원천에 직면한다. 이것들 중 첫 번째는 자기 자신의 정권의 고위 관리들이다. 고위 관리들이 승진하기를 원한다는 단순히 그 이유로 대부분의 독재자들은 자기 자신의 정권의 고위 관리들에 의해 타도되고, 그들 중 적어도 한 명이 새 독재자가 된다. 만약 독자가 이 점에 관해 의심을 가지면 대략 지난 6개월 동안의 「뉴욕 타임스 색인」(*New York Times Index*)을 찾아보고 독재자들이 타도된 사례들의 수를 점검해 보기 바란다. 대부분의 경우 그들을 타도하는 사람들은 전복된 정부의 관리들이거나 전임 관리들일 것이다. 그 결과는 그저 새 독재 정권의 수립일 뿐이다.

통상적으로 새 독재 정권은 이제 다른 정책들을 실시할 것이라고 선언하지만, 정책 변화는 보통 미미하다. 사실상, 독재 정권들 간의 전(全) 정책 변화는 민주 국가에서 집권당이 바뀔 때의 정책 변화와 다소 비슷하다. 두 경우 모두 무슨 변경이 이루어질지에 관해 말은 많이 하지만, 대개 변화는 미미한 것으로 드러난다. 가끔씩은 양쪽 다에서 아주 급격한 변화가 이루어지곤 한다. 민주주의의 예로서 우리는 1933년의 프랭클린 루스벨트를 들 수 있다.

최근 여러 해 동안 독재자의 타도에 관해 두 번째로 가장 빈번한 이유는 외국 개입이었다. 그러나 긴 역사 범위에 걸쳐서는 외국 정복이 독재 권력 종말의 가장 흔한 원천이었다. 그것은 지난 40년간 그리 중요하지 않았지만, 나는 이 점이 그 역사적 기간의 특이성을 대변한다고 믿는다. 이때는 미국이 세계에 크게 영향을 미친 때였다. 미국은 다소 비합리적으로 "침략(aggression)"에 반대한다. 이스라엘과 인도가 자기들의 이웃 지역들의 일부분을 합병하도록 허용되었다는 점은 사실이다.[49] 그러나 대부분의 이 기간 동안 이웃 토지를 차지하려는 어떤 다른 나라도 미국과 갈등을 일으켰을 것이다. 명백히 베트남전(戰)의 결과들 중의 하나는 이것이 더 이상 사실이 아니라는 점이다. 카다피는 사하라 사막의 상당한 (그리고 명백히 가치가 없는) 부분을 차지하

49) Johnson(1983), pp. 305, 481을 보라. 인도는 1961년에 포르투갈령(領) 고아(Goa)를 차지했는데, 이것은 (포르투갈 바깥의) 서방에서 대개 무시되었던 사건이다.

도록 허용되었다.[50] 베트남 정부는 라오스와 캄보디아를 정복했고, 인도네시아는 티모르를 뺏었으며, 러시아는 아프가니스탄을 침입했는데, 모두 미국으로부터 고통과 놀람의 표현(expressions of pain and surprise) 외에는 아무 일도 없었다. 이란과 이라크 사이에 현재 벌어지고 있는 다소 피비린내 나는 전쟁은 이라크가 이란을 침입하려 시도하면서 시작되었고, 그것이 실패했을 때, 그 전쟁은 이란이 이라크를 정복하려는 시도로 발전하였다.[51] 다시 한 번 말하자면, 미국의 반응은 아주 대개 그저 고통과 놀람의 표현뿐이었다. 당연히, 유엔은 이러한 것들의 어느 것에 대해서도 아무 일도 하지 않았다. 기본적인 차이점은 유엔은 심지어 고통과 놀람의 표현조차 하지 않았다는 점이다. 우리는 가까운 장래에 이런 종류의 일을 훨씬 더 많이 예상할 수 있을 것 같다.

독재자가 타도될지 모르는 마지막이면서 많은 면에서 가장 가능성이 적은 방식은 진정한 민중 봉기의 방식이다. 나 자신의 견해뿐만 아니라 진지하게 그 문제를 고찰한 대부분의 사람들의 견해로도 이것은 희소하다. "이런 저런 형태의 무장 반란은 혁명을 일으키는 고전적인 방식이고, . . . 그것은 과학적 전투의 모든 도구를 갖춘 직업적으로 훈련된 군대와의 충돌을 내포하게 되어 있다. 결국, 성공과 실패는 현존 정부의 무장 군대가 반란에 대해 취할 태도에 달려 있음을 역사는 보여준다. . . . 어떤 정부나 정당이건 국가의 무장 군대의 완전한 충성을 얻는 정부나 정당은 어느 점으로 보나 정치적으로 난공불락이다."[52] 이

50) Dunnigan and Bay(1985), p. 132를 보라.
51) 상게서, pp. 72-75.
52) Chorley(1943), pp. 11, 16을 보라. 또한 Karl Marx and Friedrich Engels, 『선집』, 제1권, *The Class Struggle in France 1848 to 1850,* p. 136도 보라. "그것에 관해 환상을 가지지 말자. 시가전에서 폭도가 군대에 정말 승리한다는 것은, 두

것은 존슨의 완전한 승인과 허가를 얻어 인용된 것이다.[53] 비록 민중 봉기가 실제 독재자 타도의 연구에서는 드물지만, 낭만 문학에서는 매우 흔하다. 바스티유 감옥은 사실상 한 정규 보병 연대에 의해 탈취되었지만, 전설은 그것이 파리의 군중이었다고 주장한다.[54] 프랑스 왕은, 이란의 샤(Shah; 이란 국왕의 존칭—역주)처럼, 자기의 군대가 싸워서는 안 된다고 느꼈고, 그래서 스스로를 다소 무방비 상태로 방치했다.[55] 나폴레옹 왕조는 다른 입장을 취했다. 나폴레옹 1세는 아주 상당한 정도 자기가 기꺼이 대포에게 파리 군중 속으로 포도탄을 발사하도록 명령한 프랑스 군대의 유일한 장군이었기 때문에 프랑스 통치자가 되었다.[56] 나폴레옹 3세는 부분적으로 자기가 몸소 자기 삼촌의 포도탄의 희생자들의 손자들 속으로 기병 돌격을 이끌 수 있었기 때문에 프랑스의 대공 대통령(prince-president)로부터 황제가 되었다.[57] 민중 봉기들은 드물지만 전혀 알려져 있지 않은 것은 아니다. 그러나 그것들은 이런 저런 이유로 군사 기구가 무력화될 때에만 일어난다고 말할 수 있다. 그 문제는 차후에 더 자세히 논의될 것이다.

그 다음 윤리라는 외관상 무관계한 것 같은 주제에 관한 논의가 있을 것이다. 이것은 약간의 독재자들이, 심지어 약간의 최악의 독재자들도, 그들의 피치자들에게 그들을 지지할 윤리적 의무가 있다고 확신시킨 것 같다는 꽤 분명한 사실에 관한 것이다. 그 주제는 물론 "정통성

군대 사이에서와 같은 승리는, 가장 드문 예외들 중의 하나이다."

53) Johnson(1966), p. 102를 보라.

54) Montague(1928), p. 164를 보라.

55) 샤는 또한 자기 치세 마지막 18개월에는 사람들의 고문도 중단했다.

56) Macdonald(1928), p. 396을 보라.

57) Bourgeois(1982), p. 113을 보라.

(legitimacy)"에 관한 전통적인 정치학 논의와 관련되어 있다. 어떻게 그리고 왜 윤리적 중요성이 기존 정권이나, 그 문제와 관련하여, 기존 정권을 전복하기를 원하는 사람에게 부착될 수 있는지는 중요한 주제이고 따로 한 장이 주어질 것이다.

독재자가 자기 자리를 유지할 때 직면하는 문제들을 논의한 다음, 우리는 그가 어떻게 정책들을 선택하고 그것들을 관리하는지 논의할 것이다. 그 다음 우리는 독재자를 타도하기를 원하는 야심가가 무엇을 해야 할지에 관심을 돌릴 것이다. 그것은 어느 면에서 권력을 유지하는 문제를 다른 방향으로부터 보는 것이다. 책의 마지막 장에서 우리는 독재자가 누군가에게 자기를 죽일 기회를 제공하지 않고 어떻게 상당히 평화롭게 자신을 승계하도록 준비할 수 있을지, 오늘날의 세계에 아주 흔한 독재 체제와 민주주의 사이의 중간 단계는 무엇인지, 왜 아주 작은 투표 집단들이 통상적으로 독재 체제로 발전하는지 같은 몇몇 기술적인 문제들로 관심을 돌릴 것이다.

하나의 마지막 서론적 언급으로서, 나는 독재자에 관한 나의 시각을 설명해야겠다고 생각한다. 최근의 학술회의에서 둘 다 나보다 독재 체제에 대해 감정적으로 훨씬 더 적대적인 두 명의 학자들이 내가 독재자들을 부당하게 저평가했다고 공공연하게 비난했다. 기본적으로 그들은 독재자들을 일정 정책들을 집행하기 위해 독재 권력을 얻는 사람들로 생각했다. 그 정책들은 그들이 싫어하는 정책들이었고, 그래서 그들은 독재자를 감정적으로 심히 싫어했다. 그들이 나의 태도에 관해 반대한 것은 내가 독재자들을 본질적으로는 개인적인 이유로 낮은 지위의 관리가 되기보다 독재자가 되기를 선호하기 때문에 권력을 잡은 사람들이라고 생각한다는 점이었다. 그렇다면 정책들은 내 견해로는 대개, 전적으로는 아니지만 대개, 그것들의 내면적인 바람직함의 면보다는 그것들이 독재자들의 경력에 미치는 효과의 면에서 채택되었다.

이 경우 여러분은 내가 그저 정치에 관한 소위 "공공선택 견해(public choice view)"를 이월하고 있음을 볼 수 있다. 앤서니 다운스(Anthony Downs)는 "정당들은 정책들을 선택하기 위해 권력을 추구하는 것이 아니다. 그들은 권력을 추구하기 위하여 정책들을 선택한다"고 말한 것으로 자주 인용된다. 이것은 공공선택 운동에 몸담은 대부분의 사람들의 일반적인 견해가 되었다. 그것은 어떤 면에서 공공선택론과 전통 정치학 사이의 더욱 근본적인 차이점들 중 하나이다. 우리는 정치가들이 대부분의 시간, 항상은 아니지만 대부분의 시간, 자기들 자신의 이익을 추구한다는 점에서 우리 나머지 사람들과 같다고 생각한다. 우리가 꽤 좋은 자동차를 살 수 있는 것은 자동차 제조업자들이, 비록 어느 정도는 우리의 이익을 마음에 두고 있지만, 우리의 이익을 깊이 마음에 두고 있어서가 아니라, 기본적으로 그들이 돈을 벌기를 원하기 때문이다. 비슷하게, 만약 우리가 상이한 정치 집단들에 의해 제공되는 정책들을 선택할 수 있다면, 이것은 그 정치 집단들이 정치 권력을 추구하고 있고 민주주의의 경우에 정책들을 우리의 표를 얻는 유인들로서 사용하기를 희망하기 때문이다.

민주 정치의 기본적인 이점은 권력을 추구하는 사람들이 모든 주민의 과반수를 만족시키려고 시도하는 것을 통하여 권력을 추구해야 한다는 점이다. 독재 정권들도 권력을 추구하는 사람들에 의해 통치되고 다른 사람들을 만족시켜야 하지만, 만족시켜야 하는 대상이 되는 사람들은 훨씬 더 규모가 작은 집단이다.

이것은 참으로 민주 정치건 독재 정치건 정치에 대한 통상적인 태도와 다르다. 그럼에도 불구하고 나는 그것이 또한 현실적이기도 하다고 생각한다. 만약 독재자가 자기의 미래에 영향을 미칠 수 있는 대부분의 사람들이 어떤 정치적 명제가 옳다고 확신하는 사회로부터 나온다면, 그는 그것이 권력에 오르는 길이기 때문에 그 명제를 받아들일 것 같다. 그러나 그의 신념은 깊이 신봉되지 않고, 만약 바뀜으로써 얻을 것이 있다면, 매우 빠르게 바뀔 수 있다. 린든 존슨과 조지 월리스(George Wallace; 1919년에 출생하여 앨라배마 주지사를 역임한 미국의 정치가—역주)는 물론 독재자가 아니었지만, 둘 다 자기들의 경력의 상이한 시점들에서 흑인들을 확고하게 억누르는 것을 옹호하기도 하고 흑인들의 민권을 옹호하기도 하였다. 두 경우 다 그들은 그 전환으로부터 상당한 정치적 이득을 얻었다. 비슷한 놀랄 만한 입장 변경이 대부분의 독재자들의 경력에서 발견되곤 한다.

이러한 관점을 취할 때 내가 참으로 독재자들에 불공평할지 모르지만, 나는 그렇게 생각하지 않는다. 독재자들은 우리의 가치 체계로부터 볼 때 극히 나쁜 정책들을 따를지 모른다. 그러나 보통의 이유는 그들이 이념적 근거에서 그러한 정책들에 헌신해서가 아니라 그들이 그것들이야말로 가장 크게 자기들에게 권력을 얻고 유지하도록 허용해 줄 것 같은 정책들이라고 생각하기 때문이다.

그러나 한 가지 점을 명백히 하지 않고는 이 장을 닫아서는 안 되겠다. 이것은 독재 체제에 관한 책이다. 이것은 독재 체제를 통치 형태로서 옹호하는 책이 아니다. 우리 사회에서 보통 사람은 독재 체제들이나 전제 정부들을 그저 그것들이 나쁜 것들이라고만 알고 있다. 나도 그것들이 나쁘다는 것을 부정하지 않지만, 그것들은 매우 보편적이다. 우리는 그것들을 알도록 노력해야 한다. 이 책은 그 목적에 바쳐졌다.

제2장 쿠데타와 그 예방

절대 정부에 관한 우리의 논의를 독재자가 되는 방식을 가지고 시작하지 않고 일단 독재 정권을 가졌을 때 그것을 유지하는 방식으로 시작하는 것이 이상해 보일지도 모른다. 이것은 대다수 독재자들의 경력의 첫째 단계가 아니라 둘째 단계를 다루는 것이다. 그럼에도 불구하고, 대다수 독재자들에게는 그들이 권력을 잡고 있는 시기가 그들이 권력을 얻는 시기보다 훨씬 더 길다. 또한 구조적인 이유도 있다. 권력을 쥐려고 시도하는 사람이 직면하는 문제들을 이해하기 위해서는, 기존 독재자가 나름대로 설치하는 장애물들을 잘 이해하는 것이 필수적이다. 어떤 독재 정권이든 그 내부적 역사는 대체로 권력을 얻기 위한 획책이다. 독재자는 계속해서 다모클레스의 검(Sword of Damocles) 아래에서 살고 똑같이 계속해서 실의 두께에 관해 걱정해야 한다. 반면에 그의 고위 조신들은 그의 면전을 떠날 때마다 자기들의 머리가 여전히 단단히 붙어 있는가를 확인하기 위해 머리를 흔들어 보는 것이 좋다. 물론, 대다수 현대 독재 체제들의 정치는 이들 두 전설에 이른 고대 전제 체제의 정치만큼 피비린내 나는 것은 아니지만, 큰 개인적 불안은 여전히 그 독재 체제들의 일부다.

하여간 우리는 만약 당신이 독재자나 왕이라면 어떻게 권력을 유지할 것인지에 관해 이야기할 것이다. 물론, 세습 군주제와 보통의 독재 체제 사이에는 차이점들이 있다. 참으로, 대충 말해, 역사적으로 독재정은 과도적이고 결국에는 세습적 통제로 전환될 것 같다. 두 세대 동안 계속된 아이티의 뒤발리에 "대통령 임기(presidency)"와[1] 북한에서의 명백한 김(金) 왕조의 수립은[2], 내가 믿기로는, 그저 시간이 흐르면 통상적인 절차가 될 전조일 뿐이다. 싱가포르에서의 상황은 덜 명백하지만, 권좌가 세습적일 것 같다.[3] 1945년부터 1985년 사이 알바니아의 독재자 엔버 호자(Enver Hoxha)는 적극적으로 자기 아들을 후계자로 승진시켰지만,[4] 아들은 자기 아버지가 죽었을 때 통제하지 못하게 되었다.

소모사 가문은 니카라과를 3대에 걸쳐 다스려 왔고, 만약 미 해군이 개입하지 않았더라면, 트루히요는 자신의 아들에게 권좌를 물려 줄 수 있었을 것이다. 역사의 긴 범위를 관찰할 때, 보통의 상황은 때때로 왕조의 전복에 의해 중단되는 세습적 승계이다.

그러나 세습 군주 체제와 독재 체제 사이에는 차이점들이 있다. 첫째로, 독재자의 교체는 상당히 혼란스러운 사건일 가능성이 크다. 때때

1) 프랑수아 뒤발리에(François Duvalier)는 1957년부터 1971년까지 아이티의 독재자였고 그의 아들 장-클로드(Jean-Claude)에 의해 계승되었다. 둘 다 스스로를 "종신직 대통령"으로 선언했다. 비록 아들이 결국 타도되었지만, 그는 자기 아버지보다 더 오랜 기간 통치하였다.

2) 북한 독재자 김일성은 공식적으로 자기 장남 김정일을 자기 후계자로 지명했고, 국가 통제 보도 기관에 그 아들의 무오류성에 관한 많은 기사들을 게재하도록 명령하는 예방책을 강구하였다("So This Is Paradise: North Korea Will Be More Perfect When the Great Leader Meets His Maker," 「워싱턴 포스트」, 1982년 10월 31일자, p. c1).

3) 싱가포르의 독재자 리콴유 수상은 이 글을 쓰고 있는 이 때 그의 아들 리센룽을 자기 후계자로 교육시키고 있는 것 같다. 「월 스트리트 저널」, 1984년 10월 8일자, p. 31.

4) Dunnigan and Bay(1984), p. 78.

로 많은 사람들이 살해된다. 내가 이후에 논의할, 그것을 피하는 몇몇 기술적인 방법들이 있지만, 보통 한 독재자로부터 다른 독재자로의 교체는 험악한 시기이다. 왕조의 승계는, 지배 가문 내부의 분란들이나 지배 가문과 다른 가문들 간의 분란들이 많은 유혈 참사를 야기할 수도 있지만, 보통은 험악하지 않다.

여기서 두 번째 주요 차이점은, 유전자 선택의 우연함을 통해, 왕들은 상당히 멍청하고 무능한 사람들일 수 있다는 것이다. 물론 루이 16세가 좋은 예이다. 반면 독재자들은, 비록 착한 사람들이 아닐지라도, 아주 항상 유능하다. 그들은 영리하고 거칠며 공격적인 경향이 있다. 그들은 또한 세습 군주보다 훨씬 덜 안전한 경향이 있다. 세습 군주는 10년 동안 여름마다 나가서 전투에서 지고 그리고는 자기 수도로 돌아와 상당히 행복하게 살 수 있지만, 자기(즉 나폴레옹)는 하나의 전투를 지더라도 끝장일 것이라고 나폴레옹이 말한 것으로 때때로 인용된다. 이것은 좀 과장이지만 대체로 올바른 방향을 분명 지적하고 있다.

이 장에서 나는 세습 군주들보다는 주로 독재자들에 관해 얘기할 것인데, 그 주된 이유는 그것들이 현재 세계에서 더 흔하기 때문이다. 내가 독재자들이 어떻게 권력을 유지하는가에 관해 이야기하겠다고 말했음에도 불구하고, 나는 이제 다시 한 번 내가 독재 정치에 관한 일반 이론이나 독재자가 권력을 유지하는 것에 관한 일반 이론을 가지고 있지 않음을 고백해야 하겠다. 나는 독재 정치의 문제에 관해 내가 공공선택론에 관심을 가졌던 만큼이나 오래 관심을 가져왔다. 사실, 이제는 공공선택론으로 생각되는 것에 관한 나의 첫 번째 연구는 내가 공산 중국에 있는 동안 수행되었고, 나는 민주 정부들보다 거기에 있는 정부에 대하여 더 많이 생각하고 있었다. 내 저술들이 주로 민주 정부들과 관련되었던 이유는 간단히 말해 독재 정치가 아주 어려운 주제로 판명되었기 때문이다.

이론적으로 독재 정권에서 권력을 유지하는 문제는 실제로는 투표 집단에서 재분배적인 목적을 위해 다수를 유지하는 문제와 아주 비슷하다. 물론, 어떤 특정 재분배 프로그램에 대해서든 그 원래 프로그램의 "외부인(out's)"들에게 얼마간 제공하고 "내부인(in's)"의 몇몇 사람들에게 꽤 높은 보상을 지불함으로써 그것에 반대하는 다수를 항상 만들 수 있다는 점이 쉽게 증명된다.

독재 정권의 상황도 비슷하다. 적어도 이론상으로는 현상 유지를 지지하는 집단보다 더 강력한 사람 집단을 모으는 것이 언제나 가능하다. 이 집단은 정권의 전복과 그에 수반되는 승진에서 혜택을 받을 수 있는 중요한 정권 관리들로 구성될 것이다. 이것이 그러한 이유는 현상 유지의 지지자들이 지금 받는 보상이, 그리고 독재자 그 자신이 보통 보상을 매우 많이 받는다는 사실을 염두에 두어야 할 것인데, 그들의 후계자들에 대한 재분배로 이용 가능해지기 때문이다.

대다수 독재 정권들에게 정말로 들어맞지는 않지만 그럼에도 상당히 친근한 예로서, 레이건이 미국의 독재자이고 그의 내각이 완전한 통제를 하고 있다고 가정해 보자. 야심 있는 국무장관이, 말하자면, 국방차관에게 국방장관으로의 승진을 제의하고 다른 관리들에게도 비슷한 제의를 한다. 독재자 자신과 그의 거물 지지자들이 제거되게 되어 있으므로 분명히 다른 사람들의 승진을 위한 많은 공간이 있다. 이것은 민주적 투표 집단 안에서의 순환적 다수 문제와 비슷하다.

왜 투표 집단들이 애로 정리(Arrow theorem)가 그것들에 대해 함축하는 굉장히 불안정한 방식으로 행동하지 않는지는 다소 수수께끼라는 점을 여기서 말해야겠다. 사실, 나는 나의 저널에서 "왜 그렇게 안정적인가(Why So Much Stability)"라는 제목 아래 이 주제에 관해 긴 논쟁을 수행해 왔다.[5] 그러나 여기서의 목적은 그 논쟁에 기여하려는 것이 아니고 독재적인 대응물을 논하려는 것이다.

그러면 어떻게 독재자가 이 문제를 피하는가? 먼저 말해야 할 것은 그들 대다수는 그것을 영원히 피하지는 못한다는 점이다. 관저에서 평화롭게 사망한 독재자들이 많이 있었고, 시간이 지날수록 지배자들이 자기들의 아들에게 권좌를 물려주는 경향이 강했다. 그런 독재자들이 많이 존재했지만 타도된 무리가 훨씬 더 크다. 그러므로 내가 진술한 문제는 몇몇 독재자들에 의해서는 성공적으로 해결되었을지라도 아직 모든 독재자들에 의해 해결된 것은 아니다. 그러나 심지어 타도된 사람들도 타도가 일어나기 이전에 보통 여러 해의 성공을 가지고 있다.

독재 정권들에 관한 전통적인 논의는 이런 문제를 거의 제기하지 않는다. 그러나 그 문제는 확실히 독재자의 활동들을 지배한다. 미국의 완곡어법을 인용하면, "위대한 상원 의원이 되기 위해서는, 무엇보다도 먼저 상원 의원이 되어야 한다." 비슷하게, 만약 당신이 독재자로서 무엇이라도 하려면, 당신은 무엇보다도 먼저 독재자가 되어야 한다.

나는 여기서 대중들의 힘에 의한 독재자의 타도를 논의하고 있지 않다. 만약 경찰과 군대가 심지어 상당히만 효율적이라도 그리고 죽이기 위해 기꺼이 총을 쏜다면 독재자의 타도는 일어나지 않을 것이다. 사

---

5) *Public Choice*. 그것은 지금 3년 동안 계속되었고 그칠 조짐을 보이지 않는다.

실, 나는 대중에 의한 정부 전복의 명쾌한 사례가 있음을 자신하지 못한다. 정부가 민주적인 측면들을 가지고 있을지 몰라도, 대체로 말해, 그것은 정부 자체 내의 싸움이다. 예를 들자면 미국에서 13개 식민지들의 지역 입법 기관들과 보안관들은 이미 선출된 상태였다.[6] 이들 선출된 입법 기관들은 영국 총독들을 쫓아냈다. 이것은 명백히 정부에 대한 봉기라기보다 그 정부 내의 싸움이었다. 내가 그것들 모두를 면밀하게 연구해 보았다고 주장할 수는 없지만, 나는 독재 정권의 민주적 전복이라고 주장되는 것의 대부분의 다른 사례들도 같은 유형을 가지는 것으로 나타날 것이라고 믿는다.

그러나 특성상 그 독재자의 타도는 단지 다른 독재자가 존재할 것임을 의미한다. 이 두 번째 독재자는 보통 자신이 대중의 지지를 받고 있다고 공표할 것이고, 그 문제와 관련, 그는 대중의 지지를 처음에는 가지고 있을지도 모른다. 그러나 기본적으로 그것은 한 독재자가 다른 독재자를 대체하는 것이고, 그들이 따를 정책들은 아마도 근본적으로 다르지 않을 것이다. 만약 우리가 세계를 고찰한다면, 우리는 이 정책들이 또한 민주주의 사회가 따를 그것들과도 근본적으로 다르지 않다는 사실을 즉시 깨닫게 된다.

여기서 우리는 다시 한 번 현대 전체주의 독재자들, 즉 히틀러, 스탈린, 모택동, 폴 포트는 예외적이고 비정상적인 사람들이라는 점과 내가 여기서 그들에 관해 이야기하고 있는 것이 아니라는 점을 지적해야겠다. 비록 그가 원래 자기는 무솔리니와 히틀러의 추종자라고 주장했지만, 나는 독자들이 더욱 정상적인 독재자인 프란시스코 프랑코를 생각

---

6) Knollenberg(1961), pp. 49-57.

해 보기를 제안한다. 그가 자기의 치세 내내 따랐던 권력을 유지하는 것 외의 어떤 정책도 찾기가 힘들다. 물론 그가 반대 세력의 중추가 자라는 것을 방지하긴 했지만, 그의 정부는 몹시 억압적인 것은 아니었다.

이미 언급했던 것처럼, 그의 통치기 대부분 동안, 스페인에서는 사형 제도가 없었다. 그의 말기 사형제의 재도입은 그의 정적들이 대략 1백여 명의 프랑코 지지자들을 "처형시킨" 극단적으로 심한 도발 이후에야 일어났다. 심지어 여기에서도, 그들이 그의 수상을 살해했을 때, 그는 심하게 반격하기보다는 양보하기를 선택했고, 그의 정적들에게 더 용인될 만하다고 생각되는 인물을 새 수상으로 선택했다. 이 모든 것은 프랑코 정권을 옹호하고자 하는 것이 아니다. 사실상 나는 그것이 아주 무능한 정부였다고 생각한다. 그럼에도 불구하고 그것은 몹시 억압적인 정권은 아니었다. 프랑코는 어떤 식으로든 폴 포트와 비교될 수는 없다.[7)]

그러나 지금까지는 본론에서 벗어난 이야기들이었다. 독재자가, 말하자면, 자기 군대의 사령관과 비밀경찰 두목의 연합이 자신들의 이익을 취하면서 공동으로 그를 제거할 수 있는 처지에 불가피하게 놓일 것이라는 사실에도 불구하고, 그 독재자가 어떻게 자기 권력을 유지하는가 하는 우리의 주제로 되돌아가 보자.[8)] 흄은 지배자가 자기의 경찰

7) Trythall(1970).

8) 누가 당신을 제거할지 말하기는 매우 어렵다. 바티스타(Batista)는 자기의 첫 번째의 성공적인 혁명을 실행했을 때 그저 하사관에 불과했다. 그와 그의 동료 하사관들은 대부분의 정규 군 장교들을 제거했고 그 자리를 자기들이 차지했다(Johnson, 1983, p. 619; Thomas, 1970, p. 639). 수리남과 라이베리아의 현 독재자들도 다소 비슷한 일을 했다(수리남에 관해서는 「뉴욕 타임스」, 1980년 2월 26일자, p. 5를 보고, 라이베리아에 관해서는 「뉴욕 타임스」, 1980년 4월

과 군대의 힘으로 국민들을 지배할 수 있다 하더라도 그 힘으로 경찰과 군대를 지배할 수는 없다고 지적했다. 그가 표현하듯이, 지배는 여론에 의존했다.[9)]

나에게 흄의 이 통찰은 대부분의 다른 흄의 통찰들과 마찬가지로 굉장히 뛰어난 것으로 생각된다. 그러나 흄은 그 여론을 제대로 묘사하지는 않았다. 나는 이 단점을 고치고, 독재자가 자기 주위 사람들 사이에서 유지해야 하는 여론이 그가 착하거나, 공정하거나, 신에 의해 정해진 독재자라는 것이 아니라, 단지 만약 그를 전복하려는 시도가 있을 때에 그가 이길 것이라는 것임을 말하고 싶다.

흄보다 더욱 현대적인 사회과학자인 셸링은 사람들이 문제를 미리 논의하지 않고도 동의할 수 있는 상황을 지적했다. 만약 그들 모두 동일한 선택을 할 경우 많은 것을 얻고 그들 모두 동일한 선택을 하지 못할 경우 손해를 볼 많은 사람들이 있다면, 신호로 작용하고 그들이 사실상 동일한 선택을 하도록 이끄는 어떤 환경 특징들이 있을지 모른다. 물론, 반면에, 그런 것들이 없을지도 모른다.[10)]

하나의 정치적인 예로 후보자 지명 대회가 그저 그 전에 존재하는 예비 선거에 따라 결정하는 것이 아니었던 시절로 거슬러 올라가서 미국의 후보자 지명 대회에서 무슨 일이 일어났는가에 관한 브람스(Brams)와 라이커(Riker)의 관점을 고찰해 보자. 그 대회에 참여하는

13일자, p. 1을 보라).

9) Hume, p. 23.

10) 셸링의 첫째 예는 만약 그들이 사전 협의 없이 뉴욕에서 만나게 된다면 높이 보상받을 두 사람에 관한 것이었다. 그(그 당시 예일 대학 교수)는 각각이 독립적으로 그랜드 센트럴 역(Grand Central Station) 안내소로 갈 것이라고 추론했다.

모든 사람들은 대통령으로 지명되는 누구에게나 자기들이 지지를 제공했기 때문에 보상받기를 매우 강하게 바라는 직업 정치인들이었다. 반면, 보통 그들은 그들이 그 대회에 도착했을 때 누가 지명될지 알지 못했다. 그러면 그 상황에서 벗어나려는 조심스런 감정이 있었고, 개인들은 그가 누구든 자신들이 생각하기에 사실상 이길 것 같은 사람의 지지로 움직였다. 처음의 움직임은 다른 이들에게 더 많은 정보를 제공해 주는 경향이 있었고, 아주 재빨리 누구나 다 승자 쪽에 붙기 위해 돌진하고 있었다. 물론, 너무 오래 기다린 사람들은 그들의 표가 필요하지 않았으므로 보상받지 못했다. 게다가, 승자의 대열에 끼지 못하거나 패자들 중 한 명을 너무 열렬히 지지한 사람들도 보상받지 못할 것이다. 이 결과는 흄과 셸링의 생각의 혼합이다. 여기서 가치가 있는 여론은 누가 이길 것 같은가에 관한 여론이었다. 만약 당신이 너무 오래 기다릴 경우 당신이 보상받지 못할 것이기 때문에, 결정은 누가 이길지 여전히 불확실한 상황에서 이루어져야 했고, 그 결과는 처음에는 신중했다가 그 다음 자기들이 이길 것이라고 생각한 사람이 누구든 그에게 가담하기 위해 사람들이 폭포처럼 돌진하는 것이었다.

독재자를 타도하려는 시도도 다소 같은 구조를 가지고 있다. 기본적인 차이는 첫째로 모든 것이 후보자 지명 대회에서보다 훨씬 더 숨겨져 있고, 둘째로 만약 독재자 자신이 항상은 아니지만 보통 그렇듯이 이긴다면 일이 너무 빨리 진행되어 우리가 초기 단계를 전혀 보지 못할지도 모른다는 점이다.

기본적인 문제는 그림 1에서 볼 수 있다. 맨 위 패널에서는 수직 축에 독재자가 타도될 확률이 나타나 있고 수평 축에는 독재자에 대한 반대의 강도(强度)가 나타나 있다. 개인들이 축에 따라 상이한 길이들을 가져, 지방 주둔군의 병졸은 매우 적은 공간을 차지하고 참모 총장은 많이 차지할 것임을 주목하라.

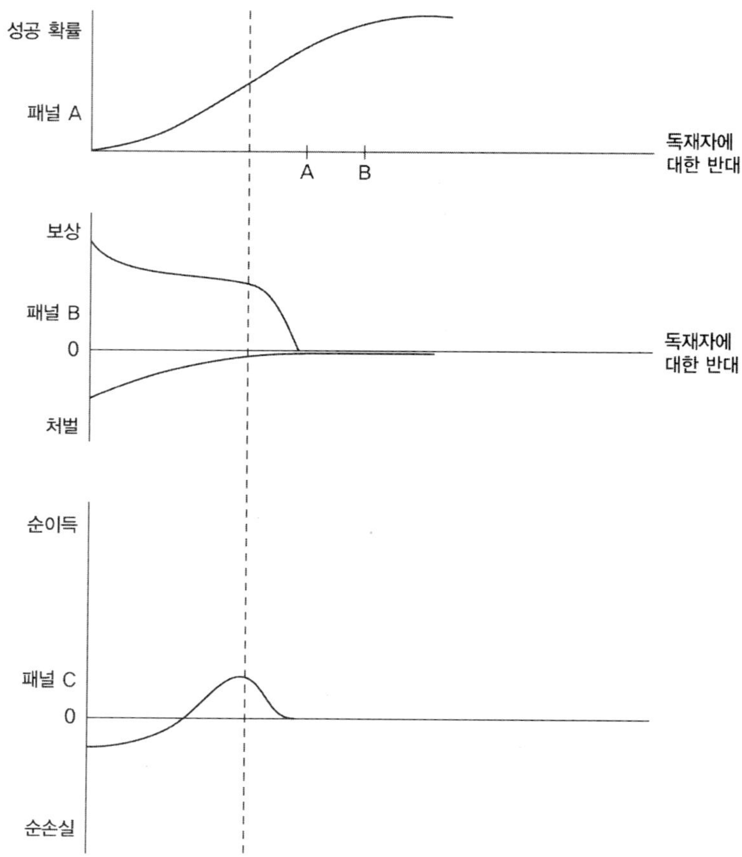

그림 1.

이 불비례의 극단적인 예는 1958년 프랑스에서 일어난 사건들이었다. 드골이 프랑스 정부를 전복하기로 결정하기 이전에는, 실질적으로 그것이 전복될 가능성은 없었다. 드골이 마음을 먹자마자 그 정부는 붕괴했다.[11] 본질적으로 그 자신은 아마도 수평 축에서 A점에서 B점으로 뻗어 있는 공간을 차지했을 것이다.

맨 위의 패널에서부터 다른 모든 패널들을 통과하여 뻗어 있는 수직 축은 패널 A의 곡선을 확률이 50 : 50인 곳에서 끊는다. 다른 말로 하면, 그 선 오른쪽에 있는 어느 것이나 독재자를 타도하는 50% 이상의 기회를 가지고, 왼쪽에 있는 어느 것이나 50% 미만의 기회를 가진다.

패널 B에서 우리는 동일한 수평 축을 계속 사용하고, 수직 축은 성공적인 참여로 인한 보상인데, 독재자의 타도로 인한 보상은 수평선 위에 있고, 독재자를 타도하지 못한 벌은 수평선 아래에 있다. 내가 이 선들을 경험적 증거에 기초해 그린 것이 아니라 다소간 내가 그것들이 그렇게 되어야 한다고 생각하는 방식으로 그린 것임을 주목하라. 만약 독자가 이것들을 마음에 들어 하지 않는다면 다른 선들로 실험하도록 부탁한다.

실제로 패널 B의 직교 좌표축의 제2사분면에 있는 더 낮은 선은 개인이 혁명 시도에 가담하고 그것이 실패할 경우 받을 처벌을 보여준다. 맨 밑의 패널은 단지 혁명 음모 행위를 숙고하는 어떤 개인에 대해 그것에 가담하는 순(純)현재 할인 가치를 보여 줄 뿐이다. 그것은 처음 세 선들로부터 계산된다. 독재자의 문제는 누구에게나 그가 이 도해의

11) 프랑스 군대는 전복에 결정적 요소였고, 드골의 결정 후에 군으로부터의 지지가 드골 주위에 응집되었다(Crozier, 1973, pp. 453-478).

음의 이득 부분에 있다고 생각하도록 손쓰는 것이다. 음모를 조직하려고 하는 사람의 문제는 사람들에게 혁명에 가담하는 현재 할인 보상이 양이라고 설득하는 것이다.

물론 이 다소 단순한 집합의 도해들은 발견적인 목적들을 위한 것이고, 확률 등에 관해 경험적으로 정확한 측정을 목표로 하는 것은 아니다. 그럼에도 불구하고 나는 그것이 이런 상황들에서 수행되어야만 하는 종류의 계산을 꽤 정확히 정말 나타낸다고 생각한다.

그러면 제3군단 사령관이 갑자기 정부가 부패하다, 사악하다 등을 선언하고 자기가 이들 타락한 지배자들로부터 나라를 구하겠다고 선언한다고 가정해 보자. 그는 이 선언을 가능한 한 설득력 있게 하려고 하는데, 그가 사람들에게 설득시키려 하고 있는 것은, 대체로, 자기가 선하다, 공정하다 등이 아니라 자기가 강하고 승리할 것이라는 점이다. 물론, 덕을 주장하지 않을 이유가 없고, 그는 분명히 그런 주장을 할 것이지만, 이것은 덜 중요하다. 그는 통신 수단들—현재 상황에서는 이것은 TV 방송국이나 라디오 방송국을 의미한다—을 장악하려 할 것인데, 왜냐하면 그는 "나는 선하다" 밑에 감춰진 "나는 강하고 이길 것이다!"라는 자기의 메시지가 전달되길 원하고 현 독재자의 메시지는 전달되지 않기를 원하기 때문이다.

이 시점에서 나라 안의 다양한 다른 사람들은, 특히 고위 관리들은, 어려운 문제에 봉착하게 된다. 그들이 혁명의 선두 악대 차(bandwagon)로 뛰어오르는 것이 더 나을까, 아니면 독재자와 함께 혁명을 억압하는 것이 더 나을까? 게다가, 주저함을 보이는 것은 아주 위험하다. 만약 당신이 독재자 자신이 이길지 모른다고 생각하면 이것은 특히 그러한데, 왜냐하면 그는 이 경우 주저함이나 중립을 반역으로 간주할 것 같기 때문이다. 힘은 힘의 외관으로부터 나오지만, 힘은 또한 힘의 외관을 주기도 한다.

독재자들이 어떻게 타도되는가에 관한 이러한 논의는 극히 간단하다. 예를 들어, 나는 심지어 타도 미수(attempted overthrow)가 충분히 강해서 그것이 나라의 일부를 물리적으로 점거하고 그 다음 오래 끄는 내전이 일어나는 특히 드물지 않은 상황조차도 다루지 않았다. 여기서도 다시, 내전의 진정한 요점은 사람들에게 이쪽이나 저쪽이 이길 것이라고 설득하는 것이다.

그러나 독재자가 어떻게 이런 종류의 타도를 방지하는가? 그는 항상 세상 사람들에게 힘이 있다는 인상을 보이는 것을 그의 주요 목표들 중 하나로서 삼아야만 한다. 독재자가 보통 시민들도 설득하려고 해야 하겠지만, 여기서 그 세상 사람들이란 보통 시민들이 아님을 주목하라. 그 세상 사람들이란 사실상 그의 고위 관리들이다. 인상적으로 보이지만 실제로는 허울뿐인 군대는 일반 시민들은 겁줄지 몰라도 그것이 얼마나 허울뿐인지 아는 고위 관리들은 겁주지 못할 것 같다. 반면, 이 군대의 실속 없음은 관리들이 독재자를 타도하려는 시도를 할 때 이 군대에 의존할 수 없다고 느낀다는 것을 의미할지도 모른다.

독재자는 전복 연합들(subversive coalitions)이 형성되는 것을 방지해야만 한다. 그가 그것들이 형성되는 것을 방지하는 기본적인 규칙은 사람들에게 그것들이 성공하지 못할 것이라고 확신시키는 것이다. 이론과 실제 모두에서 그에게 대항하는 성공적인 연합, 그를 타도함으로써 이익을 얻을 것이고 그렇게 할 충분한 힘을 가진 사람들의 연합이 항상 가능성이 있으므로, 그는 어떤 시점에서건 그런 연합의 가능성이 낮을 것이라고 믿을 수 없다. 그가 노력해야 하는 것은 음모를 시작하든지 음모에 가담하기를 숙고하는 누구에게나 독재자에 대한 어떤 음모도 그것이 불합리하기 때문에 불가능하다고 보이게 하는 것이 아니라 그 특정 음모가 실패할 것이라고 보이게 하는 것이다. 본질적으로 그는 의사소통을 위험하게 함으로써 잠재적인 음모자들 사이에서의 의사소통을 방해해야만 한다.

잠재적인 음모자들을 주어진 음모 속으로 끌어들이기 위해서는 그들에게 계층제 내에서의 승진 등의 형태로 보상을 제공하는 것이 필요하다. 문제들을 비밀로 유지하면서 이렇게 하는 것은 힘들다. 물론, 일단 혁명 쿠데타가 선언되면 아무 어려움 없이 그런 약속들을 할 수 있다.

독재자는 이것을 어떻게 다루는가? 그가 보통 취할 예방 조치는 반역에 대처하는 법률의 엄중한 시행이다. 독재자를 몰아내는 어떤 음모도, 심지어는 논의조차도, 만약 독재자가 그것에 관해 찾아낸다면 심하게 처벌 받기 쉽고, 그는 그렇게 하려고 온갖 노력을 다할 것이다. 물론 그가 그렇게 하는 이유들은 단순하다. 그의 힘을 나타내는 것들은 아주 눈에 띈다. 그는 대중 시위를 가질 수 있음은 말할 것도 없고 수비대, 경찰, 그리고 군대를 가지고 있다. 이런 다양한 활동들에 연루된 사람들은 반대되는 어떤 명확한 정보를 가지고 있지 않는 한 동일한 활동에 연루된 다른 사람들이 독재자에게 충성한다고 느끼기 쉽다. 독재자의 타도를 논의하는 것조차 불법으로 함으로써, 독재자는 그런 명확한 정보가 발전하는 것을 어렵게 만든다. 그러므로 독재자의 개인 수비대에 근무하는 불만에 찬 중위는 그의 불만이 한정된 현상이라 느끼기 쉽고, 독재자의 타도를 기뻐할 많은 다른 사람들이 있다는 것을 알아차리지 못하기 쉽다. 더욱 냉담한 수준에서는, 설사 독재자의 수비대에 근무하는 그 중위가 독재자를 타도함으로써 그리고 그들 스스로 승진함으로써 혜택을 얻을 수 있는 많은 사람들이 있다는 것이 사실임에 틀림없다는 점을 알아차린다 해도, 그는 그들과 안전하게 의사소통할 수 없고 그래서 혁명 운동에서 자기 자신의 미래를 보장할 수 없다.

심지어 독재자를 타도하는 것을 논의하는 것조차 이렇게 금지하는 것은 어떤 분별력 있는 독재자라도 취할 중요한 예방책이다. 그러나 그것은 심각한 결점을 가지고 있다. 마키아벨리는 어떤 군주의 타도도 도대체 일어났다는 것이 놀랍다고 말했는데, 왜냐하면 불가피하게 음모는 위험했고 음모를 군주에게 밀고하는 안전한 대안이 있었기 때문이다.[12] 그러면 군주는 당연히 음모를 일러바친 사람을 후하게 보상하고 음모를 일러바치지 않은 음모의 구성원들을 조치할 것이다.

대체로, 마키아벨리는 상황을 옳게 파악했다. 그러나 그는 여기서 다른 문제를 간과했다. 마키아벨리의 "보상"인, 어떤 독재자의 측근에 서건 승진하는 방법들 중의 하나는 음모를 고발하는 것이다. 그런데 실제로 거기에 고발될 음모가 있을 필요는 없다. 독재자는 그 모두가 그에게 모든 다른 사람들은 그에게 충성하지 않는다고 확신시키려는 수완 좋고 교활한 조신들에게 둘러싸이기 쉽다. 그들이 그렇게 하는 이유는 단지 그의 마음에 들어 출세하려는 욕망 때문이다. 그러므로 독재자는 자신에 대항하는 음모들을 억압하고 자기에게 정보를 주는

12) Machiavelli(1976), p. 96.

사람들을 후하게 보상하려는 매우 강한 동기를 갖고 있지만, 보상 체계는 그 자체 그리고 저절로 잘못된 경보를 발하는 경향이 있다.

이 모든 것은 독재자의 인생을 어렵게 만드는데, 사실 이것만이 인생을 어렵게 만드는 것은 결코 아니다.[13] 그는 자기 관리들이 자기에게 대항해 음모를 꾸미지 않을 것이라 믿을 수도 없고, 이런 음모들의 보고를 반드시 믿을 수도 없다. 최근에 들어 아주 작은 녹음기기의 개발로 진짜 음모를 밀고하기를 원하는 사람이 그렇게 하기가 다소간 더 쉬워졌다는 점을 말해야 할 것 같다. 불행하게도, 음모를 꾸밀 수 있는 위치에 있는 대부분의 사람들(즉, 고위 관리들)은 암시와 간접적인 방식으로 의사소통하는 데 익숙한 상당히 교활한 개인들이고, 그러므로 그들의 대화를 녹음하는 것은 그리 도움이 되지 않는다. 일반 음모는 그렇게 생각되지 않을지 모르고, 무심코 한 대화가 어쩌면 음모로 해석될지도 모른다.

그러나 지배자가 자기 주위의 높은 사람들 사이의 교묘한 음모는 방지할 수 없다 하더라도, 그는 어떤 광범위한 음모도 형성되는 것을 아주 확실히 막을 수 있다. 그러므로 고위 관리들은 현 독재자에게 적대적인 사람들이 충분히 있어서 음모가 작동할 것이라고 느낄지 모르지만, 자기들의 부하들이 자기들의 명령을 따를지 확신할 수 있는 길은 없다. 독일 군인들이 히틀러에 대항하여 행한 쿠데타들과 쿠데타 미수들을 중단시킨 것은 물론 이 문제였다.[14]

---

13) 크세노폰(Xenophon; 기원전 434?-355?의 그리스의 철학자, 역사가, 장군—역주)은 주로 이 어려움들을 논하고 있다. 그는 다소 과장하지만, 크게 과장하지는 않는다.

14) 이 경우, 괴벨스를 체포하기 위하여 파견된 병력을 지휘하는 육군 소령은 괴벨스로부터 설득당하여 쿠데타를 단념하게 되었다(FitzGibbon, 1968, p. 210).

반역에 대비하는 법의 엄격한 집행은 확실히 독재자에게는 아주 바람직하겠지만, 그는 그렇게 하는 것이 매우 어렵다는 것을 알게 될 것이고, 그것은 확실히 견고하게 최종적으로 의지할 수 있는 것은 되지 못한다. 실제로, 독재자는 한 특정 관리가 자기에 반대해 음모를 꾸미고 있다는 보고에 대해 그 관리를 죽이는 것으로가 아니라 그를 어떤 먼 곳의 대사로 임명하는 것으로 대응하는 경향이 있다. 그리고는 나중에 그를 데려올 수 있다. 물론 스탈린은 그저 죽여 버리는 정책을 따랐고, 그가 굉장히 성공적이었다는 것을 인정해야겠다.

이제 독재자가 힘을 과시하기 위해 가지고 있는, 자기를 둘러싸고 있는 모든 사람들에게 자기를 타도하려는 어떤 시도의 경우에도 자기는 그것을 억누르는 데 성공할 것이라고 확신시키기 위해 가지고 있는, 적극적인 방식들로 되돌아가 보자. 물론 이것들의 첫 번째는 간단히 말해 자기가 특별히 의심하는 사람들의 어떤 집단도 물리적으로 그것을 못하게 조처하는 것이다.

모로코의 현 국왕은 자기를 대체하려는 군인들의 여러 시도들로 고통을 겪었다. 결과적으로 지금 군대는 거의 전적으로 모로코 본토 밖에 나가 있고 폴리사리오(Polisario; 서(西)사하라의 독립을 목표로 한 게릴라 조직—역주)와 교전 중이다. 그들이 모로코에 있을 때, 그들은 경찰의 허가 없이는 그들의 기지를 벗어나도록 허용되지 않고, 그들이 기지를 정말 떠날 때는 경찰에 의해 호위된다. 군대가 모로코로 진격해 들어가기로 결정할 가능성이 완전히 배제되는 것은 아니지만, 이것은 군대에 대비해 많은 보호를 제공한다. 그것은 경찰에 대해서는 아무런 보호를 제공하지 않는다.[15] 시리아의 현 독재자는 문제의 균형을 잡기로 선택했다. 그리 멀지 않은 옛날에 그의 동생은 본질적으로 독재자를 경호하는 아주 잘 무장된 특별 군대를 지휘하였다. 그 이후 그 동생은 스위스로 추방되었고 다시 시리아로 돌아오게 되었다. 독재자는 어떤 세력도 자기를 독립적으로 타도할 수 있을 만큼 충분히 커지는 것을 허용하지 않는다. 전에 자기 동생이 지휘했던 특별 방어 회사(Special Defense Companies)는 동일한 크기의 특수 부대(Special Forces)와 경쟁하게 (되고 감시당하게) 되었다. 둘 중 어느 쪽도 안전하게 현 독재자와 군대에 맞설 수 없었다.[16] 그러한 균형 잡기는 모로코 왕이 하고 있는 종류의 것보다 더 흔하다.

여기서의 문제는 진정한 의미에서 독재자는 자연 상태(state of nature)에 산다는 점이다. 그는 잘 운영되는 국가의 중요한 자산의 소유자가 아니다. 그를 보호할 수 있는 압도적으로 강력한 국가는 없다. 그가 보호받을 필요가 있는 것은 그 국가의 부분들로부터다. 이 모든 것은 그의 삶을 위험하게 하고 몇 가지 면들에서는 불쾌하게 하지만, 아마도 독재자들은 이득이 손해보다 더 크다고 간주할 것이다.

그 상황은 아주 전형적인 공공선택론 문제, 스스로 집행되는 헌법

---

15) 「워싱턴 포스트」, 1984년 1월 27일자, p 19. 군대는 더 나아가서 국방 장관도 참모 총장도 가지고 있지 않고, 17만 명의 부하들에 대해 단지 한 명의 현역 장군이 있을 뿐이다(「타임」, 1984년 9월 24일자, p. 44).

16) 하페즈 알-아사드(Hafez al-Assad)의 동생 리파트(Rifaat)는 정예의 특별 방어 회사를 지휘하는 대령이다. 그의 경쟁자 알리-하이다르(Ali-Haidar) 장군은 (비슷한 규모의) 특수 부대를 지휘한다. 두 조직은 서로를 감시하는 데 많은 시간을 쓴다(Dunnigan and Bay, 1985, p. 57). 실제 이 페이지가 쓰인 때, 다마스커스는 상이한 군대 파벌들이 서로 총을 겨누고 때때로 가벼운 발포에 종사하는 무장 진영이었다(「워싱턴 포스트」, 1984년 2월 9일자, p. 7). 이것은 시리아 독재 정권이나 참으로 어떤 독재 정권에서도 보통 일어나는 상황을 더욱 공공연하게 표현한 것이다. 보통은 그것은 더 잘 감춰진다.

(self-enforcing constitution)과 유사하다. 적어도 꽤 훌륭한 정부를 야기할 국가 헌법을 설계하는 것은 상당히 쉬운 일이다. 문제는 이 헌법을 스스로 집행되는 방식으로 설계하는 것이다. 단지 하나의 예만 들면, 당신은 어떻게 대법원이 헌법의 설계자들이 의도했던 것보다 더 우월해야 한다고 결정하는 것을 방지할 것인가? 현 시점에서, 우리는 민주정치에서 이 문제에 대하여 별다른 해결책을 갖고 있지 못하고, 독재자는 그것에 매일 직면해야 한다.

중국의 4인방은 그들의 경비대 사령관이 그들을 경비하기보다는 그들을 체포하기로 선택했기 때문에 그들의 권력 지위를 잃었다.[17] 과테말라의 독재자 아레발로(Arevalo)는 아내와 함께 자기 집 식당으로 걸어가다 자기 자신의 경비대원 한 명에게 암살당했다.[18] 한국의 박정희 대통령은 그의 비밀경찰의 수뇌에게 암살당했다.[19] 그러나 이 문제는 독재 정권에서 반역에 대비하는 법을 집행하려고 시도함으로써 그리고 이제 우리가 살펴볼 다양한 다른 기법들을 사용함으로써 어느 정도 완화될 수 있다.

후자들 중 첫 번째는 그저 다른 사람들이 확고한 권력을 가진 지위를 얻는 것을 방지하는 것이다. 독재자는 무솔리니가 "경비대의 교체(changing of the guard)"라고 부른 것을 실행해야 한다. 즉, 그는 그들이 무슨 직을 가지고 있든 거기서 견고한 개인적 지지자를 절대 키우지 못하도록 자기 고위 관리들을 순환시켜야 한다. 이것은 군대와 경

---

17) Onate(1978), p. 562.
18) 「뉴욕 타임스」, 1957년 7월 28일자, p. 1.
19) 박정희는 중앙정보부장 김재규와 경호실장 사이의 논쟁 중에 총에 맞아 숨졌다(「뉴욕 타임스」, 1979년 10월 27일자, p. 1).

찰의 경우 특별히 중요하고, 물론 대부분의 현대 국가들이 고위 장교들을 정규적으로 순환시키는 영역들에서 그러하다. 첫째, 이 순환은 독재자의 권력을 밖으로 드러낸다. 어느 개인이나 언제든지 자기가 제거될 수 있다는 것을 알게 된다. 둘째로, 그것은 서비스를 은밀하게 보상하는 길을 제공한다.

독재자는, 만약 그가 분별력이 있다면, 사람들을 한 군 사령부로부터 다른 군 사령부로 순환시킬 뿐만 아니라 적어도 가끔씩은 개인들을 완전히 사령부로부터 제거했다가 몇 년 후 그들을 다시 복직시키기도 할 것이다. 멕시코에서는 제도 혁명당(Institutional Revolutionary Party)이 원래는 단지 군인들의 연합이었을 뿐이라는 점을 여기서 말해야겠다. 독재 정권이 계속됨에 따라, 다소 무질서한 상태에서 다소 질서 있는 상태로 전환하게 된 것은 그 모두 사실상 자기들 자신의 소규모 군대를 가진 산적 두목들이었던 고위 군 관리들에게 자기들의 부대가 자기들과 동행하지 않는 순환을 부과하는 것과 주로 관련되었다.[20]

이것의 많은 사례들이 있다. 모택동이 중국을 장악했을 때, 그는 실제로 본질적으로 5개의 군대가 있는 한 조직의 수장이었는데, 5개의 군대 모두는 무(無)나 다름없는 것에서 한 지도자에 의해 세워졌고 그 지도자에게 상당히 충성스러웠다. 모택동은 이것을 일상적인 방식으로 다룰 수도 있었을지 모르지만, 한국 전쟁은 그에게 멋진 기회를 제공했다. 그는 본질적으로 이 군대들 각각에서 한국전에 보낼 특정 부대들을 징집했다. 그 다음 이 부대들은 일정 주기로 중국으로 교대해 되돌아갔지만, 그들의 원래 군대로 되돌아가지는 않았다. 그 결과로 한

---

20) 제도 혁명당의 역사에 관해서는 Smith(1979), pp. 11-20을 보라.

국전 말에 그 5개의 주요 군대는 하나로 융합되었다. 그러고 나서 모택동은 4명의 가장 중요한 장군들을 개인적으로 힘 있는 그들의 자리에서 쫓아낼 수 있었다.[21]

대다수의 독재자들이 적어도 면밀하게 생각해야 하는 것은 개인적인 군대 지휘이다. 최소한도 독재자는 누가 군대를 지휘하는지에 대해 많은 관심을 쏟아야 하고, 만약 가능하다면, 진정한 지휘관은 없고 전쟁 장관, 참모 총장 등과 같은 칭호들을 가진 많은 관리들이 있도록 그것을 고쳐야 한다. 그러나 그는 스스로 직접 지휘할 수도 있고, 이것은 흔히 권력을 유지하는 데 아주 도움이 된다.

다른 기법은 단체 조직을 통한 통제(즉, 거의 모든 것의 상부에다 평의원회나 위원회를 설치하는 것)이다. 해군 본부 위원(the Lords of Admiralty)은 이것에 관한 오늘날의 예이다.[22] 내각과 의회는 다른 예들이다. 이런 종류의 집단은 효과적으로 음모를 꾸밀 수가 없는데, 왜냐하면 누군가 비밀을 누설할 것이고 어떤 개인도 그것을 개인적인 지지 세력을 만드는 데 사용하기 힘들 것 같기 때문이다.

아주 전통적인 또 다른 수법은 “가장 키 큰 꽃들의 머리를 자르는 것(cutting off the head of the tallest flowers),” 힘과 영향력에서 떠오르

21) 5개의 야전군에 관해서는 Karnau(1972), pp. 68-69를 보라. 순환 정책과 전후 재조직에 대해서는 Gittings(1967), pp. 294-299를 보라. 나는 나를 이 아이디어의 사실상 원천이라고 믿는다는 점을 언급해야겠다. 내가 알고 있는 한, 내가 한국 대사관으로부터 국무부에 써 보낸 비밀 급송 공문서가 그것을 최초로 언급했다.

22) 원래 헨리 8세 치하에서 수립되어, (5명의 위원들로 구성된) 해군 본부(Admiralty)는 1964년까지 영국 해군 작전을 책임지고 있었다. 이 날 이후 해군 본부는 해군성(Navy Department)으로 되어, 그 안에 비록 그 기능은 규정되어 있지 않지만 해군 본부 위원이 여전히 존재한다.

는 사람들을 처치하는 것이다.[23] 대선장(the Great Captain)이 스페인 왕을 위하여 이탈리아의 대부분 땅을 얻은 후 스페인으로 돌아왔을 때, 그는 거의 즉시 그의 영지로 추방당했고 스페인 정부에 어떤 영향력을 갖는 것도 금지 당하였다.[24] 주코프가 "반당 음모(Anti-Party Plot)" 사건에서 흐루시초프에게 성공을 마련해 준 직후 흐루시초프가 주코프를 처치한 것은 확실히 또 다른 예이다.

권력을 유지하는 사소하나 그럼에도 불구하고 아마도 중요할 측면으로서, 독재자를 둘러싼 많은 화려한 의식이 좋은 아이디어다. 나는 독재자 역시 그것을 즐기지 않을까 생각한다고 여기서 말해야 할 것 같다. 만약 독재자가 자기 자신 매우 소박한 사람의 모습을 띠면서 자신이 많은 엄숙한 의식으로 둘러싸이도록 준비할 수 있다면 그것은 특히 도움이 된다. 몽고메리 경은 2차 대전 중 그 자신은 재단이 불완전한 제복을 입으면서 모든 그의 참모 장교들에게는 신발에 광을 내는 등 절대적으로 완벽하게 정장하도록 고집했다. 그의 홍보 장교(public relations officer)는 이 대조로부터 상당한 정도로 유명해졌다.[25] 이런

---

23) 트라시보울루스(Thrasyboulus)는 "옥수수 밭 옆을 산책하는 데 페리안드로스(Periandros)의 사자(使者)를 데리고 가서 자기의 산책 지팡이를 가지고 보통보다 더 커 보이는 줄기는 어느 것이나 머리를 세심하게 베어" 코린트의 젊은 페리안드로스에게 참주가 되는 방법에 관해 조언을 했던 것으로 이야기된다(A. R. Burn, 1984, p. 126).

24) 대(El Gran)선장은 Dupuy and Dupuy(1977, p. 488)가 "조직과 책략의 천재"라고 묘사하는 곤살로 데 코르도바(Gonzalo de Córdoba)였다. 그는 자기의 굉장한 성공 후에 스페인으로 소환되었고 "페르디난드[왕]의 시기심 때문에" 다시는 지휘할 기회가 주어지지 않았다(상게서, p. 470).

25) Barnett(1960), pp. 269, 280을 보라. 흥미롭게도, 몽고메리가 기이하게(아주 특히 이국풍의 모자를 써서) 옷차림을 하기 시작한 것은 단지 1942년 8월 제8군을 지휘한 후부터였다. 그 때까지는 그의 의복은 아주 정통적이었다(상게서). 몽고메리의 『회고록』(*Memoirs,* 1957, p. 111)에서 그는 이것이 의식적(意識

종류의 일은 흔히 독재자에게 이익이 된다.

독재자는 언제나 자기 마음대로 해야 한다는 다른 중요한 측면이 있다. 많은 실수를 하지 않으면서 자기 마음대로 하기 위해서는 독재자는 신중해야만 한다. 마키아벨리는 "독재자는 끊임없이 조언을 간청해야 하지만, 간청하지 않은 조언은 절대 받아들여서는 안 된다"고 말했다.[26] 만약 독재자들이 간청하지 않은 제안을 나로부터 기꺼이 받아들인다면, 이것은 여전히 어떤 독재자들에게도 좋은 조언이다. 두 번째로 독재자는 어떤 특정 문제의 논의에서도 보통 자신의 마음을 늦게 결정해야 한다. 그리고 마지막으로, 만약 그가 어떤 특별히 어려운 문제를 만나게 되면, 그는 그 모든 것을 밑의 사람에게 떠넘겨야 한다. 만약 일이 잘못되면 그는 밑의 사람을 탓할 수 있다. 그러나 일단 그가 입장을 취하면, 대체로, 그가 입장을 바꾸는 것은 위험하다. 독재자는 이것을 때때로 벌 받지 않고 해 낼 수도 있지만, 자주는 아니다.

여기서의 기본적인 문제는 핵전쟁과 관련하여 논의되었던 문제, "단계적 확대의 지배(escalation dominance)"이다. 독재자는 독재자에 대한 반대가 상위 수준으로 갈수록 가능성이 적다고 느끼는 사람들에게 둘러싸여 있어야 한다. 다른 말로 하자면, 개개 조신은 독재자가 이길 것이기 때문에 독재자와 진지한 논쟁을 하는 것이 의미가 없다고, 만약 자기가 쿠데타를 준비하려 하면 독재자가 이길 것이라고, 그리고 만약 자기가 실제로 내전을 시작한다면 독재자가 이길 것이라고 믿어야 한다. 어느 조신이나 다 이 모든 것들이 사실이라고 생각하는 한, 독재자는 안전하다.

的)인 정책을 반영한 것임을 인정했다.

26) Machiavelli, *The Prince.*

이 문제들은 독재자에게 명백히 매우 어렵고, 내가 제안했던 해결책들이 불완전하다는 것 또한 명백하다. 물론 이것은 현실 세계의 특징이다. 독재자들은 대체로 자기들의 권력을 영구히 지키지 못한다. 게다가, 여기서 내 논의의 진정한 지적 정밀성의 결여도, 내가 믿기로, 또한 현실 세계를 반영한다. 독재자는 아주 어려운 문제들의 집합에 봉착하고, 그것들에 대한 그의 해결책들은 우리가 발견하고 싶은 깔끔한 수학적 해(解)들이 아니다.

내가 이런 종류의 문제들을 논의할 때, 나는 보통 내가 두 가지 반응을 얻는다는 것을 발견한다. 그 첫 번째는 이것은 분명히 터무니없다는 것이고, 두 번째는, 때때로 동일한 이에게서 대화 중 좀 있다 받게 되는 것이지만, 누구나 다 이 문제들을 언제나 알고 있었다는 것이다. 나는, 적어도 우리가 독재자 자신들에 관해 이야기하고 있을 때는, 두 번째가 사실상 옳다고 생각한다. 비록 내가 대다수 독재자들이 내가 논의해 온 종류의 문제들과, 그 문제와 관련, 내가 다음 두 장들에서 논의하게 될 종류의 문제들을 대체로 알고 있었을 것이라고 생각하지만, 그들은 그것들에 관해 별로 말하지 않았다. 이것은 아마도 그들이 이런 문제들에 관한 어떤 공개적인 논의도 자기들의 권력을 약화시킬 것 같다고 간주하기 때문일 것이다.

독재자에 관하여 논의할 때, 정치학자들은 이런 문제들에 별로 관심을 기울이지 않는 경향이 있었다. 독재 정권에 관한 현존 문헌들은 희박하고, 내 생각에는 매우 시원찮다. 그것은 아주 심하게 도덕적 고려에 의해 지배되고 있고, 사실상 상당한 정도 그 전체 관념에 대한 단순한 공격들로 구성되어 있다.[27] 이런 공격들은 다소 제한될 수 있다. 공산주의가 그 자신의 정부들(물론 언제나 독재 체제들인)에 대한 정치학은 전혀 가지고 있지 않으면서 다른 정부들에 대해 정교한 공격을 정말 가지고 있다는 것은 공산주의의 흥미로운 특징이다. 그것들 모두는 독재 체제들인 것으로 비난받고, 이 비난은 명백히 상처를 내기 위한 것이다. 그러나 심지어 거기서조차 그것들은 이론적 구조를 가지고 있지 않다.

만약 우리가 관심을 내가 서양 원천들에서 찾을 수 있는 소수의 것들로 돌린다면, 마키아벨리가 아마도 가장 많은 지식을 줄 것이다. 독재자들에 대한 도덕적 공격, 독재자들에 대한 도덕적 조언(즉, 그들은 선하라고 이야기 듣는다), 그리고 독재 체제의 계급 구조라는 면에서의 가끔의 논의가 우리가 찾을 수 있는 거의 전부이다. 내 견해에는 이 모든 것들은 초점을 벗어나 있다. 독재 체제는 정말로 비도덕적이고 사악할지 모르지만, 우리는 그것을 알려고 노력해야 한다. 게다가, 독재자들에게 도덕 강의를 제공하는 것은 그다지 큰 도움이 되지 못할 것 같다.

---

27) 예들에 대해서는 Johnson(1974)과 Hamil(1965)의 것들을 보라.

제3장 전쟁

나폴레옹, 히틀러, 그리고 무솔리니는 모두 실패한 전쟁의 결과로 자기들의 권력을 잃었다. 반면에 알렉산더, 징기스칸, 그리고 스탈린은 모두 전쟁의 결과 자기들의 권력을 크게 증가시켰다. 그렇다면 절대 독재자에게는 전쟁은 자기 권력을 증가시키기 위한 기회뿐만 아니라 그것을 잃을 위험도 제공한다. 이 장에서 우리는 독재자가 자기 권력을 증가시키거나 다른 독재자들을 타도하는 능력보다는 외부 군대에 의한 독재자의 타도를 예방하는 본질적으로 방어적인 문제에 주로 관심을 기울일 것이다. 우리는 또한 주장(主將) 경기자의 입장으로부터 생각했을 때의 전쟁의 명백히 실질적인 오락적 가치도 무시할 것이다. 전쟁은 군주들의 스포츠라는 17세기와 18세기에 자주 행해진 진술은 그 안에 많은 진리를 지니고 있었던 것으로 정말 여겨지기는 한다.

전체로서의 역사의 범위에 걸쳐서 외적 침입이나 국내 쿠데타 중 어느 것이 전제 통치자에게 더 큰 위험인지는 전혀 명백하지 않다. 최근 몇 년간에는 국내 쿠데타가 명백히 외적 침입을 크게 능가했지만, 나는 이 상황이 변하는 상태에 있을지 모른다고 믿는다. 최근에는 몇몇 통치자들이 침입으로 제거되었다. 이 경우 아프가니스탄은 특히 흥미로운데, 왜냐하면 러시아인들이 처음에는 꼭두각시를 임명한 후에 그를 죽이기 위해 군대를 들여보냈기 때문이다.[1] 이것은 결코 유일한 사례가 아니다. 카다피는 주기적으로 차드(Chad; 아프리카 중북부의 공화국—역주)에 개입하는데, 그 개입은 때때로 프랑스인들에 의해 억제된다.[2] 게다가, 프랑스인들은 자기들의 이전 제국의 거의 전 기간에 걸쳐서 기존 독재자를 지지하는 것을 통해서나 그가 제거될 것이 꽤 확실한 상황에서는 지지를 철회하는 것을 통해서 지방 정치에 관심을 가져 왔다.[3] 영국은 자기 제국의 태반에 자유를 부여한 바로 며칠 뒤 다소 이러한 종류의 일을 했다. 예를 들어 니예레레(Nyerere; 1921년 출생, 1964-1985년 탄자니아 대통령—역주)는 크게는 영국 해군 기동 부대가 니예레레에 반기를 든 군사 반란을 진압했기 때문에 자리에 오른 탄자니아의 독재자이다. 그러나 영국은 명백히 이 특별 활동을 이후로는 포기했다.[4]

물론 니예레레는 이디 아민을 축출하기 위해서 군대를 보냈고, 사실상, 이 글을 쓰고 있는 이 때 그의 점령군은 여전히 우간다를 장악하고 있다.[5] 베트남 정부는 라오스를 정복했고, 꼭두각시 정부를 세웠으며, 또한 캄보디아에서도 무력으로 꼭두각시 정부를 세웠다. 이들 경우 물론 이전의 독재자는 자리를 잃었다.[6]

---

1) 1978년에 타라키(Taraki)와 아프간 공산당이 러시아 지원으로 권력을 잡았다. 1979년 9월에는 타라키가 물러나고 아민(Amin)으로 대체되었으며, 1979년 12월에는 소련군 부대들이 아민을 제거하고 그 대신 카르말(Karmal)을 세웠다. 자세한 연대기를 알기 위해서는 Dunnigan and Bay(1985), pp. 122-125를 보라.
2) 상게서, p. 133.
3) 상게서, p. 136.
4) Johnson(1983), p. 529.
5) 그들은 아민의 정부보다 더 나쁜 정부를 낳았다는 거의 불가능한 과업을 달성했다. 상황은 계속 악화되어, 그 결과 약간의 국민들이 아민의 정권을 모든 가능한 악들 중에서 가장 덜한 악으로 회고하기 시작하고 있다. 「워싱턴 포스트」, 1984년 8월 5일자, 일요판, pp. 1, 32, 및 33을 보라.
6) Johnson(1983), p. 657. 캄보디아에서의 베트남 정부가 사악하고 압제적인 정

이라크와 이란 사이의 현재의 유혈 전쟁은 이라크의 독재자가 이란으로부터 유전을 탈취하기로 결정했을 때 시작되었다. 그는 명백히 이란 정부를 전복하는 데 관심이 없었지만, 물론 이란의 주 수입원을 뺏는 것이 바로 그와 같은 일을 했을지는 모른다. 이라크 군대는 거의 믿을 수 없을 정도로 어리석게 행동하여 그 결과 그것은 지금 이라크 안에서 이란 군대를 막고 있다. 이란 군대는 이라크의 현재의 독재자를 제거하려는 욕망을 공공연히 드러내고 있고, 사실상, 분명히 만약 자기들이 이라크 군대를 멸망시킬 수 있다면 페르시아 만에 걸쳐 정부들을 변경할 것을 기도(企圖)하는 것 같다.[7)]

그러나 이 모든 것은 최근 쿠데타에 의해 전복된 독재자들의 수에 비교하면 아주 사소하다. 나는 이것을 과도적 현상이라고 믿는다고 여러 번 말했다. 본질적으로 미국 지배의 기간과 강요된 평화는 소멸하고 있고, 내 생각에 세계는 전통적인 무질서 상태로 되돌아 갈 것이다. 만약 그렇다면, 독재자들은 외국으로부터의 침입을 국내 쿠데타만큼이나 위험한 것으로 여길 것이다. 물론 적어도 몇몇 독재자들은 이것을 기회로 보지 위험으로 보지 않을 것 같고, 그것은 부분적 보상이기는 하다. 우리는 아프리카에서 몇몇 진정한 제국들을 볼지 모른다. 풀라니(Fulani) 십자군이 다시 시작될지 모르고/거나 말리(Mali)는 같은 이름의 것이 과거 그랬듯이 대제국이 될지 모른다.[8)]

부지만 대체로 민중은 그것을 전복하려 하지 않는데, 그 이유는 그것이 대체된 폴 포트 정부보다 더 낫기 때문이다.

7) Dunnigan and Bay(1985), p. 73.

8) 니제르 강의 내부 델타에 걸쳐 뻗어 있었던 마스나(Masna)의 풀라니 제국(1818-1862)은 칼끝으로 이슬람으로의 개종을 강요했던 무슬림 십자군의 결과였다(Mair, 1979, p. 71). 말리 제국은 13세기 후반부터 대략 1468년까지 존속하였다. 최전성기에 그것은 남으로 쿠쿠야(오늘날의 벤티아)에 이르기까지 니

이것이 지배 독재자에게 주는 기본적인 문제는 이라크로 꽤 잘 표현된다. 이라크에는 맹렬한 군사 봉기들이 있었고 정부가 전복되었는데, 현재의 독재자는 이러한 전복들 중 하나의 산물이다. 그는 여러 이유들로 자기의 매우 큰 석유 수입을 러시아 사람들로부터 무기와 탄약을 사는 데 쓰기로 작정하였지만, 동시에 그는 명백히 군대가 자기를 타도할까봐 걱정하였다. 그는 따라서 기본적인 성격이 자기를 타도할 것 같지 않은 일단의 사람들을 고위직에 앉혔다. 심지어 그렇게 했음에도, 그들은 비밀경찰에 의해 면밀히 감시되었고 그들 사이는 갈라지게 되었다. 이것은 그에게 국내적으로 많은 안전을 주었지만, 그가 이란의 유정을 탈취하려고 작정하였을 때, 그는 이 사람들이 정말 그에게 위험이 아닐지 모르나 그들이 이란 사람들에게도 큰 위험이 아님을 발견하였다.[9]

전쟁 초기에는, 전쟁은 이라크의 독주였음에 틀림없다. 거의 믿을 수 없을 정도의 이라크 최고 사령부의 군사적 무능력은[10] 그들이 이란에 대해 그리 많은 피해를 끼치지 않고, 물론, 이란을 짜증나게 한다는 것을 의미했다. 특히 후세인이 그들의 유정을 빼앗지 못했고 그래서 그들이 해외로부터 대량의 무기를 계속해서 끌어들일 수 있었다는 사실을 인정할 때, 이란의 자연적인 군사 능력은 이라크의 그것보다 엄청나게 더 크다. 후세인은 명백히 전쟁에 관해 매우 많이 생각하지 않은 것 같고, 그러므로 그들이 그의 석유 수출품의 태반을 끊을 수 있었

제르 강의 양안(兩岸)을 통제한 반면, 서쪽에서는 세네갈 강과 감비아 강을 따라 대서양 연안에 이르는 왕국들이 그것의 속국이 되었다(상게서, p. 5).

9) 「뉴욕 타임스」, 1985년 2월 3일자, p. 16.

10) 그들의 아주 나쁜 전략과 전술의 선택에 대해 후세인 자신이 상당한 정도 책임이 있었을 것 같다.

던 상황에서 전쟁을 시작했었다. 그 결과는 중무장했으나 극히 무능한 그의 군대가 매우 크게 도움이 되지 못한 상당한 시간 후에 이란인들이 그를 격퇴하기 시작했다는 점이다.[11)]

그의 군대가 그를 직접적으로 타도할 가능성은 거의 없지만 그의 군대가 전쟁에 패배할 것이기 때문에 그는 권좌를 잃을지도 모른다. 그러나 다시 한 번 말해 이러한 것들은 복잡하다. 그의 고급 장교들은 전보다 지금 그를 타도하기 더 나은 처지에 있다. 더군다나 그들 중 몇몇은 시간이 지남에 따라 일정량의 군사적 능력을 발전시켰을 것 같다.[12)] 이들 더욱 자신감 있는 장교들 가운데 몇몇은 군대에서 충성심을 얻었을지 모르고 자기들 스스로 이라크의 독재자가 되기를 원하면 안 될까 생각하고 있을지 모른다.

이것은 대외 전쟁의 가능성이 절대 통치자에게 제기하는 종류의 이중적 문제이다. 그는 자기 이웃 나라의 군대에 의해서나, 자기가 자기 이웃 나라에 대비해서 자기를 방위하기 위하여 조직하는 군대에 의해서 타도될지 모른다. 또한 자기 이웃 나라를 정복함으로써 자기 자신의 힘을 증대할 가능성도 있지만, 다시 한 번 말하자면, 그가 이 목적을 위해 조직하는 군대는 그를 타도할지도 모른다. 우리가 지난 장에서 논의한 문제들에다가 이 문제가 추가된다.

아프리카 독재자들이 서로 침입하지 않기로 합의하는 일종의 카르텔을 맺게 된 것은 아마도 이 같은 문제들을 고려했기 때문일 것이다.

---

11) 1984년 이란의 총 인구는 4128만 명으로 추정되었는데 그 가운데서 총 병력은 220만 명이었다. 이라크에 대한 대응 수치는 각각 1420만 명과 51만 5천 명이었다(*Facts and File,* 1984년 3월 23일자, p. 201).

12) 그들 중 몇몇은 그들의 이란 상대편들보다 더 유능한 것 같다. 물론 이것은 증거가 박약한 칭찬이다.

그것은 그들 모두에게 비교적 소규모의 군사 단위들과, 더욱 중요한 것으로, 약한 군사 단위들을 유지하는 것을 가능하게 하는데, 후자의 이유는 상급 장교들이 자기들의 지휘 아래 있는 군대로부터 충성을 얻지 못하기 때문이다.[13] 이런 카르텔의 문제는, 모든 카르텔들의 문제와 같이, 깨어지기 쉽다는 점이다. 나는 우간다에 대한 니에레레의 성공적인 침입과, 성공한 것도 있고 실패한 것도 있지만 차드에 대한 카다피의 침입들을 언급한 바 있다. 동일한 종류의 일에 관한 몇 개의 다른 예들이 있다. 알제리는 모로코로부터 사하라 사막의 한 조각을 뺏으려고 시도하는 폴리사리오 전선(戰線)을 후원해 왔다.[14] 물론 소말리아와 에티오피아 사이의 간헐적인 전쟁은 이것이 깨어진 다른 영역인데,[15] 여러 독재자들은 자기 나라에 있는 이웃 나라로부터의 망명자가 자기 이웃 나라의 정부를 전복하려는 시도를 은밀히 지원해 주었다.

이러한 카르텔 파기에 대한 아프리카 국가들의 기본적인 반응은 파기가 일어나고 있지 않은 척하려는 것이다. 그럼에도 불구하고 이것은 점점 더 어려워지고 있고, 지금은 아프리카 통일 기구(Organization of African Union)가 모이게 하는 것조차 아주 어려워지고 있는데, 사실상 그 회원들 사이 낮은 수준에서 진행되고 있는 다양한 전쟁들 때문이다.[16]

---

13) 남아프리카, 에티오피아, 앙골라, 짐바브웨, 소말리아, 모잠비크, 우간다, 차드, 그리고 콩고(이 모든 국가들은 현재 다양한 강도의 전쟁에 연루되어 있다)를 제외하면, 보통의 아프리카 국가는 군사 지출에 GDP의 2% 미만을 투입한다 (Dunnigan and Bay, 1985, p. 373, [표]).

14) 전에 그것은 마우레타니아(Mauretania)로부터 다른 조각의 땅을 뺏는 데 성공했다(「뉴욕 타임스」, 1984년 4월 23일자, p. 5).

15) 「뉴욕 타임스」, 1984년 12월 21일자, p. 5와 1985년 1월 3일자, p. 5.

16) 1983년 에티오피아에서 있었던 OAU 회합은 모로코가 동료 OAU 회원인 나

일반적으로 다른 나라에 의한 어느 나라의 군사적 침입은 그 정부를 전복하고 싶은 이웃 나라 국민들을 단순히 지원하는 것과는 구별되어야 한다. 두 가지 모두는 아마도 받는 정부가 분개할 종류의 활동이지만, 그것들은 공세적 활동에 종사하고 있는 국가에게는 아주 상이한 위험 수준들을 분명 내포하고 있다. 예를 들어 알제리는 알제리 군대의 어떤 장교의 개인적 명성도 쌓아 올리지 않고 폴리사리오 전선에 무기와 망명지를 제공할 수 있다. 독재자는 자기 자신의 군사적 성공 다음에 자기 자신의 군대가 자기에게 반기를 드는 것에 관해 특히 걱정할 필요가 없다.

그러나 문제를 차례로 처리하기로 하자. 우리는 먼저 독재자가 외국 침입에 대비해 자신을 보호하는 것을 다룬 다음, 그가 스스로 침입에 간여함으로써 얻는 이득에 그리 많지 않은 소량의 관심을 표시할 것이다. 그 다음 우리는 그가 군사적인 힘과 효율을 효과적인 군사력이 자기에게 부과하는 위험과 견주어 어부지리를 얻는 문제를 논의할 것이다. 물론 효과적인 군사력이 위험을 정말 제기한다는 점을 명심해야 한다. 그러나 그것은 매우 효율적인 비밀경찰이나, 정말, 타고난 능력으로 국가에서 많은 지지를 발생시킬 어떤 부하보다도 현저하게 더 위험하지는 않다. 아무튼, 한국의 박정희 대통령은 위에서 언급했듯이 자기의 비밀경찰의 수장에 의해 살해되었다. 더 나아가서, 모든 통치자들 가운데서 가장 의심이 많은 스탈린은 아주 정기적으로 자기의 비밀경찰의 우두머리들을 죽였는데, 왜냐하면 그들이 자기에 대항해서 음모

이지리아의 지지를 받는 폴리사리오 전선과 협상하기를 거부한 후 붕괴되었다(「뉴욕 타임스」, 1983년 9월 23일자, p. 5).

를 꾸미고 있다고 생각했기 때문이다. 스탈린의 비밀경찰의 마지막 수장 베리아는 스탈린의 사망 거의 직후 살해되었는데, 그가 스탈린의 계승자의 나머지 사람들에 대해 음모를 꾸미고 있었기 때문이거나(이것이 그들이 말한 바이다), 그저 그들이 그가 너무 힘이 세다고 생각했기 때문이거나 둘 중 하나다.[17] 비록 전투 부대이긴 했어도 기본적으로는 로마 황제의 중앙 근위 치안대였던 근위병단(Pretorian Guard)은 항상 적어도 제국의 어떤 다른 사람만큼이나 황제에게 큰 위험이었다.[18]

군사적 문제에 관해 생각해 보자. 첫 번째 할 말은 군사적 문제가 상당한 정도 또한 외교적 문제이기도 하다는 점이다. 약한 군대는 자기가 위험에 덜 처하는 방식으로 국제적 환경을 변경함으로써 보상될지도 모른다. 내가 여기서 약한 군대를 말하고 있는 것이지 작은 군대를 말하고 있는 것이 아님을 주목하라. 이 문제는 아래에서 논의될 것이지만, 황제들을 끊임없이 성가시게 했던 로마 군대는 제국의 크기를 감안할 때 꽤 작은 군대였다.[19] 스탈린은 엄청나게 더 큰 군대를 유지하였는데, 1930년대에 이루어진 몇몇 죄과들을 무시하면, 이것은 사실

---

17) Johnson(1983), p. 674-5.

18) Dupuy and Dupuy (1977, p. 124)에 따르면, “국가에 대한 근위병단의 추종을 확보하는 헌법적, 도덕적, 혹은 물리적 토대가 없었다. 그들은 종사할 일이 별로 없었고, 그래서 그들은 흔히 나태하고, 방탕하고, 사악했으며, . . . 정책과 권좌에 대한 계승에 영향을 미칠 수단을 가지고 있었다.” 황제를 세우고 폐위하는 근위병단 권력으로 인하여 서기 193년의 셉티무스 세베루스(Septimus Severus)의 통치를 시작으로 영속적인 군인 전제 정치 시대가 나타나게 되었다(상게서).

19) 전성기(기원후 2세기)에 로마 제국은 영국, 프랑스, 라인 강 서부의 독일, 이베리아 반도, 이탈리아, 발칸 제국, 소아시아, 중동, 그리고 북아프리카를 포함한 반면, 서기 70년 이후의 어떤 한 시점에서나, 만약 지방 원군들이 포함된다면 숫자는 30만 명을 다소 넘을 것이지만, 겨우 17만 4천 명의 군단 병력이 있었다(Luttwak, 1976, p. 16).

상 그에게 아무런 실질적 근심을 결코 야기하지 않았다.[20] 그리고 프랑스는 왕에게 아무런 위험이 되지 않는 거대한 군대를 유지하였다.[21]

영국 군대는 물론 주로 제국 여기저기에 산재한 식민지 군대들로 구성되었다. 그러나 그것들은 그럼에도 불구하고 거대한 힘이었고, 물론 그것들은 더욱 더 강력한 해군의 뒷받침을 받았다. 그것들의 구조는, 그 구조의 다소 특이한 내부 조직과 더불어, 아래에서 다루어질 것이다. 그러나 그것이 군사 봉기로부터는 보호했지만 다른 사회 봉기 요소들로부터는 다소 잘 보호하지 못했다는 점이 지적되어야겠다. 영국에서 이용할 수 있는 군대는 보통 아주 작았는데, 이 사실은 다양한 사람들에게 자기들이 왕을 타도할 수 있다고 생각하게 만들었다.[22] 물론 윌리엄이 성공했듯이 미국 식민지 사람들이 성공한 반면, 제임스 2세, 제임스 3세, 그리고 찰스 3세는 다 성공하지 못했다.[23] 여러 아일랜드 반역자들에 대해서도 같은 말을 할 수 있을 것이다.[24] 그럼에도 불구하

20) 1941년 1월 1일(독일 침입 6개월 보름 전)에 소비에트 군대는 420만 7천 명이었다(Fugate, 1984, p. 317).

21) 18세기 후반 동안 프랑스는 평균 18만 2천 명의 평시 상비군을 유지하였다(Goldhamer, 1977, p. 40).

22) 1740년부터 1786년까지의 기간 영국의 상비군은 단지 2만 천 명으로 구성되었다(Goldhamer, 1977, p. 40).

23) 1688년 11월에 오렌지 공 윌리엄은 소규모 병력으로 영국 토베이(Torbay)에 상륙하여 12월 11일 제임스 2세를 쫓아냈다. 윌리엄은 1689년 왕이 되었다(Langer, 1972, p. 465). 1689년 3월-4월에 제임스 2세가 (소규모 프랑스 병력을 대동하고) 아일랜드에 상륙했는데, (1690년 6월 11일) 보인의 전투(Battle of the Boyne)에서 윌리엄에 충성하는 부대에 근소한 차로 패배하였고, 그 후 제임스는 다시 프랑스로 도망갔다. 1715년 12월에 제임스 3세("큰 왕위 요구자(Old Pretender)")가 소규모 병력을 가지고 스코틀랜드에 상륙했지만 곧 패배하였다. 마지막으로, 1745년 찰스 3세(찰스 에드워드 스튜어트, 제임스 3세의 아들, 소위 "작은 왕위 요구자(Young Pretender)")가 영국을 침입했는데, (1746년 4월 16일) 컬러덴(Culloden)을 따라 그도 프랑스로 돌아왔다(Dupuy and Dupuy, 1977, pp. 558, 638, 639).

고 프랑스 왕을 타도하려는 프랑스인들에 의해서보다도 영국 왕을 타도하려는 영국인들에 의해서 훨씬 더 많은 전투가 있었다.[25] 다시 한 번, 이 모든 것은 다음에 더 자세히 논의될 것이다.

기본적으로 독재자는, 공화국과 같이, 가능한 외적으로부터의 방위를 위해 자기 자신의 군대와 동맹국에 의존한다. 동맹국부터 시작하기로 하자. 첫 번째 할 말은 동맹의 역사는 우정과 충실한 협조의 역사가 아니라는 점이다. 참으로 역사에 걸쳐 대부분의 시대에 동맹국들 사이의 보통의 태도는 극히 짜증나게 하는 태도였다. 각 동맹국은 항상 다른 나라들의 힘을 자기 자신의 목적을 위해 사용하기를 원했다. 거의 항상 특정 군사 작전을 계획하는 것과 전쟁의 총공격에서 심각한 어려움이 있었다. 전통 시대에는 모든 동맹국들은 오늘의 동맹이 내일의 적이 될지 모른다는 사실을 알고 있었다.[26]

그렇지만 동맹국들 사이의 이러한 신뢰 결여에도 불구하고 잠재적으로 동맹국들이 존재한다는 것은 공격을 받는 어떤 국가나 독재자에게든 강력한 안전장치가 되었다. 이유는 간단히 말해 세력 균형(balance of power)이다. 만약 A가 B를 공격하고 C에게는 A가 결정적으로 승리할 것으로 여겨지면, C가 분별력이 있다면 C는 B 편에 가담할 것이다. 이것은 C가 B를 좋아하기 때문이 아니라 A가 A와 B의 세

24) 주요 아일랜드 반역들은 1649-1650년, 1689년, 1914년, 1916-1921년, 1956-1957년, 그리고 1969-1974년에 일어났다(상게서, pp. 553-554, 683, 994, 1261).

25) 루이 16세의 제거를 둘러싼 사건들과 1848년의 파리 혁명(Paris Revolution)만이 프랑스 역사에서 반(反)군주 폭력의 심각한 발발을 대변할 뿐이었다. 프롱드당의 반란은 실제로 왕의 목숨을 위태롭게 하지는 않았다.

26) 많은 다른 면들에서와 같이 이 면에서도 미국과 미국의 동맹이라고 불리는 국가들 사이의 관계는 역사적으로 매우 남다르다. 원인들은 흥미롭지만, 너무 길어 여기서 상세히 논할 수가 없다.

력을 결합할 수 있는 처지에 있고 그 다음 C에 등을 돌리는 것을 C가 원하지 않기 때문이다.

어떤 한 나라가 압도적으로 강력하게 되도록 허용하는 것이 대체로 자기에게 이익이 되지 않는다고 하는, 각 국가 편에서 행하는 이 단순한 예견은 어느 약한 나라든 적어도 몇몇 동맹국들이 자기를 보호하려 할 것이라고 기대할 수 있다는 점을 의미한다. 동맹국들이 그렇게 하는 것은 동맹국들이 그 나라를 좋아해서가 아니라 동맹국들이 그 나라가 다른 나라에 병합되는 것을 원하지 않아서이다.[27)]

때때로 다른 나라를 숯불구이해서 먹자는 협정이 3-4개국들 사이에서 체결된 것은 사실이다. 폴란드의 분할이 아마도 이것의 가장 유명한 단일 예일 것이다.[28)] 그러나 보통은 이런 일이 일어나지 않는다. 보통은 패배하고 있는 국가는 자기를 보호하러 동맹국들이 갑자기 튀어나오는 것을 발견할 것이라고 기대할 수 있다. 이로 인해 재빠른 입장 변화가 일어난다. 나폴레옹이 엘바로 추방된 후 빈 회의가 열렸을 때 거기서 처리된 첫 번째 업무는 러시아에 대항하여 체결된 오스트리아, 영국 그리고 프랑스 사이의 동맹 조약이었다. 회의의 표면상의 이유는 한 쪽에서 동맹국들, 영국, 오스트리아 그리고 러시아와 다른 쪽에서 프랑스 사이에 평화의 조건을 확립하는 것이었다.[29)] 따라서 이것은 아주 매우 격심한 입장 변화를 수반했다.

그러나 이 이야기에는 추가할 것이 있다. 나폴레옹이 엘바로부터 돌

---

27) 세력 균형에 관한 더욱 철저한 논의를 위해서는 나의 『사회적 딜레마(*The Social Dilemma*)』, pp. 126-138을 보라.
28) Lewitter(1965), pp. 338-339.
29) Gulick(1965), pp. 646-655.

아와서 프랑스를 빼앗았을 때, 다소 어리석은 사람이었던 당시의 프랑스 왕 루이 18세는 동맹 조약의 사본을 책상에 넣어 놓았다. 나폴레옹은 즉각 그것을 러시아 황제에게 보냈다. 그러나 세력 균형의 본질을 충분히 이해했던 황제는 완전히 무감동이었다.[30] 틀림없이 그는 나폴레옹이 자기에게 조약을 보내기까지 자기에게는 성공적으로 비밀로 유지되었다 할지라도 이런 종류의 어떤 일이 있을 것이라고 예상했을 것이다. 이 모든 것은 전혀 특별하지 않다. 이런 종류의 급속한 변화는 역사에서 보통이다. 찰스 5세는 긴 군사적 경력을 다양한 사람들과 싸우는 데 썼지만, 그 기간에 걸쳐 그의 편에 섰던 독일 제후들은 때때로 근본적으로 바뀌었다. 한 승리에서의 그의 동맹자들은 그가 너무 힘이 세지고 있다고 결론 내리고 그의 적이 되곤 했고, 그가 이전의 승리로 약화시켰던 그의 이전의 적들은 처음에는 그의 이전의 동맹자들과 동맹을 맺고 그 다음 그 동맹이 조금 너무 힘이 세지고 있는 것 같을 때 아마도 찰스와 동맹자가 되곤 했을 것이다.[31]

그러나 이 모든 것은, 비록 역사에 대해서는 중요한 원칙이고 자기의 권좌를 유지하고 싶은 어느 통치자에게든 중요하지만, 본질적으로 통치자가 아니라 국가의 보호를 수반했다. 루이 16세가 참수된 직후 그의 가까운 친척들, 스페인을 통치한 부르봉가의 다른 분가가 공화국 프랑스와 동맹을 맺었다. 이 동맹은 나폴레옹이 훨씬 후에 자기 형제를 스페인 왕으로 만들기로 결정하고 그래서 그 동맹을 끝낼 때까지 유지되었다.[32]

30) 상게서, p. 660.
31) 신성 로마 제국의 황제 찰스 5세는 1519년부터 1556년까지 통치했다. 그의 동맹자들의 변동의 복잡성에 관해서는 Langer(1972), pp. 428-430을 보라.

그러나 그럼에도 불구하고, 비록 우리가 우리의 예에서 보는 것은 주로 B가 A로 흡수되는 것을 막는 것이었지만, 보통 C는 B에 남아 있는 현재의 정부에 특별한 애착을 가지고 있지 않을 것이고, 거기서의 혁명이나 봉기를 대체로 불안정을 야기하는 것으로 간주할 것이다. 그러나 주로 그들은 A에 반대해 B를 방어하지, B 안에 있는 B 독재자의 적들에 반대해 B를 방어하지 않는다.

비록 국가가 상당한 정도 세력 균형에 의해 방어되지만, 전적으로 그러한 세력 균형에만 의존하는 것은 현명하지 않을 것이다. C가 B의 일부를 얻는 것으로 보상을 받고 A가 나머지를 가지는 분할이 때때로 마련될 수 있다. 만약 B가 완전히 무장 해제된다면 이것은 더욱 매력적인 대안이 되는 경향이 있을 것인데, 첫째, 분할이 더 값싸게 손에 들어 올 것이기 때문이고, 둘째, 만약 C가 차후에 A나 어떤 다른 나라와 분쟁을 한다면 하여간 B가 자기들을 구해 주러 오지 않을 것임을 C가 알 것이기 때문이다. 세력 균형 아래에서 어느 국가에 의해 유지되는 군사력은, 그리고 물론 그것은 정상적인 세계 상태인데, 부분적으로는 그 나라를 직접적으로 보호할 수 있다는 것에 의해 그 나라에 대한 보호를 제공하지만, 부분적으로는 세력 균형에 참여할 수 있다는 것에 의해, 즉 이웃 국가들이 너무 강해지는 것을 막는 것에 의해, 그 나라에 대한 보호를 제공한다.

이 모든 것은 세력 균형이 국제 생활의 정상적인 현상임을 가정했다. 반면에 나는 세력 균형을 특별히 이로운 어떤 것으로 묘사하지는 않았다. 그것이 실제로 행하는 일은, 정복자에 대항해서 힘을 합칠 계

32) 동맹은 1795년부터 1808년까지 유효했다(Carr, 1965, pp. 443-44).

속적인 동기를 부여함으로써, 한 나라가 세계나, 대륙이나, 혹은 어떤 지방 지역의 모든 다른 나라들을 정복하는 것을 아주, 아주 어렵게 하는 것이다.

특히 우리가 세력 균형 덕분에 독립했으므로, 왜 세력 균형이 미국의 신문지상에서 그렇게 혹평을 받았는지 나는 모르겠다. 7년 전쟁 동안 영국은 오직 프러시아의 프리드리히 대제의 도움만 받아 실질적으로 전 유럽에 덤벼들었고 승리했다.[33] 전쟁이 끝나자 영국은 공식적으로 유럽의 지도적인 강국이 되었는데, 영국 대사들이 어느 곳에서나다 프랑스 대사들보다 윗자리가 주어진 것으로 엄숙하게 축하된 사실이다.[34]

이것은 확실히 프랑스 사람들을 비롯하여, 아주 흥미롭게도, 이전의 전쟁에서 영국의 유일한 동맹이었던 프러시아 사람들까지 거의 모두를 당황케 하였다. 프랑스는 영국을 약화시키는 가장 쉬운 방법이 특히 13개 식민지들에서 혁명을 지원해서 영국의 인구를 1/3만큼 줄이는 것일 거라고 생각했다. 물론 혁명이 일어난 것이 오로지 프랑스 영향만은 아니었지만, 혁명이 성공하게 된 것은 확실히 주로 프랑스와 스페인 군사력 때문이었다. 영국은 자기가 프랑스 및 스페인과 전쟁을 하고 있음을, 그리고 실제적으로 유럽의 그 밖의 다른 나라 모두를 포함하는 소위 무장 중립 동맹(League of Armed Neutrality)에 의해 자기의 힘이 심하게 제한됨을 발견하였다.[35] 이 거대한 무력 결집에 직면하

33) Dupuy and Dupuy(1977), pp. 667-668. 이러한 외관상 낮은 확률에도 불구하고 프리드리히는 로보지츠(Lobositz)에서 과연 그답게 먼저 공격했고 대승리를 거두었다(1756년 10월 1일).

34) Bemis(1957), p. 9.

35) 무장 중립 동맹은 1780년 러시아, 스웨덴, 그리고 덴마크에 의해 형성되었고,

여 대체로 영국은 잘 했다. 그러나 영국은 세계의 여러 지역들에 있는 많은 식민지들을 프랑스와 스페인에 양도하지 않으면 안 되었고, 13개 식민지들에 독립을 부여하지 않으면 안 되었다.[36)]

세력 균형은 영국을 약화시켰고 우리에게 독립을 주었다.[37)] 따라서 군대는 독재자를 잠재적 외적들로부터 방어하는 데 세 가지 상이한 역할들을 가진다. 첫째, 그들은 잠재적 침략자들에 대항해서 직접 싸울 수 있고, 물론 만약 독재자가 자기 힘을 강화하려 한다면 잠재적 희생자들에 대항해서도 직접 싸울 수 있다. 둘째, 다른 나라가 제3의 나라에 의해 정복되는 것이 독재자의 장기 생존 가망성에 반할 때 그는 공격을 받고 있는 나라를 구하러 갈 수 있다. 셋째, 외국들이 이용 가능할 것이고 두 번째 이유에 해당할 것이라는 사실은 우리의 독재자가 더욱 강한 적에 의해 공격받는 경우에 외국들이 우리의 독재자를 구하러 특히 기꺼이 올 것이라는 점을 의미한다.

홀란드 연합주(the United Provinces of Holland)는 그 해 늦게 가담했다 (Mahan, 1957, pp. 359-360).

36) 13개 식민지들에 추가하여 영국은 플로리다와 세인트루시아 섬, 서아프리카의 세네갈, 그리고 미노르카(Minorca) 섬을 포기했다(Muir, 1924, p. 72).

37) 이 모든 것은 표준적인 미국 독립 전쟁사에 절대적으로 터무니없게 기록되어 있다. 나는 최근에 미국 독립 전쟁 시대에 관한 전문가이자 구겐하임 장학금을 받은 한 역사가에게 미국 독립 전쟁에서 가장 규모가 큰 전투가 무엇이냐고 물어보았다. [그것은 서인도 제도의 세인트(Saints) 전투였다. 독립 전쟁의 가장 큰 회전(會戰)은 지브롤터를 탈취하려는 스페인의 실패한 시도였다.] 그녀는 몰랐다. 조금 더 물어보니 그녀가 독립 전쟁의 비(非)미국적 부분을 전혀 모르고 있다는 것을 알 수 있었다. 독립 전쟁은 주로 한 쪽에서는 영국, 다른 쪽에서는 프랑스와 스페인 사이의 전쟁이었으므로, 이것은 덴마크 왕자가 없는 햄릿과 같았다. [세인트 전투(1782년 4월 12일)는 도미니카와 과달루페(Guadalupe) 사이에서 일어났고 34선의 영국, 29선의 프랑스 전열함들이 연루되었다. 스페인 사람들에 의한 영령 지브롤터 요새의 포위 공격은 1779년 6월 21일부터 1783년 2월 6일까지 계속되었다(Dupuy and Dupuy, 1977, pp. 717, 724).]

강력한 군대는 독재자가 외적을 다루는 데 중요한 보호물이다. 물론 그것은 또한 독재자가 군대 자체에 몸담고 있지 않은 국내의 적들을 다루는 데도 중요한 보호물이다. 물론 독재자가 여기서 직면하는 문제는 그가 자기 자신의 무장 군대의 구성원들에 의해 타도될지도 모른다는 점이다. 이것은 참으로 남아메리카와 아프리카 독재자들의 공통적인 운명이다. 그가 필요로 하는 것은 외적을 다루고, 더 낮은 수준에서는, 군에 몸담고 있지 않은 국내의 적들을 다룰 강력한 군대이면서, 동시에 자기를 타도할 수 없도록 충분히 약한 군대이다. 외적의 잠재성이 없다면, 이것은 해결하기 꽤 쉬운 문제일 것이다. 그는 4-5개의 몹시 강하지 않은 군대들을 마련하여 그것들이 서로 싸우게 준비할 수 있다. 이것은 절대적인 보험이 아니지만, 꽤 좋다. 불행하게도 이런 종류의 군대는 주된 군대를 다룰 때 비효율적이기 쉽다.

다른 보호 조치는 강하거나 거칠거나 공격적인 유형이 아닌 사람들을 군대의 정상에 두는 것이다. 꽤 나약한 장군은 아마도 당신을 타도하려 하지 않을 것이고, 만약 그렇게 한다 하더라도, 당신은 아마도 그를 제거하는 것을 준비할 수 있을 것이다. 문제는 그가 아마도 해외의 당신의 적들을 다루는 데도 매우 효과적이지 못할 것이라는 점이다. 현재의 이라크 독재자는 그 교훈을 쓰라린 경험으로 배우고 있다.

이 문제에 대한 다른 접근법은 억세고 효율적인 장군들을 가지는 것인데, 역시 위험을 가지고 있다. 한국의 이승만 대통령은 미국 언론에서 흔히 하는 말에도 불구하고 엄밀히 말해 독재자가 아니었다.[38] 그러

38) 그는 꽤 정기적으로 공정한 선거를 이겼고, 보통은 야당이 지배하는 의회를 상대했다. Henderson(1968), pp. 290-308.

나 그는 남한의 파괴에 시간을 바치는 북한의 강력한 군사력의 존재로 중대한 문제에 분명 봉착했다. 그는 군을 창설했는데, 고위 사령관들은 꽤 억세고 유능한 사람들이었다. 이승만 대통령에 대항해서 가두 소요가 일어났고, 군은 이승만에 반대하는 쿠데타에 가담했으며, 이승만의 민간 반대자들에 의해 지배되는 과도 선거 내각이 생겼고, 그리고는 몇 달 후에 완전한 군사 통제가 이루어졌다.[39]

여기서 이것은 보통 한국 국민의 관점에서 보면 주요 개선인 것 같다고 말할 수 있을 것이다. 이승만 대통령 치하에서의 한국의 성장률은 아주 보통이었지만, 군사 독재자 박정희 대통령 치하에서는 한국은 세계의 어느 나라만큼이나 높은 성장률을 달성했다.[40] 박정희 장군의 후계자가 이러한 성장률을 유지할 수 있을 것인지 여부를 말하는 것은 가능하지 않다. 그는 불행히도 세계 불황의 와중에 권력을 이양 받았고, 우리가 그의 경제적 성공에 관해 신뢰할 수 있는 판단을 내릴 수 있을 만큼 아직 충분히 재임하지 않았다.

박정희 대통령의 큰 경제적 성공을 언급했으므로, 나는 아마도 여기서 잠시 멈추고 이것이 그가 탁월한 경제 관리자였음을 나타내는 것인지 전혀 분명하지 않다고 말해야 할 것이다. 참으로 그는 경제에 관해 거의 아무것도 알지 못했던 것 같다. 나는 최근에 한국에 관한 정보를 얻지 못했지만, 경제에서 박정희 장군의 성공은 정치적 조처의 우연적 부산물이었던 것 같다. 그가 독재자가 되었을 때 경제에 관해 몰랐을지 모르지만, 그는 정부의 문관 부분의 태반이 자기를 반대한다는 것을 정말 알고 있었다. 그는 정부의 매우 큰 부분을 해고함으로써 대응

---

39) 상게서.
40) 『타임』, 114권, 1979년 11월 5일자, p. 46.

했고, 따라서 한국을 무능하고 부패한 통제 경제로부터 매우 개방적인 경제로 이동시켰다. 이것이 그의 통치하에서 급속한 성장을 하게 된 주요 이유였을 것 같다. 물론 시간이 흐르면서 그는 자기 친구들로 고위 관리들을 채우기 시작했고, 경제의 여러 부분들에 대한 그들의 통제를 확대했으며, 그 결과 성장률은 느려지고 있었다. 비록 단기적 성과는 탁월했지만 장기적 예측은 별로 좋지 않았다. 이승만 대통령도 박정희 대통령도 기본적으로 자유 기업 경제를 신봉하지 않았지만, 박 대통령은 대량의 정치적 숙청의 부산물로 자유 기업 경제를 창조했다.

주제로 되돌아오면, 과제는 효율적일 뿐만 아니라 독재자를 타도하지 못하도록 국내적으로 매우 약하기도 한 군대를 유지하는 것이다. 분명히 이것은 매우 어려운 문제이고 나는 확정적인 해결책을 가지고 있지 못하다. 자기 군대의 사령관에 의해 제거된 세습 군주들의 수가 조금도 0에 가깝지 않지만, 일반적으로 세습 군주들은 그것을 문제로 덜 여겼다. 다소 그 문제의 한계를 정하는 두 예들을 논의하겠다. 첫째는 로마이다. 로마는 군사 전복 위험이 높지 않은 상황을 달성하는 데 결코 성공하지 못했다. 참으로 평화적 계승의 사례들보다 군사적 수단에 의해 세워진 로마 황제들이 더 많았다.[41] 이것은 특히 놀라운데, 왜냐하면 우리는 대체로 로마 사람들을 예외적으로 능력 있는 통치자로 생각하는 경향이 있기 때문이다. 그들은 대부분의 면들에서는 그랬지만, 국내 평화를 유지하는 데서는 그렇지 못했다.

로마에 어려움을 야기한 것으로 보이는 기본적인 문제는 매우 큰 제

---

41) Tapsell(1983, pp. 158-161)에 올라 있는 표에 따르면, 98명의 로마 황제들 가운데서 단지 36명만이 전임 황제의 친척이었다. 나머지 62명의 황제들의 거의 모두가 폭력을 수단으로 세워졌다.

국의 결합이었는데, 이것은 많은 군부대들이 불가피하게 수도로부터 굉장히 멀리 떨어져 있을 것임을 의미했다.[42)]

터키 사람들도 다소 비슷한 문제에 봉착했는데, 왜냐하면 비록 그들의 제국은 로마 제국의 그저 대략 반 크기에 불과했지만 그럼에도 불구하고 그 안에서 군대를 여기저기 옮기는 것이 어려웠기 때문이다. 해결책은 겨울 동안에는 주력군을 수도에 두고 그 다음 황제가 그 해 전쟁하기로 선택한 국경 지방으로 여름마다 행군하게 하는 것이었다. 이것은 대부분의 그들의 국경 지방들을 많은 시간 무방비로 남겨 두었을 뿐만 아니라 그들의 제국의 크기에 내재적인 한계를 부과하기도 하였다.

군대들의 이러한 광범위한 분산은 지방적 충성을 발전시킬 가망이 있다는 것을 의미했다. 로마 사람들은 고급 장교들이나 부대 전체를 순환시키는 방법을 전혀 이해하지 못했던 것 같다. 개개 군단은 같은 진영에서 수 세대를 보낼지 모른다. 장교는 라인 강 국경 지방에 보내져서 다른 곳에서 지휘관이 되어 본 적이 없이 차츰 라인 강 국경 지방 사령관의 계급으로 승진할지 모른다.[43)] 이 체제가 엄밀하게 군사적인 이점들을 가지고 있었는지는 전혀 분명하지 않고, 이것은 확실히 매우 심각한 정치적 단점들을 가지고 있었다. 로마는 혼란이 계속되었다.

이제 이것을 이를테면 1700년부터 1900년까지의 영국과 비교해 보

42) 예를 들어, 기원 후 6년에 총 28개의 군단들 가운데서 4개는 스페인에 있었고, 5개는 라인 강변이나 그 너머에 있었으며, 2개는 (오늘날의 남(南)바바리아와 스위스인) 라에티아(Raetia)에, 5개는 (오늘날의 유고슬라비아인) 일리리쿰(Illyricum)에, 3개는 (오늘날의 중앙 발칸 제국인) 모에시아(Moesia)에, 그리고 9개는 북아프리카, 이집트 그리고 시리아에 있었다(Luttwak, 1976, p. 47).

43) 상게서, pp. 80-85.

자. 이 시기 동안, 내가 앞에서 말했듯이, 영국은 만약 우리가 물론 명예 동인도 회사(honorable East India Company)의 군대를 포함하여 모든 군대들을 계산한다면 항상 주요 군사 강국이었다. 그러나 만약 우리가 어떤 주어진 시점에 실제로 영국에 있었던 군대들만 검토한다면 그것들은 아주 작은 경향이 있었다.[44] 전시에는 그들은 자기들의 군을 아주 상당히 확대했지만, 이 부대들은 특성상 훈련을 한 거의 직후 대륙 전투에 보내졌다. 더군다나 개개 부대들은 (초기에는 장교 직위 구입의 결과로 그리고 후에는 아마도 장교 직위 구입의 전통에 토대를 둔 정책상) 개개 연대의 모든 장교들을 본질적으로 특정 연대에 항구적으로 배속하는 체제를 따랐다.

연대 수준 이상의 장교들은 한 특정 연대에서 최초의 훈련을 받았지만 그 다음 높은 계급으로 승진하여 자기 연대를 떠났다.[45] 연대 수준 이상에서는 항구적인 군사 구조가 존재하지 않아서, 특정 전쟁을 위해서는 연대들이 여단이나 때로는 사단으로 바뀌었다.[46] 그래서 정말 큰 항구적 군사 대형(隊形)들은 없었다. 자신의 전 경력을 한 연대에서 보내는 장교단의 태반은 다른 연대로부터의 장교들과 별로 접촉하지 않았다. 음모 등은 장군들에 달려 있었을 것인데, 그들은 개개 군 부대들과 항구적 접촉을 그리 많이 가지지 않았다.

물론 영국 군사 문제에 대해서는 해군이 육군보다 더 중요하였지만,

---

44) 1775년, 78개 영국 육군 연대들 가운데서 단지 19개만이 영국에 배치되어 있었다(Kushler, 1976, [차트]).

45) 그들은 자기들의 연대와 많은 접촉들을 유지했고, 보통 여러분에게 자기들이 속한 연대를 말해 줄 것이다. 그러나 그것은 공식적인 구조라기보다는 사교적 문제였다. Bruce(1980), p. 152.

46) Young and Lawford(1970), p. 101.

다수는 평시(平時)에는 일시 퇴역되었고,[47] 장교들의 태반은 자기들의 경력의 평시 부분을 보통의 상선에서 고급 선원으로 보내었다.[48] 여기서 무거운 배들이 런던에 도달할 수 없을 만큼 템스 강이 좁다는 점도 중요하지 않은 것이 아닐지 모른다.

이 체제는 여러 면에서 불안정하고 취약한 중앙 정부에게 확고하게 권력을 주었다. 로마에서 있었던 종류의 군사 쿠데타는 없었다. 이 체제는 영국의 도서(島嶼) 성격과 그것이 이 기간 동안 다른 곳에서 싸우도록 군대를 파견할 수 있었고 영국에 대한 침입에 관해 매우 많이 걱정할 필요가 없었다는 사실에 아주 심하게 의존했다는 점이 분명하다. 실은, 15년의 봉기(1715년 스튜어트가의 제임스 1세가 조지 1세에 대항해 일으킨 반란—역주)와 45년의 봉기(1745년 조지 2세에 대항해서 스튜어트 왕가의 복위를 꾀한 자코바이트에 의한 반란—역주) 둘 다 이 체제하의 영국에서 유지되었던 다소 약한 군대들에 대항해 성공에 꽤 가깝게 다가갔다.[49] 그것은 19세기에도 별로 혹은 전혀 차이가 없었는데, 그 때까지 하노버가(家) 계승과 의회 우위가 충분히 잘 확립되어서 그것들은 강렬한 민중 지지를 얻었다. 그러나 18세기에는 외국인이고 썩 인기가 있지 않은 왕조가 맡고 있어서 군사적 취약성은 상당히 중대한 문제였다. 보니 왕자(Bonnie Prince) 찰리(Charley)가 이겼을지도 모른다.

---

47) Lloyd(1965), p. 176.

48) 평시에는 동인도 회사의 선박이 특히 인기가 있었고, 많은 장교들은 심지어 외국 해군에서 일시적으로 근무하기도 하였다(상게서, p. 179).

49) 찰스 에드워드 스튜어트는 컴벌랜드(Cumberland)가 지휘하는 영국 육군에 대해 기습에 실패한 기습 공격을 시도한 연후에라야 컬러든 전투(Battle of Culloden)에서 결정적으로 패배했다(Dupuy and Dupuy, 1977, p. 639).

어떤 현대 독재자도 이런 종류의 체제를 따를 수 있을 것 같지 않다. 우선, 그것은 시작이 오래 걸린다. 항구적인 연대 장교단이 하룻밤 사이에 창설될 수는 없다. 더 나아가서, 내가 지적했듯이, 정부가 인기가 없을 때는 그것은 그리 많은 국내 안전을 제공하지 못했다. 따라서 독재자는 이 방식에 관심을 기울일 것 같지 않다.

그러나 상급 장교들이 자기 군대와 긴밀한 관계를 발전시키지 않도록 정기적으로 순환하고 합동 참모 본부와 같은 위원회가 기본적인 결정을 하게 하는 것은 아마도 현명할 것이다. 다시 한 번 말하자면, 그들 중 어느 누가 정부를 전복하기를 꾀하면 서로 배반할 가능성이 있고 자기 지휘 아래 있는 군대와 직접적인 제휴를 하여간 별로 하지 않을 것이며 그래서 군대가 자기를 따를 것이라고 여길 수 없는 일단의 사람들을 여러분은 가질 것이다. 다시 한 번 말하자면, 이것은 히틀러를 제거하려는 독일 군대의 다양한 시도들을 망쳐놓은 문제였다.[50)]

이것의 문제는 이것이 정말 군을 운용하는 썩 좋은 방식이 아니라는 점이다. 긴 교제를 통하여 자기 군대의 신임을 얻고 자기 군대를 신임하는 장군은 1년 전에 정기 순환의 일부로서 들어 왔고 다소 자기 군대에 알려져 있지 않으며 그 문제와 관련하여 자기 군대를 썩 잘 알지 못하는 사람보다 거의 확실히 더 나은 사령관이다. 독재자와, 그 문제와 관련, 공화국은 이 문제를 다룰 때 국내 위협을 가지기를 선호하는지 해외 위협을 가지기를 선호하는지 결심하여야 한다. 최적의 군사

50) 이것은 사실상 1944년 7월 20일의 모의를 망쳐놓았고(FitzGibbon, 1956, pp. 210-211), 그것의 두려움은 적어도 1941년 8월과 1943년 3월 두 기회에 히틀러가 러시아 국경 지방에 있는 군단 본대(Army Group Center)를 방문하는 동안 적어도 두 개의 초기 모의들이 합쳐지는 것을 분명히 막았다(Clarke, 1966, pp. 121, 339).

효율을 가지도록 설계된 군사 기구는 위험한 반면에, 국내 쿠데타의 관점에서 완전히 안전하도록 설계된 군사 기구는 (유사한 군대들에 대항하는 것이 아니라면) 전쟁을 이길 것 같지 않다.

여기에 히틀러에게 중요했고 많은 세습 왕조들에도 줄곧 중요했던 다른 가능성, 즉 개개 병사들 쪽에서 궁극적 주권자에 대한 충성심의 발현이 있다는 점이 언급되어야겠다. 만약 그러한 충성이 발현될 수 있다면, 고급 장교들은 그를 타도할 처지에 있지 않다. 이것은 후에 논의될 것이다.

지난 장에서 우리는 쿠데타를 예방하는 문제에 관해 이야기했다. 물론 쿠데타는 어느 모로 보더라도 전적으로 군사적이지는 않다. 우리가 대부분의 남아메리카 "공화국들"의 길고 불행한 역사를 대충 훑어보면, 민간 독재자들이 꽤 흔했다. 아마도 그들 모두에서 가장 나쁜 파라과이의 프란시아 박사(Dr. Francia)는 민간인이었다.[51] 그럼에도 불구하고 군대는 항상 쿠데타를 훌륭히 해낼 수 있는 상비 조직이다. 디엠은, 케네디 대통령이 그의 살해를 준비하기 직전에는, 자기에 대항해서 군사적 봉기가 일어날 가망성에 관해 매우 걱정해서,[52] 자기에게 직접 알리지 않고 대대 규모나 그것보다 큰 어떤 부대도 이동하는 것을 금하고 있었다. 비록 베트남이 그 당시에는 디엠이 죽은 후의 어느 때보다도 더욱 평온했고 공산주의자들은 더 약했지만, 이것이 훌륭한 지휘 체제가 아님은 명백했다. 디엠은 자기가 과거 몇 년간 공산주의자들을

51) 프란시아는 1811년 파라과이 의회에 의해 5년 임기로 임명되었지만 1840년 죽을 때까지 독재자로 통치했다(Weil, et al., 1972, pp. 39-40).
52) 미국의 디엠 타도는 물론 군사 쿠데타를 조직하는 형태를 띠었다(Halberstam, 1965, pp. 266-299).

장악하는 데 정말로 아주 성공했다는 오직 그 이유 때문만으로 이 정책을 따랐을지 모른다. 국가가 완전히 평화롭지는 않았지만, 거기에 꽤 가까웠다. 그 당시에는 그가 아마도 공산주의자들에 관해 걱정하기보다는 불교도들에 관해 더 걱정했을 것이라고 나는 믿는다.

이 경우에 전통적으로 많이 사용된 하나의 방법은, 왕이건 독재자건, 통치자가 군대를 개인적으로 통제하는 것이었다. 여기에는 여러 문제들이 있는데, 가장 작은 문제가 아닌 것은 그 사람이 매우 훌륭한 장군이 아닐지도 모른다는 점이다. 군대를 개인적으로 통제하는 것은 그가 지휘하지 않을 때보다 그에게 다소 더 안전감을 준다. 단지 다소라고 한 점을 주목하라. 자기가 개인적으로 지휘하고 있는 동안 중대한 전투에서 패배하는 것은, 대외 정책의 관점에서뿐만 아니라 그의 부하들 중 한 명이 그에게 반역한다는 관점에서도, 그의 미래에 매우 부정적인 효과를 끼칠지 모른다. 둘째, 이것은 불가피하게 그가 많은 시간을 군에 투입해야 한다는 것을 의미하는데, 이것은 그의 다른 정부 업무들로부터 빼앗게 될 시간이다. 마지막으로, 그저 군대를 지휘하는 것이 그가 군대에 인기가 있을 것이라는 것을 의미하지는 않는다. 패튼은 2차 대전에서 대체로 훌륭한 사령관이었지만 자기 군대에서는 별로 인기가 없었다.[53] 맥아더에 관해서도 같은 말을 할 수 있다.[54] 정치적으로 솜씨 좋은 아이젠하워는 어떻게든 해서 항상 자기 군대에서 인기를 얻었다. 그가 정말로 매우 훌륭한 사령관이었는지 여부는 여전히 미해결의 질문이다. 그는 자기 쪽에 무한한 승산이 없는 한 절대 싸우지 않았고, 자기가 지휘하는 이 거대한 군대들의 창설에 그가 원인이 아니었

53) Farago(1982), p. 281.
54) Griffeth(1980), p. 262.

다. 그가 훌륭한 장군이었는지 아니면 그저 탁월한 정치가였는지의 질문은 미해결의 질문이다.[55)]

그러나 기본적으로 이 장은 중대한 문제들을 시사한다. 독재자는 외부로부터 타도될 수 있고 자신을 보호하기 위해 군대를 유지해야 한다. 이 군대는 그의 권력을 증대하기 위하여 공격적 활동에 사용될 수 있지만, 그것보다 훨씬 더 중요한 것으로, 군대는 세력 균형에서 이웃 국가들이 너무 강해지는 것을 막는 데 사용될 수 있다. 자기가 강한 이웃 국가에 의해 공격을 받는다면 그는 세력 균형 때문에 외부 원조를 기대할 수 있지만, 그의 이웃 국가들이 그를 미래의 전쟁들에 대해 가치 있는 잠재적 동맹자로 간주하도록 그가 충분히 크고 충분히 강력한 군대를 가지고 있는 경우에만 그렇다. 그렇게 개발된 군대는 물론 국내적으로 자기의 국내 적들에 대해서도 사용될 수 있지만, 불행하게도 그 군대는 그에게는 상존하는 위협이 된다. 다시 말하자면, 독재자의 생활은 쉬운 생활이 아니지만, 우리가 특별히 동정적이어야 할 이유는 없다. 아무도 독재자가 되라고 법으로 강요되지 않는다.

55) 새로 나타나기 시작하는 의견 일치는 그가 연합군의 탁월한 관리자였지만 야전 사령관으로서 감지할 만한 재능은 없었다는 점인 것 같다.

제4장 "민중" 봉기

혁명의 신화에서는 압제적인 지배자를 몰아내는 민중 봉기가 지배적인 주제이다. 확실히, 국민들이 사악하고 부패한 선동가들에 속아 봉기해서 자비로운 지배자를 몰아내고 선동가들을 권좌에 앉힌다는 소수파 우익 신화가 있지만, 이것은 소수파이다. 대부분의 신화는 국민들이 자기들의 주인의 사악한 압제에 의해 인내할 수 없는 지경까지 내몰려 봉기하여 고상하고 공정한 공화정을 수립하는 것에 관한 것이다.[1)]

유감스럽지만 나는 이 신화가 대체로 신화라는 것을 말하지 않을 수 없다. 내가 국민들이 봉기하여 압제적인 지배자를 몰아낸 역사상 사례가 전혀 없었다고 단언하고 싶지는 않지만, 나는 명백한 사례를 접해 보지 못했다. 그러나 지배자가 자기 자신의 정부의 다른 구성원들이나 외국의 정부들에 의해서가 아니라 자기의 정부 기구의 일부를 구성하지 않는 지방 공동체의 구성원들에 의해 제거되는 역사적으로 드물지 않은 두 가지 시나리오가 있다. 나는 실제 민중 타도가 그처럼 드문 이유들로 관심을 돌리기 전에 이 두 사례들에 관해 이야기하고 싶다. 후반부 절에서 나는 또한 신화에서 민중에 의한(popular) 폭군 타도로 보통 기록되어 있는 많은 사례들도 논할 것이고, 그들이 정말 인기 있었

1) 때때로 그들은 현명하고 공정한 왕을 세우지만, 이 신화는 보통 멀리 떨어진 나라와 시대에 놓여 있다.

는지는(popular) 몰라도 신화에는 들어맞지 않음도 지적할 것이다.

그러면 장미 전쟁 전후에 영국이 그렇게 어지러운 왕위를 가지도록 야기한 상황부터 시작해 보자. 이 경우에 왕과 또한 영국 전체에 걸쳐 퍼져나가고 있던 지방 정부들도 있었다.[2] 지방 정부는 주로 왕에 의해 지배되는 것이 아니라 지방 귀족들에 의해 지배되는 정부였다. 게다가, 왕이 출전했을 때, 그는 모든 귀족들이 그의 깃발 아래 결집하여 그를 따라 출전하도록 되어 있는 일종의 일괄적인 군주 접견(levee en masse)을 개최하여 출전하였다.[3] 직업적인 군대는 존재하지 않았고, 왕권 통제하의 직업적인 경찰대라고 간주될 수 있는 것도 거의 없었다.[4] 이 기간에 내부 치안 문제에 대한 왕의 권력이 점진적으로 증가된 것은 사실이다. 그의 법정은 최고가 되었고,[5] 조세를 걷고 보안관을 통해 치안을 유지하는 그의 능력은 점차 증가했다.[6] 그러나 크롬웰의 시대까지는 직업적인 군대는 존재하지 않았으며, 비록 직업적인 해군이 있었다 하더라도, 그것은 평화기에는 보통 매우 약했고 전시에는 배들을 배치하는 일괄적인 군주 접견과 대충 같은 어떤 것에 의존했다.[7] 참으로, 전시의 영국 해군은 대개 왕의 군기 아래 집결한 상선들이었다.[8]

---

2) Muir(1924), vol. 1, pp. 174-175.
3) 사실상, 각 귀족은 계약서에 따라 규정된 수의 병사들을 제공하도록 왕과 계약할 의무를 지고 있었다. 이 서비스에 대한 대가로 왕은 임금을 지불하기로 동의했다. 병사들은 왕이 아니라 여전히 귀족들이 고용하였다. Newhall(1940), pp. 3-4를 보라.
4) 1828년 필(Peel)이 시작한 대도시 경찰의 재조직이 기율 있는 직업 경찰대를 창설하기까지는 "여러 상이한 당국들 아래에 있는 우스꽝스러운 소규모 야간 경비대들이 . . . 질서의 유지를 갖고 놀았다"(Muir, 1924, vol. 2, p. 331).
5) 그러나 각 구역으로부터의 지방 귀족들로 구성된 배심원들에 의존하였다.
6) Trevelyan(1953), vol. 2, p. 21.
7) 따라서 크롬웰의 군대의 이름—새 모델 군대(New Model Army)—은 매우 적합했다. Muir(1924), vol. 1, p. 448을 보라.

이런 상황들에서는, 자신의 기치를 드는 어떤 경쟁자가 왕과 비슷하거나 더 많은 병사들을 결집할 수 있을지도 모른다는 점은 놀랍지 않았다. 반란자, 레스터의 백작 시몽 드 몽포르는,[9] 때때로 하원(House of Commons)의 창시자로 열거된다. 그는 영국의 각 주와 시에서 기사들을 소집하였다. 우리가 알고 있는 한, 이 대표들은 몽포르와 함께 말을 타고 가서 이브셤(Evesham; 영국 잉글랜드 서부 우스터셔 주 동남부의 소도시—역주)에서 참사를 맞은 것 외에는 딱히 한 일이 없다.[10]

그런 경우 누구나 왕에 대한 봉기를 언급할 수 있는데, 하기야 대부분의 경우 많은 사람들의 마음속엔 누가 왕인지에 관해 실제 의심이 존재했다. 확립된 정부 무력 기구에 대한 봉기는 존재하지 않았다. 참으로, 확립된 무력 기구는 본질적으로 사람들에게 함께 모여 왕을 보호하라는 요청이었고, 일단의 사람들에게 함께 모여 왕을 공격하라고 요청하는 것도 마찬가지로 쉬웠다.

비록 대체로 그만큼 맹렬하진 않지만, 비슷한 현상이 유럽의 나머지 지역들에서도 발견되곤 한다. 내가 위에서 언급했듯이, 이탈리아와 독일에서 이것의 최종 산물은 중앙 정부가 점차적으로 사라진 것이었다. 영국, 프랑스, 그리고 스페인에서는 확고한 중앙 정부가 결국 수립되었

---

8) 상게서, vol. 1, p. 218.

9) 그는 아마도 영어를 못했을 것이다. 그는 프랑스에서 태어나고 어린 시절을 보냈다. 이 하원은 1265년 1월 20일 시몽 드 몽포르에 의해 소집되었다(Jennings, 1883, pp. 3-4).

10) 몽포르의 권력은 그가 영국의 정부를 어떻게 구성했을지라든지 그가 소집한 의회가 그에게 충성하는 지지자들의 회의 이상이 되었을지 여부가 알려질 만큼 충분히 오래 지속되지 않았다. 에드워드 태자(Prince Edward)는 감옥으로부터 탈출하여 몽포르에 대한 무장 저항을 이끌었다. 그는 1265년 8월 4일 이브셤 전투를 이겼다. Muir(1924), vol. 1, pp. 99-100을 보라.

는데, 그것은 프랑스와 스페인의 경우는 전제 체제였고, 영국의 경우에는, 비록 그 당시 이 용어는 오늘날 그것이 의미하는 것과 근본적으로 다른 것을 의미했지만, 우리가 보통 입헌 군주제라 부를 체제였다.[11) 누구나 원하면 이 문제들을 민중 봉기라 부를 수 있음이 명백하지만, 대중 신화가 기본적으로 에드워드 4세가 그의 사촌 헨리 6세를 대체하는 것과 같은 것들을 언급하고 있지 않음도 똑같이 명백하다.[12)]

영국에서 헨리 7세의 보즈워스 필드(Bosworth Field)에서의 승리는 이 체제를 중지하기로 결정한 영리하고 냉정한 사람에게 영국의 권력을 부여했다.[13)] 그의 방식은 첫째로 영국의 왕위 계승에 대한 권리를 심지어 조금이라도 주장할 수 있는 사람 누구나 다 죽이는 것이었고, 두 번째로 지방 귀족들을 약화시키는 것이었다.[14)] 이런 지방 귀족 약화의 일환으로, 그는 하원의 권력을 조금 증가시켰고 왕실 법원들의 권력을 크게 증가시켰다.[15)] 이 두 정책들은 그의 튜더가 후계자들에 의해 어긋남이 없이 추종되었다.[16)] 그것이 궁극적으로 영국에서 강력한 중앙 정부로 이어졌는지 여부는 우리가 말할 수 없다. 확실히 크롬웰의 시대 이전에 상비군은 존재하지 않았다. 그러나 튜더가는 엘리자베스

11) 구식의 입헌 군주정을 특별한 사례로서 포함하는 더욱 일반적인 정부 형태, 제한 전제 정치(limited autocracy)는 아래에서 논의될 것이다.
12) Muir(1924), vol. 1, p. 180.
13) 헨리 튜더는 (1485년 8월 22일) 보즈워스 필드에서 승리했는데, 기본적으로 그가 전투 중에 리처드 3세의 두 총사령관들을 자기편이 되도록 설득하는 데 성공했기 때문이다. Dupuy and Dupuy(1977), pp. 422-423을 보라.
14) Muir(1924), vol. 1, pp. 211-212.
15) 상게서, vol. 1, pp. 212-213을 보라. 1487년의 법령으로 헨리 7세는 극히 광범위한 권력을 가진 성법원(星法院 · Court of Star Chamber)을 설립했는데, 이것은 왕실 법원들의 유효 권력을 크게 증가시켰다(상게서).
16) 헨리 8세 치하에서의 이 정책들의 지속에 대해서는 Gardner(1907), p. 463을 보라. 에드워드 6세에 대해서는 Pollard(1907), pp. 476-477을 보라.

의 죽음과 함께 사라졌고, 왕좌는 덜 효율적인 스튜어트가로 갔다.[17)]

그런데 이런 종류의 일이 세계사에서 상당히 자주 일어났다는 것이 발견될 것이다. 다윗 이전 시대에 유대인들은 중앙군을 보유하지 않았고, 사실상 다윗은 왕좌를 상당한 정도 그 당시의 왕 사울이 비슷한 군대를 기르고 있었던 것과 같은 때에 자기 자신의 군대를 기름으로써 얻을 수 있었다. 사울의 자살은 다윗에게 패배한 이후가 아니라 필리스틴 민족(Philistines; 고대 팔레스타인의 호전적인 민족으로 유대인의 적—역주)에게 패배한 이후에 일어났으나, 다윗이 강력한 지지자 무리를 가져서 그는 사울을 계승할 위치에 서게 되었다.[18)] 더 많은 예들이 많은 다른 나라들의 역사로부터 도출될 수 있다.

이 모든 것은 중앙 정부가 직업적인 군대와, 더 낫게는, 잘 조직된 직업적인 내부 경찰의 형태로 자신의 방어를 위한 강력한 기구를 가지고 있지 않다는 것을 가정한다. 이것은, 사실상, 많은 경우 올바르게 묘사한 진술이겠지만, 그것은 아마 역사의 모든 정부들 중에서 꽤 작은 소수파일 것이다. 참으로, 그것은 봉건 사회들에서만 흔할 뿐이고, 우리가 이전에 지적했던 것처럼, 봉건제는 다소 특이한 정부 형태이다.

장미 전쟁을 중심으로 해서 쓴 많은 낭만주의 문학이 있지만, 나는

---

17) 물론 그것이 스튜어트가로 간 이유들 중의 하나는 왕위 계승권을 가진 사람은 누구나 절멸시킨 위에서 언급한 정책이었다. 스코틀랜드 왕은 이 활동으로부터 자신을 보호할 수 있었고, 그래서 영국 왕위에 대해 꽤 타당한 계승권을 가지고 있음에도 불구하고 살아남았다.

18) 필리스틴 민족과의 전쟁 발발 직전, 다윗과 (대략 600명으로 이루어진) 그의 의용 병단은 사울의 더 큰 군대가 자기들에게 대항해서 움직인 후에 유대 왕국으로부터 도망쳤다. 비록 그의 병단이 이스라엘과 필리스틴 민족 사이의 전쟁(사울은 기원전 1013년 길보아 산(Mount Gilboa) 전투에서 죽었다)에 어떤 직접적 방식으로도 연루되지 않았음이 명백하지만, 다윗은 사실상 필리스틴 민족에 봉신으로서 가담했다. Eissfeldt(1975), pp. 578-579를 보라.

아무도 이런 종류의 일을 근대 폭군을 타도할 가망성이 있는 것으로 여기지 않을 것이라고 생각한다. 참으로, 크롬웰이 상비군을 수립한 이후에는, 상륙해서 사람들에게 자기 뒤에 다시 집결하도록 요구하는 어떤 사람에 의해 정부가 전복된 경우는 없었다. 몬마우스(Monmouth) 공작과 두 명의 스튜어트가 사람들이 그것을 시도했으나 실패했다. 찰스 2세는 직업적인 육군과 해군의 존재에도 불구하고 영국으로 돌아왔지만, 그의 경우에는, 의회가 상당한 기간 그 군대들에게 보수를 주는 것을 소홀히 했고, 그들의 사기가 좋은 상태가 아니었다. 더 나아가서, 크롬웰이 죽은 후 상급 군 장교였던 몽크(Monck)는[19] 의회에 대항하고 왕을 지지하는 해군의 폭동이나 매한가지인 것을 조직하였고, 상비군의 연대들은 많은 어려움 없이 새 왕립 군대에 흡수되든지 해체되었다. 왕은 사실상 의회의 환영을 받았다.[20]

오렌지 공 윌리엄은 외부로부터 영국으로 들어갔지만, 그는 꽤 큰 군사 기구와 함께 갔고, 다시 한 번 말하자면, 본질적으로 자기가 의회의 지지를 얻도록 미리 준비했다.[21] 조지 1세의 경우, 그는 평화롭게 앤 여왕을 계승했다.

찰스 1세의 처형 이후의 이 모든 변화들과 관련하여, 대부분의 역사가들이 스튜어트가가 하노버가보다 더욱 인기 있었다고 생각한다는

---

19) 후에 앨버말 백작(Earl of Albermarle).

20) Ashley(1967), pp. 201-205. 찰스 2세는 왕정 복고 후 매년 10만 파운드를 주겠다고 제안한 후에 몽크의 서비스를 얻었다(상게서, p. 160).

21) 그는 또한 앤 공주(후에 여왕)와 처칠(후에 말보로 공작)의 지지도 받았다. 오렌지 공 윌리엄은 1688년 11월 5일 15,000명의 군대를 가지고 영국에 상륙했다(Temperley and Grant, 1952, p. 245). 그러나 심지어 이 군대가 항해하기 전에도, 영국 귀족들의 다수는 윌리엄을 지지하도록 설득되었다(Prall, 1973, p. 205).

것을 지적해야겠다. 이 의견이 맞는지 틀린지 말하는 것은 이러한 시간상 거리에서는 좀 어렵지만, 여하튼, 물을 가로질러 온 왕을 지지하는 사람들이 영국에 아주 많이 있었다는 점과 하위 계급들이 특히 그러했다는 점은 명백하다. 그럼에도 불구하고 왕을 방어하는 상비군이 있었기 때문에 15년과 45년의 반란(1715년과 1745년의 반란) 둘 다 실패했다.

우리의 첫 번째 시나리오에 대해서는 그만하기로 하자. 두 번째 시나리오는 내가 장미 전쟁을 야기한 종류의 봉기에 관해 논의한 앞의 몇 문단들에서는 사소한 역할을 한 의회를 중심으로 전개된다.

시작의 일환으로, 나는 "입헌 군주제(constitutional monarchy)"에 관해 조금 이야기해야겠다. "입헌 군주제"란 용어의 원래 의미는 그것의 현재 의미와 굉장히 달랐다. 오늘날 우리는 현재 스웨덴 왕 같은 사람을 상상한다. 그는 자기 정부에서 의례적이지만 실제적이지 않은 기능을 수행한다.

몽테스키외가 『법의 정신』을 썼을 때 그는 아주 다른 정부 형태를 언급하고 있었다.[22] 로크에 의해서도 칭송받았던 균형 잡힌 구조(balanced structure)는 행정권뿐만 아니라 많은 입법권도 실제로 가지고 있으면서 부분적으로 의회들에 의해 균형이 이루어지는 왕을 포함했다. 이들 의회들은, 우리의 관점에서 볼 때, 그리 민주적이지 않았다. 참으로, 영국의 상원이나 루이 14세 때까지 프랑스에서 다소 비슷한 역할을 수행한 파리 의회는 세습적이었다.[23] 하원은 세습적이지는 않았지만, 하여간 우리가 오늘날 특히 민주적이라고 여기지 않을 방식들

22) 1748년에.
23) Hibbert(1980), pp. 27-28.

로 선출되었다. 의회에는 개인들에 의해 소유되는 의석들이 있었다. 두 명의 피트(Pitt)가 수상들은 사실상 여섯 개의 의석을 소유했다.[24] 다른 구성원들은 선출되긴 했으나 아주 제한된 선거권으로부터 선출되었다.[25]

게다가, 선거 방식은 우리가 오늘날 부패하다고 부를 만한 것이었다. 그 용어는 그 당시의 도덕의 면에서는 썩 훌륭한 서술이 아니다. 표를 사는 것에 관해 숨기는 것도 없었고, 그것이 불법이라고 생각되지도 않았다. 보증금으로 많은 돈을 지불한 후에 속았다고 느끼는 사람들에 의해 실제로 고소도 있었다.[26]

그런 정부들엔 "제한된 전제정(limited autocracy)"이란 용어가 "입헌군주정"이란 용어보다 더 나을 것 같다. 우리는 그런 제한된 전제정들에 관하여 한참 아래에서 이야기할 것이다. 그것들은 전제정과 선거체제의 일종의 절충, 혹은 어쩌면 약한 형태의 전제정일 것이다. 더 나아가서, 우리가 독재자가 되는 방법들에 관해 이야기할 때, 우리는 만약 독재자가 자신이 의회와 난처해지는 것을 발견하게 되면 그런 의회의 권력을 줄이는 방법들에 관해서도 이야기해야 할 것이다. 그러나 지금은 우리는 단지 이런 종류의 제도가 역사적으로나 오늘날에나 결코 특이하지 않다는 점을 언급하기만 하면 된다. 오늘날의 예들을 간

---

24) 사실상, 피트가는 최소 여섯 석을 통제했다. 윌리엄 피트의 형제 토머스는 서너 석을 통제했고, 그의 사촌들은 보통 두 석을 가졌으며, 그의 친척들은 결혼으로 여러 석 더 통제했다(Namier and Brooke, 1964, p. 10).

25) Plumb(1967), p. 38.

26) Namier and Brooke(1964)를 보라. 물론 사실상 이것은 그저 소위 그 체제의 최고도의 발전일 뿐이고, 만약 여러분이 1660년으로 되돌아가면, 사정은 오늘날의 도덕의 관점에서 볼 때 마찬가지로 불명예스러웠지만, 그럼에도 불구하고 다소 달랐다.

략하게 열거해 보면, 마르코스 치하의 필리핀, 멕시코, 남한, 타이완, 그리고 태국은 모두 예가 된다. 각 경우 우리는 명백히 어떤 민주 사회의 대통령보다 훨씬 더 강력한 지배자를 가지고 있다. 그러나 우리는 또한 부분적으로 그의 권력을 견제하는 역할을 하는 어떤 종류의 의회도 가지고 있다.

지배자와 이 의회 간의 정확한 관계는 복잡하고, 설명하거나 심지어 이해하기조차 힘들다. 만약 우리가 조지 2세의 영국을 뒤돌아보면, 우리는 이 입법부의 의원들이 대부분의 의안들에 관하여 자기들의 표들을 문자 그대로 파는 경향이 있었고 이 표들은 왕에 의해 구입되었던 것을 발견한다. 구매는 보통 친척에게 일자리를 제공하는 형태였으나, 물론 때때로 다른 형태로도 이루어졌다.[27] 똑 같은 종류의 일이 필리핀이나 멕시코에서도 진행되고 있다. 따라서 우리는 큰 권력을 가지고 있는 통치자와 다소 애매모호한 권력을 가지고 있지만 명백히 어느 정도 통치자를 견제할 수 있는, 다소 변칙적인 방식으로 "선출되는" 대의 기관을 조합한 것을 가진다. 다시 한 번 말하자면, 우리는 이것을 차후에 더욱 상세하게 논의할 것이다. 당분간 우리는 단지 한 종류의 "민중" 봉기가 그들 사이의 보통의 긴장과 반목이 실제 투쟁으로 추락하는 통치자와 이 의회 사이의 분열일 수 있다는 점을 지적하고 싶을 뿐이다.

왕과 이 의회 사이의 분열은 분명히 실제로 기존 정부 내의 견해 차이이다. 그것은 국민들이 정부에 반대하여 봉기하는 것이 아니라, 정부

27) 표의 구매를 위해 ("비밀 업무용") 특별 기금이 재무 대신을 통해 설립되고 분배되었다. 이 목적을 위해 연간 평균적으로 3만 파운드 이상이 지출되었다 (Namier and Brooke, 1964, p. 195).

의 일부가 다른 일부를 공격하는 것이다. 참으로, 근대에 이런 종류의 일이 일어난 주요 사례들의 첫 번째는 우리가 지금 후진적이라고 생각할 만한 것이었다. 우리가 위에서 언급했듯이, 찰스 1세는 런던을 떠나 옥스퍼드로 갔고 하원에 반기를 들었다. 하원은 세수(稅收)의 태반과 유일한 직업 군대, 해군을 장악하고 있었다. 찰스는 (실패한) 반란을 이끌고 있었다. 결국 그를 반역죄로 처형한 것은 어떤 면에서는 아주 정당하였다.[28)]

물론 이것과 비슷한 것은 공화국이 원래 그 자신의 군대 장교들에 의해 전복된 로마 역사에서도 발견될 수 있다.[29)] 물론 비록 원로원에 대한 민중 저항이 있었고 이로 인해 결국 원로원이 자기 권력의 대부분을 하원에 잃게 되었지만, 군을 책임 진 집정관과 지방 총독은 공화국에 위험한 사람들이었다. 결국 하원도 원로원도 모두 자기들의 권력을 황제들에게 잃었다.

우리는 이런 종류의 것의 다양한 다른 예들을 역사에서 보아왔지만, 내가 익숙한 대부분의 것들은 대의 집단이 군주나 독재자를 물리친 사례들이었지, 후자가 전자를 물리친 사례들이 아니었다. 미국 "혁명"은 그것의 한 예로서 간주될 수 있는데, 하기야 미국 혁명이 일어났을 때쯤에는 영국 왕이 이미 의회의 지배를 아주 많이 받고 있었다. 참으로, 혁명의 초기에, 혁명은 명목적으로 하원을 겨냥하였고, 조지 워싱턴은 사령관 식당에서 매일 밤 정찬 후에 왕을 위해 건배하였다.[30)] 결국 그

---

28) 1648년 1월 30일에(Muir, 1924, vol. 1, p. 456).

29) 여러 번, 공화국은 처음의 전복 후에 짧은 기간 동안 다시 수립되는 경향이 있었다. 로마 공화국의 최고 장군 줄리어스 시저는 기원전 49년부터 기원전 45년까지 내전을 성공적으로 치렀는데, 내전이 끝난 후에 기원전 44년 종신 독재자의 칭호를 차지했다.

들은 왕도 반대하게 되었는데, 아마도 자기들이 하원에 군사 지출을 중단할 많은 동맹자들을 가지고 있다는 것을 발견했기 때문일 것이다.[31]

그럼에도 불구하고, 식민지의 관점에서 보면, 각 식민지의 정부는 선출된 의회의 견제를 받는 왕에 의해 임명되는 총독과 아주 작은 집합의 다른 영국 관리들로 구성되었다.[32] 더 나아가서, 지방 치안 활동과, 참으로, 대부분의 지방 통치는 지방에서 선출된 관리들에 의해 이루어졌다. "혁명"은 아주 간단히 말해 대규모 영국 군대가 존재하지 않는 어느 곳에서든 선출된 의회가 영국 총독을 쫓아내는 것으로 구성되었다. 그것은 민중(popular) 봉기라기보다는 13개 식민지에서 정부의 일부가, 이 경우에는 정부의 대부분이, 정부의 나머지를 쫓아내는 것이었다. 물론 이것은 그것의 인기(popularity)에 관해 의문을 제기하지 않는다. 선출되었고 그리고는 연장된 적대 행위 중에 다시 선출된 이 입법부들이 여론을 정말 대변했다는 점에 의심이 없는 것 같다.[33]

내가 이것에 관해 의심이 없다고 말할 때, 나는 반대편의 역사적 견해도 많다는 점을 말해야겠다. 우선, 존 애덤스는 사람들의 약 삼분의 일은 혁명을 지지했고, 약 삼분의 일은 반대했으며, 약 삼분의 일은 전혀 의견이 없었다고 말한 것으로 자주 인용된다. 이 진술은 혁명의 약 20년 후에 이루어졌는데, 사실상 미국 혁명이 아니라 프랑스 혁명에

30) Flexner(1968), p. 11.
31) Guttridge(1963), pp. 116-118.
32) 식민지 의회들은 조세를 통제했고, 그래서 총독들이 어떤 법률이든 거부할 권력을 가지고 있었다는 사실에도 불구하고 그들은 영국 총독들의 권력을 효과적으로 견제할 수 있었다(Main, 1973, pp. 102-103).
33) 한 역사가는 입법부들이 전쟁이 시작된 후 여론에 더욱 더 반응적으로 되었다고 주장한다(상게서, p. 202).

관한 것이다. 미국 혁명 때에는 아무도 그것이 인기가 있었음을 의심하지 않았던 것 같다.

혁명이 인기가 있었음이 때때로 의심되는 두 번째 이유는 우리가 그 당시 성인 남자 보통 선거권을 가지고 있지 않았기 때문이다. 소유권 자격 요건이 있었다. 그러나 이것은 개척자 사회였고, 대부분의 성인 남성 주민은 투표할 수 있었다.[34] 그 당시 정부를 운영한 사람들이 대규모 왕정주의자 프롤레타리아 다수파와 견해를 달리한 소규모 소수파였다는 증거는 없다. 나는 몇몇 역사가들이 전쟁을 인기가 없었던 것으로 간주하는 경향이 있는 이유가 선언들의 극단적인 완화와 반란자들이 택한 궁극적인 수단들 때문이었다고 생각한다. 조지 워싱턴을 낭만주의적 반란자라고 생각하기는 어렵다. 그는 결국 제퍼슨처럼 대규모 노예 소유자였다.[35] 의심할 나위 없이 그 출신이 프롤레타리아인 한 명의 꽤 저명한 반란자, 알렉산더 해밀턴이 있었음이 사실이지만, 그는 현대 좌파 선입관과 아주 잘 일치하지 않는다.[36] 프랭클린 또한 프롤레타리아 출신이었지만, 혁명의 때에 그는 부유했다.

미국 혁명의 이상향적 몽상의 완화와 결여는 나에게는 우리 조상들이 프랑스인들보다 현명했다는 증거인 것 같다. 이상향주의자들은 도

34) 총 성인 남성 주민의 대략 60%가 투표할 수 있었다(상게서, p. 103).

35) 워싱턴이 1789년 대통령으로서 복무하기 위해 필라델피아에 도착하기 전에, 펜실베이니아는 노예제의 점차적인 폐지를 준비하고 있었다. 자기 노예들을 해방해야 하는 것을 막기 위하여, 그는 자기가 데리고 온 대부분의 가정 노예들을 그들이 후에 자기들의 자유를 추구하는 경우에 버지니아로 되돌려 보낼 준비를 하고 있었다(Knollenberg, 1961, p. 154).

36) 해밀턴은 서자였고 버진 제도(Virgin Islands)의 세인트크로이 섬(St. Croix)에서 자기의 미혼모에 의해 길러졌다. 그는 11살에 서기 견습생이 되었고, 2일 후에 고아가 되었다.

랑에 피가 흐르고 폭민이 평등을 외치지 않으면 그것은 참된 혁명이 아니라고 느끼기 쉽다. 나는 그 단어의 의미에 관해서 언쟁하고 싶지 않은데, 미국에서 무슨 일이 일어났건, 그것은 기본적으로 인기가 있었으며, 그것은 정부의 선출된 부분이 임명된 부분을 완전히 대체하는 정부 형태의 변경을 수반했다.

프랑스 혁명은 보통 미국 혁명보다 훨씬 더 잘 들어맞고 적합한 혁명으로 간주된다. 미국 혁명이 거의 아무런 처형을 수반하지 않았고 거의 백 년간 많은 국내적 긴장 없이 지배한 평화롭고 다소간 성공적인 정부를 수립했다는 사실은, 하여간 내 생각에, 그것의 비판으로 간주된다. 프랑스 혁명은, 그것의 유혈 처형, 나머지 유럽 국가들 대부분과의 전쟁, 그리고 나폴레옹의 대두와 함께, 확실히 더욱 흥분되고 낭만적인 사건이다.

그럼에도 불구하고 프랑스 혁명도 역시 대중이 봉기한 것이 아니라 정부의 일부가 다른 부분을 내쫓은 것이었다.[37] 다양한 이유들로, 프랑스를 포함한 대부분의 유럽 국가들은 조지 2세와 조지 3세 치하에 존재했던 영국 정부 체제를 크게 찬양하게 되었다. 아마도 이것의 주된 이유는 단지 영국 군대의 군사적 성공 때문이었을 것이다. 특히 볼테르는 영국 제도의 숭배자였다.[38]

계몽주의는 상당한 정도 다양한 프랑스인들 쪽에서 "잘못 이해된" 영국 철학과 정부 체제를 프랑스에 전달하려는 노력이었다. 루이 16세

37) 그가 쓴 거의 어떤 다른 것도 최상의 서술이듯이, 이것의 최상의 서술은 토크빌의 『프랑스 구체제』이다.

38) 볼테르(Voltaire)는 프랑스 제도를 매우 비호의적으로 영국 제도와 비교한 『영국에 관한 편지』(*Letters concerning the English Nation*)라는 제목의 책을 썼다 (London, 1733; Oxford: Voltaire Foundation, 1979, p. 168).

는 이것이 훌륭한 아이디어라고 생각한 사람들 중 한 사람이었을 것 같다.

하여간 루이는 영국 정부를 본떠서, 선출된 하원과 분리된 상원, 즉 귀족을 대표하는 원과 교회를 대표하는 원을 가진 정부를 조직하였다.[39] 그러나 루이는 그리 똑똑한 사람이 못 되었고, 문제들이 아주 빠르게 통제를 벗어났다. 그것들이 통제를 벗어난 이유들 중의 하나는 루이와 대다수의 지식인들뿐만 아니라 명백히 프랑스 육군과 해군의 대다수의 장교들도 왕의 권력을 제한하는 것을 지지했다는 점이었다.[40] 그 결과는 아주 문자 그대로 파리 폭도가 선출된 의원들의 물리적 강압을 통하여 프랑스 정부를 지배한 기간이었다. 물론 최종 산물은, 프랑스가 대부분의 유럽을 일시적으로 정복한 후에, 다소간 영국의 것을 본뜬 진정한 입헌 군주제를 가진 채 부르봉 왕조가 복귀된 것이었다.[41]

러시아 혁명의 이야기도 거의 같다. 1905년 일본에 패배하고 상트페테르부르크에서 약간의 폭동이 일어난 후, 차르는 입법부로부터 수상과 정부가 선택되는 선출된 입법부를 수립하기로 결정했다. 차르는 성인 남자 보통 선거권을 준비하지는 않았으나, 그는 태반의 권력을 국민들(의 일부)의 선출된 대표들에게 정말 넘겨주었다. 1917년의 그의 폐위는, 제1차 세계 대전의 길고 비참한 전투 기간 이후, 그 의회에 의해 수행되었다.[42] 그것은 국민들이 정부에 대항한 것이 아니라, 그 정부의 일부가, 아마도 가장 큰 대중 지지를 받던 부분이, 차르에 대항한

39) Hibbert(1980), p. 40.
40) Montague(1920), p. 169.
41) 루이 18세는 긴 추방 기간의 대부분을 영국에서 보냈다(Fisher, 1903, p. 563).
42) Fitzpatrick(1982), pp. 38-39.

것이었다.

공산주의자들에 의한 러시아 공화정의 전복은 본질적으로 몹시 혼란스러운 민주 정치가들에 반대하는 일단의 단호한 사람들에 의한 쿠데타였다. 필요한 군대는 발트 함대의 수병들에 의해 제공되었다. 이 경우 우리는 그것이 민중 봉기가 아니라는 절대적으로 결정적인 증거를 가지고 있는데, 왜냐하면 쿠데타가 선거 운동이 끝날 즈음에 일어났기 때문이다. 실제 선거가 치러졌을 때 공산주의자들이 권력을 쥐고 있었다는 사실에도 불구하고 그들은 비참하게 패했다. 말할 필요도 없이, 이것은 레닌의 계획에 어떤 차이도 가져오지 않았다.[43)]

이것들은 국민들이 인기가 없는 폭군을 타도한다고 때때로 주장되는 가장 유명한 사례들이다. 그것들 모두는, 그 중 하나가 다른 것들보다 더 인기 있다고 불릴 수 있는, 정부의 상이한 부분들 사이의 언쟁을 내포했다. 그것들은 정부 전체를 전복하려는 노력이기보다 정부 안에서의 투쟁들의 예이다. 최근에 이란의 샤의 타도는 폭군적인 지배자에 대항한 민중 봉기로 유행하게 되었다. 시간이 지날수록, 그것은 점점 덜 유행하게 되는데, 왜냐하면 회고적으로 샤가 그를 대체한 것보다 훨씬 나은 것 같기 때문이다. 그럼에도 불구하고, 타도될 때, 샤는 서방 세계에서 매우 인기가 없었고, 실제적으로 전 서방 지식 공동체는 혁명을 성원했다.

여기서 무엇이 정말 일어났는지는 전혀 분명하지 않다. 샤는 사실상

43) 그의 정부가 위헌이라는 러시아 최고 법원의 결정도 차이를 가져오지 못했다. 원래 케렌스키 정부에 의해 일정이 잡힌 11월 12일 선거에서, 볼셰비키는 헌법 제정 회의(Constituent Assembly)의 707석 중 175석을 얻었다(Johnson, 1983, p. 64).

많은 거리 폭동 후, 군이 자기에게 충성하지 않을 것이라는 점이 분명해지기 시작했을 때 떠났다. 그러나 그는 상당한 정도 이것을 폭군적인 지배에 의해서가 아니라—결국, 그의 아버지가 그보다 훨씬 더 압제적이었다—일련의 실수들에 의해 자초했다. 첫째로, 그의 타도 대략 18개월 전쯤, 부분적으로는 카터 대통령의 압력의 결과지만 부분적으로는 명백히 그 자신의 뜻으로 그는 자기의 비밀경찰이 사람들을 고문하지 못하도록 결정했다. 그들이 중단했는지 확인하기 위해, 그는 국제적십자사를 불러 들였으며, 어느 정도 시간 간격 후, 그들은 정말로 고문을 멈췄다. 이것은 비밀경찰의 효율성을 크게 감소시켰다.[44)]

두 번째로, 그는 인플레이션과 가격 통제를 결합했는데, 이것 또한 그를 상인들에게 인기가 없게 만들었고, 마지막에 말하는 것이지만 결코 덜 중요한 것이 아닌 것으로, 그는 자기의 군대에게 반란을 철저하게 진압하라고 명령할 수도, 그것에 굴복하기로 결정할 수도 없었다. 그의 군 장교들은 자기들이 어떤 때에는 폭도들에게 발포하고 있고, 어떤 때에는 그렇게 하지 말도록 명령 받고 있음을 발견하게 되었다. 서양 언론 보도의 극히 편향된 성질 때문에 정확히 어떻게 되어 가고 있었는지를 말하기는 힘들다. 자기의 몇몇 순찰병들이 폭도들에 의해 고립된 어느 장군이 간신히 길을 뚫고 자기 부하들의 시체들을 옮긴 한 사건이 생각난다. 그 다음 그는 심하게 절단된(그 절단이 그들이 죽기 전에 이루어졌는지 죽은 후에 이루어졌는지는 분명하지 않았다) 이 시체들을 자기 부대에게 드러내 보였다. 이것은 내가 뉴스 기사를 읽

44) 1976년 10월 24일 CBS 텔레비전 인터뷰에서 샤는 고문의 사용을 폐지했다고 진술했다(Hoveyda, 1980, p. 94).

은 모든 서양 기자들에게 그 장군 쪽의 용납할 수 없는 행동의 한 예로 간주되었는데, 왜냐하면 그것이 부대로 하여금 앞으로 더 치열하게 전투하게 만들 것이기 때문이었다. 신문 기자들의 어느 누구도 폭도들의 행동을 비판하지 않았다.

하여간, 샤는 국민들에 의해서 대체된 것이 아니라, 주로 그의 비굴한 의회로부터 뽑힌 정부 관리들에 의해 대체되었다. 이후 일어난 일은, 그리 많은 부정 없이도 대체로 선거들을 이길 수 있었다고 이야기되어야 할 호메이니로 낙착되는, 일련의 급속한 정권 변경들이었다. 물론 그는 고문을 표준적인 경찰 방식으로 재도입했다.[45)]

이 사건은 무척 혼란스럽고, 생각하건대 지배자에 대항한 민중 봉기를 분명 나타낼 것이다. 지배자의 나약함과[46)] 그의 수법의 결여, 그가 군대를 완전히 통제하지 못했다는 사실, 그리고 마지막에 말하지만 아주 중요한 것으로 문제의 종교적 측면과 같은 모든 것이 중요했다.

그런데 우리가 이 사건으로부터 배울 수 있는 하나의 다른 교훈이 있다. 군대가 그 모든 것에 대하여 잘 준비되지 못했던 이유들 중의 하나는 샤가 일부러 그것들을 분열시켜 왔다는 점이다. 그는 이전에 한

---

45) 그 아야톨라(이란 이슬람교 시아파 고위 성직자에 대한 존칭—역주)는 그가 권력을 장악하기 전에 자기가 고문을 할 예정임을 명백히 했다. *Ayatollah Khomeini's Mein Kampf*(New York, NY: Manor Books, 1973)라는 제목으로 Joint Publications Research Service가 영어로 번역한 그의 책에서 그는 말한다. "신의 가호가 그에게 임할지니, 신의 선지자는 법의 집행자였다. 그는 처벌했고, 도둑의 손을 절단했으며, 채찍으로 때렸고 돌로 쳤으며 정당하게 통치했다. 그런 행동들을 위해 후계자가 필요하다"(p. 15). "만약 우리가 권력을 얻으면, 우리는 경제를 향상시키고 국민들 사이에 정당하게 통치하는 것으로 만족해서는 안 되고, 이 반역자들이 자기들이 한 짓에 대해 최악의 고문을 맛보게 해야 한다"(p. 88).

46) 샤는 그 때 문자 그대로 죽어가고 있었다.

번 자기의 의회에 의해 페르시아에서 쫓겨났다가 군대의 지지로 되돌아 온 적이 있다. 그는 분명히 이것으로부터 군대가 어떤 페르시아 지배자에게도 위험하다는 교훈을 도출한 것 같고, 그래서 그는 자기 군대의 부문들 내에서 어떠한 고위 수준 조정도 발전되는 것을 막는 정책을 따랐다. 우리가 전에 말했듯이, 당신의 군대를 약화시키는 것은 군대가 당신을 타도할 가능성을 줄여 주고 다른 누군가가 당신을 타도할 가능성을 확대시킨다. 샤는 이것의 진실을 발견했다.[47)]

그러나 왜 우리는 전제적이고 압제적인 지배자에 대한 대중 봉기를 보지 못하는 것일까? 역사에는 확실히 충분히 많은 폭군들이 있었고, 정부가 자기 국민들에게 크게 인기가 없었던 많은 사례들이 확실히 존재해 왔다. 최근의 두 사례를 들어보자면, 초기 공산 정부 치하에서의 알바니아와 북한은 정부에 대해 거의 불가능한 수준에 이를 정도로 대중 반대의 기초를 닦았을 것 같다. 1951년 겨울에 압록강에서 패배한 미군은 한국까지 후퇴했다. 북한 주민의 거의 4분의 1이 그들을 따라 남쪽으로 갔다. 게다가, 만약 운송이 이용 가능했더라면 훨씬 더 많은 사람들이 남쪽으로 내려갔을 것이다. 병사들의 군함에 의한 철수가 이뤄진 대부분의 경우 그들은 이 북한 난민들을 많이 데리고 갔지만, 모든 경우 훨씬 더 많은 사람들이 뒤에 남겨졌다.[48)]

그 상황을 주목하라. 이 사람들은 농부들이었다. 때는 한겨울이었고, 한국의 겨울은 춥다. 그 전 5년 동안 자기들을 지배해 왔던 정부의 통

---

47) 1953년 샤는 쿠데타가 수상 모사데그(Mossadegh)를 성공적으로 타도할 때까지 잠시 바그다드에 망명을 갔다.

48) Ridgway(1967), pp. 73, 95. 1951년 11월, 미 해군은 105,000 병사들과 91,000 민간 피난민들을 북한의 흥남으로부터 후송했다. 그 당시 그 일반 지역에서 기온은 화씨 영하 18도였다(상게서, p. 70).

제로 되돌아가기보다, 그들은 자기들의 농장을 떠나 패배한 외국 군대를 따라 나섰다. 나는 이것보다 더 철저하게 불신임 투표한 사례를 별로 생각할 수 없다.

그럼에도 불구하고 알바니아에서도 북한에서도 정부는 국내의 적들에 대한 통제를 유지하는 데 어려움을 겪지 않았다. 다른 인기 없는 현대 정부들의 집합을 들자면, 동유럽 국가들은 확실히 극도로 인기 없는 정부들을 가지고 있다. 폴란드, 체코슬로바키아, 동독, 그리고 헝가리에서는 대중 집단들 쪽에서 반정부 폭동의 광범위한 분출이 있었다. 어떤 경우에도 이것은 자기들의 공산당 지배자들에게 당혹 이상이 되지 못했다.

왜 민중 봉기가 그렇게 드문가? 내가 여기서 제시할 대답은 훨씬 더 포괄적인 형태로 나의 『사회적 딜레마』*(The Social Dilimma)*에[49] 나타나 있다. 그러나 그것은 기본적으로 간단한 논증이다. 우리의 보통 시민이 압제적이고 비효율적인 정부를 가진 나라에 살고 있다고 가정해 보자. 또한 이 정부를 전복해서 선하고 효율적인 정부를 수립하기를 제안하는 고귀한 사람들의 집단이 있다고 가정해 보자. 어떤 개인이 그들의 약속들을 믿는다고, 즉 그들이 효율적이고 선한 정부를 세울 것이라고 정말 생각한다고 가정하자. 그가 민중 봉기에 가담할까? 일반적인 대답은 아니라는 것이고, 그 이유는 공공재에 관한 간단한 구식의 경제학적 논증이다.

개인은 결과에 별로 영향을 끼치지 못할 것이다. 내가 그가 전혀 영향을 끼치지 못할 것이라고 말하는 것이 아니라 "별로 영향을 끼치지

---

49) pp. 26-86.

못할" 것이라고 말하는 것을 주목하라. 그가 중립으로 머문다 하더라도, 그는 자기가 참여할 때만큼 좋은 정부의 혜택을 입게 된다. 참으로, 그가 어쩌면 자기가 직업 경찰이라서 정부 편을 들고 혁명이 성공한다 하더라도, 그는 여전히 새롭고 선한 정부로부터 혜택을 받을 것이다. 집에 남아서 성원하는 것이 아니라 혁명에 참여하는 어떤 개인이든 보통은 어쩌면 성공 가능성을 .53278에서 .53279 수준 정도로 증대시켜 성공 가능성을 그저 미미하게밖에 변화시키지 못할 것이다. 반면, 자기가 부상당할 가능성은 크게 증가한다. 만약 그가 자기가 혁명에 참여함으로써 얻을 혜택을 그것이 자기에게 미치는 비용과 비교한다면, 그는 거의 확실히 이득이 음임을 발견할 것이다. 다른 말로 하자면, 사적 비용과 혜택은 자기에게 낙착되나, 공적 비용과 혜택은 사회 전체에 분산된다. 그는 그것의 아주 작은 부분만을 얻을 것이다. 면밀하게 계산하는 사람이 혁명에 가담하리라는 것은 분명히 거의 가능성이 없다.

물론 이 논증은 낭만적 혁명의 실제 전투 부분을 다루었다. 우리가 지하 조직과 관련하여 종종 논하는 음모 부분도 그것에 다소 같은 확률 집합이 부착되어 있다. 먼저, 비밀 음모의 단계에서는 성공의 가능성은 언제나 매우 낮다. 두 번째로, 배신의 가능성이 큰데, 왜냐하면 정부가 아마도 그런 음모를 밀고하는 누구에게나 현저한 보상을 제공할 것이기 때문이다. 우선 음모가 성공할 가능성이 매우 적고 둘째로 그것이 공공재라는 것을 개인이 인정할 때, 음모의 성공으로부터 얻게 될 것 같은 이익을 자기가 그 음모를 배신함으로써 얻을 수 있는 이익과 비교한다면, 그가 어떤 것을 택할지는 분명하다. 여러분이 음모가 배신된다면 그 배신에 참여하지 않은 사람들이 심하게 처벌받을 것이라는 점을 추가할 때, 그 문제는 거의 확실하게 된다.

많은 전제적이고 불쾌하며 대체로 통탄할 정부들은 또한 부패하다. 그런 정부들은 자기들에 반대하는 음모에 관한 정보에 보상을 제공하는 데 큰 어려움을 겪는다. 그 이유는 사람들이 부패한 정부들에 반대해서가 아니라 사람들이 아주 올바르게도 부패한 경찰이 자기들에 대한 보상을 이행하지 않을 것이라고 의심하기 때문이다. 부패한 경찰국장은 실제로 보상금을 올바른 정보를 얻는 데 사용하기보다는 보상금을 자기 사촌에게 주고 그저 뒷골목에서 몇몇 사람들을 잠재적인 음모자로 붙잡을 가능성이 훨씬 더 크다. 게다가 비록 어느 시민이 정확한 정보를 정말 갖고 있고 그것을 보고한다 하더라도, 그 돈은 그에게 도달하기 전에 도중에 사라지기 쉽다.

이런 상황에서는 그런 정부들은 보통 고문에 의존한다. 부패한 경감은 자기 조카를 고문할 것 같지는 않다. 고문은 정보에 대해 그저 보상을 지불하는 것보다 현저하게 덜 효율적인 정보 획득 방식이다. 보상이 사람들로 하여금 자발적으로 들어와서 당신에게 정보를 팔 마음이 들게 하는 반면에, 당신은 누구를 고문해야 할지 결정해야만 한다. 그럼에도 불구하고, 만약 광범위하게 사용된다면, 고문은 보통 먹혀든다. 물론 스탈린이 명백한 사례였다.[50] 비록 게슈타포가 보통은 고문보다 보상을 더 선호했지만, 그들은 사실상 두 유인(incentive) 종류들을 섞어 사용했다. 아마 스탈린이 고문에 주로 의존했던 것은 어떤 공산주의 국가도 지니고 있었던 내재적인 문제에 기인했을 것이다. 만약 당신이 정보에 대한 대가로 어떤 사람에게 백만 루블을 준다면, 그는 그

50) Tolstoy(1981), pp. 65-68.

런대로라도 안전할 뿐만 아니라 어지간한 수입을 줄 방식으로 그것을 공산주의 사회에서 투자하기가 무척 힘들다. 비록 공산당 기구가 공산주의 지역들 바깥에서는 이런 기법을 자주 사용해 왔지만, 이것은 본질적으로 공산주의 국가 내에서 정보를 얻기 위해 큰 유인 보상(incentive payments)을 사용하는 것을 배제한다.

민주 정부들은 때때로 본질적으로 이념적인 이유들 때문에 정보에 대하여 큰 보상을 제공하려 하지 않는다. 알제(Algiers; 알제리의 수도—역주)의 마쉬(Massu) 장군은, 정보에 대해 지불할 돈이 그리 많지 않은 상황에 직면하여, 광범위한 고문에 의존하였고, 알제에 있는 알제리 해방군(Algerian Liberation Forces)을 사실상 깨뜨렸다[51]. 이 모든 것은 비밀이 아니었고, 사실상 그가 자기 회고록에서 그것에 관하여 이야기하고 있으나, 그것은 어떤 방식으로도 그의 승진을 저해하지 않았다. 그는 결국 프랑스 참모총장이 되었다. 이런 종류의 배경으로 미군에서도 비슷한 승진이 있었을지는 의심스럽다. 하여간, 정보에 대한 보상의 지불은 틀림없이 고문의 사용을 지배한다. 보상 기법은 확실히 인권에 관한 우리의 시각과 더욱 부합하고 또한 더욱 효율적인데, 이것은 다행스러운 우연의 일치이다.

다른 문제로 관심을 돌리자면, 정부가 고위 수준에서의 음모를 다룰 때 직면하는 문제들 중의 하나인 거짓 고발은 하위 수준에서는 그리 중요하지 않다. 첫째로, 이 음모들에 연루된 사람들은 보통 자기들의 의도를 숨기는 데에 익숙한 교활하고 노련한 조신들이 아니다. 일반적으로, 그들은 터놓고 이야기할 것이고, 주위에 필적 증거를 자주 남긴

51) Johnson(1983), p. 500.

다. 그러나 더욱 중요한 것은 국가로서는 고발된 누구나 다 그저 죽이는 데에 큰 위험이 없다는 것이다. 당신이 몇몇 죄 없는 사람들을 잡을지도 모르지만, 당신은 거의 모든 죄 지은 사람들을 잡을 것이고, 당신이 죽인 사람들은 당신 정부의 고위 관리들이 아니고, 그래서 이렇게 죽이는 것이 잠재적으로 유능한 관리들을 죽이거나 고위 관리가 되려는 동기를 약화시켜 정부를 약하게 하는 경향이 있는 것도 아니다. 참으로, 하여간, 가난하고 힘없는 사람들 사이에 이루어지는 광범위한 처형은 강력하고 부유한 관리가 되려는 유인을 증가시켜 줄 것이다.

이 모든 것에 대하여 예외가 있다. 틀림없이 다른 사람들에게 혜택을 주기 위하여 기꺼이 큰 위험을 감수하거나 자신의 생명을 희생하는 강한 공익 소유자들이 있다. 만약 종교가 들어올 수 있다면 이것은 특히 사실이다. 만약 당신이 호메이니를 위해 싸우다 죽는 이슬람교도에게 내세에서는 22명의 첩들을 가질 것이라든지 앙리 4세를 죽이는 가톨릭교 순교자에게 신의 오른쪽에 설 것이라고 약속할 수 있다면, 냉소적이고 불가지론의 주민들이어서 그런 약속들이 신봉되지 않는 경우보다, 당신은 그런 사람들을 얻을 가능성이 더 클 것 같다. 심지어 종교적 불가지론의 주민들 사이에서도 우리는 다른 사람들을 위해 자기들 자신의 복지를 크게 희생하려는 개개 열광자들을 정말 발견한다. 그러나 그런 사람들은 상당히 드물다는 것이 드러난다.[52] 대부분의 사람들은 불행한 처지에 있는 공중이나 개개 다른 사람들을 위해서 기꺼이 약간의 희생들을 하려 하지만, 이런 희생들은 단연코 한정되어 있

52) 사람들이 자기 가족이 아닌 사람들의 이익을 위하여 기꺼이 참여하려는 희생의 한계에 관한 일반적인 논의에 대해서는, 나의 『소득 재분배의 경제학』(*The Economics of Income Redistribution*), pp. 49-72를 보라.

다. 사람들이 실제로 행하는 것은 그들이 말하는 것과 다소 심하게 차이가 있다. 분석에서 우리는 그들이 말하는 것이 아니라 그들이 행하는 것을 고찰해야 한다.

그러므로 우리는 이 장에서 어쩌면 민중에 의한 지배자의 타도로 불릴 수 있을 세 가지 상이한 상황들을 가지고 있다. 그것들은 무리 없이 순서대로 다룰 수 있다. 첫째, 지배자가 실제로 자기 마음대로 부릴 수 있는 아무런 직업 군대를 가지지 않고 외국인들과 국내의 적들 양쪽 다로부터 자기 나라를 방어하기 위해 모종의 접견(levee)에 의존해야 하는 경우, 문제는 어렵다. 전통적으로 이 상황에서 왕들은 상이한 귀족들 간에 서로 싸움을 붙여 어부지리를 얻으려고 시도했고, 그 상황을 본질적으로 봉건 국가로부터 중앙 통제 국가로 점진적으로 바꾸려고 시도했다. 우리가 보아왔던 것처럼, 프랑스의 왕들과 스페인의 왕들은 그렇게 하는 데 성공하였다. 신성 로마 제국 황제들은 실패했고, 사실상, 독일과 이탈리아에서 실제로 그 반대의 과정이 일어나게 했다. 영국에서는, 지배자들은 하급 귀족 계급, 지주 계급에 관심을 돌림으로써 대(大)귀족에 대한 대항을 야기하려고 시도하는 다소 비정상적인 기법을 선택했고, 장기적으로 자기들 자신의 권력을 지주 계급에 잃게 되었는데, 지주 계급은 우리의 시대에는 자기의 권력을 다시 평민에게 잃게 되었다. 나는 이 상황의 논의에 기여할 것이 별로 없다.

어느 정도 지배자의 권력을 견제하는 모종의 대의 의회가 있는 두 번째 사례에서는, 그 대의 의회의 권력의 성장을 제한하는 것은 다시 한 번 말하자면 조종과 사악한 음모의 문제이다. 역사적으로 지배자들은 이런 정부 간 싸움들에서 이기는 경향이 있었으나, 영어권 세계에서의 의회들의 성공은 그것들이 대부분의 다른 곳에서 패배한 것보다, 전 세계에 대해, 아마도 더 큰 의미를 지녔을 것이다. 우리가 멕시코의 사례에 관해 이야기하고 있든 필리핀의 사례에 관해 이야기하고 있든, 현대에는 대체로 이런 의회들은 통상적으로 강제력에 대해 통제권을 가지지 못했다. 군대와 경찰력은 통상적으로 독재자 자신의 통제 아래에 있었다. 이것은 보통 독재자에게 유리하고, 비록 독재자가 다른 독재자에 의해 대체된 많은 사례들이 있지만, 대의 의회가 독재자를 대체하는 데 성공한 사례는 최근에는 없다. 몇몇 사례들에서는 새 독재자는 이 의회들의 하나와 동맹을 가졌다. 내가 아는 모든 사례들에서는 궁극적인 결과는 의회의 권력의 증가가 아니었고, 몇몇 사례들에서는 감소였다.

현재의 역사와 영국에서의 발전의 역사 사이에 이것이 차이를 보이는 명백한 이유는 내가 믿기에는 간단하다. 영국 하원은 원래 소위 군대의 하급 장교들의 대표들로 시작했다. 지주들은 지방 공동체의 지배자와 의회의 대표였을 뿐만 아니라 그들은 또한 전시에 왕국 군대의 장교가 되기도 했다. 왕은 만약 그가 나라를 외국인들로부터 방어하거나 자기를 국내의 적으로부터 방어하기 위해 군대를 소집하기로 결정한다면 그들에게 의존했다.[53] 이런 상황에서 만약 그들이 그의 국내의 적이었다면 그는 끝장이었다. 후기 시대에는, 의원으로서 잠재적인 군대 장교들이 드물지는 않았지만, 적어도 지배적이지는 않게 되었다. 그러나 모든 의원들은 여전히 군 장교들과 긴밀하게 관련되어 있었다. 주(州)의 명문가의 장남은 토지를 관리하며 의회로 갈 것이고, 둘째는

53) Newhall(1940), pp. 3-5.

교회에 들어갈 것이며, 셋째는 군대에 들어갈 것이다. 왕이 의회에 대항하여 자기 군대에 의존할 수 없다는 점은 여전히 사실이었다.[54)]

이런 종류의 것의 대부분의 현대적 사례들에서는, 만약 우리가 남한, 대만, 태국 등의 세계를 둘러본다면, 군대와 경찰의 간부들이 동시에 의원이 될 자격이 없다. 그들의 소수가 어쩌면 의원일지 모르는 사례들에서는, 그것은 그저 소수일 뿐이다. 게다가, 대체로, 이들 선출된 기관들은 군과 경찰의 급료를 올리는 데 그리 호의적이지 않았다. 그런 상황에서 독재자는 보통은 선출된 입법부와의 싸움에서 자기의 경찰과 군대에 의존할 수 있었다. 기본적인 문제는 선출된 입법부나, 그 문제와 관련, 국민들이 자기에게 대항해서 일어날지 모른다는 것이 아니라 자기의 고위 관리들 중의 한 명이, 말하자면 군단들 중 하나의 한 장군이 자기를 타도하려고 결정할지 모르고 일시적으로 입법부를 그런 노력에 사용할지 모른다는 것이다. 여느 때와 같이 이것은 그가 어떤 장성도 그런 권력을 가지지 못하도록 자기 군대를 충분히 분할해서 유지해야 한다는 것을 의미하는데, 이번에는 그것이 진압하는 힘을 약화시킨다. 그러나 이 모든 것은 지금쯤 친숙한 주제임에 틀림없을 내용의 다른 재생이다.

독재 정권 후에 민주정이 수립될지 모르는 우리의 세 번째 길은 본질적으로 독재자 쪽에서의 은퇴이다. 전형적인 남미 독재자를 고찰해 보자. 그는 어느 정도 시간이 지난 후에 게임을 싫증낼지 모른다. 그의 일은 보수는 높지만 위험하고 시간을 많이 소비한다. 그래서 결국 몇

54) 크롬웰은 찰스 왕과의 내전에서 처음에 의회 군의 상당한 구성 부분을 지휘하는 장군(1642년 10월)으로서 나타났다(Dupuy and Dupuy, 1977, p. 550).

몇 독재자들은, 몇몇 대기업 수뇌들이 차라리 은퇴하는 것이 낫겠다고 결정하듯이, 차라리 은퇴하는 것이 낫겠다고 결정한다. 불행히도 독재자는 그저 이사회에 후계자를 선출하라고 요구할 수만은 없는데, 왜냐하면 그 후계자가, 아주 당연히, 은퇴한 독재자를 자기에 대한 지속적인 위험인물로 여길 것이기 때문이다. 만약 독재자가 은퇴하고 자기의 모국에 계속 살기로 결정한다면 그 점이 확실히 사실일 것이지만, 소모사(Somoza)는 그를 타도한 사람들이 그가 자기들을 타도하려고 음모를 꾸미고 있다고 생각했기 때문에 파라과이에서 암살당했다.

그 상황에서는, 민주 헌법을 기초하고 새 정부를 선출하는 것이 대체로 훌륭한 생각이다. 새 정부는 그것을 수립한 독재자에게 상당히 감사하기 쉽고, 하여간 모든 종류의 정치적 문제들로 바쁘기 쉽다. 만약 이전 독재자가 그냥 자기의 가옥 딸린 농장(hacienda)에서 대단히 화려하게 사는 것만으로 만족한다면, 그들은 그를 괴롭히지 않을 것 같다.

물론 남미에서 이런 식으로 수립된 대부분의 민주 국가들이 그리 오래 지속되지 못했다는 점이 사실이지만, 설사 그것들이 겨우 4-5년 지속된다 하더라도, 그것이 독재자를 충분히 늙게 만들어 버려 그의 후계자가 그를 주된 위험인물로 간주하지 않을 것 같다. 이것이 남미에서 독재 정권이 민주주의와 교대하는 어떤 경향을 가지고 있는 주된 이유일 것 같다. 아프리카에서도 비슷한 발전을 보이는 몇몇 조짐들이 있는 것 같지만, 지금까지 그것은 잘 확립되지 않았다.

평민들에 의한 타도를 막는 것은, 만약 지배자가 그저 격렬하게 진압하고 자기에 대항하는 음모에 관한 정보에 대해 큰 보상을 제공할 용의만 있다면, 대체로 아주 쉽다. 만약 그의 정부가 너무나 부패해서 보상이 실제 정보원(源)에 도달하기 전에 가로채질 것 같으면, 그는 고문에 의존하는 것이 필요하다고 여길지 모른다. 그러나 대체로 이것은 열등한 방식이다.[55)]

게다가, 그는 가급적이면 너무 많은 유혈 없이, 그러나 만약 최악의 사태가 되면 많은 유혈로, 폭동을 진압할 수 있는 군사 기구를 가져야만 한다. 그는 또한 그것을 사용할 의지를 가져야 한다. 프랑스의 루이 16세, 샤를 10세, 그리고 루이 필립은 모두 이 특정 시험에서 낙제했다.[56)] 루이 16세는 처음에 파리 폭도의 위협을 받아 베르사유로부터 파리로 이동하였고,[57)] 그 다음 자기의 스위스인(人) 근위대와 파리 민병대 사이에 전투가 벌어졌을 때, 그 근위대에게 물러나라고 명령했다.[58)] 샤를 10세와 루이 필립은 다소간 그저 자기들의 국민들에 대해 대규모 전투를 벌이려 하지 않았다.[59)]

---

55) 심지어 그 위대한 인본주의자 제러미 벤담(Jeremy Bentham)도 인정했듯이, 대체로 고문을 증오하는 통치자에 의해 고문이 사용될지도 모를 특별한 경우들이 있다. 그러나 그것들은 매우 특별한 경우들이고, 만약 보통의 독재자가 벤담의 규칙을 고수한다면 그는 심지어 장기 집권에서도 한 명도 고문하지 못할 것 같다.

56) 루이 16세는 1792년 8월 10일 폭도들에 직면하여 자기의 스위스인(人) 근위대에게 물러나라고 명령했다(Langer, 1972, p. 631). 샤를 10세는 1830년 7월 29일 폭도가 왕의 저택을 점유한 후 자기 군대에게 파리를 비우라고 명령했다(Bourgeois, 1907, p. 476). 루이 필립은 1848년 2월 23일 자기의 상비군도 방위군(National Guard)도 폭도에 사용하기를 거절하였고, 2월 24일 아침 일찍 퇴위하였다(Bourgeois, 1928, pp. 100-101).

57) 1789년 10월 6일에(Langer, 1972, p. 629).

58) 그래서, 유명한 루체른의 사자상(Lion of Lucerne; 프랑스 혁명 중 혁명 당원들이 프랑스 파리 튈르리궁에 몰려들었을 때 대량 학살된 스위스인 근위병들을 추도하는 스위스 루체른에 있는 조각—역주). 1792년 8월 10일에(Langer, 1972, p. 631).

59) 각주 56을 보라.

앞에서 지적되었던 것처럼, 나폴레옹 왕조는 그런 망설임이 조금도 없었다. 초기 공화정은 심지어 파리 폭도가 입법부에 대해 폭력을 정말 사용했을 때조차도 파리 폭도에게 무력을 사용하려 하지 않았다. 나폴레옹 보나파르트 장군은 폭도에게 대포를 발사하겠다는 의지를 과시한 후에 최초의 진정으로 높은 지휘권을 얻었다.[60] 폭도는, 폭동이 위험하다는 것을 알고서, 즉각 프랑스 정부에 위협이 되기를 중단했다.

루이 필립의 타도 이후 수립된 프랑스 제2공화국도 또한 파리 폭도들에 의해 위협받았는데, 대부분의 프랑스 장군들은 실제로 그들에 대하여 최대한의 무력을 사용하는 것을 거부하였다. 나폴레옹의 조카는 아주 상당한 정도 자기가 그러한 무력을 기꺼이 사용하려 했을 뿐만 아니라 몸소 폭도 속으로 기병대 돌격을 이끌었기 때문에 자신을 프랑스의 대공 대통령(prince president)으로부터 황제로 변신시켰다.[61] 다시 한 번 말하자면, 폭동이 위험하고 불유쾌하다는 것을 발견하고서, 폭동자들은 멈추었다.

일반적으로 사정은 이와 같다. 러시아 통제에 반대하는 동유럽의 폭동들은 러시아인들이 기꺼이 죽이려 한다는 것이 명백해지자 재빨리 사라졌다. 통치자에게 위험한 상황은 그가 몇 사람을 죽인 다음 더 이상 죽이고 싶지 않다고 결정하는 상황이다. 이것은 본질적으로 이란의 샤에게 일어났던 일이었다. 충성스러운 군대와 우수한 내부 정보부를 가진 정말로 무자비한 지도자는 민중 봉기에 관해 그다지 걱정할 필요가 없다.

---

60) 나폴레옹은 1795년 10월 5일 방데미에르(Vendemiaire) 봉기를 진압하는 책임을 지고 있었다(Knapton, 1972, p. 76; Langer, 1972, p. 634).

61) 1851년 12월 4일에(Langer, 1972, p. 632).

민중 봉기는 아마도 민주 국가에 대해서는 아주 위험할 것이다. 일반적으로, 민주 국가들은 민중 봉기들에 관해 걱정할 필요가 없는데, 과반수의 국민들이 민중 봉기들에 반대하면 민중 봉기들은 다음 선거에서 질 것이고 그래서 폭동을 일으킬 필요가 없다는 매우 단순한 이유 때문이다. 그러나 1960년대에 서양 세계에서 대학생들 사이에 존재했던 상황처럼, 만약 주어진 정부에 매우 강력하게 반대하는 소수파가 있고, 그 소수파가 다수파로 성장할 가능성이 별로 없다면, 그것은 위험해질 수 있다. 일반적으로, 민주 국가들은 그런 폭동을 진압하는 데 필요한 종류의 무력을 기꺼이 사용하려 하지 않는다. 반면에 1960년대의 학생들은 중앙 통제가 이루어지지도 않았고 그들이 자기들의 기회를 이용할 수 있도록 자기들의 마음이 충분히 명백하지도 않았다. 민주 국가들이 다소간 비슷한 수단에 의해 전복된 더 옛날의 사례들이 있었다. 물론 가장 명백한 예는 무솔리니의 이탈리아 정부 전복이다.[62] 레닌이 러시아 공화국을 전복하고 히틀러가 완전하게 입헌적인 의회 정부를 독재 정권으로 바꾼 것은 또 다른 예들이다.[63]

지금까지 나를 따라온 독자는 두 가지 이의를 제기할 것 같다. 이것의 첫 번째, 내가 정통성이나 기존 정부에 대한 대중 지지에 관해서는 절대적으로 아무것도 말하지 않았다는 점은 다음 장에서 다뤄질 것이다. 두 번째, 내가 생각하기에 더욱 심각한 이의는 19세기에는 유럽과, 그와 관련, 세계의 여타 지역들에서 이런 저런 종류의 많은 군주정들이 민주 정부들로 바뀌었다는 논쟁의 여지가 없는 사실을 그저 가리키는 것이다. 대체로, 대부분의 이 민주 정부들은 그리 오래 지속되지 않

62) Johnson(1983), pp. 98-101.
63) 상게서, pp. 283-285.

았으나, 서구 유럽의 것들은 아주 지속성 있는 것으로 드러났다. 참으로, 모든 서유럽 국가들은 현재 민주주의 국가들이다. 물론 두 개의 가장 큰 민주주의 국가들인 인도와 미국은 유럽에 있지 않고, 기타 민주국가들이 전 세계에 퍼져 있지만, 그럼에도 불구하고 엘베 강 동쪽과 리오그란데 강 남쪽에서 지배적인 정부 형태는 어떤 형태의 독재 정부이다. 빨리 계산해 보면 이 책을 쓸 당시 28개의 민주주의 국가가 있고 5개만이 그 문화적 뿌리를 유럽에 두고 있지 않음을 알 수 있다. 현재의 독재 국가들의 거의 모두가 한 때는, 아주 흔히 그것들이 처음 독립할 때는, 민주주의 국가들이었으나, 민주주의는 통제를 잃었다.

그러나 그것은 민주주의의 쇠퇴에 관한 언급이지 그것의 융성에 관한 언급은 아니다.

그것이 어떻게 해서 19세기에 융성하였을까? 명백한 설명은 모범 민주주의로 여겨졌던 영국의 대부분의 영역들에서의 지속적인 대성공과 계몽주의 지식인들이 민주주의를 찬양했다는 사실의 결합이다. 그 결과로 유럽의 사실상 누구나 다가 통상적으로 제한 군주제의 형태로 적어도 어떤 종류의 민주주의가 바람직한 체제라는 생각을 가지게 되었다. 러시아의 차르는 1905년까지 버텼으나,[64] 모든 다른 지배자들은 어떤 종류의 대의 의회를 설립했다. 19세기는 대부분의 나라들에서 정부의 선출된 부분이 서서히 권력을 얻는 내적인 긴장의 시대였다. 대부분의 경우에 왕들은 사실상 그리 격렬하게 저항하지 않았는데, 왜냐하면 그들 역시도 지식인들과 영국 예에 의해 설득되었기 때문이다.

64) Fitzpatrick(1984), p. 27. 니콜라스 2세는 두마(Duma)라고 불리는 전국적 선출 의회를 창설하기로 동의했다.

비록 대부분의 나라들에서는 사실상 변화가 평화적이었지만, 나는 변화가 전적으로 평화로웠다는 인상은 주고 싶지 않다. 스웨덴에서는 별다른 내부적 투쟁이 없었다.[65] 투쟁이 있었던 다른 곳들에서는, 투쟁은 일반적으로 정부의 형태에 커다란 영향을 주지 못했다. 비록 다소 느슨한 체제이긴 하지만 구체제는 1848년에 거의 모든 곳에서 복원되었다.[66] 민주주의의 성장은 일반적으로 (그리고 나는 개별 국가 하나하나의 상세한 역사를 알지 못한다는 점을 인정해야만 한다) 왕실의 양보가 아마도 적어도 대중의 압력만큼이나 중요했을 점진적인 과정이었다. 브라질 황제의 타도에 관한 표준적인 신화는 황제 자신이 민주정부의 주요 옹호자였다는 것이다.[67] 나는 이것이 진실인지 아닌지 모르나, 그것은 확실히 아주 가능성이 있다.

그러나 내가 많은 경우에 그 지배자들이 자기 국가의 민주화에 저항하지 않았거나 심지어 그것을 서둘렀다고 말한 점을 주목하라. 얼핏 보면, 그것이 명백히 그들의 권력을 약화시켰으므로 이런 일은 아주 불가능했을 것 같다. 우리는 차후에 내가 제한된 전제정(limited autocracy)이라 부르는 이런 종류의 혼합된 정부를 다루는 한 장을 가질 것이고, 나는 그것이 독재자의 관점에서 볼 때 이점들을 정말 가진다는 점을 지적할 것이다. 이런 이점들이 단점들을 극복할 정도로 충분히 강한지

---

65) 스위스에서는 내부적 투쟁이 있었지만, 스위스는 선거 체제로 세기를 시작했으므로 투쟁은 본질적으로 가톨릭교도들과 신교도들 사이의 종교적 싸움이었다. 그로 인해 1848년 아주 중대한 내전이 일어났다.

66) 이탈리아와 독일, 오스트리아에서는 1848년 후 더욱 강력한 새로운 왕이 권력을 얻었다. 프랑스에서는 나폴레옹 3세의 독재 정권이 1852년에 시작되었다 (Massi, 1928, pp. 366-392; Ward, 1928, pp. 202-233; Friedjung, 1928, pp. 393-410; 그리고 Thomas, 1928, pp. 286-308을 보라).

67) Fynn(1978), p. 30.

여부는 명백하지 않으나, 지배적인 지적 기류들이 모두 민주주의나 입헌 군주제 둘 중 하나를 옹호하는 시기에는, 지배자로서는 이 문제에 관하여 실수하기가 무척 쉬울 것이다. 이것은 (a) 썩 똑똑하지 않고 (b) 자기들의 신민들이 왕가에 충성할 것이라고 아주, 아주 자신하는 경향이 있는 세습 군주들에게는 특히 사실일 것이다. 이런 상황에서는, 선출된 대표를 가지는 헌법을 수립하라는 당신 나라의 지적 공동체의 충고를 따르는 것이 좋은 아이디어인 것처럼 보이는 것은 당연하다.

그러나 이 시대의 다른 친(親)민주적 특성이자 매우 중요한 특성은 간단히 말해 군대의 구성이다. 대규모 징집 군대는 과거에 절대 지배자들이 자기 나라를 외국인들로부터 방어하는 데뿐만 아니라 내부적으로 반란을 진압하는 데도 자주 사용되었다. 참으로, 아르헨티나, 브라질, 그리고 그리스에서의 최근의 민주주의 억압은 모두 징집 군대를 지휘하는 직업 장교들에 의해 수행되었다.[68] 그럼에도 불구하고 대규모의 징집 군대가 일정 민주적 함축을 정말 가지고 있다는 점이 언급되어야겠다. 만약 그 징집 군대가 자기를 위해 싸울 수 있으려면 지배자는 일정 최소량의 대중적 지지를 정말 유지해야만 한다. 이런 측면에서, 그것은 특별히 평민을 억압하기 위해 고용될지 모르는 직업 군대와 다르다.

이 요소의 설득력은 다소 의심스러운데, 왜냐하면 역사적으로 왕과 독재자들은 자주 징집 군대를 사용해 왔기 때문이다. 그럼에도 불구하

68) 1971년 3월 23일 군대의 총사령관들이 아르헨티나의 대통령을 퇴위시켰다. 1968년 11월 브라질의 군 고위 사령부는 통제력을 장악했다. 1967년 4월 21일 일단의 그리스 대령들은 (고위 사령부의 외관상 지지를 얻어) 그리스에서 권력을 장악했다(Theodoracopulos, 1978, pp. 184-205).

고 19세기 후반과 20세기 초는 진정한 국민병(nation-in-arms) 개념의 전성 시대였다. 왕이나 독재자가 그런 군대에 대해 통제하는 것이 가능하다 할지라도, 19세기에는 그들 대부분이 그게 불가능하다고 생각했다. 참으로, 19세기에 왕실 권위의 옹호자들은 아주 어김없이 직업 군대나 1815년의 복고 후에 프랑스 군주제에서 고안된 것과 같은 어떤 아주 제한된 형태의 징집 중 하나를 지지하였다.[69] 반면 민주주의의 옹호자들은 실제적으로 전 국민으로 구성된 징집 군대를 지지하였다. 만약 자기가 자기 징집병들 보고 폭도에게 발사하라고 명령했다면 자기 징집병들이 폭도에게 발사하는 것에 사실상 의존할 수 있었던 지배자는 그 문제에 관해 불안해했을지 모르고, 자기가 실제로 양보할 필요가 없었을 때 양보했을지도 모른다. 다시 한 번 말하자면, 그 당시의 지적 분위기를 고려하면, 그리고 대부분의 절대 지배자들이 세습 군주였지 독재자가 아니었다는 사실을 고려하면, 이것은 특히 중요하다. 그들은 우리가 독재자로서 기대하는 거칠고 공격적이며 영리한 타입이 아니었고, 우리가 세습 군주제로부터 기대하는, 반드시 아주 거칠고 아주 영리하지는 않은, 신사다운 타입이었다.

하여간, 이런 민주주의 융성은 20세기에는 쇠퇴로 이어졌다. 1905년에 전 유럽은, 대개 입헌 군주정인, 어떤 종류의 선출 체제를 갖고 있었다. 아시아의 대부분의 독립 정부들은 적어도 몇몇 선거 제도들을 갖고 있었고, 거대한 제국들은 민주 정부들에 의해 다스려지든지, 비록 민주 정부들 그 자체는 아니더라도 입헌 군주 정부들에 의해 다스려졌

69) 루이 18세는 이전의 징병 제도를 폐지하고 그것을 추천 징집(draft-via-lottery)으로 보충한 지원 제도로 대체하였다(Blennerhassett, 1907, p. 55).

다. 인도인들은, 비록 그들이 관리들을 선출하는 데 아무런 역할을 가지지 못했지만, 선출된 관리들에 의해 다스려졌다. 남아메리카는, 스페인 사람들이 떠난 후 그랬듯이, 어떤 나라는 독재 국가이고 어떤 나라는 민주 국가인 대륙이었는데, 그것은 때때로 변했다. 그러나 남미 추(錘)(southern cone)가 그 당시에 민주적일 뿐만 아니라 아주 번영했다는 점은 사실이었다. 이것은 불행하게도 더 이상 사실이 아니다.

비록 남미 추가 이제 때때로 민주적이고 때때로 독재적인 면에서 남미의 나머지 국가들에 가담했지만 거의 비슷한 패턴이 지속되는 남미를 제외하고는, 상황은 급격하게 변화했다. 첫째, 지리의 면에서 유럽의 절반을 훨씬 넘는 국가들이 지금 극히 강력한 독재의 속박에 단단히 묶여 있다. 어떤 주어진 시점에서든, 아프리카의 한 두 국가들은, 일시적으로,[70] 민주 국가들이다. 그러나 보통 그것들은 독재 국가들이다. 레바논이 붕괴했으므로, 아랍 국가들도 마찬가지다. 민주주의는 일본을 제외하고는 어떤 아시아 지역에서도 결코 진정으로 뿌리내리지 못했고, 인도와 실론, 말레이시아의 현 상태를 고려한다면,[71] 당신은 민주주의가 거기에서 절정에 놓여 있다고 말할 수 있을 지경이다. 그러나 확실히 그 절정은 그리 높지 않고, 인도, 실론과 말레이시아의 최근의 역사를 고려하면, 누구나 그곳에서의 민주주의의 미래에 관해 그리 낙관할 수 없다.

이것은 단순히 민주주의가 국민들에 의해 지지된다면 민주주의는 군주제를 극복할 수 있음을 역사가 보여준다고 많은 사람들이 느낀다

70) 물론, 우리의 정의에 따르면 선거적이지만 민주적이지 않은 남아프리카 연방을 제외하고.

71) 그리고 어쩌면 가까운 장래에 대만도.

는 사실에 자극받아 이루어진 이탈이었다. 바로 이 사람들은 또한 국민들이 민주주의를 지지할 것이라고 생각하기도 한다. 역사의 평결은 언제나 그렇듯 애매모호하다. 그러나 격분한 국민들이 봉기해서, 사악하고 부패한 독재자를 축출하며, 순수하고 고귀한 민주주의를 수립하는 어떠한 명백한 사례들도 없는 것 같다.

제5장 정통성과 윤리

"정통성(legitimacy)"은 다양한 정치학자들에 의해 많은 의미들이 부여되었다. 나는 정의에 관해 언쟁하고 싶지 않고, 그래서 나는 다소 자의적으로 그 용어에 매우 단순한 의미를 부여할 것이다. 독재적이건, 군주적이건, 혹은 민주적이건, 정부가 지지를 제외하고는 많은 권력을 갖고 있지 않은 것 같을 때도 정부에 대한 공적 혹은 공식적 지지가 존재하는 일이 종종 일어난다. 환언하면, 정부가 지지자들에게 보상하거나 반대자들을 벌하는 능력을 많이 가지고 있지 않은 것 같을 때에도 정부가 지지를 받는다. 우리는 그러한 정부를 "정통성 있는(legitimate)" 정부라고 부를 것이다. 그러나 이 말은 의미가 더 확대될 것이다. 보상하고 처벌하는 권력을 정말 가지고 있는 정부도, 만약 그 정부에 대한 공중의 태도가 설사 그 정부가 권력을 잃는다 해도 여전히 지지를 얻을 성질의 것이라면, 역시 "정통성 있는" 정부로 불릴 것이다. 분명히 두 번째 의미는 첫 번째보다 경험적으로 더 중요하다. 더 나아가서 이런 종류의 "정통성"은 어느 정부에나 유용할 것이다. 역사에서 그것이 얼마나 자주 발생하느냐 하는 것은 우리가 아래에서 관심을 기울일 문제이다. 확실히 적어도 몇몇 사례들이 존재한다.

제목에서 다른 말 "윤리(ethics)"는 반드시 정의하기 어려운 것이 아니다. 그러나 우리는 그것의 구체적 의미가 시간에 따라 그리고 장소에 따라 굉장히 다양한 것 같다는 점을 주목해야 한다. 나는 최근에 보데와 모리스의 『중국 제국에서의 법』을 읽었다.[1] 이 책은, 대개, 옛날 제국 정부의 출판물을 영어로 번역한 것이다. 이 출판물은 보통 전례(典例, Exemplary Cases)라 불리는데, 아주 대충 말해, 우리가 미국 대법원의[2] 중국 등가물이라 부를 수 있는 것에 도달한 많은 법률 사건들에 관한 간단한 판례집으로 구성되어 있다. 이 사건들은 비슷한 사건들을 다루는 미래의 하급 법원들을 위한 지침을 제공할 생각으로 모아 놓은 것이다.

미국인의 관점에서 이것에 관해 인상적인 것은 이 법률 체계가 관련 개인들의 지위에 깊은 관심을 부여하고 증거라든지 그 사람이 유죄인지 아닌지와 같은 문제들에는 비교적 미미한 관심을 부여한 점이다. 따라서 결정은 피고가 그의 희생자라고 지목되는 인물의 손위 친척인지 손아래 친척인지에 달려 있을지 모른다.[3] 이것을 우리는 아주 부적절하고 어쩌면 비도덕적이기조차 한 고려 사항으로 간주할 것이다. 그들은 또한 동일한 범죄로 유죄 판결을 받은 사인(private citizen)보다 공무원에 대해 더 낮은 처벌을 가하기도 하였다. 우리는 이것을 부패

1) Dirk Bodde and Clarence Morris, *Law in Imperial China*(Cambridge: Harvard University Press, 1967).

2) 사실상 그것은 통일 군사 재판법(Uniform Code of Military Justice; 미국에서 1951년 육군 군법 회의법(Articles of War) 대신에 제정된 법전—역주)의 제정 이전 미국 군대의 군무 국장에 훨씬 더 가깝게 닮았다. 형사 사건의 피고는 자기의 유죄 판결을 상고하지 못했지만, 그 사건은 자동적으로 황실 법원(imperial court)에 먼저 보내져서, 거기서 일단의 법률 관리들(legal officials)이 법률적 충족을 검토하곤 했다. 아마도 황제 자신도 의견을 표명하곤 했을 것이다.

3) 여기서 '손위' 혹은 '손아래'라는 것은 연대기적(chronological) 나이를 의미하는 것이 아님을 주목하라. 그것은, 대충, 손위가 손아래보다 더 많지만 쉽게 예외가 있을 수 있는 중국식 관계 체계 내에서의 지위를 의미한다.

하고 아마도 도리를 벗어난 것으로 간주할 것이다. 그리고 마지막에 말하는 것이지만 가장 작은 것이 아닌 것으로, 그들은 몇몇 다소 괴이한 범죄들을 가지고 있었다. 만약 내가 언쟁 중에 누구에게 몇 마디 욕을 하고 그가 그때 자살을 했다면, 미국에서는 우리는 아마도 이것을 그가 제 정신이 아닌 증거로 간주할 것이다. 중국 법에서는 나는 처형될 것이다.

그러나 이 모든 것은, 내가 믿기로는, 중국 윤리 규범을 정확하게 나타내었다. 그것이 우리 것과 다르다는 사실은 놀랍지 않다. 최근에 신문을 읽은 독자들은 이슬람교 윤리 규범에서는 여자들이 얼굴을 제외하고 온 몸을 가리는 길고 보기 흉한 의복을 입지 않은 데 대해서, 화장을 한 데 대해서, 그리고 대체로 심지어 보통 정도로 자유롭게 행동한 데 대해서도, 엄하게 처벌받을 수 있다는 것을 알게 되었다. 돌로 쳐 죽이는 매음에 대한 처벌이 정도를 벗어난 것과 같이, 이것은 우리의 관점에서는 정도를 벗어난 것이다. 도둑의 손을 자르는 것은 우리들에게는 틀림없이 많은 예방적 효과를 가지고 있지만 그럼에도 불구하고 바람직하지 않은 취급인 것 같다. 다시 한 번 말하자면, 이것은 순수 이슬람교 문화에서는 도덕적으로 수용 가능하다.

중국뿐만 아니라 러시아에서도 공산당 관행의 흥미로운 특징들 중의 하나는 때로는 중대하고 때로는 사소한 어떤 특정 형태의 범죄에 관해 정부 관심이 주기적으로 쇄도한다는 점이다. 따라서 만약 러시아 경찰이 갑자기 과속 운전을 걱정하게 되면 그들은 과속 운전자들 몇 명을 죽여 자기들의 우려를 대중들에게 표시할 것이다. 이와 유사하게, 등소평 치하의 중국이 국가에 범죄가 너무 많다고 결론 내렸을 때, 그들은 사소한 도둑질과 같은 사건들에 대해 사람들을 처형하기 시작했다.[4] 이 모든 것은 공개적으로 행해지고, 그것을 행하는 관리들이 그 문제를 주민을 겁주는 문제로서가 아니라 문자 그대로 대중이 승인할 어떤 것으로서 간주함을 은연 중 의미하는 방식으로 행해진다. 더 나아가서, 내가 볼 수 있는 한, 대중은 그것을 특별히 반대하지 않고, 사실상, 승인할지도 모른다. 확실히 대부분의 미국인들은, 비록 그들이 공산당원과 같이 극단으로까지 가는 일은 거의 없겠지만, 범죄에 대한 우리의 형벌이 너무 가볍다고 생각하는 경향이 있다.

그러나 이 모든 것들은 그저 도덕들이 시간과 장소에 따라 아주 다양하다는 점을 지적하는 시도일 뿐이다. 성경은 여호수아(Joshua) 편(篇)에서 유대인들이 여호와로부터 약속받은 땅에 원래 거주하던 사람들에 대해 행한 절멸 전쟁을 연대기에 싣고 있다. 이것은 대량 학살이었고, 오늘날에는 매우 사악한 것으로 간주될 것이다. 여호수아가 쓰인 때에는 명백히 그것은 도덕적인 것으로 간주되었다.

정통성과 윤리 간의 관계가 독자에게는 분명한 것 같을지 모르나, 독자가 매우 억압적인 것으로 여길 것이라고 내가 확신하는 많은 정부들이 우리의 단순한 의미에서 과거 아주 명백히 정통성을 얻었음을 나는 지적하고 싶다. 독일 군인들은 심지어 히틀러가 패배했음이 명백해진 후에도 전혀 자유의사로(freely) 항복하지 않았다.[5] 더욱 놀라운 것

4) Mosher(1983), p. 83.

5) Keegan(1982, p. 323)에 따르면, 영국인들과 미국인들이 **매일** 3만 명의 독일군 포로를 잡고 있었던 1945년 4월과 같은 전쟁 막바지 날에도, "아직 자유로운 독일 사람들은 싸움을 계속하여, 라인 강과 엘베 강 사이 하나하나의 강 방어선 모두에서 싸우다 죽고, 자기들이 할 수 있을 때는 반격을 가하며, 적군으로 하여금 자기가 접근하는 지방 읍을 하나 걸러 하나씩 박살내지 않을 수 없게 하였다."

은, 제2차 대전 초기에 포로가 되었거나 전쟁이 발발했을 때 우연히 연합국에 있었던 탓에 억류된 이탈리아인들 가운데는, 종전 직후까지 여전히 충성스런 파시스트인 사람들이 많았다.

공산당원들은 이런 종류의 일의 훨씬 더 극적인 예를 제시할 수 있다. 특히 해외 공산주의 운동가들은 아주 이상한 정책 변경들에서 원래는 소련, 그 다음에는 중국에서의 공산당을 기꺼이 따르려 하였다. 이 경우 그들이 미래 언젠가 새로운 공산당 국가에서 관리가 될 것을 기대하는 것일지 모른다. 즉 그들은 공산당 국가가 지금은 자기들에게 보상하거나 처벌할 수 없지만 그것이 영원한 상태가 아닐 것이라고 생각한다. 우리는 아래에서 이것이 항상 우리가 정의한 바의 "정통성"의 한 부분일지 모른다는 점을 볼 것이다. 그러나 나는 이것의 많은 것이, 문자 그대로, 심지어 잠재적 보상과 처벌의 면으로도 설명될 수 없는 어떤 것이라고 생각한다.

극단적인 예로서, 크리스천(Christian)은, **바운티호**(*Bounty*)를 뺏고 블라이 선장(Captain Bligh)을 대형 보트에 내려 해상에 추방한 후, 처음에는 타히티로 그 다음에는 핏케언(Pitcairn)으로 갔다. 이 모든 때 그는 만약 영국 해군이 자기를 잡으면 그들이 자기를 즉석에서 목매달 것이라는 사실을 알고 있었다. 그럼에도 불구하고 그는 항상 자기가 정복하는 각 구획의 지역에 영국 국기를 게양했다. 영국 해군이 마침내 핏케언 섬 잔류자를 정말 추적하여 잡았을 때 거기에 있던 한 명의 잔류 항명자는 그들을 "아이고 고마워라. 영국인들이군요."라는 말로 환영하였다. 사실상, 그들이 그를 목매달지는 않았지만, 그는 확실히 그들이 그렇게 할 것이라고 예상했음에 틀림없다. 그는 자기가 문명과 전적으로 접촉하지 못했던 수년간 영국에서 일어났던 변화를 거의 알 수 없었다.

이 모든 측면들에서 이 정통성 특징은 다소 우리의 윤리 규범의 특정 측면들처럼 움직인다. 거기서 다시 여러분은 사람들이 심지어 자기들에게 분명한 이득이 없을 때조차도 그리고 사실상 손실이 있을지 모르는 곳에서도 윤리적 원칙들을 수행하는 것을 발견할 것이다. 그런 사람들은, 그리고 자기들의 전우들이 죽는 것을 막기 위해 수류탄에 몸을 던지는 사람들이 2차 대전 동안 미군에 여럿 있었는데, 보상을 기대하고 행동하지 않았다. 일본의 가미가제 조종사들도 마찬가지였는데, 그들은 물론 이 최종적인 방식으로 자기들의 목숨을 기꺼이 희생하려 한 미국인들보다 매우 더 많았다. 그들이 자기들의 혼령이 일본에 남을 것이라고 약속받은 것은 사실이지만, 그것은 사실상 그 당시에 죽은 실질적으로 어떤 일본인에 대해서도 사실이었을 것이다. 그들이 내세에서 더 높은 지위를 보장받은 것도 아니었다.[6)]

물론 이슬람교도들에게는, 만약 그들이 신앙심 깊은 이슬람교도들이라면, 그저 죽는 경우보다 이교도들과 싸우다가 죽는 경우 하늘에서 훨씬 더 우월한 지위가 정말 보장된다. 그러므로 이 경우에 신도들에게는 내세에서 보상이 있고, 이로 인해 그들은 미 해병대원들이나 이

6) 실제로 자기 목숨을 희생한 가미가제 조종사들의 정확한 총수가 얼마였는지 명백하지 않지만, 그것은 확실히 다섯 자리 범위에 들어 있었을 것이다. 1945년 4월 1일부터 8월 13일까지 기간에 오키나와 지역에서만 미 해군 함정에 대해 대략 2,000회의 가미가제 출격이 있었는데, 그것은 20척을 침몰시키고 217척에 피해를 입혔다(O'Neill, 1981, pp. 169-170). 무사도 규범(Bushido code)이 가미가제 자원자들의 배후에 있는 유일한 외관상 동기는 아니었다. 이 대원들의 마지막 편지들의 모음은 기독교 종교를 포함하여 가지각색의 표면상의 동기들을 드러낸다(상게서, p. 143).

교도 이슬람교도들을 죽이려 하는 과정에서 자살을 감행할 마음이 들지 모른다. 그렇지만 많은 이슬람교도들은 심지어 분명한 보상 체계가 이용 가능하지 않을 때조차도 이슬람교 법체계의 다른 측면들을 준수할 것 같다.

지금까지 이 논의의 요지는 정통성이란 주어진 정체(政體)의 많은 국민들, 관리들, 장군들 등에게는 그 정체의 지속과 그 정체에 대한 복종이 자기들의 윤리 체계의 일부라는 것을 의미하는 아마도 그저 상당히 일반적인 용어일 뿐일 것이라는 점을 보여주자는 것이다. “정통성”이란 그 나라 안의 많은 사람들의 심리에 특정 윤리적 논거가 존재함을 지칭하는 집합적 용어이다.

만약 이러하다면, 정통성의 어떠한 검토도 윤리의 문제 자체의 검토로 시작하는 것이 최선일지 모른다. 우리 대부분이, 벌 받지 않고 지나갈 수 있다고 생각할지라도, 대부분의 범죄들을 저지르기를 자제할 이유에 관한 설명은 우리 대부분이, 불복이 안전할 뿐만 아니라 우리에게 이익이 된다고 생각할지라도, 아마도 미국 정부에 복종할 이유에 관한 설명과 같다. 양 경우에 내가 단지 “우리 대부분”이라고 말할 뿐, 우리가 모든 상황들에서 이 행동 방침을 계속할 것이라는 말을 하고 있는 것이 아님을 주목하라. 정말, 만약 도덕규범이나 국가가 처벌하고 보상할 자신의 능력을 상실하면 시간이 흐름에 따라서 그것이 개인의 정신을 지배하는 힘이 사라질 것이라는 것이 나의 견해인데, 이 점은 아래에서 논의될 것이다. 물론 그 지배력은 어떤 사람들에게는 다른 사람들보다 더 빨리 사라진다.

그러면 윤리는 어디로부터 오는가? 사람들이 윤리 규범을 수용하고 복종하는 것을 우리가 관찰하게 되는 이유는 무엇인가? 윤리 규범들을 지지하는 전통적인 논거는 그것들이 신에 의해 정해져서 사람들이 지옥에 가고 싶지 않으면 그것들을 따르는 게 더 낫다거나, 아니면 그것들이 어떤 종류의 논리적 연역의 결과라는 것 중의 하나였다. 전통적인 기독교 성직자는 전통적인 불교, 힌두교, 혹은 이슬람교 종교 지도자처럼 전자를 지지하고, 전통적인 철학자, 아리스토텔레스, 플라톤은 후자를 지지한다. 적어도 기독교 전통에서는 그 둘은 자기의 윤리적 결론에 도달하는 데 성경과 아리스토텔레스에 의존한 성 토머스 아퀴나스와 같은 사람에서 결합될지 모른다.[7)]

나는 윤리 규범이 신에 의해 정해진다고 믿는 사람들과 논쟁에 들어가지는 않을 것이다. 대신 나는 그들이 자기들끼리 계속 논쟁하도록 내버려두겠다. 신이 누구인지, 그 문제와 관련하여, 신이 몇이나 되는지에 관해 그들이 의견 일치를 보지 못하므로, 그들은 이 신들이 무엇을 정했는지에 관해 확실히 의견 일치를 보지 못하고 있고, 나 자신과 같은 단순한 무신론자가 그들의 신학적 논쟁들을 상세히 논하지 않는 점에 대해 용서받을 수 있다.

철학자들은 "앞선 사고(advanced thought)"와 더욱 일치한다. 철학적 관점은 지금 다소 기이한 경로로 교회에 침투하고 있다. 그것이 더 이상 성 토머스의 경우와 같이 기독교 종교와 결합되고 있지 않지만, 기독교 종교는 사실상 철학자들에게 마음이 쏠리고 있다. 이것은 아리

---

7) 사실상 Russel(1945, p. 452)은 대부분의 측면들에서 "아퀴나스가 아리스토텔레스를 아주 가깝게 추종하여 아리스토텔레스는, 가톨릭교도들 사이에서는, 거의 교부들(즉 성인들) 중의 한 사람의 권위를 가지고 있고, 순수 철학의 문제에서 그를 비판하는 것은 거의 불경한 것으로 생각되었다"고 주장한다.

스토텔레스로 대변되는 고대 철학자들이 아니라 진정한 의미에서『뉴욕 서평』(*New York Review of Books*)에 의해 대변되는 현대 사상가들이다.

따라서 기적의 존재에 대한 불신은 오늘날 분명히 주류 교회들에 아주 흔하다. 나는 어느 독일 신학 교수가 그리스도의 부활은 아마도 일어나지 않았을 것이라고 주장하는 것을 들었다. 개인적으로 무신론자인 어느 과학 철학자가 이것은 기독교 종교의 전체 기초에 대한 도전이라고 말했을 때, 다른 독일 신학 교수들의 전체 집단은 큰 분노로 반응했다. 그 신학자가 (독일어로) 말했듯이, "당신들은 지난 300년의 신학자들의 연구를 무시하고 있다."[8] 만약 내가 기독교인이라면, 나는 성 바울(St. Paul)을 지난 300년의 신학자들보다 더 선호할 것이지만, 내가 기독교인이 아니기 때문에, 나는 현대 주류 교회들이 이 문제에서 자기들 마음대로 결정하게 하겠다.

물론 미국 종교에서 소위 근본주의자들에 의한 반대 방향의 운동이 있었다. 그들은 본질적으로 자기들의 주요 권위로서 성경 자체(와 어느 정도 아우구스티누스[Augustine])에 의존하는 토머스 이전 종교관으로 되돌아간다. 이로 인해 그들은 현대 과학과 아주 격렬한 몇몇 갈등들을 겪게 되었다.

그러나 철학자들 자신들로 관심을 돌리면 그들은 특성상 윤리를 어떤 종류의 논리적 이유들에 근거시키려고 한다. 그렇지만 보통은 철학자가 지지하는 특정 윤리는 그의 추론보다 그의 배경에 더 많이 의존

---

8) 신학자들 가운데서 그리스도의 신성(神性)에 관한 이러한 견해의 가장 저명한 최근 주창자는 한스 큉(Hans Küng)이다. Küng(1980)을 보라.

하고 있다. 예를 들어, 중국 철학자들과 힌두교 철학자들은 서양 철학자들과 다른 윤리적 결론들에 도달한다. 더 나아가서, 서양 철학자들 자신들도 서로 흔히 다르다. 마지막으로, 윤리적 원칙을 도출하는 새로운 방법을 도입하는 사람들이나 오래된 방법을 옹호하려는 사람들은 통상 자기들의 방식이 옳다는 증거로서 그것의 기초가 튼튼하고 추론이 옳다는 점이 아니라 도출된 결론들이 철학자들 사이에 전통적인 결론들이라는 점을 제시한다는 것은 이러한 점들의 논의의 흥미로운 특징이다. 이것은 그들이 윤리 규범을 도출하기보다는 더욱 정확하게는 자기들의 기존 윤리 규범을 합리화하는 것으로 묘사된다는 점을 보여주는 것 같다.

그러나 이것은 우리의 현재 목적을 위해 크게 중요한 문제가 아니다.[9] 철학자들은 명백히 자기들끼리 의견이 갈린다. 대부분의 사람들이 예를 들면 사람들을 죽이는 이런 저런 집합의 규정들을 지지하는 철학적 논거들을 면밀하게 숙고하여 자기들의 윤리 규범을 도출하지 않는다는 점은 하여간 절대적으로 명백하다. 그렇다면 보통 사람은 윤리 규범을 그것의 철학적 일관성 외의 다른 이유들로 따른다. 내가 말했듯이, 그렇게 하라는 강제가 없다 하더라도 정부를 지지해야 한다는 보통 사람의 감정은 윤리 규칙과 비슷한 것 같고, 정부의 "정통성"은 많은 사람들이 그런 태도를 지니고 있는 점에 달려 있다는 단지 그 이유 때문에, 이 이유들이 무엇이냐가 여기서의 우리의 목적에 중요하다.

정통성뿐만 아니라 윤리 규범의 다른 부분들의 경우에도, 규범이 옳

9) "윤리학에서 다루는 진리들이 다른 곳에서 다루는 진리들보다 더욱 확실하고 확정적이라는 점은 모든 철학자들이 동의하게 될 의견이다. 불행하게도 그것은 그들이 동의하게 될 유일한 의견이다" (무명씨).

다는 그의 감정 외에는 수행해야 할 아무런 구체적인 이유가 없는 것 같을 때 개인이 규범을 수행하는 것은 착각일지 모른다. 그는 그렇게 할 훌륭한 이유를 가지고 있을 가능성이 있거나, 아니면 잘못된 계산의 결과로 자기가 그렇게 할 훌륭한 이유를 가지고 있다고 생각할 가능성이 있다. 분명히, 보통 국민은 자기 나라의 정부가 실제로 그런 것보다 훨씬 더 강하다고 아주 착각하기 쉬울 것이다. 그는 라디오 방송국과 텔레비전 방송국을 장악한 군대가 수도에 존재하는 것은 단지 일시적인 현상이라고 여길지 모른다. 그는 정부가 질서를 회복할 것이고 만약 자기가 이 소규모 군인 집단을 지지한다면 자기가 상당한 위험에 처하게 된다고 생각할지 모른다. 이 계산은 옳을 수도 있고 그를 수도 있다.

반대로, 그러한 통신 수단 장악 후에는 텔레비전 방송국을 장악한 사람들이 정부보다 더 강하다고 오판하는 사람들이 재빠르게 입장 변경을 많이 할지 모르고, 사실상, 만약 충분한 사람들이 그런 계산을 하면, 이 잘못된 계산은 실수를 현실로 만들지 모른다. 이 경우 합리적 계산이라는 것 외에는 아무것도 없지만, 이것은 정부의 정통성 상실이라 불릴지 모를 어떤 것이 될 것이다. 그 문제는 간단히 말해 계산이 잘못되었다는 점일 것이다.

반대의 일도 일어날 수 있다. 사람들은 정부가 실제로 약할 때인데도 정부가 충분히 강해서 그것이 되돌아 와 텔레비전 방송국의 군인 점유자들을 진압할 것이라고 생각할지 모른다. 다시 한 번 말하자면, 만약 충분히 많은 사람들이 그런 식으로 생각한다면, 정부가 회복될지 모른다.

이 경우, 만약 잘못된 계산들이 충분히 널리 행해져서 그것들이 본질적으로 서로를 보강하여 현실이 되었다면, 여러분은 "정통성"이 사실상 관계가 없을 것임에도 정통성이 그 이유라고 생각할지 모른다. 만약 우리가 이 동일한 현상을 관찰하나 계산이 잘못된 것으로 드러나면—즉 충분히 많은 사람들이 실수하지 않으면—우리는 사람들이 엄밀히 말해 지지해서는 안 되는 정부를 지지하거나 그렇게 해서는 안 되는 때에 정부를 공격하는 것을 관찰할 것이다. 이것은 우리의 정의에 따라 정부의 정통성이나 정통성의 결여일 것 같이 보이지만, 그 외관은 믿을 수 없을 것이다. 이 경우 간단히 말해 합리적인 사람들이 실수를 저지르고 있을 것이다. 이런 상황에서 정확한 계산을 하기는 매우 어렵다는 점이 강조되어야 하고, 그래서 실수는 그것을 저지르는 사람들의 쪽에 정신적 결함이 있다는 것을 암시하지 않는다.

우리가 사람들이 약한 정부를 지지하는 것 같은 것을 관찰할지 모를 두 번째 이유는, 아주 간단히 말해, 정확한 확률 계산을 했으나 주사위가 잘못 나왔기 때문이다. 따라서 어떤 남아메리카 도시에 쿠데타가 있고 나는 결과에 영향을 미칠 약간의 힘을 가진 하급 관리로서 승산이 대략 2 : 1로 쿠데타가 성공하지 못할 것이라고 생각할지 모른다. 그러므로 나는 정부를 지지한다. 승산이 정말 2 : 1로 쿠데타가 성공하지 못하지만 이것이 공교롭게도 세 번째라고 가정하자. 나는 내기를 잘못 걸었다. 나의 내기는 올바르게 계산되었지만 나는 그저 운이 없었다. 사실상 내가 하고 있었던 전부는 순전히 기회주의적 계산을 한 것이었지만, 이것은 내 쪽에서 정부의 정통성에 대한 믿음의 증거로 간주될지 모른다.

만약 3번 중 2번 쿠데타가 실패하는 결과가 된 것으로 드러났다면, 즉 그것이 실패했다면, 비록 결정을 내릴 입장에 있는 누구나 다가 내가 한 것과 같은 계산을 했고 이 경우 운이 나쁘지 않고 그저 운이 좋았다 할지라도, 이것은 정부의 "정통성"의 결과라고 주장될지 모른다.

이 양 경우에 비슷한 계산이 실제 쿠데타에 대한 일종의 전조가 될 수도 있다. 어떤 남아메리카 수도를 방문하는 신문 기자는 정부가 이내 전복될 것이라고 생각한다고 말하는 아주 많은 사람들을 발견하고서 귀국해서 정부가 정통성을 잃었다고 말할지 모른다. 그에게 이 말을 한 사람들은 정부가 매우 약해서 그 말을 해도 자기들을 처벌하지 못할 것이라고 여기든지, 아니면 하여간 그가 자기들이 누군지 말하지 않을 것이라고 여긴다. 그러나 그들은 본질적으로 다음에 일어날 쿠데타가 아마도 성공할 것이라는 계산을 했다. 많은 중요한 사람들이 그런 계산을 한 것이 사실이라면, 쿠데타는 사실상 성공할 것이다.

이런 종류의 신문 기자 논평들은 주어진 정부의 지도적 성원들 사이의 실제의 정보 상태에 관해 다소 불충분한 증거가 되는 경향이 있음을 여기서 강조해야 하겠다. 신문 기자들은 다른 나라에서 대등한 지위에 있는 사람들, 지방 신문 기자들, 그리고 그 문제와 관련하여 지적 공동체의 비주류에게 말을 건네는 경향이 있다. 이 집단은 결정을 내리는 데서, 그 자체 그리고 저절로, 매우 중요하지 않고 고위 관리들이나 군대의 태도에 관해 전적으로 잘못 알고 있을지도 모른다.

많은 이러한 지식인들과 신문 기자들이 그것을 덕(virtue)의 문제로 간주할 것이기 때문에 이 점은 특히 사실이다. 환언하면, 만약 그들이 정부가 사악하다고 생각한다면, 그들은 그것이 정통성을 가지고 있지 못하다고 말할 것 같다. 일상적인 담화에서는 이것이 그른 것이 아니지만, 이것은 내가 지금까지 사용하고 있는 것과 다른 용어 사용법이다. 그러나 이런 종류의 정통성 결여를 가진 정부는 불가피하게 전복될 것이라는 연역은 잘못됐다. 외국 정복군은 대중 지지라는 면에서 거의 불가피하게 정통성을 결여하고 있지만, 세계의 제국들의 긴 역사는 보통 그것들을 전복하기 어렵다는 점을 보여준다. 나는 어떠한 동유럽 정부도 진정한 대중 지지를 지니고 있다는 면에서 그리고 지방적인 도덕규범과 일치한다는 면에서 정당하다고 간주될 것이라고 믿지 않는다. 그럼에도 불구하고 나는 그것들이 국내 봉기에 의해 전복될 가망이 많다고 생각하지 않는다. 물론 그것들은 외부 간섭의 결과로 전복될지는 모른다.

그러나 우리가 지금까지 논의해 온 사례들은 내가 "정통성"이라고 불렀던 것의 사례들이 아니다. 환언하면, 그렇게 하는 것이 자기들에게 이익이 되지 않을 때에도, 혹은 본질적으로 윤리의 이유들과 매우 비슷한 이유들로, 정부를 지지하는 사례들이 아니다. 이러한 일이 일어날 수 있는 다른 상황들 두 가지가 있다. 예를 들면, 내가 현 정부가 전복될 것 같지만 아마도 멀지 않은 장래 언젠가 그것이 되돌아 올 것이라고 느낀다고 가정해 보자. 이런 상황에서는 내가 장기 전략을 택해 아주 합리적으로 그것을 지지할지 모른다. 나는 또한 비록 현 정부가 전복되기 쉽지만 무엇이 그것을 대체할지 알기가 매우 어렵고 이런 불확실성 상황에서는 설사 내가 그 정부가 가까운 장래에 돌아올 것이라고 크게 믿을 수 없다 하더라도 최상의 전략이란 그 정부를 지지하거나 그것의 명령을 수행하는 것이라고 느낄지도 모른다. 비록 내가 정부가 쫓겨날 것이라고 생각한다 할지라도 나는 예를 들어 세금을 납부할지 모르는데, 어떤 정부가 들어오든 아마도 쫓겨나는 정부의 조세 규칙을 재가할 것이라는 근거에서다.

이 모든 것은 또한 일반적인 윤리 규칙에도 적용된다. 질서가 붕괴하는 경우에도 나는 현존하는 법들을 계속해서 수행할지 모르는데, 설사 내가 위반에 대해 즉각 처벌받지 않을 것이라는 점을 알고 있다 하더라도, 심지어 그것들을 위반함으로써 상당한 이득을 얻을 수 있다 하더라도 그렇다. 이것은 반드시 내 쪽에서의 어떤 특정 윤리적 행동을 암시하지는 않을 것이다. 내가 은행 강도짓들을 사악하다고 생각해서가 아니라, 그 생각이 옳건 그르건 내가 은행 강도짓에 종사하면 어떤 정부가 필경에는 나를 처벌할 것이기 때문에 위험하다고 생각해서, 나는 은행 강도짓들을 하고 있지 않을 것이다. 만약 정부가 은행 강도를 처벌하는 것을 멈춘다면, 시간이 흐름에 따라, 그것이 매우 흔한 업종이 되겠지만,[10)]내 생각에 이것이 대부분의 사람들이 은행 강도짓에 종사하지 않는 기본적 이유는 아니다.

그러나 이 장의 주요 주제는 왜 우리가 몇몇 사례들에서 이 정통성 현상을 관찰하느냐 하는 것이었다. 그리고 이 목적을 위해서 나는 사람들이 가장 승산이 큰 것 같은 정책을 합리적으로 선택한다든지 합리적으로 그 문제에 관해 매우 많이 생각하지 않아서 실수를 한다든지 같은 것이 아니라 진정한 정통성을 필요로 한다. 나는 사람들이, 말하자면, 대체로 지지를 철회하는 것이 지지를 주는 것보다 더 이익이 될

10) 그것으로 인해 또한 은행의 설계에 다양한 실질적인 변경들이 이루지기도 할 것이다.

경우조차도 정부를 지지하는 사례들에 관심이 있다.[11)]

최근에 나는 저명한 독일 생물학자가[12)] 인간은 "쉽게 교화될 수" 있다고 말하는 것을 들었다. 그는 물론 인간과 대부분의 다른 생물 종들 사이의 차이를 가리키고 있었다. 대부분의 다른 종들은 어떤 일을 하도록 훈련될 수 있지만, 크게는 아니다. 그들의 행동은 직선적인 유전적 특징에 아주 심하게 의존하고 있다.

그럼에도 불구하고 아마도 인간의 "교화 가능성(indoctrinability)" 또한 유전적이다. 환언하면 우리는 일단의 행동 양식 대신에 행동 양식을 배우는 능력을 유전 받는다.[13)] 그러나 학습은 그가 가리키고 있었던 전부가 아니다. 우리는 사람들이 만약 그 문제를 면밀하게 숙고한다면 아마도 따르지 않을 상황에서 행동 양식을 따르는 것을 관찰한다. 그래서 "교화(indoctrination)"라는 용어가 사용된다.

우리는 상이한 사회들이 근본적으로 상이한 윤리 양식들을 가지고 있지만 그것들 모두가 자기들의 윤리 양식들을 거의 같은 정도로 수용하는 경향이 있음을 관찰한다. 내가 완전히 라고 말하는 것이 아니라 "거의 같은 정도로"라고 말함을 주목하라. 알려져 있는 모든 사회들은 사회의 기본적인 윤리 원칙들을 다소 서투르게 따르는 일탈적 인간들을 가지고 있고, 어떤 사회에서건 거의 각 개인이 그 사회의 윤리 원칙들을 위반했다.

---

11) 아래의 논의는 어느 훈련된 심리학자에 의해 점검되었다. 그 심리학자는 이 분야의 권위 증가뿐만 아니라 익명성의 요구를 가지고 현실 정치에 연루되게 되었다.

12) 콘스탄츠 대학의 후버트 마르클(Hubert Markl).

13) 또한 유전되는 행동 양식들도 몇몇 있다. 현재의 지식 상태에서는 그 문제는 풀 수 없는 문제다.

나의 독자들 모두가 나처럼 가끔씩 우리의 윤리 규범을 위반한 적이 있다고 가정하고서 우리가 그 문제를 내성적(內省的)으로 고찰한다면, 우리는 일종의 경찰이 존재함을 알아차린다. 우리는 그러한 윤리 규칙을 위반한 후에는 죄의식과 불안감을 느낀다. 더 나아가서, 우리는 보통 많은 생각 없이 윤리들을 수행하게 되고, 그래서 그것들은 실제로는 말하자면 내가 일정 수학 해법들을 적합한 상황에 적용할 줄 알게 된다는 의미에서 "적용될(applied)"수는 없다. 대신 그것들은 누군가가 골프하는 법을 배우고 그래서 골프채를 휘두르는 그의 행동이 그것을 유전 받은 동물의 본능적 행동과 거의 같다는 의미에서 터득된다.

따라서 인간의 교화 가능성은 우리가 일단의 규칙들에 교화될 수 있고 그 다음 우리가 그것들을 다소간 자동적으로 따르며 우리가 그것들로부터 벗어날 때 우리가 그것들에 대해 죄의식과 불안감을 느낀다는 것을 의미한다. 이 교화가 결코 완전하지 않음을 주목하라. 우리는 유전된 동물 행동이 완전히 지배적인 것으로, 즉 일단 올바른 유전자를 가지면 그것으로부터 벗어날 방법이 없는 것으로, 생각하는 경향이 있다. 관찰에 의하면 이것은 사실이 아닌 것 같다. 매우 극단적인 상황에 놓이게 되는 동물들은 보통 자기들의 유전된 행동 양식으로부터 벗어날 것이지만, 이것은 간단히 말해 유전된 행동 양식이 그것과 함께 더욱 극단적인 상황에서는 일탈 행동도 지닌다는 것을 의미할지 모른다. 예를 들어 아마도 보통 그저 일정 유형의 잎들만 먹는 초식 동물이 매우 배고프면 아무 잎이나 먹기 시작할 것이다.[14] 또한 여기서 이런 종

14) 물론 동물들이 유전된 행동 양식으로부터 벗어나는 정도는 동물에 따라 다르다. 곤충들은 별 차이가 없지만, 덩치 큰 원숭이들은 매우 크게 벗어난다. 어떤 면에서 이 영역에서의 인간의 변이는 그저 그 추세가 크게 확대된 것일 뿐이다.

류의 교화 가능성은 윤리적인 것과 관련되어 있지 않을 때조차도 거의 동일한 효과를 미칠 수 있다는 점도 언급되어야 하겠다. 예를 들어 내가 자동 세탁기에 사용할 25센트짜리 동전들을 모으는 데 일정 행동 양식을 익히게 된 경우,[15] 내가 그것으로부터 이탈하여 그 결과 25센트짜리 동전들을 충분히 가지고 있지 못하다면, 나는 이것에 관한 나의 감정이 그저 25센트짜리 동전들을 가지고 있지 못한 불편뿐만 아니라 이것에 관해 비도덕적인 어떤 것이 존재하면 느끼게 될 죄의식과 매우 비슷한 막연한 감정이 됨을 발견한다. 말할 것도 없이, 이것은 사소한 문제이므로, 그 감정은 매우 약하다. 그러나 만약 내가 주식 시장을 다루는 데서 성공할 것이라고 믿는 행동 양식을 발전시켰는데 그 다음 그것으로부터 벗어났다면, 나는 아마 죄의식을 느낄 것이다. 만약 그로 인해 내가 큰 금액의 돈을 잃게 된다면 특히 그러할 것이다.

그러나 일시적으로 윤리 이야기를 계속하기로 하는데, 왜냐하면 나는 정부에 대한 지지가 이들 다른 유형들의 계산들과 매우 비슷하기보다 윤리와 매우 비슷하다고 믿기 때문이다. 그렇다면 인간이 "교화될 수 있다"는 사실을 우리가 어떻게 설명할 수 있는가? 물론 우리는 이것이 인간의 특징이라고 간단히 말해 버릴 수 있을 것이다. 진화적 관점에서 설명할 수 없을 것 같은 인간 행동 측면들이 많이 있다. 나는 이러한 것들을 두 가지 이유들의 탓으로 생각하는데, 그것들 중 하나는 간단히 말해 우리가 미래에 설명할 수 있을 만큼 많이 설명할 수 있을 정도로 인간 진화에 관해 아직 충분히 알지 못했다는 것이다.

그러나 두 번째 설명은, 아마 똑 같이 불만족스러울 것인데, 간단히

15) 이 예는 살림살이로부터 취해진 것이다.

말해 인간이 매우 잘 적응하지 못한다는 것이다. 우리는 진화의 면에서 매우 빠르게 성장했다. 만약 우리가 대부분의 종들이 성장하는 속도를 고찰한다면, 우리의 큰 두뇌는 매우 빨리 변화했다. 더 나아가서, 우리가 직립 원인으로부터 호모 사피엔스로 바뀐 거의 전 기간 동안, 우리의 조상들은 분명히 지배적인 포식자였다. 그들은, 우리가 말할 수 있는 한, 다소 오늘날의 이리나 비비(개코원숭이)와 같이, 즉 소규모 종족으로 살았고, 대체로 인간 이외의 포식자들로부터 두려워할 것이 별로 없었다.[16] 반면에 그 포식자들은 아마도 그들을 두려워할 것들이 많았을 것이다. 우리의 조상들이 더 커졌을 뿐만 아니라 더 똑똑해졌으므로, 그들이 다른 동물들을 두려워하지 않아도 되었던 정도와 다른 동물들이 그들을 두려워해야 했던 정도가 점차 증가하였다.

그럼에도 불구하고 이 기간의 대부분 동안 인간에 대한 주요 선택적 압력은[17] 다른 인간에 의해 행사되었다. 우리가 동물 사회 그리고 면밀하게 조사된 다양한 원시 인간 사회들에 관해 아는 바는[18] 여러분이 보통은 사회 안에서 비교적 평화스러운 지위를 가지고 있지만 이따금씩 지배 충돌을 가짐을 나타낸다. 이 지배 충돌에서 패배자들은 실제로 종족으로부터 추방되거나 자기들의 번식 가능성이 축소됨으로써 도태될 수가 있다.

그러나 큰 선택 과정은 본질적으로 부동산에 대해 일어난, 기본적으

16) Edward O. Wilson, *Sociobiology*, 축약판 (Cambridge: Belknap Press of Harvard University Press, 1980), pp. 290-296.

17) 여기서 말라리아균과 같은 기생충의 선택적 압력은 제쳐 두고.

18) 그것들은 모두 문명사회와 동시대였던 때에 면밀하게 조사되었고, 그래서 조사는 우리의 고대 조상들에 관해 말할 것을 별로 많이 가지고 있지 않을지 모른다.

로 상이한 부족들 사이의 소위 전쟁이었다. 이리 무리들과 같이 이 집단들은 아마도 자기들 소유의 부동산을 가지고 있었을 것이다.[19] 만약 그들이 가지고 있지 않았다면, 유일한 설명은 자연 사망률이 매우 높아서 그들이 주거 가능 공간을 완전히 점유하지 못했기 때문일 것이다. 자연 사망률이 높다는 것은 다소간 어떤 종류의 포식자를 필요로 하는데, 병균들을 제외하면, 포식자는 결코 존재하지 않았다.

여기서 대부분의 현대 학자들은 자기들이 조사했던 원시 부족들의 대부분이 아주 평화롭다는 것을 발견한다는 점이 언급되어야겠다. 이 현대 관찰의 기본적인 설명은 간단히 말해 19세기에 다양한 제국들의 확장이 아프가니스탄과 북서 국경의 다른 지역들을 제외하고 어느 곳에서나 모든 지방 전투를 억제했다는 점인 것 같다.[20] 그럼에도 불구하고, 우리가 말할 수 있는 한, 그 지역은 심지어 유럽인들의 도착 이전에도 아주 평화스러웠던 몇몇 사례들이 정말 있는 것 같다.

우리는 여기서 그 사실들을 해석하는 데 조심하여야 한다. 인간 종은 매우 느리게 성장하는 종이다. 주어진 지역의 부족들은 어떤 부족이라도 이웃 부족들의 존재가 자기 자신들이 이용할 수 있는 자원을 줄이고 있다는 점을 인식하기 전에 꽤 오랫동안 우리가 예상하게 될 낮은 성장률로 성장할지 모른다. 따라서 상당한 기간의 평화가 놀랍지 않을 것이다. 우리가 정말로 알고 있는 실제 장소들, 즉 유럽 문명이나, 그 문제와 관련하여, 아랍 혹은 중국 문명이 기본적으로 작은 부족 사

19) Ardrey(1976), pp. 102-128과 Wilson(1975), p. 565를 보라.

20) 1839-1842년뿐만 아니라 1878-1880년에도 영국인들은 아프가니스탄에 꼭두각시 통치자들을 세우려 하였고, 그 때마다 아프가니스탄인 게릴라 저항에 직면하여 실패했다. Fieldhouse(1982), p. 195를 보라.

회 속으로 팽창된 지역들은 주로 아주 호전적이었다. 이것은 아프리카에서 사실이었고, 미국과 남아메리카에서도 확실히 사실이었다. 내가 여기서, 맹세코 매우 호전적이긴 했지만 아즈텍 제국과 잉카 제국을 언급하고 있는 것이 아니라,[21] 국경을 가로 질러 거의 끊임없는 소규모 침입에 종사하는 더 소규모의 부족들을 언급하고 있음을 주목하라. 『산의 성벽 아래에서』는[22] 유럽식 평화가 부과되기 전에 뉴기니에서 있었던 이런 종류의 사회에 관한 기술(記述)이다.

문명의 대두 이전의 인간 생활에 관한 이러한 서술은 인간이 적응해야 했던 주요 포식자들이 다른 인간들인 매우 긴 기간이 있었음을 함축한다. 더 나아가서, 이 기간은 인간이 향상했을 뿐만 아니라 그들의 기술적 장비 또한 향상되었던 기간이었다. 그들은 분명히 곤봉과 돌을 사용하기 시작하였고 점차로 처음에는 매우 느리게 후에는 더욱 급속하게 이 도구들을 향상시켰다. 그들은 분명히 또한 자연 환경에 관한 지식도 향상시켰고, 인간이므로, 이주하는 경향이 있었다.

따라서 어떤 주어진 집단이 직면하는 환경은 그들을 제한하는 주요 포식자들이 다른 인간들인 환경이었을 뿐만 아니라 물리적 장비, 전투 방식 등이 변하고 있는 다른 인간들인 환경이었다. 더 나아가서, 그들은 아마도 점차 장소도 바꾸었을 것이다.[23]

---

21) 한 역사가는 많은 전쟁들이 "직업 군대를 종사시키기 위해 수행되었다"고 덧붙이면서 "잉카인들은 새로운 민족들을 정복하고 있었거나 자기들이 차지한 것을 방어하고 있었다"고 결론짓는 것으로 잉카인들의 활동을 요약하고 있다 (von Hayen, 1957, p. 198).

22) Peter Matthiessen, *Under the Mountain Wall* (New York, NY: Viking, 1962).

23) 우리가 말할 수 있는 한, 이리 종족들이나 비비들은 실제로 같은 장소에서 영구히 머무르지 않는다. 중국, 중동, 그리고 유럽에서의 문명화된 민족들의 상대적 성공에 좌우되었던 중앙아시아에 걸친 종족들의 이동들과 꼭 마찬가지

이와 같이 천천히 변하는 환경은, 인간이 오래 사는 종이고 특히 개인의 출생으로부터 그가 번식 생활을 마칠 때까지 오래 걸린다는 사실과 함께, 어떤 유전자든 고정되는 데 매우 오랜 시간이 걸릴 것임을 의미한다. 만약 우리가 대충 100세대를 유전자를 고정시키는 데 필요한 시간으로 사용하고[24] 한 세대를 25년으로 사용한다면, 유전자를 고정시키는 데 2500년이 걸릴 것이다.

아주 많은 인간 번식 계통들은 2500년을 가게 되면 이주를 통해서나 더욱 가능성이 있기로는 자기 이웃들이 사용하는 전투 방식에서의 기술적 개선을 통해 자기들의 환경에 꽤 현저한 변화를 겪을 것 같다. 이것이 사실이 아닌 침체된 환경들(backwaters)이 틀림없이 있을 것이지만, 그것들은 점진적인 진화 변화에서 뒤처지는 경향이 있을 것이다. 큰 두뇌 크기를 향하여 아주 빨리 움직이는 경향이 있을 사람들은 조종실에서, 압력이 아주 큰 장소에서 사는 사람들일 것이다.

이 모든 것이 나에게 보여주는 것은 간단히 말해 인간이 더 큰 몸 크기 및 힘과 아주 더 큰 두뇌와의 결합을 진화시키고 있었지만 이 아주 더 큰 두뇌가 도저히 고도로 전문화된 두뇌일 리는 없다는 점이다. 그것은 다소 일반적이지 않으면 안 되었는데, 그것이 전문화할 수 있

로, 경계에서 일어나는 성공적이거나 실패한 전쟁들과 관련된 점차적인 이동들이 있다(Hugo Lanick and Jane Goodall, *Innocent Killers* [Boston: Houghton Mifflin, 1971]). 매우 성공적인 부족은 쪼개지는 경향이 있을 것이고, 그 결과 새로운 경계가 설정될 것이다. 이 모든 것은, 말하자면, 50년의 기간에 매우 많은 이동이 있을 것이라는 말은 아니지만, 1000년의 기간에는 매우 상당한 이동이 예상될 수 있을 것이다. 어떤 주어진 부족은 아주 먼 옛날의 조상들과 아주 상이한 자연적 조건을 경험할지 모른다.

24) 생물학자들은 대개 이 숫자가 멋지게 10, 100 등의 정수로 표시되는 숫자라는 이유 때문에 이 숫자를 사용한다. 기껏해야 그것은 그 10배까지의 범위에서나 옳은 것으로 간주되어야 한다.

는 환경적 상수(常數)가 없다는 단순한 이유 때문이다. 이런 상황에서는 우리는 인간 두뇌가 어떤 특정 필요에 맞추어 면밀하게 조정되지 않을 것이라고 가정할 것이다. 다른 지배적 포식자, 사자를 고찰해 보면, 그것의 행동 양식이 유전자들에 의해 매우 심하게 영향을 받음이 명백하다. 대체로 이 유전자들은 높은 생존 가치를 가지고 있다. 인간들은, 그들이 유전적인 행동 양식이나 충동을 가지고 있는 한, 아마도 어떤 기존 적소에도 훨씬 덜 견고하게 적합할 것인데, 우리가 진화하는 기간 동안 상대적으로 불변인 어떠한 적소도 결코 존재하지 않았다는 단순한 이유 때문이다.

여기서 내가 구체적인 행동 양식뿐만 아니라 기본적인 충동, 혹은 당신이 원한다면, 기본적인 가치에 관해서도 이야기하고 있음을 주목하라. 생존하는 종들은 자기들에게 먹을 생각이 나게 할 그리고 자기들에게 더 안전하고 더 영양분 많은 음식을 먹을 생각이 나게 할 적어도 약간의 경향을 가지고 있는 어떤 종류의 기제를 가지고 있어야 한다. 인간이 한 예인 더 덩치 큰 포유동물들은 보통 아주 넓은 범위의 것들을 먹을 수 있다. 그럼에도 불구하고 우리의 맛 봉오리(taste buds)는 우리에게 쉽게 이용 가능한 아주 많은 음식물들을 피할 생각이 나게 한다. 예를 들면, 우리는 실제적으로 나뭇잎들을 먹지 않는다. 현대 상황에서는 우리가 그것들의 맛을 좋아하지 않는다는 사실에도 불구하고[25] 우리의 식료품 산업에 의해 적절하게 처리된 나뭇잎들을 먹을 수 있으며 그것들로부터 영양분을 얻을 수 있음을 나는 의심하지 않는

25) 혹은 어쩌면 나뭇잎들을 먹는 것에 대해 어떤 다른 종류의 유전적 혐오를 가지고 있을 것이라는 사실에도 불구하고. 하여간 어떤 인간 집단도 식품 목적으로 나뭇잎들을 수집하는 데 정력을 많이 쏟지는 않았다.

다. 통상적으로, 만약 우리가 번식해야 한다면, 성적 접촉에 이르는 어떤 종류의 기제가 존재해야 한다. 우리는 그것을 위한 직접적 본능이라는 형태로거나 일단의 내장된 선호라는 형태로 적합한 충동을 가지고 있어야 하는데, 이것은 우리에게 올바른 방향으로 이동하게 하고, 너무 추워지는 것을 피하게 하며, 매우 더운 날씨에 너무 격렬하게 운동하는 것을 피하게 하고, 아주 많은 다른 유사한 생존 특성들을 가지게 한다. 우리가 말할 수 있는 한, 인간에서는 이것은 아주 대체로 그저 일단의 기호나 충동이다. 우리가 배고플 때 우리는 어떤 유형의 잠재적 식품을 좋아하고 다른 것은 좋아하지 않는다.

현 상황에서는 맛 봉오리는 아마도 썩 훌륭한 안내자가 아닐 것인데, 왜냐하면 우리가 식품을 아주 광범위하게 처리하기 때문이다. 그럼에도 불구하고 나는 좋아하는 음식물과 싫어하는 음식물을 구분하는 데서의 맛 봉오리의 원래의 기능이 우리를 적어도 꽤 영양분 있는 음식물의 방향으로 안내하는 것이었다는 점에 우리가 동의해야 한다고 생각한다. 원시인들이 아마도 한 환경에서 다른 환경으로 이동했을 것이므로, 안내자는 매우 구체적이라기보다 매우 일반적이어야 할 것이고, 또한 만약 우리가 새로운 잠재적인 식품원과 접촉한다면 그저 그것을 맛보는 것만으로도 그것이 안전하고 영양분이 풍부한지에 관해 무작위보다 훨씬 더 좋은 정보를 우리들에게 줄 가능성이 높도록 설계되어야 할 것이다.

우리의 행동을 조종하는 인간 선호 구조에 관한 이러한 논의는, 비록 그 언어가 보통 사용되는 것과 다르지만, 내 생각에, 비교적 문제될 것이 없다. 생물학자들을 위해 쓰지 않은 책에서 내가 생물학자들이 사용할 전문 용어들을 사용해야 할 이유는 없다.

여기서 중요한 점은 우리가 상당한 정도 효율적인 동물이라는 점과 이 효율성은 상당한 정도 우리가 내장된 행동 양식을 가진 결과가 아니라, 여러분이 어느 용어를 사용하기를 원할지 모르지만, 우리가 내장된 일단의 기호들, 가치들, 충동들을 가진 결과라는 점이다. 물론 그것들이 사람마다 똑 같지는 않지만, 아주 비슷하다. 어느 누구도 자청해서 황산동을 먹지 않고, 우리가 단 것을 좋아하는 정도는 사람 따라 다르지만, 우리 모두는 단 것을 좋아한다.

우리가 하는 일로 부정적 진화적 가치를 가지는, 즉 우리의 후손들의 수를 줄이는, 아주 명백한 사례들이 몇 가지 있다. 이것들은 우리들에게 너무 자연스러워서 우리는 그것들이 부정적 진화적 가치를 가지고 있다고 믿기가 어려울 정도다. 내가 보통 언급하는 한 가지는 우리가 우리 주위에 장식을 하는 경향, 즉 벽에 그림을 거는 것과 같은 것이다. 이것은 명백히 동일한 자원을 더욱 직접적으로 우리의 후손의 수나 질 혹은 둘 다의 개선을 위해 사용했을 때와 비교하여 우리의 손자와 증손자의 수를 줄인다.[26] 다른 것은 박애주의에 관한 특이한 인간 양식이다. 우리는 우리의 친척들을 인식하는 데 큰 어려움을 가지고 있지 않다.[27] 아마 친족주의(nepotism)이라고 불리는 것이 더 낫겠지만

26) 내가 이 점을 언급할 때는 언제든지 나는 벽에 그림을 거는 것과 같은 것들에 대한 합리화들이 폭발적으로 제시되는 것을 발견한다. 나는 이러한 합리화들을 조사하지 않을 것이지만, 대부분의 독자들은 위의 절을 읽자마자 그것들 중 적어도 하나를 즉각 고안해 내지 않을까 생각한다. 나는 단지 여러분들이 그것을 잠시 꼼꼼히 생각해 볼 것을 제안할 뿐이다.

27) 최근의 연구는 많은 동물들도 역시 혈연의 정도를 아주 정확하게 인식할 수 있음을 나타낸다. 명백히, 동일한 가족의 상이한 구성원들 사이에 충분한 유전적 유사성이 존재하여 그들의 체취들이 서로 관련되어 있다. 이것은 인간에

박애주의에 관한 경제 이론은 우리의 친척들에 대한 적어도 약간의 선물들(gifts)을 설명한다. 많은 동물들은 사실상 자기들의 친척들을 위해 희생을 한다. 그러나 인간은 어떤 의미로도 친척이 아닌 사람들에게 선물을 한다. 거지들이 그 예이다. 우리는 또한 가정 애완동물들과 동물원에 있는 동물들에 대해서도 선물을 한다.

이 모든 것들은 우리가 보통의 진화 규칙들과 철저하게 일치하지 않는, 다시 한 번 말하지만 당신은 당신 자신의 단어를 사용해도 좋은데, 일단의 기호들, 충동들, 혹은 가치들을 가지고 있는 것으로 보일 사례들이다. 우리는 그저 우리의 후손들의 수를 극대화하기 위해서만 사는 것이 아니다. 이것에 대한 나의 설명은 우리가 진화의 산물이 아니라는 것이 아니라 우리의 진화적 상황이 특이했다는 것이다. 우리가 적응할 불변의 적소(niche)라는 것이 존재하지 않았기 때문에 우리는 특정 적소(適所)에 철저하게 적응하지 않았다. 그 결과로 우리는 꽤 훌륭한 일반 목적 컴퓨터를 개발했다.[28)]

우리는 또한 설령 일반 목적 컴퓨터라 하더라도 우리들에게 생존을 극대화하는 방법을 알려 줄 수 있는 일단의 기호들이나 선호들도 진화시켰다. 이것에 추가하여 우리가 진정한 내장된 행동 양식을 가지고 있을 가능성이 있지만, 지금까지는 성인들에 그러한 행동 양식의 분명한 사례가 없다. 기본적으로 우리가 개발한 것 같은 모형은, 사실상 구석기 시대에 생존 가치를 가지고 있는, 사물에 대한 일단의 기호들이

대해서도 사실일지 모른다.

28) 그것은 다양한 결함들을 정말 가지고 있다. 우리는 일정 유형의 논리적 오류들에 빠지기 쉽다. 그러나 이 오류들은 석기 시대 인류의 생존에 큰 영향을 미쳤을 유형의 것은 아닐 것 같다.

나 선호들과 더불어, 우리들에게 이런 선호들을 달성할 것 같은 행동 양식들을 선택할 수 있게 해주는 다소 효율적인 컴퓨터이다. 이 선호들 중 몇몇으로 인해 분명한 진화적 가치를 가지지 않는, 완전히 낯선 사람들에게 선물하는 것과 같은 행동 양식들이 생길 것 같다. 아마도 그것들은 내가 위에서 언급했듯이 우리가 철저하게 진화되지 않았다는 사실로부터 올 것이다.

인간 행동 및 인간 사고 과정들에 관한 이 모든 진화적 배경에 대해 검토한 이유가 독자에게 즉각 분명하지 않을지 모른다. 그러나 왜 내가 인간들이 마르클 교수가 말했듯이 쉽게 교화될 수 있다고 믿는지를 설명하는 것이 필요하다. 우리는 이제 인간의 특징이면서 교화를 받아들이는 경향의 원인이 될 세 가지 충동 혹은 가치 양식들로 관심을 돌린다. 이 세 가지는 그것들을 우리들에게 준 진화의 면에서든지, 우리가 합리적으로 행동 양식을 찾아내어 그것을 따랐다는 면에서든지, 우리의 조상들이 합리적으로 이 행동 양식을 찾아내어 우리가 어린 아이였을 때 우리들에게 그것을 주입하였다는 면에서 설명될 수 있을 것임을 주목하라. 우리의 현재 목적을 위해서는 이 세 가지 가능한 기원들을 구별할 이유는 없다. 사람들은 이런 식으로 정말 행동한다. 그러나 이 모든 것은 어떤 행동을 취할 때 면밀한 계산으로 자기 자신의 복지를 극대화하지 않는 개인들이 있다는 점을 나타낸다.

그러나 집단의 다른 구성원들에 대한 관계가 생물학적 박애주의가 실행 가능한 특징이 될 만큼 충분히 가깝지 않다면 이들 이유들 중의 어느 것도 자기에게 손해를 끼치면서 자기가 몸담고 있는 집단에 이익을 줄 행동을 취할 동기를 개인에게 주지 않을 것임을 주목하라. 생물학적 박애주의는 국가, 주, 혹은 심지어 대부분의 시들이나 마을들에 대해서도 사실이 아닐 것이다. 그것이 자기에게 결코 이득이 되지 않는 이유는 간단히 말해 비록 그러한 행동이 그 집단의 생존 잠재력을 증가시킬 것임에도 그것이 그 자신의 후손들이 그 집단에서 차지하는 비율을 더 줄일 것 같기 때문이다. 생물학자들에 의한 면밀한 계산은 대부분의 상황들에서 비율 감소의 효과가 집단의 생존 증가의 선택적 효과를 충분히 상쇄할 것임을 나타낸다. 따라서 우리는 합리적으로 계산하는 개인이, 집단의 생존 가치를 위해 진화에 의해 자기에게 내장된 선호들을 극대화하는 결정들을 내릴 때, 자기가 우연히 구성원이 되는 어떤 큰 집단에 대해서도 뚜렷한 희생을 할 것으로 예상해서는 안 된다.

그러나 인간의 생각은 크기가 무한하지 않다. 개인이 무한히 많은 계산들에 종사하는 것은 가능하지 않다. 더 나아가서 실제로 그는 자기가 하는 대부분의 일들에 관해 아주 많은 계산에 종사할 수 없다. 만약 당신이 당신의 일상사를 고찰한다면, 비록 그날 하는 몇몇 일들과 관련해서는 매우 깊고 오랫동안 생각할지 모르지만, 대부분의 시간 동안 생각 없이 결심하고 많은 경우들에는 심지어 결심조차 하지 않음을 당신은 이내 알아차릴 것이다. 그것들은 당신이 무의식적으로 하는 습관적인 활동들이다. 예를 들어 나는 내가 집을 나설 때 대학교에 가지 않는다면 어디로 갈 것인지 내가 면밀하게 생각해야 함을 발견한다. 내가 운전에 신경을 쓰지 않는다면 나는 무심코 대학 쪽으로 빠질 것이다. 이것은 물론 행동들의 아주 복잡한 집합이고 내가 많은 작은 결정들을 내려야 하는 행동들의 집합이지만, 나는 내가 그것을 의식적인 생각 없이 할 수 있음을 발견한다. 그것은 편리한데, 왜냐하면 그것은 내게 동시에 다른 어떤 것을 생각할 수 있도록 허용하기 때문이다.

이 모든 것은 계산 능력에서 필요한 경제(economy · 절약)의 그저 한 예일 뿐이다. 유한한 기억을 가진 유한한 두뇌의 존재는 그러한 경제를 필요로 한다. 우리의 행동의 일정 부분들을 자동적이거나 준(準)자동적인 통제에 넘기고 두뇌의 일부를, 물론 전부가 아니라 일부를, 더욱 복잡한 활동들을 위해 자유로이 쓸 수 있게 남겨둘 수 있다는 것은 그저 한 예일 뿐이다. 참으로, 윤리와 정통성 둘 다 습관과 상당히 먼 유사성을 가지고 있다는 점을 제외하고는, 그것은 윤리나 정통성을 설명하는 데 크게 소용되는 예는 아니다.

다른 중요한 절약은 다른 사람들의 말을 그저 받아들이는 것이다. 우리 모두가 세계에 관해 어느 것이나 다 배운다는 것은 전적으로 불가능하다. 참으로 인류 전체가 세계에 관해 어느 것이나 다 아는 것이 아니다. 우리가 과거로 돌아가면 인류는 아는 것이 더욱 적었다. 그럼에도 불구하고 우리는 우리가 가지고 있는 지식의 대부분을 다른 사람들이 말하는 것을 듣거나 그들이 쓴 것을 읽음으로써 축적하는 것이 더 쉽다고 정말 여긴다. 이것은 분명하지만, 그것에 관해 생각해 볼 때 누구나 그것이 막대한 절약일 뿐만 아니라 그것에 관해 몇몇 적어도 피상적인 수수께끼들이 존재하기도 함을 즉각 깨닫는다.

수수께끼부터 시작하면, 하나는 왜 우리가 다른 사람들이 거짓말을 하지 않는다고 가정하는 경향이 있나 하는 것이고 두 번째는 왜 대부분의 시간 동안 그들이 거짓말을 하지 않나 하는 것이다. 우리가 보통은 사람들이 진실을 말하고 있다고 정말 가정하지만, 우리가 항상 그렇게 가정하지는 않는다. 우리는 그들이 때때로 거짓말한다는 것을 안다. 단지 세 가지 예만 들면, 새로운 소련 사람, 새로운 중국 공산당 사람, 새로운 쿠바 사람은 모두 그것들을 창조하려고 한 선동가들에게는 큰 실망이다. 러시아 사람들, 중국 사람들, 그리고 쿠바 사람들은, 비록 그들이 자기들의 정부가 자기들에게 말하고 있는 것에 대한 대안들의 모든 지식으로부터 성공적으로 차단될 수 있다 할지라도, 그럼에도 불구하고 정부의 말을 매우 의심하는 경향이 있었다.

그들은 승인된 구호들을 암송하게 되었고, 참으로 중국인들은 모택동의 긴 연설을 암송할 수 있었다.[29)] 그것들을 암기하는 이러한 능력은 그것이 그들의 행동에 아주 많이 영향을 미침을 의미하지는 않았다. 활발한 암시장들, 자신들의 공식적인 지위를 이용하는 고위 관리들, 그리고 그저 별로 열심히 일하지 않는 낮은 계급의 개인들이 있었다.[30)] 이 모든 것들은 사람들이 자기들이 들은 것을 불신하는, 놀랄 것도 못되는 예들이다.

여기서의 설명은 아주 간단하고, 두 가지 방향에 따라 진행된다. 첫째로, 이 모든 공산당 정부들이 그들의 청취자들이 거짓말이라고 알고 있는 것들을 간단히 말해 너무 많이 이야기했다. 한 예로, 자본주의 제품들을 사용할 수 있는 것이 러시아 사회에서 지위의 표시일 때 우월한 러시아 제품의 언급은 선전하기가 매우 어렵다. 또한 그들은 상당

29) 아니면 적어도 내가 1950년 중공에 있었을 때 그들은 암송할 수 있었다. 나는 한국 전쟁 후반 한국에 있었는데, 중국인 포로들도 같은 능력을 가지고 있었다. 전선(戰線)이 바뀌었을 때 그들이 하나의 연설을 잊어버리고 다른 연설을 암기하는 속도가 실로 놀라웠다.

30) 중국에서는 암시장 활동이 "뒷문으로 들어가는 기술"이라 불린다. Mosher (1983), pp. 76-103을 보라.

히 빨리 허위로 드러나는, 다양한 소비재들을 자기들이 제공할 수 있다는 주장들을 주기적으로 크게 한다. 대약진 운동을 겪은 많은 중국인들은 뒤뜰 철강 용광로에 투입된 막대한 노력과 절대적 무(無)생산을 기억한다.[31] 프롤레타리아 문화 대혁명을 겪은 사람들은 한 사람 한 사람 모두에게 시를 쓰게 한 거대한 운동과 문학 산물의 매우 빈약한 질을 틀림없이 기억한다. 모택동은 신으로부터 악한으로 이동했고, 지금은 일종의 정치 사상적 망각자로 되돌아 왔다.[32]

따라서 첫 번째 규칙은 거짓말쟁이들을 믿지 말라는 것이고, 여러분이 가진 유일한 정보가 거짓말쟁이의 말이라면, 그것을 불신하라는 것이다. 그러나 우리는 여기서 과장해서는 안 된다. 다른 정보에 접근할 수 없는 중국인들, 러시아인들, 그리고 쿠바인들은 자기 주인들이 자기들에게 가지기를 원하는 것에 반하는 어떤 조직화된 견해도 가질 것 같지 않다. 그것은 그저 그들이 자기들에게 주입된 것을 불신한다는 것뿐이다. 『1984년』에서[33] 프롤레타리아들(proles)은 영웅(hero)이 생산하는 데 바빴던 프롤레타리아 식사(prole-feed)에 꽤 면역이 되어 있

---

31) 1959년에 60만 개가 넘는 코크스와 석탄을 태우는 용광로들이 서둘러 건설되었으나 6개월 후에 포기되었다(Mosher, 1983, p. 265).

32) 내가 북경에 있었을 때, 그의 무덤은 여전히 황궁 앞 광장 거기에 있었지만, 모든 방문객들에게 비공개였다. 참으로, 흥미롭게도 그것은 아주 많은 대사관들을 지은 미국 건축가의 작품을 모방한 것이었다. 소련에서 최고 소비에트 회의(옛 소련의 최고 권력·입법 기관이며 연방 회의와 민족 회의로 구성됨—역주)가 열리는 건물도 역시 그의 작품을 모방한 것이었다. 1979-1981년 기간 모택동의 동상들과 포스터들은 파괴되었고 과거 곳곳에서 볼 수 있었던 紅普書(*Little Red Book*; 모택동 주석 어록—역주)는 서점에서 사라졌다. 1982년 중국 공산당 중앙 위원회는, 비록 모택동이 많은 "실제적 실수"를 저지른 것으로 비난하였지만, 모택동을 (대개) 복위시켰다. Mosher(1983), pp. 297-298을 보라.

33) George Orwell, *1984: A Novel* (New York, NY: New American Library, 1961).

었다.

두 번째 규칙은 만약 자기들이 말하고 있는 것이 거짓이라면 자기들이 말하고 있는 것으로부터 이익을 얻을 사람들을 믿지 말라는 것이다. 이것은 "누가 이익을 얻는가?(cui bono)"라는 오래된 라틴 규칙이다. 로마 법률가들과 정말 그 이후 모든 법률가들은 이익을 얻을 것을 가지고 있는 사람들에 의한 진술보다 증언으로부터 이익을 얻을 것이 없는 사람들이 행한 증언을 훨씬 더 믿을 수 있는 것으로 간주했다. 참으로 역(逆)의 규칙도 준수된다. 자기에게 손해가 될 진술을 하는 사람은 매우 정확한 증인으로 간주된다.

이러한 규칙 집합은 우리의 질문 둘 다에 대한 적어도 약한 대답을 제공함을 주목하라. 허위를 말하는 것이 당신에게 이익이 되지 않는 영역에서는, 만약 당신이 진실을 안다면, 진실을 말하는 것이 아마도 덜 성가실 것이다. 불행하게도 우리가 아래에서 보게 되듯이 당신이 진실이라고 생각하는 것은 그저 당신이 어떤 다른 사람이 말하는 것을 들은 것에 불과할지 모르고, 그 원천은 과학적 연구가 아니라 상상력의 행사일지 모른다.

주어진 진술을 하는 사람들이 흔히 과거에 잘못임이 드러났고 당신이 그 진술을 믿으면 그들이 이익을 얻게 될 때에는, 당신은 그것을 면밀하게 고찰하고 반드시 그것을 진리로서 받아들이지 않도록 하는 것이 더 나을 것이다. 이러하므로, 개인들은 정직과 정확성에 대한 평판(reputation)을 발전시킬 어떤 유인을 지닌다. 그렇지만 대개 아무런 의문 없이 수용되고 진리로 간주되는 진술들은 그것들을 행하는 사람이 거짓말로부터 이익을 얻을 것을 가지고 있지 않은 상황에서 이루어지는 진술들이다.

그런데 이 모든 것은, 다시 한 번 말하지만, 우리의 두뇌 절약(brain economy)이라는 생각과 조화된다. 즉 그것은 두뇌가 자신의 계산 공간을 절약할 수 있는 길을 제공한다. 가능한 계산들의 무한히 큰 무더기에 직면하여, 두뇌는 거짓말로부터 얻을 어떠한 이익도 가지고 있지 않은 것 같은 사람들에 의해 이루어지는 많은 진술들을 진리로 받아들임으로써 절약을 한다.

이러한 진술을 하는 개인들은 불행하게도 여기서 그다지 잘 삼가지 않는다. 대체로 정확성 점검이 별로 없다. 따라서 만약 내가 그 대답을 알고 있다고 생각하지만 실제로 어떠한 진지한 연구도 한 적이 없는 질문을 받는다면, 나는 그래도 대답을 할 것 같다. 이 행동 양식을 수행하는 데 내게는 비용이 별로 혹은 전혀 없다. 더 나아가서 만약 교수이자 과학적 성질의 저술 활동을 많이 하는 사람인 내게 비용이 별로 혹은 전혀 없다면, 많은 다른 사람들에 대한 비용은 훨씬 더 낮을 것이다.

현대 저널리즘이나 10만 부씩 팔리는 종류의 논픽션과 어떤 진지한 접촉이라도 해 본 사람은 누구든지 그것이 매우 정확하지 않다는 사실을 즉각 알게 된다. 대체로 이러한 정확성 결여는 의식적으로 거짓말하려는 욕망의 결과가 아니다. 통상적으로 그것은 간단히 말하자면 저술을 하는 사람이 진지하게 점검하는 데 종사하지 않음으로써 자기 자신의 시간을 절약하고 있다는 것이다. 참으로, 신문, TV, 라디오 등의 경우, 만약 그 매체가 자기 정보를 진지하게 점검하는 데 정말 종사한다면, 그것은 정말 최소한 며칠은 지연될 것이고, 결과적으로 아마도 독자들이 관심을 기울이지 않을 것이다. 분명히 독자들은 말하자면 85% 정확한 현재 뉴스를 읽는 것을 95% 정확한 정보를 한 달 후에 읽는 것보다 더 선호한다.

이 모든 것은 아마도 사리에 맞을 것이다. 우리가 올림픽에서나 국제 문제에서 진행되는 일을 알기를 원할 진화적 이유를 가지고 있다는 점이 분명하지 않지만, 만약 우리가 진행되는 일을 알기를 원할 어떤 이유를 정말 가지고 있다면, 통상적으로 우리는 얼마 전에 진행된 일이 아니라 지금 진행되는 일을 알 필요가 있다. 헨리 포드는 역사란 터무니없는 소리라고 생각했다. 이것은 사실이 아니지만, 역사가 통상적으로 보통 사람의 일에 실제적으로 쓸모가 크게 없다는 점은 확실히 사실이다. 바로 지금 진행되고 있는 것이 한 달 전에 진행된 것보다 그가 적응해야 할 어떤 것이 되기가 훨씬 더 쉽다.

매체에서의 보고들이 반드시 정확한 것이 아니라는 이 사실은 그저 사건을 꾸미려는 진정한 동기의 존재에 의해 보충된다. 후자는 당신 자신에게 이익이 되도록 사건을 꾸미려는 동기가 아니라 당신이 이야기할 어떤 것을 가지고 있고 그 이야기할 어떤 것이 흥미롭도록 사건을 꾸미려는 동기이다. 거의 모든 사회들은 적어도 하나나 때때로 여러 개의 창조 신화들을, 즉 세계가 어떻게 시작되었는지에 관한 설명들을 가지고 있다.[34] 우리가 아는 한, 그것들 모두가 거짓이지만, 그것들이 도대체 창작되었어야 할 명백한 이유가 없는 것 같다. 그 설명은

---

34) 심지어 아주 훌륭한 가공적인 창조 신화로서 『실마릴리온』(*The Silmarillion*)을 보라. 크게 단순화하면, 이 신화는 유일한 존재(the One)인 이루(Eru)가 음악에 물리적 실질을 부여함으로써 세계를 만들었다고 주장한다. Tolkien(1977), p. 25를 보라.

아마도 그것들을 고안한 사람이 자기가 얻을 명백한 이익을 가지고 있지 않아서 자기 청취자들로부터 신뢰를 얻었다는 점과 그가 그것들을 흥미롭게 만들려고 작정했다는 점일 것이다. 그가 얻는 이득은 원시적인 면에서는 현대 작가가 『육체 속에 감추어진 영성』(*In His Image*)과 같은 것을 써서 얻는 이득과 같았다.[35] 인간은 즐기기를 원하고[36] 오락에 대해 가격을 지불할 것이다. 통상적으로, 자기가 즐겁다고 여기는 정보를 다루고 있을 때 그는 그것의 진실성을 점검하지 않는다. 대부분의 경우 그가 그렇게 하는 것이 극히 어려울 것이다. 물론 『육체 속에 감춰진 영성』은 거짓임이 드러났지만, 그것의 많은 독자들 가운데 소수라도 그것의 정확성에 관해 도대체 판단을 내릴 입장에 있지 않았을 것이라고 생각한다. 아마도 그들은 그것을 흥미롭게 여겼을 것이고 그것을 사실이라고 믿었을 것이지만, 그것의 정확성을 점검할 수 없었을 것이다.

이런 종류의 "정보"는 거의 모든 사회들에 걸쳐서 발견된다. 더 나아가서 매우 많은 오락이 포함됨이 없이 누군가가 명백히 사건을 꾸민 많은 영역들이 있다. 마지막에 말하지만 결코 가장 덜 중요한 것이 아닌 것으로, 사람들이 아주 희박한 증거에도 불구하고 예를 들면 대부분의 민간요법과 같은 것을 믿은 것 같은 사례들이 많이 있다. 마법사가 어떤 의식을 행하면 몇몇 자기 의뢰인들이 회복되는데, 대부분의 사람들이 대부분의 질병으로부터 정말 회복되기 때문에, 이것은 필연적이다. 그 결과 의식이 효험이 있다는 신념이 널리 퍼질 것 같다. 물

35) David Rorvik, *In His Image: The Cloning of a Man* (Philadelphia: Lippincott, 1978).

36) 정확하게 그 이유가 무엇인지는 진화적으로 분명하지 않다.

론 또한 현대 과학의 대두 이전에는 의사들이 주었으나 우리가 지금 무가치하거나 몇몇 경우들에는 가치상 아주 결정적으로 부정적이라고 알고 있는 약들도 아주 많이 있다.

이것은 마음(mind)이 작용하는 방식에 관한 비판이 아니다. 우리가 우리의 마음의 사용을 절약하는 것이 매우 중요한데, 왜냐하면 우리는 간단히 말해 유한한 시간에 온갖 것에 관해 생각하기를 도대체 기대할 수 없기 때문이다. 따라서 우리가 썩 많이 진전하지 못할 것 같은 지점에서 우리의 계산을 멈추는 것이 필요하다. 나의 진술 "것 같은"을 주목하라. 만약 우리가 어떤 종류든 더 생각하거나 더 조사하는 일에 종사한다면 어떤 일이 일어날지 우리는 확실히 알 수가 없다. 어떤 사람들은 다른 사람들보다 이런 추측을 하는 데 더 능숙하다.

이 모든 것은 첫째로 윤리에 관한, 둘째로 정부 "정통성"을 다루는 특별한 윤리 소부분에 관한, 우리의 문제와 무슨 관계가 있는가? 그 대답은 나의 견해로는 내가 서술한 인간 마음의 이러한 특징이 이 문제 둘 다 설명하는 데 도움이 될 것이라는 점이다. 어떤 인간이든 확실히 자기의 생애 동안 자기의 문화에서 지배적인 다양한 윤리 원칙들에 관한 진술들로 폭격을 당했을 것이다. 여러분은 "주님께서 복수는 나의 것이니라 이르시기" 때문에 복수하지 않도록 교육 받거나, 만약 여러분의 가족이 다른 사람들에 의해 피해를 입었다면 여러분은 반목해야 할 절대적 의무를 지니고 있다고 믿도록 교육 받는다. 그것은 모두 여러분이 속한 문화에 달려 있다. 우리가 말할 수 있는 한, 개인들에게 그 두 원칙들 중의 한 쪽으로 교화하기는 거의 다른 쪽만큼 쉽다. 하여간 불화의 것이 약간 더 쉬울 것 같다.

교화가 그것의 전체가 아니다. 우리가 이야기 들은 것들을 믿는 경향이 있다는 것은, 특히 많은 상이한 사람들이 우리들에게 이야기한 것들을 믿는 경향이 있다는 것은 사실이다. 그러나 그것에는 이것 이상이 있다. 아무것도 얻지 못할 것 같을 때 우리의 계산을 멈추는 문제도 또한 있다. 이것은 매우 잘 확립된 심리학적 명제다. 또한 윤리와 정치적 문제의 경우에도 우리는 어떤 시점에서 우리의 계산을 멈추고 사물을 받아들여야 한다. 대체로 이러한 중단의 배후에 있는 동기는 그것이 우리의 결론이 진실임을 보증한다는 것이 아니라 우리가 더 고찰해 보아야 매우 실제적인 어떤 것이 나올 수 없다고 생각한다는 것이다.

따라서 내가 알바니아의 국민이라는 점과 다양한 개선들이 정부에서 이루어질 수 있다는 것이 그것에 관해 생각하는 실질적으로 누구에게나 다 분명하다는 점을 가정해 보자. 어떤 선의의 알바니아 사람이든 하게 될 첫 번째 일은 분명히 현 정부의 모든 고위 관리들을 죽이는 것일 것이다. 반면에 그가 이 일을 할 수 없다는 점도 똑같이 분명하다. 그들은 매우 잘 경호되어 있고, 그들을 죽이려는 시도들은 그 자신의 죽음을 초래할 것 같다. 그 상황에서는 표준적인 인간은 그 문제에 대해 이러한 분명히 불가능한 해결책에 관해 생각하기를 멈추고 사실상 그의 능력 범위 내의 일에 착수할 것 같다. 지방 관리들을 죽이는 대신 그는 그들과의 관계를 개선하려는 어떤 노력을 기울일지 모른다. 첫 번째 계획은 명백히 불가능하고, 그래서 그것은 무시된다. 두 번째 계획은 가능성의 한계 내에 있다. 그러므로 당신이 성공한다면 사실상 그 관리가 그저 다른 똑같이 나쁜 관리로 대체될 뿐일 때 어떤 관리를 죽이는 방법에 관해 생각하기보다는 아마도 당신과 지방 정부와의 관계를 개선할 방법에 관해 생각하는 것이 이득이 더 큰 활동이 된다.

다시 한 번 말하자면, 이것은 유전적 성질의 면에서나, 어떻게 할 수 없는 문제들에 관해 걱정하는 데 바치는 시간의 양을 극소화하는 것을 목표로 하는 일단의 계산들의 면에서나, 아니면 여러분의 어린 시절 여러분의 부모님들에 의한 교화의 면에서 설명될 수 있음을 주목하라. 세 가지 추론 방식 모두 동일한 결론에 이를 것이다.

그런데 그 문제를 설명하는 데 도움에 될지 모르는 인간 마음의 다른 특징이 있다. 이것은 인지 부조화의 축소(reduction of cognitive dissonance)라고 알려져 있는 현상이다. 대체로 사람들은 그들의 현재 상황에 관해서 우리가 보통 그럴 것이라고 예상할 것보다 더 행복하다. 예를 들어 당신이 자동차를 사는 데 관심이 있다고 가정해 보자. 당신은 여러 모델들의 장점들을 조사하느라 많은 시간을 쓴다. 만약 심리학자가 당신에게 그 장점들과 단점들을 열거해 보라고 요구한다면 물론 당신은 그렇게 할 수 있다. 그러나 만약 그가 당신이 실제로 차를 살 때까지 기다렸다가 당신이 상이한 자동차에 관해 말하지 않으면 안 될 것과 당신이 아직 결심하고 있는 동안 당신이 말한 것을 비교한다면, 그는 당신이 실제 산 차를 다른 것들보다 더 나은 것으로 간주하는 것이 당신이 결심하고 있을 때 그렇게 한 것보다 훨씬 더하다는 것을 보통 발견할 것이다. 환언하면 이제 그 차를 떠맡아야 하므로 당신은 당신의 선택에 관해 행복해지기 위해 당신의 견해를 바꾸고 있다.

이 경우 당신이 실수를 저질렀다고 믿을 이유가 없음을 주목하라. 당신이 결심하고 있는 동안 당신은 사실상 대체로 시보레를 선호했을지 모른다. 그러나 당신이 그것을 가지고 있으므로 당신은 그것을 당신이 전에 선호했던 것보다 훨씬 더 선호할 것이다. 이와 같은 것이 자기들의 심리에 내장된다면 인간들이 왜 더 행복할지는 분명하다. 그것은 그들이 자기들의 현 상황에 비교적 만족하는 경향이 있음을 의미한다. 다시 한 번 말하자면 명백히 그들은 이러한 기제가 없는 경우보다 있는 경우 더 행복하다. 그들이 반대의 반응을 가질 가능성, 즉 그들이 시보레를 산 후 시보레에 관한 그들의 감정이 떨어질 가능성을 고찰함으로써 아마도 그 점을 아주 명백히 알 수 있을 것이다. 이것은 많은 경우 그들로 하여금 자기들이 큰 실수를 저질렀다고 생각하게 할 것이고 자기들의 선택에 불만족하게 할 것이다.

그러나 이 특정 현상이 왜 사람들을 정말 행복하게 하는지 알기는 쉽지만, 이것이 왜 어떤 특정 기제의 결과가 될지 알기는 반드시 쉽지 않다. 확실히 진화의 취지는 사람들을 행복하게 하는 것이 아니라 사람들을 생존하게 하는 것이다. 내가 위에서 언급했듯이, 참으로 인간들은 엄격하게 최적 생존을 위해 선택되지는 않을 것 같고, 그래서 이 점은 이것이 유전적이지 않음을 증명하는 것은 아니지만, 그것은 하여간 우리가 유전적 지지를 옹호할 수 없다는 점을 정말 나타낸다. 이것은 유전적일지도 모르고 아닐지도 모르지만, 명백히 어떠한 특정 유전적 생존 가치도 지니지 않는다.

그 문제를 숙고하는 사람들이 이 특정 속성을 가지고 싶은 이유가 그것이 미래에 자기들을 더 행복하게 할 것임을 의미할 것이기 때문이라고 가정해 보자. 여러분은 자기들이 이런 식으로 느낀다면 이런 식으로 느끼지 않는 경우보다 상태가 더 나아질 것이라고 결론 내리는 사람들을 상상할 수 있다. 불행하게도 우리는 우리 자신의 감정에 대해 그런 종류의 통제를 가지고 있지 않다. 내가 특정 속성을 내가 가지는 것이 바람직한 어떤 것이라고 생각하고 있다는 단지 그 사실은 내게서 그것을 뺏기 쉽다. 그것이 내게 좋다는 이유로 내가 특정 논리적 실수를 저지를 것이라고 나는 결론 내릴 수 없는데, 왜냐하면 일단 내가 그것이 논리적 실수라고 인식하게 되면 나는 더 이상 그것을 저지를 수 없기 때문이다. 따라서 내가 과거에 내린 결정들이 내게 실제 이상으로 더 좋다고 믿게 되는 내 쪽에서의 결정은, 그 자체 그리고 저절로, 아마도 나를 불행하게 만들 것인데, 왜냐하면 내가 이 결정이 진실이 아닌 어떤 것에 토대를 두었음을 깨닫게 될 것이고 그래서 내가 그것을 정말 깨닫게 되므로 내가 그것을 믿을 수 없을 것이기 때문이다.

아이들의 생애에 걸쳐 아이들을 더 행복하게 만들기 위하여 부모들이 자기 아이들을 이런 태도로 교화하는 것이, 가정컨대, 가능할 것이다. 그러나 내가 아는 한 부모들이 사실상 그렇게 한다는 증거는 없다.

이 모든 것의 결과는 우리가 틀림없이 이 특정 속성을 가지고 있지만 우리가 그것을 가져야 할 어떠한 강력한 이유도 없는 것 같다는 점이다. 그럼에도 불구하고 윤리와 정통성 둘 다의 분야에서 그것은 중요하다. 다시 한 번 말하자면, 알바니아 국민은 약간의 시간이 지난 후에 알바니아 정부가 표면상 보이는 만큼 나쁘지 않다는 결론에 도달하기 쉽다. 그는 알바니아 정부의 장점들을 발견하기 시작해서 알바니아 정부에 꽤 만족할지 모른다. 이러하다면 정치학자는 정부가 정통성을 발전시켰다고 말할 것이다.

따라서 이 경우에는 우리가 이러한 정통성 감정이나 사실상 우리에게 최상의 이익이 되지 않는 어떠한 윤리 원칙의 수용도 발전시킬 수 있는 가능한 근원들이 단지 두 가지만 있을 것 같다. 이것들은 유전적 성향과 부모의 훈육이다. 하여간 우리는 인간들이 이런 식으로 정말 행동한다는 것을 관찰하고, 그것은 독재자에 의한 권력 유지에 약간의 영향을 미친다. 첫째, 그는 자기가 이 "정통성"으로 혜택을 얻음을 발견할지도 모르고, 아니면 자기가 혜택을 얻지 못하여 그것을 쌓기 위해 자기가 할 수 있는 일을 해야 함을 발견할지도 모른다.

그런데 이 문제를 다룰 때 이런 종류의 "정통성"이 존재한다는 사실이 정부가 훌륭한 정부라는 것을 의미하는 것이 아님을 분명히 명심해야 한다. 참으로 나는 역사적으로 이런 종류의 정통성의 가장 강력한 사례들은 왕조가 어느 기간 권력을 유지해 왔던 세습 군주 국가들이 아니었을까 생각한다. 중국의 명 왕가는 중국 역사에서 그것의 대영광과 힘에 대해서 뿐만 아니라 분명히 거의 모든 황제들이 타락했다는 사실로도 유명하다. 황제가 자기의 대신들을 보지 않고 전적으로 환관들을 통해 그들을 다루었던 수 세대들이 있다. 황제들 중 한 사람은, 우둔함의 분출로, 몽고인들의 포로로 잡히는 데 성공했다. 그러나 그 황제는 자기의 강력한 정통성 때문에 왕위에 복귀할 수 있었다. 일시적으로 그를 대체했고 확실히 그에 못지않게 유능했던 손아래 친척은 왕위를 유지할 수 없었다.[37)]

---

37) 명 왕조의 몰락은 영종(英宗·Ying Tsung)의 치세와 함께 시작되었는데, 그는 1436년부터 1449년까지 지배했고 북쪽 국경의 작은 전투에서 몽고인 오이라트(Oirat) 군대에 포로로 붙잡혔다. 그는 1450년에 풀려났는데, 자기가 포로로 있는 동안 왕위를 가졌던 자기 형제 경태(景泰)와 투쟁을 시작했다. 그가 궁극적으로 성공하여 그의 두 번째 치세는 1457년부터 1464년까지 계속되었다 (Dupuy and Dupuy, 1977, p. 442).

결코 중국 사람들만 유일한 것이 아니다. 영국 역사는 혁명과 정부 전복 시도의 역사이다. 영국 왕위는 유럽의 어떤 다른 왕위보다 훨씬 덜 안정적이었다. 그럼에도 불구하고 유일하게 헨리 7세만 제외하고 왕위를 전복하려 시도한 사람들은 모두 혈족이었다. 만약 자기가 군림하는 왕과 가까운 친척이라면 개인은 그를 타도하려고 시도하지만, 그 밖에 다른 사람은 그렇게 하지 않는다. 확실히 이 사람들은 통치하는데 아주 적합한 영국인들이 아니었다.

위에서 언급한 헨리 7세의 사례는 특별히 흥미로운 사례인데, 그의 승계가 매우 파괴적인 장미 전쟁을 종식시켰을 뿐만 아니라 왕계와 아무런 혈연관계가 없는 사람을 왕좌에 앉혔기 때문이다. 랭커스터가와 요크가 사이의 장미 전쟁은 본질적으로 헨리 6세가 미치게 되었기 때문에 일어났다.[38] 그 결과로 상당한 기간 동안 헨리 6세가 아니라 그의 아내가 랭커스터가의 실제 지도자가 되었고, 사실상 헨리 6세는 이 당시 많은 시간을 런던에 갇혀 살았다.[39] 랭커스터가의 목표는 그를 해방시켜 왕좌에 복귀시키는 것이었다. 정통성의 중요성이 여기서 분명히 나타나는데, 미친 사람이 권좌에 복귀되어야 할 어떤 다른 이유도 보기가 매우 어렵기 때문이다. 그러나 결국 헨리 6세는 죽었다.[40] 이 시점에서 프랑스에 망명해 있던 그의 아내가 튜더(Tudor)라는 이름의 웨일스 사람 모험 군인과 결혼했다. 그들의 아들은 왕위에 대한 세습 청구

---

38) 1453년 헨리 6세는 자기를 18개월간 인사불성 상태에 빠지게 했고 자기를 결코 완전히 회복하지 못하게 한 정신 쇠약을 겪게 되었다(Aubyn, 1983, p. 39). 이러한 심신 쇠약이 촉진한 공개적인 전쟁에 이르는 일련의 복잡한 사건들을 알기 위해서는 Muir(1927), vol. 1, pp. 177-178을 보라.

39) Aubyn(1983), p. 48.

40) 헨리 6세는 1471년 5월 21일 런던탑에서 죽었다. 그는 아마도 에드워드 4세의 지시로 살해되었을 것이다(상게서, p. 58).

권을 가지고 있지 않았지만, 자기 어머니를 통해서 그는 랭커스터 왕가의 우두머리가 되었다. 프랑스 왕의 도움으로 그는 플랜태저넷 왕조를 전복하고 자기 자신의 튜더 왕조를 수립할 수 있었다.

영국의 역사를 진지하게 고찰한 후 그는 자기 후손들도 따른, 가능한 모든 왕위 경쟁자들을 죽이는 정책을 채택했다.[41] 내가 위에서 말했듯이 스코틀랜드의 왕들은 손이 닿지 않았고, 그래서 헨리 8세의 매독과 그의 자식들의 생식 불능으로 튜더계가 끊어졌을 때 스코틀랜드 왕이 영국 왕이 되었다.[42]

우리는 이것을 계속할 수 있을 것이다. 무서운 정부들도 드물지 않게 "정통성" 때문에 국민들로부터 진지한 지지를 얻을 수 있었다. 나는 아래에서 민주 정치로 관심을 돌리고 싶지만, 지금은 독재 정치를 가지고 시작하겠다. 남아메리카는 대부분의 국가들에서 독재 정치와 민주 정치가 섞인 기록을 가지고 있다. 대부분의 국가들에서 독재 정치가 민주 정치보다 더 흔하지만, 민주적 막간도 있었다. 비록 독재자들이 항상 군인들인 것은 결코 아니지만, 그들은 항상 군사적 지지를 받는다.

여기서 요점은 많은 남미 사람들에게 정부의 정통성의 표시들 중 하나는 군사적 지지라는 것이다. 이것은 독재 정치뿐만 아니라 민주 정치에 대해서도 사실이다. 환언하면 대부분의 남미 사람들은 정부에 대해 군사적 지지가 필요하다고 생각할 뿐만 아니라 군사적 지지를 잃는 정부는 그저 전복**될** 것이라는 정도가 아니라 전복**되어야 한다**고 생각

41) Muir(1927), vol. 2, pp. 211-212.

42) 보통 사람은 군사 지배에 정통성의 요소가 있다고 느끼는 것 같다. 정통성의 원인들에 관해 내가 위에서 제시한 서술을 인정할 때, 이것은 이해될 수 있다.

한다. 남미 지식인들은 이 관점을 비교적 별로 공유하지 않지만, 남미 지식인들은 다소 희귀종이고, 그들은 또한 아주 흔히 단지 일종의 귀속 과정(ascription process) 덕분에 지식인일 뿐이다. 몇몇 남미 대학들의 산물은 뉴욕시 공립학교들의 산물과 다소 같다.

그러나 정통성에서 교화 역시 중요하고 몇몇 사례들에서는 특정 형태의 맹렬한 교화가 심지어 기존 정부에 반대하는 정통성을 창출하는 경향이 있었다는 점이 언급되어야 하겠다. 말할 필요도 없이 이것은 오직 기존 정부가 교화가 계속되도록 허용할 때에만 발생한다.

이것의 분명한 사례는 프랑스에서 루이 15세와 루이 16세 치세에서 발생하였다. 이 당시 **계몽 사상가들**(*philosophes*)은 영국의 지적 영향을 심하게 받아 영국의 것과 같은 입헌 군주제를 지지했다. 이러한 관점은 아주 만연되어 심지어 마지막 왕도 그것을 지닌 것 같다. 그 결과 대체로 왕은 자기 군대가 최종적으로 결판에 도달했을 때 자기 군대에 의존할 수 없었고, 그 스스로 새로이 창설된 의회의 욕망에 반대하는 일에 결단을 내릴 수 없었음이 명백하다.[43]

동일한 상황이 남아메리카가 독립하는 동안 남아메리카에서 일어났던 것 같다. 대부분의 역사가들은 평민들이 왕당파였고 공화정을 지지한 것은 상류 계급들이었다는 의견이다.[44] 이것은 물론 진정으로 공화

---

43) 의회가 매우 한정된 집단의 선거인들에 의해 선출되었다는 점을 주목하라. 더 나아가서 프랑스 공화국의 초기 역사는 아주 주로 왕당파가 의회에서 과반수를 얻지 못하도록 확보하려는 노력이었다. 명백히 의원들은 비록 자기들이 확고하게 공화파이지만 왕이 평민들 사이에서 압도적 지지를 받는다고 생각하였다. 물론 초기 공화국의 재난은 왕당파가 선거 과반수를 차지하는 것에 관한 그들의 두려움과 그것을 막기 위하여 취해진 상당히 불공정한 다양한 조치들과 관련이 있었다.

44) 아니면 어쩌면 나는 "이었다"고 말해야 할지 모르겠다—최근에 마르크스주의

적인 형태의 정부를 도무지 수립할 가망이 없다는 것을 의미했으며, 남아메리카가 급속하게 일련의 국지적 독재 국가들로 와해되는 이유들 중의 하나였을지 모른다.

19세기에는 민주주의가 유일하게 정통성 있는 정부 형태라는 이러한 의식이, 비록 남아메리카가 항상 이것에 상당히 저항적인 경향이 있었지만, 세계의 많은 지역에 걸쳐 퍼져 나갔다. 20세기에는 독재 국가들이 단순히 자기들은 민주적이라고 선언하는 것으로 이런 종류의 정통성을 이용할 수 있음이 드러났다.[45] 이 환상이 얼마나 멀리까지 퍼질 수 있는지가 놀랍다. 나는 몇몇 주요 정치학자들이 내게 러시아는 선거를 한다고 말하는 것을 들은 적이 있다. 참으로 현대 세계의 특징들 가운데 하나는 어떻게 집권했든 상관없이 혹은 얼마나 명백히 인기가 없든 상관없이 사회주의 정부들이 하여간 정당하다고 느끼는 강력한 경향이다. 이 "정통성"은 그 정부들을 자기들 자신의 국민들로부터는 보호하지 못하고 단지 해외 언론으로부터만 보호하는 것 같다.

그러나 만약 정통성이 이런 특징들을 가지고 있다면 정통성은 확실히 독재자가 좋아할 어떤 것이다. 분명히 그가 처음 집권할 때는 그는 자기가 오랫동안 활약해 왔다는 근거로 정통성을 주장할 처지에 있지 않다. 이것은 아마도 새로운 통치자들이 거의 한결같이 우연히 현재의 신비한 매력이 되는 무엇이나 확고하게 지지한다고 선언하는 이유일 것이다. 청 왕조는 명을 정복한 후, 비록 결국 그들이 만주 사람들이기 때문에 다소 서투른 중국어로 선언해야 했지만, 자기들이 확고하게 유

가 발전했다.

45) 예를 들면, 독일 민주주의 공화국, 리비아 인민 공화국, 그리고 소비에트 사회주의 공화국 연방.

교에 헌신하겠다고 선언했다.[46] 비슷하게, 장미 전쟁을 회고해 보면 얼마나 이전 정부가 부패했는지 뿐만 아니라 기독교 종교를 존중하지 못했는지에 관한 강력한 진술들을 발견한다.[47]

최근에 독재자들은 보통 자기들이 몇몇 사소한 문제들을 정리한 직후 민주적 정부를 가질 것이라고 선언했다. 몇 년이 지난 후에는 독재자들이 다른 종류의 정통성을 발전시키기 시작하고 있으므로, 그들은 보통 자기들의 최초의 약속을 재빨리 잊는다.[48]

물론 독재자는 불필요하게 사람들을 성가시게 할 일들을 하는 것을 피해야 할 것이라는 점을 주목하라. 만약 그가 이슬람 국가에 있다면, 그는 신앙심을 과시해야 하고 공중 앞에서 햄을 먹는 것을 피해야 한다. 그의 보도 기관은 세상 사람들이 그를 혐오하는 원인이 될지 모를 것을 보도하는 일 등을 하지 말아야 한다. 그러나 나는 이러한 것들의 어느 것도 중차대하다고 생각하지는 않는다. 정통성을 얻는 정말 중요한 길은 그저 어느 기간 정권을 잡고 있는 것이다. 그렇게 되면 내가 위에서 서술한 심리적 특성들이 그 문제를 처리할 것이다.

그러나 단지 정권을 잡고 있는 것만으로는 썩 충분하지 않다. 그는

---

46) 비록 청나라 사람들(만주 사람들)이 오늘날 중국 본토에 속하는 것의 한 구역(중앙 만주)으로부터 왔지만, 그들은 중국 사람들이 아니었다. Dupuy and Dupuy(1977), p. 512를 보라.

47) 예를 들면 (리처드 3세가 보즈워스 필드에서 패하여 죽은 후) 헨리 7세 치하에서 반포된 1485년 11월의 한 사권 박탈법(Act of Attainder; 반역죄나 중죄를 저질러서 사형, 추방의 판결을 받은 결과 시민권을 상실하는 것을 규정한 법—역주)은 리처드 3세에 대해 "유아의 살해에서, 자연의 이치에 맞지 않고, 유해하며 중대한 위증, 반역, 살인 그리고 모살(謀殺)"을 한 것과 많은 다른 "신과 인간에 거슬러 행한 혐오 행위들"을 한 것을 비난했다. Aubyn(1983), p. 242를 보라.

48) 독재자가 사실상 완전히 자유로운 선거를 실시하도록 동기 부여될지 모르는 이유들은 위에서 논의되었다.

자기가 계속 정권을 잡을 정도로 매우 강력하다는 인상을 항상 주어야 한다. 일단 보통 사람이나 관리들이 그가 제거될 위험에 처해 있다고 생각하기 시작하면 이 생각은, 그 자체로 그리고 저절로, 비록 반드시 0으로 축소시키지는 않는다 하더라도, 그의 정통성을 축소시킨다. 정통성은 도움이 되고, 특히 그것이 사소한 반대를 많이 제거한다는 점에서 도움이 된다. 그러나 그것은 주된 의존은 아니다. 만약 당신을 타도하려는 주요 시도가 시작된다면 정통성 논거로 인해 많은 사람들이 당신을, 만약 그들이 그 문제를 면밀하게 숙고한다면 아마도 지지하지 않을 당신을, 지지할 마음이 들 것이라는 점은 사실이다. 그러나 몇 번의 패배 후에는 이 감정은 사라질 것이다.

물론 정통성 종식에 관한 나의 위 진술은 주로 독재자들에 해당된다. 권력에서 쫓겨 난 한참 후에도 왕가들이 서민들과 그 문제와 관련하여 관리들의 애정에 대해 일정 지배력을 계속 유지할 수 있다는 점은 전혀 의심할 수 없다. 찰스 2세는 환영받으며 영국으로 돌아왔다. 대부분의 역사가들은 제임스 3세와 찰스 3세가 영국을 통치하는 하노버가 사람들보다 실제로 더 인기가 있었는데 주로 청교도 패권의 약삭빠른 정치적 조종과 군사 및 경찰력에 의해 못 들어오게 되었다고 생각하는 것 같다.[49] 그들은 바로 조지 3세의 즉위 때까지 상당한 정통성을 지녔다고 이야기될 수 있다.[50]

---

49) 사실상 한 역사가는 제임스 에드워드가 1715년에 조지 1세를 타도할 가능성이 아주 높았지만 스튜어트가(家)와 그들의 조언자들이 그저 너무 무능해서 그 기회를 적절하게 이용할 수 없었다고 주장한다(Green, 1965, pp. 81-86).

50) 1745년—조지 2세 치세의 18년째—12월 스코틀랜드에서의 강력한 지지와 잉글랜드에서의 적어도 미온적인 지지를 발생시킨 찰스 에드워드 스튜어트에 의한 영국 침입이 그 증거가 된다. Green(1965), pp. 160-164를 보라.

그러나 만약 정통성이 독재자에게 어떤 가치가 있다면, 그리고 그것은 가치가 있는데, 그것은 그에게 자기 정권의 서민들을 다루는 데서보다 하급 관리들을 다루는 데 더 가치가 있다. 정권의 하급 관리들은 우선 서민들보다 그에게 더 많은 손해를 끼치거나 그에게 더 많은 이익을 줄 수 있다. 두 번째로, 그들이 아마도 그의 정권으로부터 이익을 얻어 왔을 것이기 때문에 그들은 그의 정권의 진가를 더욱 인정할 것 같다. 그러나 그는 또한 방금 전 썩 잘 되지 못한 하급 관리들도 걱정해야 한다.

펜코프스키(Penkovsky)는 소비에트 정체의 충성스럽고 정력적인 공복이었고, 한 중장의 딸과 결혼했으며, 해외 정보 분야에서 빠르게 승진하였다. 그때 다소 우연히 자기가 결코 본 적이 없었을 뿐만 아니라 자기가 태어나기 전에 사망한 자기 아버지가 백계(White; 러시아 내전 때의 반(反)볼셰비키 계열—역주) 장교였음이 발견되었다. 이로 인해 그는 완전한 대령의 계급에 진급하지 못했다. 거의 동시에 그의 장인, 그 중장이 퇴역했고, 소련이 고위 관리들에게 제공하는 보상이 반드시 은퇴한 고위 관리들에게 적용되는 것이 아님이 돌연 발견되었다. 그 결합으로, 적어도 공개된 문헌에 관한 한, 소련을 서방측에 파는 가장 중대한 반역이 일어났다.[51)]

이런 종류의 일은 어떤 정체에서도 일어날 수 있다. 불가피하게 당신이 한 사람을 중령에서 대령으로 진급시킬 때 스스로 그 직을 가질 자격이 있다고 느끼는 여러 다른 중령들이 있다. 첨언하자면 이것은 독재자의 관점에서는 순수한 연공서열 임명을 옹호하는 가능한 가장

---

51) Penkovsky(1965), 특히 pp. 229, 394.

강력한 논거이다. 만약 누구나 다 그것이 연공서열의 문제임을 안다면, 어느 누구도 실망하지 않을 것이다. 당신이 죽지 않는다면 당신의 때가 올 것이다. 물론 연공서열 제도는 커다란 다른 단점들도 가지고 있다.

불행하게도 정통성은, 내가 그것에 부여한 이러한 의미에서는, 독재자가 그저 권력을 잡고 있는 것 외에는 다른 어떤 수단으로도 얻기가 힘든 물건이다. 권력을 잡고 있는 것이 하여간 그의 기본적인 문제이므로, 여기서 진정으로 말할 수 있는 전부란 그가 더 오래 권력을 잡고 있으면 그가 더 많은 정통성을 가질 것이고 따라서 그가 권력을 잡고 있을 가능성이 더 클 것 같다는 점뿐이다. 다시 한 번 말하자면, 권력이 권력을 낳는다.

이 모든 것은 표준적인 정통성 설명과 다소 다르다. 대부분의 사람들은 정통성을 자기들 자신의 개인적인 도덕 규범과 뒤섞었다. 실제로는 내가 전에 말했듯이 가장 사악한 정부들이 때때로 이런 종류의 정통성을 명백히 얻었다. 더 나아가서 그것은 통치자들 쪽의 어떤 미덕의 면에서보다 인간 심리의 일정 특성들의 면에서 더욱 쉽게 설명될 수 있다. 그럼에도 불구하고 정통성은 독재자에게 다소 중요하고, 만약 그가 현명하다면 그는 그것을 육성할 것이다. 그가 현명하다면 그가 그것을 육성할 것이지만, 불행하게도 그가 그것에 관해 할 수 있는 일이 실제로 많지 않다.

지금까지 내가 이념(ideology)에 관해서는 아무 이야기도 하지 않았는데, 왜냐하면 나는 대체로 그것이 독재 정권의 통제에서뿐만 아니라 정통성의 문제에서도 상대적으로 중요하지 않다고 생각하는 경향이 있기 때문이다. 그럼에도 불구하고 그것은 정통성 문제와 관련이 있다. 대부분의 독재자들은 자기 정부가 자기의 정부일 뿐만 아니라 유덕하다는 견해를 취해 왔다. 이를 위해 그들은 자주 자기 자신의 일단의 덕 규칙들을 창조한다. 내가 아는 한 이 규칙들은 특별히 일관성을 유지한 사례가 결코 없었음을 말해야겠다. 카다피의 **녹서**(*Greenbook*; 녹색 표지의 정부 공문서—역주)와 페론의 **정의사회주의**(*Justicialism*)가 예가 될 것이다. 그것들 모두는 그것들의 적용으로부터 이익을 얻고 있는 사람들에게 강력하게 호소했지만 다른 곳에서는 큰 영향을 끼치지 않았다.

마르크스주의는 다른 위대한 종교들—기독교, 이슬람교, 불교, 그리고 유교—과 같이 다소의 수출 가치를 지니고 있었음이 사실이다. 즉, 직접 그 아래 있지 않은 사람들은 그것이 진리라고 확신하게 되었다. 그러나 대체로 이 사람들은 아주 대단히 진리를 알고 싶지만 썩 비판적이지 않은 사람들이거나, 아니면 그저 남보다 앞서려고 노력하고 있는 사람들이다. 아마도 전자가 가장 큰 단일 범주일 것이다. 보통 사람은 세상에 대해 어떤 종류의 설명을 가지기를 원할 것이다. 그는 매우 잘 알고 있지도 매우 비판적이지도 않고, 자기에게 제공되는 특정 체계들에 관해 오래 사고하지도 않는다.[52] 그러므로 그가 이 체계들 중의 하나에 사로잡힐 가능성은 꽤 높다.

불교건 마르크스주의건 체계가 진리라는 것을 그것의 주제들 중의 하나로 가지지만 그 외의 면에서는 이해하기가 아주 어려운 방대하고

---

52) Margery Seldon의 *Poppies and Roses* (Sevenoaks, Kent: Economics and Literary Books, 1985)는 이런 이유들로 마르크스주의자가 된 사람의 특별히 명백한 예였던 자기 아버지에 관한 자서전이다.

상당히 혼란스러운 문헌이 존재한다면, 이 점은 특히 사실이다. 매우 모호해서 성 토머스가 오로지 신의 안내의 결과로서 이해할 수 있을 뿐이라는 견해를 취한 교리인 삼위일체설(the Trinity: 성부, 성자(그리스도), 성령을 일체의 신으로 보는 설—역주)은[53] 아마도 기독교 종교의 매력들 중의 하나일 것이다. 비슷하게, 어떤 사회도 마르크스주의 계급 집합에 끼워 넣기가 극히 어렵다는 점이 아마도 마르크스주의가 작동하는 이유들 중의 하나일 것이다. 사회를 그런 계급들에 끼워 넣는 것뿐만 아니라 어떤 특정 끼워 넣기가 부적합하다는 것을 증명하는 것도 몹시 어렵다.

물론 마르크스주의는 시간에 따라서 그리고 참으로 장소에 따라서 급격하게 변한다는 특징을 지녀 왔다. 실론 트로츠키주의자, 등소평의 충성스런 추종자, 그리고 뉴욕 마르크스주의 지식인은 그들 모두 당신에게 자기가 마르크스주의자라고 말할 것이라는 점을 제외하고는 자기들 사이에 공통적인 것이 거의 아무것도 없다. 그럼에도 불구하고 그들은 비록 내부적으로는 치열하게 싸울지라도 국외자들에 대항해서 동맹하는 경향이 있다. 역사적으로 기독교, 불교 등에 관해서도 똑 같은 말을 할 수 있다. 오늘날에는 시아파와 수니파 사이의 불화의 개정판이 이슬람 세계를 빌리고 있다.

독자가 틀림없이 이미 발견했겠지만, 나 자신은 이러한 이념들에 별 인내심도 관심도 없다. 그러나 모하메드의 시대부터 우마이야 왕조의 멸망까지 이슬람 제국의 성장을 고찰하는 사람은 누구든 이념들이 인

53) 아퀴나스는 이성이 신의 존재를 증명할 수 있지만 삼위일체(나 그리스도가 신의 아들로 태어난 것이나 마지막 심판)의 존재를 증명할 수는 없다고 주장하였다. Russell(1945), p. 454를 보라.

간 역사에서 영향력이 있었음을 의심할 수 없다. 더 나아가서, 비록 우마이야 왕가가 틀림없이 이슬람의 위대한 전파자였지만, 이슬람은 그 이후 상당한 기간 다소 낮은 속도로 그리고 다양한 분파들과 분할들을 가지고 계속 증가했다.[54] 오늘날, 비록 그것이 더 이상 퍼지고 있지 않지만,[55] 그것은 명백히 인류의 큰 부분의 생활에 극히 중대한 영향을 미치고 있다. 나는 그것이 어리석다고 생각한다. 그럼에도 불구하고 대부분의 인간들은 기독교, 이슬람교, 불교 등에 대한 필요성을 느꼈던 것 같다. 나 자신과 같은 무신론자들은 별나다.

유교, 마르크스주의, 그리스와 로마의 다신교들, 그리고 그 문제와 관련하여 유대교와 같은 순수하게 세속적인 종교들, 즉 내세에 대해 상대적으로 별로 관심을 기울이지 않는 종교들도 전통적으로는 이승에서의 덕이 높은 생활에 대해 내세에서 보상을 제공하는 기독교, 이슬람교, 그리고 불교와 같은 종교들과 거의 마찬가지로 강력했다. 힌두교는 이 범주들 사이의 어디엔가 속한다. 훌륭한 힌두교도가 자기가 이승에서 덕이 높은 삶을 살면 카스트 구조에서 올라갈 것을 예상한다는 점이 확실히 사실이지만, 그 덕은 그가 우연히 속하는 어떤 카스트든 그것의 면에서 규정된다. 어떤 브라만이 그의 생애에서 신성한 성가(聖歌)의 한 단어를 한 번 잘못 발음했다고 얼룩개의 위(胃)의 벌레로 환생할 가망성은 우리들에게는 지나친 것 같다.

그러나 이 책의 주제로 되돌아가면, 독재자를 지지하려는 그러한 본

---

54) 우마이아(혹은 옴미아드) 칼리프 지위는 기원 후 661년부터 750년까지 지배했고, 732년까지 그것은 이베리아 반도, 남서 프랑스, 북아프리카 전부, 아라비아, (아나톨리아를 제외한) 근동, 아르메니아, 페르시아, 그리고 북서 인도의 인더스 강에 대한 큰 교두보를 통제했다. Langer(1972), pp. 200-204를 보라.

55) 아프리카에서의 다소의 선교 활동을 제외하고.

질적으로 비물질적인 동기는 그에게 매우 가치 있는 것이 될 수 있다. 그를 타도하려는 그러한 비물질적인 동기가 존재하면 그는 또한 매우 심하게 손상을 입을 수 있다. 무슬림들은 비잔틴 제국의 이집트 총독에게 하여간 하나님은 자기들 편에 서 있음을 확신시킨 것 같다. 이집트 총독이 이 결정에 도달했을 때 그의 군대가 일련의 전투들에서 패했다는 점이 사실이라 하더라도, 그는 기독교인이었기 때문에, 그가 어떻게 이런 결론에 도달했는지 이해하기 매우 어렵다. 하여간 이것은 무슬림들의 추가적인 성공에서 주요 단계였다. 물론 여기서 다시 말하자면 성공은 당신이 무언가를, 이 경우에는 신의 섭리를, 당신 편에 가지고 있다는 믿음을 낳고, 사람들이 당신이 그것을 당신 편에 가지고 있다고 생각한다는 사실은 당신이 다시 승리할 가능성을 더욱 크게 한다.

이 장의 앞의 주제를 반복하면, 내가 말해야 했던 것은 표준적인 정통성 설명과 매우 많이 같지 않다. 나는 그것이 일정 정부가 승리할 것 같다는 개인들 쪽에서의 감정이라고 말했다. 그것이 어떤 종류의 신의 질서와 일치한다고 말하지 않았다. 문제는 왜 그들이 그런 결론에 도달하고 독재자가 그것을 조장하기 위해 하여간 무엇을 할 수 있는가이다. 확실히 만약 그가 그것을 조장할 수 있다면 그것은 그에게 이익이 되고, 만약 그들이 반대가 옳다는 결론에 도달한다면 그것은 그에게 손해가 된다. 그러나 이 말을 했으므로 나는 더 말을 계속해서 그것이 비교적 사소한 요소임을 아주 확신한다고 말해야겠다. 우선, 보통 사람들과 하급 관리들이 그것에 의해 가장 많이 영향을 받을 것 같은 사람들이다. 그들은 고위 관리들보다 덜 중요하다. 자기들의 백성들에 의해 정당하다고 생각된 많은 정부들이 전복되었다. 명은 결국 청에 의해 대체되었고, 스튜어트가(家)는 하노버가(家)에 의해 대체되었다. 리투아니아, 라트비아, 그리고 에스토니아 정부들은 러시아 정복에 의해,[56] 로마의 원로원과 인민(Senatus Populusque Romanus · 전(全) 로마)은[57] 시저에 의해,[58] 이집트의 다소간 민주적인 입헌 군주제는 나세르에 의해[59] 대체되었다. 정통성은 어느 독재자에게나 도움이 되지만, 그는 자기 치세의 초기에는 그것을 얻기가 어렵고, 후기에는 그는 그것을 거의 자동적으로 얻을 것이다. 더 나아가서 설사 그것이 도움이 될지라도 그것은 안정적인 지주(支柱)가 되지는 못한다.

56) Rosser(1969), pp. 188-190을 보라.
57) 이 구절(chapter)은 로마에서 구술된다.
58) 그는 여전히 S. P. Q. R.(로마의 원로원과 인민 · 전 로마)을 자기 기(旗)에 썼다.
59) 1952년 1월 26일에(Johnson, 1983, p. 488).

제6장 독재권의 사용

이제까지 우리는 어떻게 독재자가 자기 권력을 유지하는지에 관해 이야기해 왔으나, 왜 그가 그 권력을 원하는가에 관해서는 별로 혹은 전혀 이야기하지 않았다. 그는 그 권력을 가지고 무엇을 할 수 있는가? 여기서 첫 번째로 말해야 할 것은 독재자가 결코 절대 권력을 가지고 있지는 않다는 점이다. 그는 틀림없이 자기가 움직이는 사회에서 단일의 가장 중요한 사람이다. 그러나 그는 결코 자기가 둘러보는 모든 것들의 신화적 절대 지배자가 아니다.

그는 항상 자기가 타도될 수 있다는 것을 기억해야만 한다. 그저 하나의 분명한 예만 들더라도, 자기가 그들에 의해 둘러싸여 있는 동안 그는 자기의 개인적인 호위대를 모두 쏴 죽이라고 거의 명령할 수 없다. 터키 제국의 융성은 14-19세기 터키 왕을 호위한 근위 보병들(Janissaries)에 매우 심하게 의존했으나, 1800년쯤 되면, 근위 보병들은 제국에 무거운 짐이 되었다. 터키 대왕은 그들이 제거되어야 한다고 결론 내렸고 그들을 제거하는 데 성공했지만, 그것은 길고 조심스러운 음모를 필요로 했다. 참으로, 그들이 그를 제거하기보다 그가 그들을 제거했다는 것은 대체로 기이한 일이다.[1)]

---

1) 1826년 여름까지 근위 보병들은 기본적으로 술탄과는 독립적으로 강력한 부대였다. 마흐무드 2세는 근위 보병들에 대한 복병을 준비하여 숨겨진 대포가 포도탄을 가지고 그 장병들을 대량으로 죽였다. 이것은 쉽게 실패했을지도 모

그의 개인 호위대뿐만이 아니다. 독재자는 결국 단지 한 사람일 뿐이다. 그는 많은 사람들에게 둘러싸여 있고, 만약 그가 그들을 괴롭히는 데나 그들에게 자기가 약해지고 있다는 인상을 주는 데 성공한다면, 그는 아마도 제거될 것이다. 그러므로 그의 결정들은 항상 상당히 심한 제약들을 받게 된다. 이 제약들은 우리가 헌법적인 것이라고 생각하는 종류의 것, 즉 어떤 사람이 그를 권력으로부터 제거하지 않고도 말 그대로 그의 행동을 거부할 수 있는 것이 아니다.

미국 대통령은 자기가 할 수 있는 일에 제약을 받는데, 왜냐하면 의회가 그가 제안하는 법령을 통과시키지 않기로 결정하거나 그가 하기를 원하는 것에 대해 돈을 지출하지 않을지 모르기 때문이다. 게다가, 대법원은 그의 여러 행동들이 위헌이라고 판결할지도 모른다. 그러나 이런 제한들은 그를 몰아낼 가능성과는 전적으로 다른 성격의 것이고, 사실상 대통령을 제거하는 절차는 지루하고 어려우며, 우리 역사에서 그것이 심지어 시도된 것조차도 단지 두 번뿐이었다. 반면, 다양한 다른 정부 부문에 의한 그의 정책의 좌절은 흔히 일어나는 일상적인 활동이다.

독재자나 왕에게는 그 반대가 사실이다. 그가 자기가 원하는 것에 관심을 집중한다면, 자기가 원하는 것을 그가 하지 못하게 하는 것은 아주 힘들다.[2] 그러나 독재자는 제거될 수 있고, 이것은 대부분의 독재자들의 역사적 경험이었다. 더군다나, 비록 그가 해외로 도망칠지 모르지만, 제거는 보통 평화로운 은퇴로 되지 않는다. 사실은, 어느 기간이 지난 후에 자기 나라로 되돌아갈 수 있었고 거기서 꽤 안전하고 행복

르는 정교한 음모의 절정이었다. Kinross(1977), pp. 456-457을 보라.

2) 그의 쪽에서의 일시적 변덕은 흔히 다양한 방법들로 회피될 수 있다.

할 수 있었던 몇몇 독재자들도 있었다. 그러나 대체로 전(前) 독재자는 살해당하거나 투옥되거나 아니면 자기 여생을 외국에서 보내지 않을 수 없는 주요 위험들에 직면한다. 고문에 의한 죽음도 전혀 알려지지 않은 것이 아니다.

그러므로 독재자가 어떤 일을 할 때마다, 그는 그것이 자신의 지위를 약화시킬 가망을 염두에 두어야 한다. 이것은, 다시 한 번 말하자면, 권력이 대체로 현명하고 덕 있게 행사되도록 하는 규칙들에 의해 그의 권력이 제한된다는 면에서의 헌법적 제한과 같지 않다는 점을 주목하라. 물론, 우리가 입헌 민주주의 관리들에 부과하는 제한이 그런 효과를 가지는지는 전혀 분명하지 않지만, 그것을 의도하고 있다.

반면에 독재자는 자기의 결정들의 정책적 결과들에 관해서가 아니라 그것들이 자기 정부의 다른 고위 관리들과 다른 세력들에 미치는 영향에 관해서 걱정해야 한다. 그의 개인 호위대로 되돌아오면, 그것이 규모가 크고 과다한 급료를 받을지도 모르지만, 그가 빨리 그것을 축소시킨다거나 그것의 급료를 깎는 것은 현명하지 못하다. 그는 그것이 자기에게 더 안전하다는 단순한 이유로 관리들을 그들이 적합한 직무로부터 그들이 적합하지 않은 직무로 바꿀지 모른다. 그는 자기 자신의 계속 재직을 위해 다양한 방식으로 국가의 복지를 희생할 수 있다. 그는 또한 자기의 재직 기간을 늘리기 위하여 자기 자신의 생활 수준을 축소하여 "투자하는" 것이 필요하다고 여길 수도 있다.[3)]

독재자의 권력에 대한 제약에 관해 이만큼 이야기했으므로, 우리는

3) 독재자는 보통 정부의 다른 누구의 것보다도 확실하게 더 높은 생활 수준을 가질 것이다. 그러나 진짜 큰 부의 과시 또한 흔한 것이 아니다.

이제 그가 자기가 가진 어떤 권력으로 무엇을 할 수 있는지에 관심을 돌릴 수 있다. 우리는 그의 권력의 이런 사용을 두 가지 범주로 나누어야겠다. 첫째는 그가 독재자인 동안이나 그가 나라를 도망치도록 강요된 후 자기의 개인적 부의 증대, 자기 자신의 생활 수준을 위해 자기의 권력을 사용하는 것이다. 자기 가족의 승계를 확보하는 것도 많은 지배자들이 가치 있게 여긴 것 같은 또 하나의 "개인적" 이득이다. 두 번째로 그가 바람직하다고 여기는 정부 정책의 수행이 있다. 이 둘 다 그가 자기 권력을 사용할 수 있는 영역들이다. 그러나 물론 우리가 누차 말했듯이 그는 만약 자기가 어느 쪽이든 너무 맹렬하게 추구하면 독재자로서 쫓겨날지 모른다는 사실의 제한을 받는다. 그 자신의 생활 수준부터 시작하기로 하자. 베르사유 궁전이나 베이징의 중심부를 내려다보는 곳에 있는 거대한 복합 궁전을 방문한 적이 있는 어느 누구도 지배자들이 많은 돈을 자기 자신의 생활 수준에 썼음을 의심하지 않을 것이다. 다른 예를 들자면, 버킹검 궁전은 거대한 건축물이다. 공산당 지배자들도 아주 부유한 것 같다. 마지막의 경우에 그들이 자기들의 생활 상태에 관해서 아주 비밀스럽지만, 풍문은 그들이 정말 아주 잘 산다고 생각한다.[4)]

한 사례에서는, 공산당 지배자의 생활 수준이 매우 높았던 것으로 알려져 있다. 마셜 티토(Marshal Tito)는 그의 인생의 후기에 유고슬라비아 예산을 많이 공표함으로써 보통의 공산주의 관행으로부터 이탈했다. 그의 여러 집들을 다루는 부가 내무부보다 더 많이 지출했다.[5)]

---

4) 소비에트 통치자들의 매우 풍요한 생활 양식—궁전, 무제한적 당좌 예금 계좌 등—에 관해서는 Voslenskii(984), pp. 225-228을 보라.

5) 나는 세르비아 크로아티아 글을 읽지 못하고, 그래서 나는 여기서 스베토스바

이 나라는 내무부가 비밀경찰을 유지하는 공산주의 국가이므로, 이 점은 (공산주의 지배자들의) 극도로 높은 소비 수준을 보여준다. 물론 아랍 통치자들 또한 최근 들어 극도로 높은 생활 수준을 보였고, 대부분의 남미 독재자들도 마찬가지로 잘 산다. 남미에는 이따금씩 예외가 있고, 참으로 자기들이 타도될 때 외부 재산으로서 그렇게 많이 가지고 있지 않은 것 같은 남미 독재자들도 심지어 이따금씩 있다.

한국의 이승만 대통령은, 20년의 통치 후, 결국 타도되었다. 그가 재산을 따로 챙겨 놓은 것이 너무 없어서 그와 그의 아내가 자기들의 생애 후반부에 본질적으로 보조금에 의존하여 생활했다는 것이 이 시점에서 드러났다. 이것은 그들이 가난으로 고통 받았음을 의미하지는 않는다. 그들은 하와이의 한 부유한 한국인 실업가의 영구적인 유숙객으로 살았다. 그러나 그들은 분명히 막대한 금액의 돈을 스위스 은행 계좌에 따로 떼어 두지는 않았다.

높은 생활 수준과 관련된 문제점은 그것이 권력을 유지하는 데 지배자에게 도움이 되는지 분명하지 않다는 점이다. 어떤 면에서 자기들을 만나는 국민들에게 자기들이 중요하고 강력하다는 인식을 주기 때문에 왕실 지배자들은 스스로를 화려함, 의식, 그리고 사치로 둘러싼다고 여러 번 주장되었다. 틀림없이 왕조들에 대해서는 이런 종류의 효과가 있는 어떤 것이 있으며 정도가 덜하지만 독재자들에 대해서도 마찬가지다. 그러나 독재자가 납세자의 돈을 낭비하고 있다는 인식은 피하기가 다소 어렵다. 그가 군대나 자기 호위대, 혹은 그 문제와 관련해서 자기 자신의 정부의 고위 관리들에게 그들의 수입을 올려주는 것이 불

르 페조비치(Svetosvar Pejovich) 교수의 말을 받아들이고 있다.

가능하다고 말할 때, 그들은 만약 그가 궁전 하나만 덜 가진다면 아마도 그들이 더 많은 돈을 가질 수 있을 것이라고, 적어도 무의식적으로는, 느끼기 쉽다. 게다가, 독재자에게 더 많은 돈이 쓰이면 쓰일수록, 만약 다른 고위 관리들이 그를 타도하기 위해 공모한다면, 그들 사이에 나눌 것이 더 많이 있게 될 것이다. 그러므로 대체로 개인적인 지출들은 아마도 독재자의 생존에 부정적인 요인이 될 것이다. 물론 이것은 그가 그런 개인적인 지출들을 하지 않을 것이라는 것을 의미하지는 않고, 다만 그가 그것들을 두 가지 의미에서 지출로 간주할 것이라는 것을 의미한다. 하나, 그것들은 납세자의 돈을 사용하고, 둘, 그것들은 그가 독재자로 있을 기간을 어느 정도 감소시킨다.

물론 특별한 지출 형태는 외국 은행 계좌나 해외 투자이다.[6] 사실은 많은 남미 독재자들은 많은 돈을 국내 투자 대상들에다 투입하는 것 같다. 해외 투자보다 국내 투자를 하는 명백한 이유는 그 사람이 독재자인 한 이 투자들이 이문이 있도록 그가 다양한 방법으로 정부 정책을 왜곡할 수 있어서 수익이 매우 높아지는 경향이 있기 때문이다. 오로지 칠레의 현 독재자의 시골 토지의 편의를 위해 건설되는 것 같은 도로는 그저 많은 예들 중의 하나일 뿐이다.

그러나 이런 식으로 사리를 취하는 것은—즉, 정부로 하여금 그 가치를 증가시키는 일들을 하게 하여 자신의 지역 투자를 증대하는 것은—다시 한 번 말하자면 그것이 그가 머무를 가능성을 줄이고 그를 쫓

6) 현대 시대의 독재자들에 의한 해외 투자들을 추산하려는 노력을 해보는 것은 극히 흥미롭다. 은행들이 자기들의 장부를 연구자에게 개방할 것 같지 않지만, 그러므로 독재자가 도망갈 때 그가 떠난 후 얼마나 잘 사는지를 검토하는 것이 적합한 대체물이 될 것이다.

아내는 누구에게나 더 큰 보상을 제공한다는 점에서 비용을 가지고 있다. 참으로, 자기 자신의 국가에 대한 투자들은 그를 대체하는 개인이나 집단에게 특히 보상을 제공할 것 같은데, 왜냐하면 그들은 항상 그것들을 몰수할 수 있기 때문이다.

해외 투자는 만약 독재자가 그 나라를 탈출하는 데 성공하면 그것을 잃지 않을 것 같다는 의미에서 안전하다. 게다가, 해외 은행가들은 이 특정 영업에 익숙하고, 그들이 돈을 보유하고 투자를 비밀로 유지해 줄 것을 믿을 수 있다. 그들은 또한 후계자와도 영업을 하기를 희망한다. 그러므로 독재자가 가진 기금의 정확한 규모는 알려지지 않을 것이다. 예를 들어, 바티스타는 그가 처음 제거될 당시 약 2.5억 달러를[7] 가졌던 것으로 생각된다. 또한 그는 독재자로서의 두 번째 임기 동안에는 비교적 별로 훔치지 않은 것으로 생각되기도 하는데, 아마도 그가 이미 충분히 가졌기 때문이었을 것이다. 페론은 그가 아르헨티나를 떠났을 때, 꼬박 5억 달러를 가져갔던 것으로 생각된다. 확실히 이 두 경우 다 그들은 은퇴 후 잘 살았다. 소모사가(家)와 트루히요가(家)는 자기 나라 안에 충분한 돈을 투자해서 그들이 해외로 가져갈 수 있었던 금액은 내가 위에서 제시한 둘과 같은 범주에 들지 못했던 것 같다. 그럼에도 불구하고, 누구도 그들을 자선의 대상이 될 것 같다고 여기지는 않았다.

레닌은, 그가 러시아를 지배하고 있었을 때, 초기에는, 고위 공산당원들이 러시아에서 쫓겨나는 경우 그들을 지원하려는 특정 목적에 사용될 수 있도록 상당한 보석 수집품을 따로 챙겨 두었던 것 같다.[8] 이

---

7) 1946년 달러로.

8) 1919년 아니면 1920년에, 레닌의 비서는 레닌과 그의 측근들이 만약 자기들이

보석이 사실상 크렘린 궁 안에 보관되어 있었으므로 그들이 그것을 갖고 나갔을지 분명하지 않지만, 반면 그의 경우 외국 은행에 예금하는 것은 아마 실행 불가능했을 것이다.

그러나 이것들은 단지 예들의 작은 겉핥기일 뿐이다. 문헌을 심지어 대강 훑어보기만 해도 누구나 훨씬 더 많은 것들을 골라낼 것이다. 독재자들이 하는 하나의 일은 돈을 해외로 가져가는 것이고, 그들이 하는 다른 일은 자기들의 나라에서 자기들의 현재의 생활 수준을 증대하기 위해 돈을 사용하는 것이며, 그들은 여러 번 돈을 국내에 투자한다. 왕들과 황제들이 이런 일을 덜 할 것 같다는 점은 흥미롭다. 그들은 자기들의 관직의 소유를 충분히 안전하게 느끼는 것 같고, 그래서 자기들이 타도되는 우발 사건에 미리 대비하는 것이 필요하다고 생각지 않는다. 이것은 많은 경우 왕들과 그들의 가까운 친척들이 빈곤한 처지에 빠지거나, 아니면 자기들 자신의 국가로부터의 피난민들이나 그들이 미래에 정치적 목적상 유용할지 모른다고 생각하는 외국 정부들로부터의 자선에 의존하게 되었음을 의미했다.

그러나 이 모든 것은 친숙하다. 그것이 약간의 분노를 불러일으킬지 모르지만 놀람을 불러일으키지는 않을 것이다. 물론 어떤 독재자도 자기가 그 직으로부터 돈을 벌 수 있지만 그 직은 위험하다는 것, 그리고 자기가 그것으로부터 더 많이 돈을 벌수록 그것은 더 위험하다는 것을 깨달을 것이다. 그는 이 여러 가지 요구들을 서로 가늠해야 하는데, 상

권력에서 전락하면 사용하도록 크렘린 궁에 숨긴 대규모의 다이아몬드 저장소에 관한 기록들을 보았다. Tolstoy(1981), p. 58을 보라. Fainsod(1958, p. 157)는 볼셰비키들이 해외로 도망치지 않을 수 없을 때 사용하기 위해 볼셰비키가 모아 놓은 대규모의 금 저장물이 1922년에 스몰렌스크에 숨겨져 있었다고 보고한다.

이한 독재자들은 상이한 교환 비율(exchange rate)을 선택했다.

이제 다른 영역, 정책에 대한 통제로 관심을 돌려 보자. 이것에 대해 먼저 말해야 할 것은 독재자들이 정책에 관해 매우 강력한 견해를 갖고 있다는 증거가 실제로 상대적으로 별로 없다는 것이다. 그들 대부분은 그들이 승진해야 했던 군사 기구나 자기들 정부들의 다른 부문들에서 일련의 복잡한 정치적 조종으로 자기들의 계급까지 올랐다. 몇몇 경우 그들은 정부 밖의 지위들에 오를 수 있었고 그 다음 그것들로부터 정부를 전복했지만, 모든 경우 독재자의 지위로의 이러한 계급 상승은 다른 사람들의 정책 견해에 매우 빨리 적응할 수 있는 능력을 필요로 했다.

여기에 부분적인 예외도 있다. 지배자는 부분적으로 그가 어떤 특정 이념을 옹호했기 때문에 권력에 올랐을지도 모른다. 호메이니와 레닌이 예들이다. 그러한 지배자가 자기의 이념을 버릴 것 같지는 않은데, 하기야 프랑코는 자기의 원래 이념이 자산이기보다는 불이익이라는 것이 분명해졌을 때 자기의 원래 이념을 버렸다. 보통 이 이념들은 충분히 유연해서 그것들은 독재자에게 실질적인 제약을 별로 주지 않는다. 물론 레닌과 호메이니가 이 점의 예들이다. 이런 경우들에는 이념에 대한 믿음과 권력을 유지하기 위한 이념의 사용은 뒤섞여 있다. 조작적으로(operationally) 우리는 어느 것이 더 강한지 결정할 수 없다.

이 책은 독재자와 세습 지배자 양쪽 다를 다루게 되어 있다. 우리가 위에서 말했듯이, 세습 지배자는 보통 훨씬 더 안전하게 느끼며, 그는 보통 잠재적 독재자의 초기 생활을 지배하는 불가피한 구불구불한 정치적 조종 없이 자기의 지위를 얻었다. 그러므로 우리는 그런 왕들이 높은 생활 수준뿐만 아니라 자기의 정책 견해를 사회에 부과하는 데에도 더 많은 관심을 가질 것이라고 예상할 수 있다. 높은 생활 수준과 관련하여, 세습 군주들이 독재자들보다 대체로 정말 더 잘 산다는 데에 의심의 여지가 없다고 생각한다. 그러나 우리가 정책으로 관심을 돌릴 때, 그 문제는 전혀 그렇게 명백하지 않다. 세습 군주들은 흔히 자기들의 정부들에 대해 독재자들만큼 많은 통제력을 가지고 있는 것 같지 않다. 나는 높은 생활 수준이 그것을 설명한다고 믿는다. 권좌의 계승자라는 극도로 특권적인 위치에서 자란 젊은이는 돈의 면에서 아주 값비싼 취미를 개발할 뿐만 아니라 시간의 면에서도 값비싼 오락 취미를 개발할 것 같다. 하루 사냥하는 것과 하루 집무실에 있는 것 사이에 선택할 수 있다면, 왕은 독재자보다 훨씬 더 그날의 사냥을 선택할 것 같다. 이것은 부분적으로 그의 양육의 결과이지만, 또한 부분적으로는 그가 더 안전하다고 정말 느낀다는 사실의 결과이다.

그러나 정책으로 관심을 돌릴 때 오해를 피하는 것이 필요하다. 왕이나 독재자가 아주 흔히 정책을 바꿀 수 있을지 모른다는 사실이 반드시 그의 정부가 극도로 압제적일 것이라는 것을 의미하지는 않는다.

스턴(Sterne)의 『감상적 여행』(*Sentimental Journey*)을[9] 읽어본 사람들은 그 여행이 구체제 프랑스에서 두 영국인에 의해 수행되었음을 안다. 그들이 막 해협을 건너려 할 때 두 나라 사이에 전쟁이 터졌기 때문에 그들은 약간 불편을 겪었고, 그러므로 교통이 며칠간 중단되었다. 파리에 도착하자마자 그들은 관광을 시작했다. 그들이 도착한 며칠 후

9) Sterne, Laurence, *A Sentimental Journey through France and Italy* (London: Simpkin, Marshall, Hamilton, Kent and Co., 1937).

그들의 집주인은 그들에게 경찰이 부근에 있었다는 것과 그들이 결국 적성 외국인(enemy aliens)이니만큼 그들에게 적절한 서류를 얻으라고 말했다. 그들은 베르사유로 가서 관리를 만나 자기들이 셰익스피어의 나라 사람들이기 때문에 자기들에게 그 서류를 주어야 한다고 설득시켰고, 그 다음 관광을 계속했다. 이것은 심한 박해와 연관시킬 종류의 정부가 아니다.

사실 루이 16세가 더욱 억압적인 왕이기만 했어도 그는 아마 자신의 머리를 잘리지 않았을 것이다. 그는 사실 결국 자기를 처형한 선출 기관을 조직했다. 혁명이 일어났을 때 그는 공공 표현에 대한 억제를 더욱 줄이는 과정에 있었다. 바스티유가 탈취되었을 때 단 한 명의 순수한 의미의 정치범도 없었다.[10)]

다시 한 번 말하자면, 프란시스코 프랑코는 그런 독재자의 꽤 좋은 예이고, 루이 16세는 보통 이하의 지능을 가진 세습 군주의 예다. 어느 쪽도 정부를 잘 운영하진 못했지만, 어느 쪽도 끔찍한 압제자로 간주될 수 없다.[11)]

그러면 다시 한 번 말하자면 세습 군주가 아니라 독재자에게 관심을 돌리면 우리가 언급했듯이 첫 번째 것은 그가 자기의 지위에 도달하기 위해 미끄러운 기둥을 타고 올라가야 했다는 점이다. 이것은 보통 그의 모든 관심을 차지했고, 그는 국가가 어떤 정책들을 채택해야 하는

---

10) 1789년 늦은 봄 7명의 죄수들이 있었다. 네 명은 위조범이었다. 한 명은 자기를 번갈아 줄리어스 시저와 하나님이라고 믿은 정신적으로 불안정한 아일랜드 사람이었다. 다른 한 사람은, 역시 미친 사람으로서, 왕을 암살하는 음모에 연루된 혐의를 받았다. 그리고 마지막은 근친 상간죄로 자기 가족의 요청에 따라 투옥된 젊은이였다. Hibbert(1980), p. 72를 보라.

11) 프랑코의 비교적 자비로운 독재 정권에 관해서는, Johnson(1983), pp. 608-609를 보라. 루이 14에 관해서는, Hibbert(1980)를 보라.

가에 관한 올바른 판단이 아니라 어떤 정책들이 그를 앞서게 할 것 같고 누가 믿을 만하고 누가 그렇지 못한가에 관한 올바른 판단으로 올라가게 되었다. 일단 그가 정상에 도달하면 그는 다소 숨 쉴 짧은 시간과 더 많은 권력을 가진다는 점이 사실이다. 만약 자기가 원한다면, 그는 자기가 물려받은 것들과는 다른 정책들을 이행할 수 있다. 대부분의 독재자들은 어느 정도 이전의 정책들을 정말 바꾸고, 그들 중 몇몇은 그것들을 아주 상당히 바꾼다. 칠레의 피노체트와 러시아의 레닌이 예들이다. 물론 레닌은 피노체트보다 그것들을 더 바꾸었다.

그러나 만약 우리가 민주 국가들을 고찰한다면 우리는 그것들 역시 때때로 정책들을 매우 심하게 바꾸는 것을 발견하게 된다. 비스마르크의 복지 국가 창안은 본질적으로 그가 선거에 이기고 싶었기 때문에 일어났다.[12] 내가 말했듯이, 정책에서 민주 국가와 독재 국가 간의 차이는 기록하기 어렵지만, 이것은 부분적으로 민주 국가와 독재 국가 양쪽 다 아주 많은 상이한 정책들을 정말 추구하기 때문이다. 제임스 매디슨과 프랭클린 루스벨트는 둘 다 미국 대통령들이었지만, 그들의 정책들이 공유한 것을 그리 많이 찾기 힘들 것이다. 좀 더 최근의 예를 들자면, 모택동과 등소평의 정책들 사이에는 정말 유사한 점들이 있다. 그럼에도 불구하고 등소평이 권력을 잡았을 때 정책들을 심하게 바꾸었다는 점도 꽤 분명하다[13]. 그러나 또 한편으로는 에이브러햄 링컨도

12) 비스마르크는 자기의 전(全)국민 사회 보험 계획을 친(親)노조 및 친(親)복지 국가 사회 민주당의 정치적 이득을 제한하기 위하여 시행했다. Holborn(1982), pp. 291-293을 보라. 그는 또한 그 당시 매우 느슨한 연합이었던 독일 제국에 어떤 중앙 집권적 구조를 제공하기를 원했을지 모른다.

13) 등소평이 1978년 집권한 후에, 북경의 『인민 일보』는 모택동 시대 동안 게재했던 "모든 거짓말들과 왜곡들"에 대하여 독자들에게 사과했다. 이것과 등소평 치하에서 중앙 계획으로부터의 이탈에 관해서는, Johnson(1983), p. 566을

그가 대통령이 되었을 때 마찬가지로 했다. 클레멘트 애틀리와 마거릿 대처는 둘 다 영국 수상들이었고 둘 다 현저한 정책 변경을 시작했다. 애틀리의 변경이 대처의 그것보다 더욱 심했다. 그렇지만 그녀 또한 현저하게 변경했다.[14)]

그러므로 독재자들이 권력을 잡을 때 상당한 변경을 행할지 모른다는 사실이 그들의 정책들이 민주 국가들의 그것들과 근본적으로 다르다는 것을 의미하는 것은 아니다. 민주 국가들 역시 상당한 변경을 행할지 모른다. 새 민주주의, 즉 특히 왕이나 독재자의 타도 이후 수립되는 민주 국가는, 이전의 아르헨티나 군부 통치자들이 지금 발견하고 있듯이, 현저한 변경을 행하기 쉽다. 링컨은 사실 자기의 정책 변경으로 전쟁을 하게 되었다.[15)]

그러나 보통의 경우, 정책들은 아주 많이 다른 것 같지 않다. 때때로 급격한 변경을 행하기도 하지만, 독재자들과 민주주의 국가들 양쪽 다 보통은 너무 많은 정책 변경 없이 해나간다. 두 경우 모두, 추구되는 정책들은, 급격한 변경 이전과 이후 양쪽 모두, 적어도 통계적으로는 동일한 표본에서 추출되는 것 같다.

왜 이렇게 되는가? 우리는 독재자가 권력 상승에 깊이 관심을 가지는 인물이어야 하고, 영리해야 하며, 야심만만해야 한다는 것을 이미 지적했다. 그는 학문이 깊은 경제학자일 필요가 없고, 내가 알기로는

보라.

14) 애틀리가 1945년에 집권했을 때, 그는 영국이 무장을 해제하고, 식민지에 독립을 부여하며, 러시아와 외교 관계를 맺고, 복지 국가를 건설하기를 원했다. Johnson(1983), p. 966을 보라. 대처에 의해 야기된 정책 변경들에 관해서는 Hare and Kirby(1984)를 보라.

15) 사실상, 미국 남북 전쟁은 링컨의 정책 방향 전환을 **예상한** 남부 주들의 연방 탈퇴에 의해 촉진되었다.

그들 중 누구도 그러했던 적이 없다. 생각나겠지만, 플라톤은 지배자들이 철학자가 되어야 한다고 생각했다가 자기 목숨을 거의 잃을 뻔했다.[16] 실은 후에 철인 황제, 마르쿠스 아우렐리우스가 있었다. 그의 철학으로부터 온 로마 정책의 큰 개선을 발견하기는 상당히 어렵다.[17]

그러면 통치 과학(science of government)이라는 것이 있는 한 우리가 보게 되는 것은 통치 과학에 대한 배경 지식이 그리 많지 않은 영리하고 야심 있는 사람이다. 그가 출세한 것은 그가 명백히 영리하다는 것을 증명하지만 그가 정책이 어떠해야 하는가에 관해 확고한 견해를 가지고 있다는 것을 증명하지는 못하는 일련의 어려운 조정들을 통해서다. 독재자로서 그는 자기가 타도될 가망성에 항상 진지하게 관심을 기울여야 한다. 즉, 권력을 유지하는 것은 그에게 아주 중요하다. 심지어는 그가 의식적으로 사회를 개혁하려고 시도하고 있다 할지라도 이 점은 사실인데, 왜냐하면 자기가 권력을 유지해야만 자기가 그렇게 할 수 있기 때문이다. 만약 우리가 독재자들을 고찰하면, 우리는 그들이 어떤 종류의 일반적인 개혁을 염두에 두고 있다고 선언하지만 그 개혁들이란 탁월하지 않은 것은 말할 것도 없고 심지어 일관성조차도 좀처럼 없는 것 같다는 점을 자주 발견한다.

그러면 독재자는 많은 자기 시간을 자기가 대체될까 걱정하면서 보내게 될 것이고, 많은 그의 정책 선택은 바로 그 대체되는 두려움에 달려 있을 것이다. 거의 어떤 정책 제안도 그에 의해 첫째로 그것이 자기

---

16) 플라톤은 시라쿠사의 독재자 디오니시우스 1세에게 그의 철학적 책임에 관해 강의함으로써 그의 분노를 샀던 것 같다. Conford(1945), xxvii를 보라.

17) Grampp(1960, vol. 1, p. 98)는 마르쿠스 아우렐리우스의 스토아 철학이 지배자들이나 그 밖의 누구에게도 명백한 안내 원칙들을 제공하지 못했다고 주장한다. 그것의 주요 구조는 기본적으로 "필요한 어느 것이든 하라"는 것이었다.

의 개인적 안전에 미칠 영향이라는 면에서 그리고 오직 두 번째로만 그것의 궁극적인 성공이라는 면에서 판단되기 쉽다. 게다가, 교육과 경험에 의해 그는 정책이 자기의 안전에 미치는 영향을 판단하는 데 아주 능하고 그것의 가능한 사회적 결과라는 면에서 정책을 판단하는 능력은 통상적으로 그다지 별로 가지고 있지 않다.

예를 들어, 국유 항공에 대해 민간 경쟁을 허용하자는 제안은, 국유 항공이 그 경쟁을 충족시킬 수 있을 때만 생존하는 것이 허용되기 때문에, 그것의 경제적 효율성의 면에서가 아니라 그것이 독재자의 생존에 미치는 영향에 관해서 판단된다.[18] 그것은 가능한 쿠데타와 많이 관련이 없는 것 같을지 모르지만, 확실히 경쟁의 압력 하에 놓이는 것에 화낼 관리들이 있을 것이고, 적어도 이론적으로 자기들의 일자리를 잃을 위험에 직면하는 직원들이 있을 것이며, 원래 정부가 운영하는 항공이 민간 항공보다 더 낫고 따라서 민간 항공이 존재하는 것이 허용되어서는 안 된다고 느끼는 사회주의 사고방식의 지식인들이 있을 것이다. 이것들 중의 어느 것도 독재자에게 중요한 마이너스가 될 것 같진 않지만, 그들은 모두 작으나마 마이너스들이다. 대부분의 독재자들은 사실상 사적 경쟁보다는 국유 항공으로 결정해 왔다.

물론 여기에는 다른 문제가 있다. 사적 이해 관계자들이 독재자나 고위 관리들을 매수할지 모른다. 옛날 왕정 시대에는 이것은 아주 공개적으로 이뤄졌다.[19] 말하자면, 런던의 거리를 포장하는 독점을 요구

18) 피노체트는 사실상 다소 비슷한 프로그램을 채택했다. 그는 원하는 어느 외국 항공에게나 칠레로 날아 들어와 자기들이 원하는 어떤 요금이든 부과하도록 허용하였다. 칠레 항공은 사실상 효율을 향상하고 경쟁을 충족시킬 수 있었다.
19) Tollison and McCormick(1981); Ekelund and Tollison(1981)의 중상주의 연구를 보라.

하는 길드가 자기들이 특히 충성스럽고 유능하며 정직하다는 점과 자기들이 왕에게 연간 일정 금액을 기꺼이 지불하려 한다는 점을 지적할 것이다. 다른 길드가 나타나서 자기도 역시 충성스럽고 유능하며 정직하다고—사실상 첫 번째 길드보다 더욱 그러하다고—그리고 자기는 더욱 더 많이 기꺼이 지불하려 한다고 역설할 것이다. 이것은 본질적으로 그 문제를 경매에 붙이는 것이다. 비록 중상주의 영국의 특징을 이루는, 아주 드러내 놓고 하는 방식으로 이루어지지는 않지만, 나는 많은 독재자들이 같은 종류의 일을 하지 않을까 생각한다.

이 경우에 얻게 된 기금은 반드시 독재자의 스위스 은행 예금액을 증가시키는 데 사용되는 것은 아니라는 점을 주목하라. 영국의 왕들은 이 기금들의 약간을 군대를 유지하고 다른 공공 지출을 제공하는 데 사용했다. 명백히 그 중 많은 양이 궁정을 지원하는 데 사용되었다.[20] 경제학에 훌륭한 기초 지식을 가지지 못한 독재자는, 실제로는 어느 독재자도 그런 기초 지식을 가지고 있지 못하지만, 말하자면 필리핀으로부터의 코프라 수출을 독점하고 그 이윤으로부터 아주 큰 금액의 돈을 정부나 독재자 자신에게 바치겠다고 제안하는 일단의 "애국적인" 사람들이 사실상 공공 후원자들이라고 믿기가 쉬울 것이다. 독재자는 이 제도와 그냥 코프라 수출품에 관세를 물리는 것 사이를 구분하는 데 큰 어려움을 겪을지도 모른다. 확실히, 잠재적인 코프라 독점자에 의해 제공되는 고(高)보수의 전문가들은 독재자를 계몽하지 않을 것이다. 게다가, 잠재적인 코프라 자유 시장이 그런 값비싼 로비스트들을

20) 많은 돈이 왕이 의원들을 매수하는 데 사용되었다. 예를 들어 조지 2세는 1734년 매수에 11만 7천 파운드 이상을 썼다. Namier(1957), p. 195를 보라.

고용할 수 있을 것 같지도 않다.

물론 이것에서의 상황은 민주주의에서나, 그 문제와 관련하여, 세습 군주제에서의 상황과 거의 같다. 모든 경우 특수 이익 집단들에 사적으로 이익이 되는 다양한 정책 변경들을 추진하고 있는 높은 보수의 숙련된 로비스트들이, 물론 세 정부 형태에 대해 상이한 로비스트들이, 있을 것이다. 만약 우리가 역사를 고찰해 보면, 이 경우들 셋 모두에서 그러한 사적 이해 관계자들은 빈번하게 성공했다.[21)]

독재 정권과 민주주의 둘 다 로비스트 활동이 부패를 반드시 수반하지는 않으나 수반할지도 모른다는 점이 주목되어야겠다. 다른 말로 하자면, 설득에 의존할지도 지불에 의존할지도 모른다. 민주주의의 경우보다 독재 정권의 경우에 지불이 더 보편적일 것 같다. 도덕적인 쟁점을 제쳐둔다면, 두 경우 모두, 만약 설득이 있다면, 그것은 부분적으로는 새로운 정책이 좋은 정책이라는 것을 보여주는 형태를 띨 것이고 부분적으로는 그것이 정치적인 지지로 이어질 것이라는 의미에서 정치적으로 현명하다는 것을 보여주는 형태를 띨 것이다. 독재자는 민주적 정치가들처럼 이런 요구들을 서로 균형을 잡아야 한다. 또한 고려되어야 할 직접적인 보상도 있다.

우리는 지금까지 독재자가 정책 결정을 내리는 데 영향을 끼치는 다양한 압력들에 대해 이야기해 왔다. 만약 정책 결정이 그가 자기의 궁

21) 나는 곧 나올 책에 실을 한 논문을 가지고 있는데, 거기에서 나는 영국에서 일반적인 자유가 발전하게 된 이유가 본질적으로 영국 정부가 그것의 구조에서의 헌법적 취약 때문에 이 특수화된 독점들을 수립할 수 없었기 때문이라고 주장한다. 이것은 물론 영국 내전부터, 이를테면, 1800년까지의 기간에 대한 것이다. 다음 세기에는 그들은 공개 경제(open economy)가 훌륭한 생각이라고 확신했던 것 같다.

전이나 자기의 호위병에 얼마나 써야 하느냐 하는 것이라면, 역사는 대체로 독재자들이 아주 많은 호위병들과 커다란 궁전들을 선택하기 쉽다는 것을 보여준다. 때때로 스탈린 같이 다소 검소한 취향을 가진 개인들도 있다. 물론 스탈린의 경우 이례적인 호위병을 초래한 그의 망상증은 예산 면에서 가구에서의 그의 다소 검소한 취향을 훨씬 더 상쇄하였다.[22)]

그러나 자신의 이익을 위해 권력을 사용하려는 이런 욕망은 아주 자연스런 특성이고, 우리는 그것을 특별히 설명할 필요가 없다. 게다가, 당신을 대체하려는 너무 많은 유혹을 다른 사람들에게 주는 것을 피하기 위해 그것을 어느 정도 상쇄할 필요도 또한 명백하다. 그러나 아주 잘 살면서 자기들의 생활 수준을 태반의 자기 백성들로부터는 숨기는, 대부분의 공산주의 독재자들이 따르는 절차가 이런 측면에서 실제로 그리 도움이 되지 않는다는 점을 주목하라. 예를 들어, 러시아에서 고위 공산당원들에게 이용 가능한 아주 정교한 특수 시설들은 첫째로 다른 고위 공산당원들, 그들이 가지고 있는 가장 위험한 적들에게 알려지게 되고, 둘째로 수비병들 및 종복들과 같은 아주 많은 하급 러시아인들에게 의존한다. 그러므로 보통의 러시아인은 아마 특수 시설에 대해 모를지 몰라도 독재자에게 난처한 어떤 일을 할 위치에 있을 가능성이 아주 높은 러시아인들은 분명 안다.[23)]

---

22) 대략 15,000명의 내무 인민부(NKVD)원들이 스탈린의 호위병으로서 모스코바에 상주했다. Tolstoy(1981), p. 52를 보라.

23) 주기적으로 일정 고위 공산당원들의 특권들이 소련에서 공개되었는데, 분명히 다양한 권력 투쟁들에서 적대자들에 의해 공개되었다. 예를 들어, 한 경쟁자가 아제르바이잔 제1서기의 생활 양식과 실질 소득을 폭로한 1970년에 극적인 "부패" 추문이 일어났는데, 그 경쟁자는 그 후에 이익이 생기는 그 직위를 자신이 받았다. Voslenskii(1984), p. 190을 보라.

일반적인 정책으로 다시 관심을 돌리면, 독재자에 오르는 사람이 보통 매우 강력한 정책 입장을 지니고 있지 않음이 지적되었다. 그러나 독재자가 자기가 독재자가 되기 전에 하나의 특별한 이념적 입장에 매우 깊이 연루된 역사상 사례들도 이따금씩 있는데, 레닌과 호메이니가 즉각 머리에 떠오른다.[24] 독재자는 그 이념을 계속 고수할 것 같다. 그러나 이 이념 안에서 그들은 권력의 면에서 자기들에게 이익이 되는 많은 변경들을 행할 것 같다는 점이 지적되어야겠는데, 다시 한 번 말하지만 레닌과 호메이니가 좋은 예이다. 이전의 시아파(Shia) 기록에서는 호메이니의 정치 이론은 전혀 알려져 있지 않은데, 참으로 그는 부분적으로 시아파 정치 사상을 어느 정도 민주주의와 맞게 하기 위해서, 그러나 더욱 더 그의 권력 입장이 어떤 이전의 아야톨라의 그것보다 아주 훨씬 더 크게 하기 위해서, 시아파 정치 사상을 사실상 "현대화한" 것 같다.[25]

레닌도 다소 같은 유형의 사람이었다. 그의 전기를 읽으면 나는 그가 솔직하게 세계는 결국 위대한 마르크스주의 이상향으로 들어갈 것이고 따라서 정치적으로 유일하게 진정한 쟁점은 누가 그것을 이끌 것이냐 라는 것이라고 믿었다는 인상을 피할 수 없다. 그러나 레닌은 공산주의 운동 안에서 자신의 입장에 이롭기만 하다면 당을 분열시키기는 것과 같이 공산주의 통제의 가망성에 손해를 끼치는 것으로 거의 어떤 일이라도 항상 기꺼이 하려고 하였다.[26] 그러므로 심지어는 꽤 강

---

24) 레닌에 관해서는 Fitzpatrick(1982), pp. 23-26을 보라. 호메이니에 관해서는, Bakhash(1984), pp. 19-27을 보라.
25) Bakhash(1984), 특히 pp. 32-51을 보라.
26) Johnson(1983), pp. 51-57을 보라.

한 이념적 입장을 갖고 있는 것 같은 이 두 개인들조차도 명백히 자기들 자신의 야망을 위하여 이념을 왜곡했다.

그럼에도 불구하고 독재자는 그저 자기가 원하는 것의 면에서 정책 판단을 행사할 약간의 가능성이 있다. 결국 그는 아마도 권력에 매우 관심을 가지고 있을 것이고 권력 그 자체를 위해 권력을 행사하고 싶을 것이다. 그는 자신의 눈부신 궁전을 짓는 데뿐만 아니라 국민들이 수행해야 하는 명령들을 내림으로써 자아를 우쭐하게 하는 데도 자기의 지위를 이용할 것 같다. 만약 그가 그 명령들이 자기를 타도하게 할 가능성이 심지어 조금이라도 있다고 생각한다면, 그는 국민들이 수행해야 하는 명령들을 내리지 않을 것 같다. 많은 경우 그는 그 가능성을 피할 수 있다. 게다가, 그는 장기적인 안전을 위해서는 때때로 다소의 위험을 무릅쓰는 것이 필요하다고 생각할지도 모른다.

그러나 여기서 그가 자기 자신의 안전을 걱정할 뿐만 아니라 인간의 본성은 그가 또한 사랑 받기도 원하는 경향이 있음을 암시한다는 점이 언급되어야겠다. 대부분의 인간들은 그렇다. 그는 자기 바로 주위에 있는 사람들과 또한 다른 사람들에 의해서도 사랑 받기를 원할 것이다. 그러므로 독재자는 다른 조건이 동일하다면 여론의 총아가 되기를 선호할 것이다. 자기가 여론의 총아인지 아닌지 결정하는 데 그가 자주 어려움을 겪을 것임은 사실이지만, 그는 자기의 지하 감옥에서의 고문의 수준을 증가시킴으로써 뿐만 아니라 그들이 승인할 일들을 함으로써도 공중에 대한 자기의 지위를 향상시키려 할지 모른다.

이라크의 현 독재자 후세인은 이런 이유로 여러 번 중요한 역할을 했고, 우리는 여기서 명백한 예를 가지고 있다. 이란과의 전쟁 초기에 터무니없는 오산을 한 후 자기가 진짜 곤경에 처했다는 것을 알아차렸을 때 그는 심하게 자기의 적대자들을 체포하고 고문하는 정도를 증가시켰다. 그는 또한 동시에 이라크의 시아파 교회, 주민의 다수를 포함하고 자기가 이전에는 꽤 온건하게 억압했던 교회에 대해 보조금을 늘리기도 했다.[27] 이 조치들 둘 다 현명하였다.

그런데 여론에 양보하기로—즉, 자기 생각에 자기를 인기 있게 만들 일들을 하기로—결정하는 독재자는 동시에 자기의 억압 수준을 증가시키는 것이 더 낫다고 때때로 주장되어 왔다. 대중과, 그 문제와 관련하여, 자신의 정부의 구성원들은 그가 어떤 집단에든, 그리고 특히 대중에 대해서, 행하는 양보를 약함의 징조로 받아들이고 그래서 그를 대체하려 하기 쉽다. 장기적으로는 더 큰 안전이라는 면에서 양보가 수지가 맞을지 모르지만, 그것의 단기적인 효과는 그 반대일지도 모른다. 단기의 부정적 효과는 억압의 증가로 상쇄될 수 있다.

여기서의 문제는 자기의 권력을 정책적인 목적으로 사용하려는 개개 독재자가 정책적 효과를 사실상 별로 혹은 전혀 가지지 않을지도 모른다는 점이다. 이것에는 여러 이유들이 있는데, 그 첫째는 그가 사실상 다양한 집단들에 대하여 자기의 인기를 증가시키려 하고 있을지 모른다는 점이다. 이것은 그가 여타 사람들이 좋아하는 정책들을 선택하는 경향이 있을 것임을 의미할 것이다. 우리가 위에서 말했듯이, 독재자는 자기 자신의 매우 강력한 정책 선호들을 가지고 있지 않을 것 같다. 만약 그가 가지고 있다면, 그는 높은 지위로 오르지 못했을 것이다. 그래서 자기의 정책 권력을 (a) 명령을 내리는 만족을 얻는 데와

27) 후세인의 여러 억압적 조치들에 관해서는 Marr(1985), pp. 303-305를 보라.

(b) 친구를 만드는 데 사용하는 것이 자기가 좋은 아이디어라고 생각하는 어떤 것이 될 것 같다.

게다가, 자기 주위 사람들에 미치는 영향을 고려하지 않고 "좋은" 무언가를 하려고 정말 노력할 때는 그는 무엇이 "좋은" 것인지 아마도 모를 것이라는 점에서 문제를 가진다. 그는 보통은 교육 받은 경제학자나 정치학자가 아니다. 그는 심지어 대체로 훌륭한 경제학자와 시원찮은 경제학자를 분간할 수도 없다. 그는 우연히 자기의 사회에서 현재 유행하고 있는 무슨 견해들이든 그저 우연히 입수하여 그것들을 적용할 것 같다. 그러므로 그는 민주 정부에 의해서나 그 문제와 관련하여 자기가 타도한 선임 독재자에 의해서 채택되었을 정책들을 채택할 가능성이 아주 크다. 이것이 아마도 그들의 정책 산물로써 독재 국가들과 민주 국가들을 구분하는 것이 통계적으로 그렇게 극도로 어려운 이유일 것이다. 독재 국가들도 민주 국가들도 그 정책 산물에는 많은 분산(variance)이 있으며, 대개 그 정책 산물이 동일한 집합의 기본적인 생각, 일시적인 유행, 괴상한 취미 등에 달려 있다는 단순히 그 이유로 정책 산물은 거의 같은 쟁점 공간(issue space)을 차지하는 경향이 있다.

일반적인 요약으로서, 독재자가 됨으로써 얻는 독재자에 대한 이점은 그가 자기 욕망을 아주 크게 수행할 수 있다는 점이다. 안전에 대한 그의 욕망은 결코 완전히 충족될 수는 없다. 그러나 다른 측면들에서는 그는 매우 높은 생활 수준을 가질 수 있다. 그것이 세습 군주만큼은 아니지만 그래도 매우 높다. 그는 자기 주위의 사람들이 자기에 대해 적어도 우정과 찬양을 표현하도록 조처할 상당한 권력을 가지고 있고,

대중이 적어도 어느 정도 자기를 좋아할 가능성이 있도록 만들 다양한 일들을 할 수 있다.[28] 찬양에 대한 그의 욕망은 또한 우리가 그의 나라의 대(大)정책(grand policy)이라고 부를 수 있을 것에도 상당한 영향을 끼칠 수 있다. 그러나 보통 그는 그것이 무엇이야 하는지에 대해 그리 강력한 견해를 가지지 않을 것이고, 어떤 다른 독재자에 의해 내려지거나 그 문제와 관련하여 민주적 입법부에 의해 통과될 것들과 다소 비슷한 명령들을 내리는 것으로 끝나기 쉽다. 그것을 간단히 고찰하면, 그것은 좋은 생애지만 짧은 생애이기 쉽다.

---

28) 자기가 타도된 후 샤는 자기에 반대하는 심한 폭동이 6개월 전 거대한 열광적 군중들이 자기를 환영한 도시에서 시작되었다고 지적했다.

제7장 독재자 되기

지금까지 우리는 주로 독재자들이 권력을 손에 넣은 후 일어나는 일에 우리의 관심을 쏟았다. 우리는 이제 그들이 어떻게 권력을 얻는지에 관심을 돌린다. 분명히 그들이 독재자가 된 후에 권력을 유지하는 문제에 직면하기 때문에 이것은 문제를 취급하는 잘못된 방법 같을지 모르지만, 분석적 이유들로 그것이 더 쉽다. 독재자가 되기를 원하는 젊은 사람이 직면하는 기본적인 문제는 기존 독재자 그 자신이다. 따라서 우리가 그 독재자가 가질지 모르는 방어책들에 관해 꽤 잘 알고 있지 못하면 우리는 라이베리아의 하사관 도(Sgt. Doe)와[1] 같은 사람의 출세를 논의할 입장에 있지 않다.

이전 장들이 독자를 납득시켰기를 내가 믿지만, 잠재적 독재자의 삶은 용이한 것이 아니다. 그는 무력화되거나 심지어 살해될 매우 큰 위험을 겪는다. 더 나아가서, 설사 그가 독재자를 타도하는 데 성공한다 할지라도, 그 자신 대신 그의 어떤 동료가 계승자가 될 가능성이 결코 전무하지 않다. 우리는 독재자에 관한 앞 장을 그가 설사 사치스러운 삶을 산다 할지라도 불안한 삶을 산다는 것을 지적하는 것으로 끝맺었

1) 새뮤얼 도(Samuel K. Doe) 장군은 육군 사병들이 행한 일출 전 쿠데타 후 1980년 4월 12일 대통령직을 손에 넣었다. 기존 정권은 공격 군인들에 의해 "만연하는 부패"라는 일반 범죄의 혐의를 받았고, 그 습격은 당시 라이베리아 국가 원수 톨버트(Tolbert)의 사망을 초래했다. 「뉴욕 타임스」, 1980년 4월 13일자, p. 1.

다. 독재자를 타도하려고 하는 사람은 더욱 큰 위험을 상쇄할 높은 현재 생활 수준을 가지고 있지 않다. 그는 본질적으로 투자를 하고 있는데, 더 나은 미래를 기대하고서 아주 글자 그대로 자기의 목숨을 걸고 있다.

그 문제의 이 같은 극히 위험한 측면 때문에, 결국에는 독재자가 되는 아주 많은 사람들이 그것을 의식적인 목적으로 삼고서 인생을 시작했을 것 같지는 않다. 아마도 그들은 그저 기존 체제에서 높이 출세하려고 시도하고 있었을 것이지만, 그 다음 나중에 전개된 기회들을 이용하였을 것이다.

높은 계급으로 올라가는 것은 보통은 군사적인 면에서나 비군사적인 면에서나 문자 그대로 정부 계층제에서 올라가는 것을 의미한다.[2)]그러나 때때로 올라가는 것은 완전히 공식적 정부 바깥에서 이루어질 수도 있다. 중국의 역사를 인정할 때, 아마도 지난 500년 동안 하나하나의 산적 두목 모두 적어도 미미하게나마 궁극적으로는 황제가 되는 것을 꿈꿔 왔을 것이다. 1920년대 장작림(張作霖)이 이에 아주 가까웠다.[3)] 역사적으로 누르하치와 징기스칸은, 두 경우 모두 10명 미만의 전

---

2) 아프리카에는 민간 출신 독재자들이 군인 출신 독재자들보다 더 흔하다. 남아메리카에서는 그 반대다. 각각 Mair(1977) 및 Potholm(1979)과 예를 들어 Wheatcroft(1983)를 보라. 아프리카 사회들에서는 군사적 적대자들보다는 환경적 위협(가뭄, 질병 등)에 대한 외관상 통제가 흔히 권력에 오르는 촉매로서 이바지했다. 예를 들어 르완다에서는 부족 통치자들은 일반적으로 "의식(儀式)의 힘을 가지는 것"으로 간주되었다. "그들은 기후를 통제하여 비가 적기에 지나치게 많지 않게 내리게 하였고, 메뚜기 침입과 같은 재난들과 싸웠다. 그러한 힘들은 . . . 족장다운 자질의 뗄 수 없는 요소였다"(Mair, 1977, p. 25. 또한 Potholm, 1979, pp. 28-31을 보라).

3) 북부 중국의 유명한 독군(督軍)이었던 장작림은 1920년부터 1928년까지 만주 지역을 지배했다. 때때로 그는 그 지역을 사실상 별개의 국가처럼 지배하여 외국 정부와 조약을 독립적으로 협상했다. 예를 들어, 그는 북경을 정복했고

사들을 소집한, 산적 두목과 소부족 지도자 사이의 어떤 것으로 각각 시작하였다.[4] 비록 어느 쪽도 그 자신 중국 황제가 되지는 않았지만 그들 둘 다 결국 중국을 정복하는 강력한 왕조들을 건설하였다. 물론 징기스칸의 경우에는 그것은 또한 유럽의 많은 지역과 중동도 정복했다.[5]

그러나 이것들은 예외이다. 더욱 통상적으로는 잠재적 통치자는 제 기능을 하는 어느 정도 크기의 정부에서 올라간다. 물론 그가 나폴레옹처럼 결국에는 그 정부를 막대하게 확장할지 모르지만,[6] 그가 문자 그대로 무(無)에서 출발하여 군사적 수단에 의해 큰 지위를 얻는 것은

(1925-1926), 남부 중국이 그의 통제 아래 놓여 있지 않다는 사실에도 불구하고, 중국 "대원수(Grand Marshall)"의 직함을 요구했다. 남부로부터의 혁명군은 "북벌 원정"(1928)에서 그를 권력으로부터 쫓아냈다(Sheridan, 1975, pp. 61-65. 또한 Sheridan, 1966을 보라). 장작림 자신이 활동 중인 "산적"이었는지 아니면 그저 "자기가 지휘한 지방 방어 부대가 정규 군사 편제의 일부가 아니라는 이유만으로 그가 산적으로 비난받았을" 뿐인지에 관해서는 다소의 논쟁이 있다는 점이 주목될 수 있다(Sheridan, 1975, p. 63).

4) 누르하치의 변변치 않은 시작에 관해서는 Morton(1980), pp. 138-139; Rodzinski (1984), p. 156; Wakeman(1975), pp. 75-79를 보라. 테무친(징기스칸의 원래 이름)은 "세습 지도자들의 가문 출신이지만, 그의 아버지가 [테무친이] 어릴 때 살해되었으므로, 권력의 지위에 도달하기 위하여 오래 그리고 열심히 일하지 않으면 안 되었다"(Morton, 1980, p. 116).

5) Dupuy and Dupuy(1970), pp. 336-345; Bjorklund, Holmboe, Rohr, and Lie (1962; 1980), 지도 42를 보라. 징기스칸의 기법들이 너무나 효율적이어서 그것들은 제2차 세계 대전 전에 독일 참모 장교들에 의해 면밀하게 연구되었다 (Crofts and Buchanan, 1958, p. 39).

6) "절대주의(absolutism)"란 나폴레옹 보나파르트가 프랑스 황제(1804-1815)로서 지배하던 때 정부 통제의 정도를 묘사하는 데 흔히 사용된다. 그가 수립한 경제 및 사회 규제의 세부 사항들에 대해서는 Ward, Protero, and Leathes (1907), pp. 141-142; Blum, Cameron, and Barnes(1970), pp. 494-497, 503-504를 보라. 나폴레옹은 예를 들어 각 시와 읍에 허용될 수 있는 연극 회사들의 수와 종류를 규제하는 데까지 이르렀다(Ward, Protero, and Leathes, 1907, pp. 129-130).

드문 일이다. 정부 구조 내에서 올라가는 것이 훨씬 더 흔한 첫 걸음이다. 물론 그것은 나폴레옹이 올라간 방식이었다.

정부 구조 내에서 올라가는 것이 정상적인 길이지만, 주요 이탈이 있을지도 모른다. 우간다의 현 독재자 밀턴 오보테(Milton Obote)는 탄자니아 독재자 니예레레 덕에 정권을 잡게 되었다.[7] 오늘날의 세계에서는 동일한 방식으로 독재 권력을 얻은 다른 사람들이 많이 있다. 북한의 김일성은 적군(赤軍)의 화물 열차를 타고 북한에 들어갔다.[8] 중국 사람들과 러시아 사람들 사이를 아주 영리하게 조종하여 그는 사실상 독립적인 독재자의 지위를 얻는 데 성공했다.[9] 반면에 폴란드의 자루젤스키와 같은 사람은, 물론 외부인에 의해 임명되었다 할지라도, 실제로 독재자로 간주될 수 없다. 그는 주의 지사에 더 가깝다.[10] 기껏해야 그의 지위는 대영 제국 시대의 인도 왕후(王侯)들의 하나의 지위에 해당할 것이다.[11] 그는 지나치게 크게 자기 주인의 기분을 상하게 하는 일을 하지 않는 한 지방적인 문제들을 다룰 많은 권력을 지닌다. 반면에 김일성은 실제로 진정한 독립성을 많이 가지고 있다.[12]

과거 프랑스 제국에서 프랑스 정부는 어느 기간 국민들에게 권력을 지니게 하거나 권력을 잡게 해 왔다.[13] 니예레레 자신은 여러 해 전에

---

7) 「뉴욕 타임스」, 1981년 4월 4일자, p. 3; 「뉴욕 타임스」, 1981년 4월 29일자, p. 5; 「뉴욕 타임스」, 1984년 6월 14일자, p. 25; 「뉴욕 타임스」, 1981년 7월 1일자, p. 5를 보라.

8) 그의 철도 귀환은 소련에서 (1943년부터 시작된) 어느 기간의 광범위한 교화 후에 이루어졌다. Ridgeway(1972), p. 9; Han(1970), p. 499를 보라.

9) Han(1970), pp. 500-504를 보라.

10) Nelson(1983), pp. 290-291; Dziewandoski(1977), pp. 233-236; Davis(1984), 여기저기; Carrere D'Encausse(1980), pp. 343-346을 보라.

11) 인도의 영국 통치에 관해서는 Gipson(1942), pp. 231ff를 보라.

12) Han(1970), 여기저기를 보라.

일시적으로 타도되었지만, 그 때는 영국인들이 인도양에서 항공모함을 유지하던 시절로 거슬러 올라간 때였고, 영국 원정대는 아주 신속하게 그를 권력에 복귀시켰다. 전체 일은 24시간 내에 끝났다.[14)]

나는 이 특정 상황에 관해 오직 오늘날의 예들만 사용하여 이야기하기로 작정했지만, 역사에 조금이라도 익숙한 사람은 누구든지 그것이 꽤 보편적인 현상임을 안다. 더 나아가서 외부로부터 임명된 사람들이 진정한 독립성을 가지는 일이 아주 흔하다. 외부 권력이 직접 통치를 이어받기보다 그들이 보통 외부 권력에 의해 임명되는데, 왜냐하면 외부 권력이 통치를 이어받기를 원하지 않는 어떤 이유가 있기 때문이다. 물론 동유럽 공산주의 제국의 경우에 러시아 사람들이 그 제국을 통치하기를 정말 원했지만, 정치적 이유들로 인해 그 통제에 대해 적어도 어떤 종류의 얇은 위장이 있어야 한다고 생각했다.[15)]

반면에 니예레레는 분명히 스스로 우간다를 다스리기를 원하지 않는다. 그는 충분히 강력해서 자기로부터 어떤 지원도 필요로 하지 않는 정부를 거기에 가지게 되면 기뻐할 것이다. 물론 그가 거기에서 적대적인 정부를 원하지 않지만, 기본적으로 그는 우간다 안에서 일어나는 일에 크게 신경 쓰지 않고 아주 기꺼이 독립적인 권력을 수립하려고 한다.[16)] 그러나 누구든 여기서 과장하지 않도록 주의해야 한다. 우간다의 현 독재자 밀턴 오보테는 니예레레가 자기의 두 개의 이전 선택들에 만족하지 못해 임명하게 된 세 번째 독재자다.

---

13) Dunnigan and Bay(1985), pp. 130-138을 보라.

14) Johnson(1983), p. 528을 보라.

15) 상게서, pp. 76-77, 710-711.

16) 「뉴욕 타임스」, 1981년 8월 26일자, p. 1은 니예레레가 수립하는 데 간여한 지난 세 개의 연속적인 우간다 정권들에 관한 요약을 제공한다.

더욱 정상적으로는, 누군가를 독재자로 세운 외부 권력은 그 독재자가 해야 할 일에 관해 적어도 약간은 알고 있고, 만약 그 독재자가 할 일을 하지 않는다면 행동을 취할지 모르지만, 그 독재자에게 많은 재량을 줄 것이다. 공산주의 꼭두각시 통치자들은 단연코 정상(正常)으로부터의 예외이다.

독재자가 되도록 외부로부터 불러들인 사람은 대부분의 경우 자기가 결국 독재자가 되는 정부 내에서 아주 높은 계급에 올랐다가 그 다음 해외로 망명하게 되는 곤란들을 겪은 사람이다. 당신의 이웃 나라들의 정치적 적대자들이 당신의 국경 안에서 보호를 받는 구식의 국제법 망명 원칙은 인도적 동기에서가 아니라 예방적 동기에서 시작되었다. 당신이 당신 이웃 나라들과 분쟁하는 경우 당신 이웃 국가 안에서 지원을 얻을 수 있는 누군가를 당신의 국경 안에 둔다는 것은 항상 도움이 되었다. 지금 당신의 이웃을 통치하는 이슬람교국 수장의 동생은 1개 보병 사단만큼이나 당신의 군비의 일부였다.

이것에 관한 최근의 실례는 아야톨라 호메이니에 관한 것이다. 그는 이란으로부터 추방되었고 재빨리 이란과 아주 나쁜 관계를 가지고 있었던 이라크로 갔다. 그는 이란과 이라크의 관계가 개선될 때까지 거기서 여러 해를 존경을 받으면서 상당한 소득을 가지고 살았다. 그러나 이란 국왕과의 관계를 개선하려는 수(手)들의 일환으로 이라크의 독재자 후세인은 아야톨라를 간단히 추방해 버렸다. 호메이니는 이후 그를 결코 용서하지 않았다.[17)]

---

17) 이라크 대통령 아흐마드 하산 알바크르(Ahmad Hasan al-Bakr)는 1978년 10월 초 호메이니를 자기 나라에서 (파리로) 추방했다(Nyrop, 1979, p. 215).

이 모든 것은 전형적인데, 망명 제도에 관한 전통적인 견해를 대변한다. 야심 있는 젊은 사람이 자기 자신의 정부에서 높은 지위에 오르고, 서둘러서 해외로 나가는 것이 필요함을 깨달으며, 후에 직접적으로든 외국 군대의 지원을 받아서든 아니면 해당 외국으로부터 도움을 많이 받지 않고 자기의 해외 피난지로부터 쿠데타나 혁명을 조직해서든, 귀국하여 독재자가 되는 것이 드물지 않다.

반복하면, 이러한 권력에의 도정(道程)을 위해서는 보통은 외국으로 서둘러 떠나기 전에 이런 저런 방식으로 그 국가 안에서 상당히 위신이 있고 대체로 중요한 지위를 얻는 것을 필요로 한다. 더 나아가서 만약 개인이 효과적인 독재자가 되려면 그가 돌아올 때 (그가 외국 군대와 함께 돌아오건 자기 지지자들의 집단의 우두머리로 돌아오건) 자기가 사실상 독재자인 정부를 수립할 수 있을 정도로 그는 그 국가 안에서 상당한 영향력을 지녀야 한다. 그는 자기 자신의 국가의 통치 기구 안에서 효과적이어야 할 뿐만 아니라 외국인들을 다루는 데서도 훌륭한 외교관이 되어야 한다. 다행히도 대충 말해 한 영역에서 성공으로 이끌 개인 속성 집합은 다른 영역에서도 성공으로 이끌 것이고, 그래서 이것은 지나치게 어려운 과제는 아니다.

나라를 도망친 후 지금 되돌아가기 위해 음모에 종사하고 있는 사람은 자기가 외국에 있다는 점 때문에 불리한 점들을 많이 가지고 있다. 그러나 그는 적어도 하나의 이점을 가지고 있다. 그는 정부를 타도하려는 자기의 욕망을 공개적으로 선언할 수 있고 자신을 독재자로 세울 수 있다.[18] 국가 안에 머물면서 높은 지위로 올라가려고 하는 개인은

18) 그가 자기는 정부를 타도하고 민주 정부를 세우려고 한다고 말하는 것이 더

일반적으로 자기의 궁극적 야망을 분명 감춘다. 쿠데타가 해외 망명자로부터보다는 정부 안의 관리로부터 훨씬 더 흔히 생기므로 이 불리한 점이, 현실적이긴 해도, 불가항력은 아님이 분명하다.

군사적이건 비군사적이건 관료제를 통해 고생해서 올라가는 것과 관련되지 않고 정상에 이르는 다른 방식이 있지만, 그것은 매우 특이한 방식이다. 우리는 아직 독재자에 대한 승계의 문제에 관심을 기울이지 않았지만, 일반적인 명제로서, 통치자는 자기를 공식적으로 승계할 사람을 자기 둘레에 두는 것을 좋아하지 않는다. 그 이유는 그가 아주 합리적으로 그러한 공식적인 후계자를 자신에 대한 위험으로 간주하기 때문이다. 결과적으로 어떤 주어진 독재 체제에도 공식적인 "왕세자(crown prince)"가 없는 것이 흔히 사실이다.[19]

이러한 상황에서 독재자의 사망은 많은 야심가들에게 기회를 제공하는데, 승리하는 사람이 항상 그 정권에서 고위 관리인 사람일지는 결코 분명하지 않다. 이전의 독재자는 자기 생각에 심하게 공격적인 모든 사람들을 자기의 고위 관리들로부터 주의 깊게 제거했을지 모르고, 그 결과 거기에는 강력한 외부인에 지지 않고 버틸 수 있는 사람이 실제로 아무도 없을지 모른다. 파라과이의 프란시아 박사는 여러 면에서 19세기 초기 남아메리카를 통치한 절대적으로 나쁜 독재자 열에서 최악이었다.[20] 프란시아가 죽었을 때 완전한 국외자인 로페즈가 다른 누구보다도 통제 수단을 장악할 더 나은 위치에 있음이 드러났다.[21] 다

나올지 모른다. 나는 아주 많은 사람들이 속지는 않을 것이라고 생각한다.

19) 물론 이러한 법칙에 대해 주목할 만한 예외들도 있다. 북한에서의 해당 권력 이전에 관해서는 「워싱턴 포스트」, 1985년 6월 27일자, p. 1을 보라.

20) Dupuy and Dupuy(1920), p. 814를 보라.

21) 상게서, pp. 910-911.

소 동일한 일이 독재자가 아직 살아 있을 때 일어난 사례들이 이따금 있었다. 그러나 이것은, 가능하긴 하지만, 매우 흔한 현상은 아니다. 하여간 이 길로 들어오는 외부인도 내부인과 아주 같은 종류의 행동에 종사해야 한다.

다른 종류의 정부 국외자는 비(非)정부적이지만 강력한 어떤 집단, 아주 흔히 부족이나 어쩌면 국가 안의 부분 국가의 지도자이다. 이 경우 그가 권력에 오르는 것은 보통은 실제 전투의 형태를 띤다. 이것은 역사적으로 대체로 흔하지 않은데, 단지 그 이유는 기존의 독재자가 이러한 위험이 있다는 것을 알고서 누구도 그런 종류의 직위에 있지 않도록 조처하는 데 자기의 최선을 다하기 때문이다. 내가 그것이 흔하지 않다고 말하지만, 그 말은 그것이 결코 존재하지 않는다고 말하는 것이 아니다. 내가 낭만적 혁명(romantic revolution)이라고 부를, 국민들이 부패한 독재 정권을 타도하기 위하여 현명하고 고상한 지도자들 아래 봉기하는 것은 이런 종류의 일의 특별한 예일 것이지만, 그것은 역사적으로 극히 희귀할 것 같다.

따라서 우리에게는 누군가가 남아메리카에서 독재자의 지위에 오르는 보통의 방식, 우리가 남아메리카, 아프리카, 그리고 아시아에서 아주 정규적으로 관찰하는 쿠데타나 쿠데타 미수가 남는다. 이 쿠데타가 보통은 정권의 꽤 높은 구성원들에 의해 일어난다는 점을 주목하라. 또한 만약 우리가 실제 숫자를 보면 그것이 쿠데타보다는 더욱 더 쿠데타 미수로 판명될 것 같다는 점도 주목하라. 독재자가 음모가 있었다고 선언하고 "음모자들"을 처벌하지만 도대체 어떤 일이 일어났다는 것이 적어도 약간은 의심스러운 다른 더욱 더 흔한 현상도 있다. 독재자들은 극히 의심이 많은 사람들이기 쉽고 죄 없는 활동을 음모로 오해할지 모른다. 그들은 또한 일정한 자기 관리들을 제거하고 싶다고 느낄지도 모르고 가짜 음모를 고안하는 것이 그것을 하는 좋은 방법이라고 여길지도 모른다. 확실히 스탈린에 의해 살해된 대부분의 고위 관리들은 그에 모반하고 있지 않았고, 분명히 자기가 죽을 때 가동시킬 준비를 잘 갖춘 것 같은 의사들의 음모(Doctors' plot)[22] 역시 완전히 가상적이었다.[23] 그가 편집증 환자였으므로 그가 음모들의 존재를 믿었을 가능성이 있지만, 그저 그것들을 의심스러운 활동을 억압하기 위한 편리한 도구로서 간주했을 가능성도 확실히 똑같이 있다.

높은 지위에 오른 다음에는, 독재자가 사망할 때나, 가끔씩 일어나듯이, 은퇴할 때 그저 기존 독재자를 승계하는 것만을 목표로 삼을지 모른다.[24] 이집트의 사다트가 한 예이고,[25] 트루히요 후의 도미니카 공화국 대통령 호아킨 발라게르(Joaquín Balaguer)도 그렇다.[26]

---

22) Tolstoy(1981), p. 354를 보라.

23) 상게서, pp. 51-57은 스탈린이 자기 목숨을 노리는 시도들을 피하기 위하여 취한 극단적인 예방책들에 관한 서술을 제공한다.

24) 때때로 지도자가 은퇴할 때 그는 독재적 정부보다 민주적 정부를 수립하는 경향이 있을 것이다. 이것은 아래에서 다룰 것이다. 예를 들어 파나마의 오마르 토리호스 헤레라(Omar Torrijos Herrera) 대통령은 1978년 10월에 정부 수반을 은퇴했고 즉각 아리스티데스 로요(Aristides Royo) 대통령으로 대체되었다(Nyrop, 1980, p. 136). 그러나 그의 공식적인 은퇴에도 불구하고 토리호스는 1980년까지 자기 나라의 최고권의 큰 몫을 보유했다.

25) 이집트 대통령 가말 압둘 나세르 장군이 1970년 9월 28일 심장마비로 죽자 그의 후계자인 당시 부통령 사다트가 순조롭게 이어받았다. 사다트는 다음 날 대통령으로 세워졌다. 예를 들어 Hirst and Beeson(1981)을 보라.

26) 라파엘 트루히요는 1962년 4월 1일 도미니카 공화국 대통령을 그만두었고, 그가 발탁한 부통령 호아킨 발라게르 박사가 그 해 8월에 이어받았다(Crassweller, 1966, pp. 273, 375-377). 트루히요는 자기의 치세 동안 다른 제도, 중앙 은행의 총재를 손에 넣었다. 그저 우연의 일치만은 아닌 것이 트루히요의 설탕 회사가 빌린 3800만 달러의 미불 대출금이 그것과 거의 동시에 갑

이 두 사람들과, 내가 아는 한, 동일한 종류의 일이 일어난 다른 사례들이 그들이 무해하다고 생각되었기 때문에 기존 독재자의 공식적인 후계자의 위치에 있었음은[27] 놀랄 만하다. 그들은 사다트와 호아킨 발라게르의 경우 "예스맨"으로서 높은 지위에 올랐다. 모이(Moi)는 소부족의 성원으로서 충분한 정치적 직위를 가지지 않은 것으로 생각되었다.[28]

결국, 이 사람들 셋 모두 사실상 강한 개성을 가진 사람들이었다. 독재자가 사라졌을 때, 그들은 오히려 유능하고 강한 사람들임이 드러났다. 발라게르의 경우 이것은 특히 놀라운데, 왜냐하면 트루히요의 사망 후에 그는 자기가 선출된 선거들이 매우 광범위한 외국 감시를 받는 민주적 지도자로서 통치했기 때문이다. 호아킨 발라게르는 트루히요에 아주 완전히 헌신적이어서, 트루히요가 유엔 주재 도미니카 공화국 대사로 2년을 보내기로 결정했을 때, 그는 호아킨 발라게르를 도미니카 공화국 대통령으로 임명했다.[29] 이것은 호아킨 발라게르가 완전히 자기 통제 아래 있다는 외관상 정당화되는 신뢰를 트루히요 쪽에서 많이 필요로 했다.

권력에의 이 같은 도정은 확실히 오직 매우 소수의 사람들만이 성공적으로 따를 수 있는 도정이다. 역사적으로 그것은 특별히 흔하지 않다. 사다트, 발라게르, 그리고 모이는 예외들이다. 보통은 독재자가 죽을 때 공식적인 후계자가 존재하지 않고 권력을 얻기 위한 품위 없는

자기 상환되었다(p. 380).

27) 케냐의 모이(Moi)도.

28) Crassweller(1966), p. 375를 보라.

29) 상게서, p. 377.

언쟁이 일어난다. 다시 한 번 말하지만, 승계의 문제와 이러한 언쟁을 회피하기 위한 방법들은 아래에서 논의될 것이다.

보통은 기존 독재자가 쿠데타나 내전에서 타도된다. 그를 타도하는 사람들은 그 자신의 정부의, 반드시 최고위는 아니지만, 고위 관리들이다. 20-30년 계속하는 개인들이 있긴 하지만 대부분의 경우 독재자는 매우 오래 계속하지는 않는다—5년이 아마 보통일 것이다. 때로는 그들은 계속하게 되어 왕조를 수립한다. 그러나 더욱 보통의 경우에는 대부분의 고위 관리들은 또한 현 독재자의 전임자의 정부에서 적어도 중간 고위 관리들이기도 했고 전임자를 타도한 결과로 자기들이 가진 높은 계급으로 올랐다. 따라서 누구든, 독재자도 그의 모든 관리들도, 그러한 쿠데타의 가능성을 충분히 알고 있다.

우리는 여기서 정부 기구 밑바닥에서 출발하는 사람이 저명해지는 초기를 논하지는 않을 것이다. 나는 관료제에서의 승진에 관해 이전에 책을 쓴 적이 있고,[30] 그래서 나는 독자가 호기심을 느끼면 그가 그 책이나 그 문제와 관련하여 이 일반적인 주제에 관한 많은 책들의 어느 것이든 참조할 수 있다고 가정할 것이다. 독재자가 주기적으로 다른 누군가에 의해 제거되는 독재 정권에서 올라가는 것은 물론 더욱 평화로운 관료제에서 승진하는 것과 다소 다르다. 그러나 원리들은 같다. 나는 여기서 반복으로 독자를 성가시게 하지 않겠다. 쿠데타와 잠재적 쿠데타의 특별한 문제들이 관료의 경력 전망에 영향을 미치는 것은 오직 그 관료가 꽤 높은 계급에 오를 때뿐이다.

남아메리카, 아프리카, 혹은 아시아의 고위 관리는 자기 경력 동안

30) *The Politics of Bureaucracy* (Washington: Public Affairs Press, 1965).

쿠데타 미수와 성공적인 쿠데타의 하나나 어쩌면 여러 사례들과 비록 거기에 실제 음모가 없다 하더라도 독재자가 음모를 탄핵하기로 결정하는 사례들이 있을 것이라고 꽤 확신할 수 있다. 더 나아가서 그는 기존 독재자가 하여간 자기 부하들에 관해 아주 예민해서 그들을 여기저기 많이 이동시킬 것임을 꽤 확신할 수 있다.

그런 상황에서 고위 관리는 그러한 쿠데타들과 관련하여 일종의 일반적인 정책을 개발하여야 하는데, 이 정책은 불가피하게 꽤 큰 기회주의 요소를 포함함에 틀림없다. 그가 실패할 운명일 것 같은 쿠데타에 가담해서는 안 되지만 확실히 승리할 쿠데타에는 가담해야 한다는 것이 분명하다. 그러나 이 규칙의 문제점은 그가 누가 이길지 명백해진 후 가담하는 데 대해 특별히 보상받을 것 같지 않다는 점이다. 높은 이득은 누가 이길지 분명해지기 전에 초기에 쿠데타에 가담하는 사람들이나 쿠데타가 실패할 것이라는 것이 전혀 분명하지 않을 때 쿠데타를 반대하여 독재자를 충성스럽게 지지하는 사람들에게 돌아간다. 따라서 이 계급의 성공적인 관리에게는 면밀한 계산뿐만 아니라 큰 도박을 할 의지도 필요하다.

다시 한 번 말하자면 그 생애는 물론 독재자의 생애만큼 사치스럽지는 않지만 사치스러운 생애이고 위험한 생애이다. 우리가 그러한 위험한 처지에 있는 이 고위 관리들에게 미안해 할 필요는 없는데, 왜냐하면 결국 그들이 자기들 자신의 경력 노선을 선택했기 때문이다. 그럼에도 불구하고 대부분의 이 독재 정권들에서 왜 끈질기게 모든 정치적 활동을 회피하는 아주 유능한 사람들이 꽤 많이 존재하는지 알기는 쉽다. 정부 관리들에게 큰 뇌물을 정기적으로 주는 것이 필요하다고 여기는 실업가는 뇌물을 주는 것에 다소 분개할지 모른다. 그러나 그는 자기가 뇌물을 주는 정부 관리들이 때때로 갑자기 바뀐다는 것을 아마 알고 있을 것이다. 그래서 그는 보통 이 높은 수익 복권에 가담하는 데 개인적으로 관심이 없다.

쿠데타와 관련하여 다른 문제도 있다. 설사 쿠데타가 성공할지라도, 그것이 조직되고 수행될 때는 누가 정상에 낙착될지 결코 분명하지 않다. 벤유세프 벤 헤다(Benyoussef Ben Khedda) 수상은 기본적으로 알제리의 프랑스 사람들에 대항해 혁명을 일으킨 사람이었다. 그는 또한 그들과의 최종 조약에 서명하기도 했다. 그는 서명 후 거의 즉시 권력을 잃었고 결국 어느 알제리 감옥에서 죽었다. 쿠데타를 수반하는 종류의 고등 정치에 연루된 많은 사람들이 비슷한 역사를 겪었다.

이 문제에서 벗어나는 안전한 길이 없음을 주목하라. 이 쪽이든 저 쪽이든 언쟁에 가담하지 않고 단순히 당신의 직위를 유지할 수 있는 보수적인 방법은 없다. 비록 당신이 중립적이었고 그래서 적을 만들지 않았을지 몰라도, 승리하는 누구든 자기의 충실한 추종자들에게 보상하기를 원할 것이다. 따라서 당신은 제거될지 모르는데, 누가 특별히 당신을 싫어해서가 아니라 다른 누군가가 재무 장관이 되기를 원하기 때문이다.[31)]

대충 말해, 아주 고위직으로 오르는 사람은 누구나 다소 기회주의적인 행동 방향을 따르기를 계획하고 있음에 틀림없다. 이것은 사실상

31) 이것은 물론 또한 민주 정치의 특징이기도 하다. 대통령 선거에서 중립 정책을 따르는 사람은 자기 자리를 보유하지 못할 것 같다. 물론 포레스탈 국무 장관은 아주, 아주 유명한 예였다. 국방 장관 제임스 포레스탈(James V. Forrestal)(1947-1949)의 경력에 관해서는 예를 들어 Batchelder(1961), pp. 197ff를 보라.

승진을 거부하는 한 가지 이유가 될지 모른다. 나는 영국 정보국의 한 요원으로부터 스탈린 치하의 러시아에서는 보통 어떤 주어진 공장에서 가장 똑똑하고 가장 유능한 사람은 관리자가 아니라 부(副)관리자라는 이야기를 들었다. 그는 관리자가 누리는 훨씬 더 큰 위신과 소득을 얻을 기회를 보통 거절했는데, 왜냐하면 또한 보르쿠타(Vorkuta; 스탈린 시대 정치범 강제 수용소가 있던 우랄 산맥 북단의 탄광 도시—역주)로 갈 가능성도 훨씬 더 컸기 때문이다.

그러나 우리는 실제로 정상에 정말 오르는 사람들에 관심이 있는데, 그것은 불가피하게 우리가 오직 정말 시도하는 사람들에만 관심을 기울여야 한다는 것을 의미한다. 물론 시도하는 많은 사람들이 성공하지 못하고, 이 특별히 위험한 생활 방식을 시작하는 사람은 형세가 자기에게 불리하다는 사실을 알고 있음에 틀림없다.

물론 그 문제는 특별히 어려운데, 왜냐하면 누구든지 그를 경계할 의도로 그를 지켜보고 있을 것이기 때문이다. 독재자는 자기 바로 밑에 있는 도당들과 강력한 사람들을 걱정한다. 독재자 바로 밑에 있는 사람들은 동맹군을 찾고 있지 상관을 찾고 있지 않다. 환언하면, 그들은 쿠데타로 출세하기를 희망하고, 대체로 스스로 새 독재자가 되기를 원한다. 그들은 지지자들을 찾지, 일반적으로 어떤 다른 사람의 지지자로서의 지위를 찾지 않는다. 물론 현 순간 하여튼 자기가 독재자가 될 가능성이 없다고 여기는 사람들 사이에서는 후자의 범주에 대한 예외가 있다. 따라서 그들에게는 새 독재자를 세우는 데 도와주든지 음모를 없애서 자기들의 상관들이 기존 독재자에 의해 많이 제거되도록 하든지 해서 단순히 승진하는 것이 분별 있는 행동 방향이 된다.

이 영역에서 자주 논의되지만 내가 현실에서 거의 발견되지 않는다고 믿는 한 가지 일은 면밀하게 꾸민 음모이다. 면밀하게 꾸민 음모의 문제점은 너무 많은 사람들이 그것에 관해 알아야 한다는 점이다. 한두 사람과 쿠데타를 논의하는 것조차도 위험하다. 대체로 고위 정치가는 자기를 배반할 수도 있는 기구를 먼저 구성하지 않고서도 자기가 재빨리 통제 위치를 장악할 수 있는 위치에 들어가거나 최소한 쿠데타의 이 쪽이나 저 쪽에 위치를 정하도록 노력해야 한다.

쿠데타나 쿠데타 미수가, 예를 들어 남아메리카에서와 같이, 완전히 일상적인 생활 부분들인 사례들에서는 위의 규칙에 대한 예외가 존재한다. 대부분의 남아메리카 군대들이 쿠데타에 너무나 익숙해 있어서 정부를 전복하거나 지탱할 잠재력은 장교 식당에서 다소 일상적인 대화 주제가 될 것 같다. 그러나 이 말이 충분히 맞는 말이지만 아주 높은 군 장교들은 이런 종류의 대화에 간여하지 않는 것이 더 낫다. 독재자가 하급 장교단의 태반을 제거하는 것은 가능하지 않지만, 그는 항상 자기 참모 총장을 오스트레일리아 대사로 만들 수 있다.

야심 있는 사람이 시도해야 하는 일은 모든 다른 고위 관리들에게 자기가 매우 유능한 사람이라는 점을 확신시키는 것이다. 이 경우 유능하다는 것은 심지어 그의 현재 직위가 법률 직위일지 모른다 하더라도 반드시 그들이 그를 훌륭한 법률가로 간주할 것이라는 것을 의미하는 것은 아니다. 그것은 그들이 그를 모반에 능하고, 강하고, 공격적이고, 이길 것 같은 사람으로 생각한다는 것을 의미한다.

그가 자기의 동료 고관들 사이에서 이 평판을 발전시키려고 시도하고 있는 그 때, 그는 독재자에게는 자기가 실제로 현저한 위협이 아니라고 확신시키는 일을 시도하고 있어야 한다. 이것은 불가능해 보이고, 확실히 그것은 매우 어렵다. 그럼에도 불구하고 야심 있는 사람은 독재자에게는 그저 보통 정도로 안전한 사람같이 보여야만 하고, 다른 고관들에게는—그들 모두는 그저 이 상당히 한정된 양의 능력만 가지고 있었기 때문에 독재자에 의해 선발되었다—승리할 가능성이 어떤 다른 사람보다 더 높은 것같이 보여야 한다.

가능하다면 개인은 다른 사람들이 대체로 자기의 지도력을 받아들이는 경향이 있도록 그들과의 관계를 개발하여야 한다. 다시 한 번 말하자면 이것은 위험한 일인데, 왜냐하면 그것은 독재자를 놀라게 하는 경향이 있기 때문이다. 독재자에게는 당신이 완전한 "예스맨"이라고 납득시키고, 독재자의 다른 관리들에게는 당신이 싸움에서 이길 가능성이 있는 강한 사람이라고 납득시키려고 시도하는 것은 극히 어려운 과업이다.

성공이 위험할지 모른다는 점을 여기서 말해 두기로 하자. 자기들이 두드러지게 성공적이었고 그래서 독재자와 왕을 위협했기 때문에 관직에서 쫓겨나고 어쩌면 죽임을 당하기도 한 장군들의 수는 참으로 매우 크다. 이것은 전통적인 왕들이 항상 자기 자신의 군대를 이끌었던 이유이다. 그 왕들이 매우 훌륭한 장군이 아닐지 모르지만, 적어도 그들은 자신을 믿을 수 있다. 처음에는 프랑스에서 그 다음에는 유럽의 나머지 국가들에서 직업적인 장군들을 사용하는 것으로 전환한 것은 왕권의 제한의 전조(前兆)들 중의 하나였다. 히틀러, 스탈린, 그리고 모택동 모두 자기 자신의 군대를 지휘했다.[32]

---

32) 모택동의 경우 이것은 다소 은폐되어 있었다. 중국에서는 장군의 지위는 크게

우리는 앞에서 쿠데타나 혁명의 가능성을 줄이려고 시도하고 있는 독재자 쪽에서 순환 보직과 집합적 책임이 바람직함에 관해 이야기했다. 올라가려고 하는 사람의 관점에서 볼 때, 이것들은 명백히 그의 상승을 방해하는 요소들이다. 그러나 그것들은 또한 누구든 다른 사람의 상승도 막는다는 점을 명심하여야 한다. 그는 권력을 얻기 위해 기존 독재자와 경쟁하고 있지만, 또한 승계를 위해 다른 고위 관리들과도 경쟁하고 있다. 독재자가 취하는 조치들은 그가 독재자를 타도하는 것을 더 어렵게 만들지만, 그를 불리하게 만드는 꼭 그만큼 다른 사람들도 불리하게 만든다. 그는 차별적인 불리를 겪지 않는다.

그러나 만약 그가 음모에 종사할 수 없다면, 그리고 개인적 추종자를 늘리는 것이 어렵다면, 그가 할 수 있는 일들은 무엇인가? 분명히 그는 독재자를 놀라게 하지 않고 다른 사람들에게 자기가 적합한 대체 인물일 것이라고 확신시켜야 한다. 자기가 확신시켜야 하는 사람은 누구든지 독재자를 놀라게 하는 위험을 알고 있으므로, 그들은 전적인 "예스맨"인 것 같은 사람이 사실상 매우 강하고 독립적일지 모른다고 올바르게 계산하는 경향이 있다.

독재자를 타도하려는 어떤 음모에서든 최종적인 행동은 쿠데타나, 남미에서 불리듯이 "혁명 선언(pronunciamento)"이다. 그것은 그저 독재자가 부패하고 무엇보다도 선언을 하는 사람이나 집단보다 더 약하

위신 있는 지위가 아니고, 그래서 그는 주덕(朱德)이라 불리는 아편에 빠진 늙고 쇠약한 직업 장군을 항상 공식적 군대 사령관으로서 유지했다. 그 자신은 군대를 다루는 위원회의 의장이었다. 그러나 군대의 어느 누구도 그 제도에 속지 않았다. 아마 외부의 몇몇 지식인들은 속았을 것이다. 주덕이 1969년 인민 해방군 사령관의 직위를 얻었을 때 그는 84살이었다. 모택동의 효율적인 군대 통제에 관해서는 Domes(1985), p. 113을 보라.

기 때문에 독재자에게서 권력이 박탈되어야 한다는, 외관상 큰 무력의 뒷받침을 받는 선언일 뿐이다. 혁명 선언은 거의 불가피하게 급작스럽고 썩 잘 준비되지 못하는데, 왜냐하면 준비는 거의 확실히 독재자의 눈에 띄게 될 것이기 때문이다.

이 마지막은 절대적으로 확실하지는 않다. 자기가 그저 이길 수 없다는 결론에 도달하고 그래서 자신에 대한 위험을 제거하지 않는 몇몇 독재자들이 있는 것 같다. 카에타노(Caetano)는 자기의 회고록에서 자기가 스피놀라(Spinola)의 책을 밤 새워 읽었고 이른 아침 자기가 책을 내려놓았을 때 자기 독재 정권이 무너지려는 것을 깨달았다고 말한다. 왜 그가 스피놀라를 무력화하기 위한 조치들을 즉각 취하지 않았으며 사실상 그를 참모 총장으로 앉혔는지 모호하다. 그저 그 자신이 다소 약한 사람이었기 때문일지 모른다. 물론 그는 살라자르(Salazar)가 직무를 수행할 수 없게 되었을 때 권좌를 얻긴 했다.[33] 그러나 이것은 아주 특이하다. 보통은 독재자가 스피놀라가 위험인물임을 알아차린 즉시 그를 간단히 제거했을 것이다.

물론 혁명 선언은 위험하다. 보통 그것은 통신망의 적어도 약간의 부분을 장악해서 이것을 선언을 위해 사용하는 것을 필요로 한다. 이때 일이 잘못될 수 있다. 에섹스의 제2백작은 상당한 정도 말이 정시에 도착하지 않았기 때문에 실패했다.[34] 1944년 히틀러에 대한 장군들의

33) 마르셀로 카에타노(Marcello Caetano) 교수는 1968년 9월 25일 포르투갈의 새 수상 자리를 넘겨받았는데, 살라자르가 뇌졸중을 겪고(9월 6일) 더 이상 수상 직무를 수행할 수 없게 된 후였다(Kay, 1970, pp. 413-416; Marques, 1972, pp. 223-224를 보라). 살라자르의 상태와 차후의 권력 변화는 별난 사건에 의해 초래되었다. 앉아 있던 의자가 내려앉아 머리를 바닥에 찧어 뇌에 핏덩이를 만들었다(Marques, p. 224).

34) 에섹스의 제2백작 로버트 데버루(Robert Devereux; 1566-1601, 영국의 정치가

음모는 한 중령이 자기 상관들로부터 받은 명령을 믿지 않고 괴벨스 박사와 접촉하여 그 결과 적절한 명령이 전달되지 않았을 때 종결되었다.[35)]

그러나 더욱 흔히 혁명 선언은 적어도 공개적으로 알려지고 독재자에 의해 즉각적인 반(反)혁명 선언이 이루어진다. 만약 독재자 자신이 그의 호위병단의 묵인으로든지 호위병단이 다른 군 부대들에 의해 전복되어 때때로 가능하듯이 체포될 수 있다면, 이것은 보통 그 문제를 끝낼 것인데, 하기야 적어도 독재자를 지지하는 외관을 가지지만 다른 사람을 독재자로 세우기를 원하는, 아마도 첫 번째 집단의 적들로 기술하는 것이 더욱 정확할 사람들에 의해 반(反)쿠데타가 일어날지는 모른다.

이 모든 것에서 승산은 독재자 쪽에 있는데, 통신 절차들이 항상 그의 쪽에서 더 낫다는 단순한 그 이유 때문이다. 환언하면, 그가 자기가 이길 것이라는 인상을 주는 것이 그의 적대자들이 자기들이 이길 것이라는 인상을 주는 것보다 더 쉽다. 승산이 오히려 그의 쪽에 있다고 말하는 것은 물론 그가 항상 이길 것이라는 말은 아니고, 정말 그가 항상 이기지는 않는다.

때때로 이 모든 것이 잘못되지만, 쿠데타가 그저 진압된다는 의미에

·군인, 엘리자베스 1세의 총신—역주), 자신을 왕으로 세우려는 그의 쿠데타 미수(1601년 2월 8일), 그리고 뒤이어 엘리자베스 1세 여왕에 의한 처형에 관해서는 Blum, Cameron, and Barnes(1970), p. 171이나 Harris and Levey(1975), p. 893을 보라.

35) 또한 때때로 베크(Beck) 장군이 군복 대신 민간복을 입고 쿠데타에 모습을 나타냈다는 사실이 다소 중요했다고 이야기되기도 한다. 물론 하여간 이 다른 곤란들이 발생하지 않았다 하더라도 히틀러가 사실상 살해되지 않았다는 사실이 아마도 그 음모를 침몰시켰을 것이다. FitzGibbon(1956), p. 210을 보라.

서 잘못된다는 것이 아니고, 쿠데타가 상당한 군대를 제어하는 데 성공하지만 국가 전체를 즉각 넘겨받을 만큼 충분하지 못하다는 의미에서 잘못된다는 것이다. 그러면 그 결과는 장기적인 내전이 될 수 있다. 이것은 1930년대의 스페인 내전이 시작된 방식이고,[36] 이런 방향에 따라 치러진 많은 남미 내전들이 있었다. 17세기 영국 내전도 또 하나의 예였다. 왕이 런던을 떠났고, 반기를 들었으며, 나라의 많은 지역을 차지할 만큼 충분한 군사적 지지를 끌었지만 전 지역은 아니었고, 그러므로 역시 본격적인 전쟁이 있었다.[37] 알 수 있듯이, 올라가고 싶은 사람의 관점에서 볼 때 그 문제들은 매우 어렵다. 더 나아가서 지금까지 하여간 나는 그 문제에 관해 어떠한 훌륭한 일반론들도 검증 가능한 가설들도 발견할 수 없었다. 경제학자들은 주식 시장에 관한 소위 난보행(random walk · 무작위 보행) 가설을 알고 있는데, 이것은 이용 가능한 모든 정보는 이미 시장 가격에 통합되어 그 결과 가격이나 그것의 최근의 움직임들은 예측 가치를 가지고 있지 않다고 주장한다. 막연히 그것과 같은 어떤 것이 우리가 서술해 온 상황에도 중요하다. 독재자는 자기의 직속 부하들에 관해 아마도 다른 누가 알고 있는 만큼 많이 알고 있을 것이다. 따라서 만약 그들 중의 한 사람이 독재자를 타도할 수 있을지 모를 위치에 있는 것으로 보이면, 이것은 아마도 독재자가 지금 막 그를 제거하려고 한다는 것을 나타낼 것이다. 이와 같은 미래에 관한 외부 예측들은 극히 어렵다. 위에서의 나의 논의의 요점

---

36) Johnson(1983), pp. 321ff를 보라.

37) 사실상 두 개의 본격적인 전쟁이었다. 중간에 평화기가 있었다. 반면에 올리버 크롬웰 사망 후 스튜어트가의 복귀는 실질적으로 군사적 반대가 없었던 더욱 고전적이고 신속한 사건이었다. Cantor(1967), pp. 412-433; Trevelyan(1953), pp. 184-198을 보라.

은 내부자의 관점에서의 예측들도 적어도 그만큼 어렵다는 점을 지적하는 것이다. 더 나아가서 만약 그가 예측하는 것뿐만 아니라 자기 처지를 개선하기 위한 조치들을 취하는 것도 원한다면, 그것은 더욱 더 어렵다.

우리가 위에서 말했듯이, 이 높은 계급에서의 생활은 위험한 일이지만, 보상이 분명히 아주 높은 것 같아서 많은 사람들은 기꺼이 위험을 감수하려고 한다. 그러나 권력에 대한 경쟁자로서가 아니라 외부 분석가로서 그것을 보게 되면, 우리는 무엇이 일어날지 혹은 심지어 어떤 확정적인 방식으로든 무엇이 사실상 정말 일어났는지 알기를, 설사 기대할 수 있다 하더라도, 별로 기대할 수 없다. 상이한 참여자들에 의한 이런 종류의 모반에 관한 회고적 서술들은 통상적으로 많이 다르다. 이러한 일은 다양한 회고록 작자들의 쪽에서 그 문제에 관해 거짓말을 하고 싶었기 때문이 아니라 그들 자신들이 무엇이 진행되고 있는지 잘 몰랐다는 사실 때문일 것 같다. 그 상황은 한 사람 한 사람 모두 정도(正道)를 벗어난 조종에 종사하고 있고 자기의 조종의 적어도 일부를 다른 사람들로부터 숨기려고 시도하고 있으며 그 결과 진실한 이야기가 별로 알려지지 않게 된 상황이다.

우리는 기술적 가설이 불가능한 이 막연한 영역에 관해 이야기했다. 나는 이제 내가 무엇이 일어날지에 관해 꽤 고도로 정확하게 예측할 수 있는 과정의 하나의 특정 세목으로 관심을 돌리고 싶다. 때때로 독재자의 타도나, 그 문제와 관련, 그의 사망의 결과로 그가 즉각 다른 독재자에 의해 대체되는 것이 아니라 남아메리카에서 "혁명 평의회(junta)"라고 불리는 소집단의 사람들에 의해 대체될 것이다. 내가 대부분의 검증들에서 살아남을 것이라고 생각하는 가설은, 비록 가끔씩은 변화의 과정이 혁명 평의회를 떠나는 다양한 성원들 대신 외부인들을 원래의 혁명 평의회에 받아들이는 것을 수반할 것이고 그들 중 한 사람이 승리할 것이지만, 이 혁명 평의회는 점차 한 사람에 의한, 보통 원래의 혁명 평의회의 한 성원에 의한, 독재 정권으로 바뀔 것이라는 것이다.

이것이 남아메리카에서 정말 일어나는 일이라는 역사적 증거는 압도적이다. 참으로 내가 아는 한, 오직 최근의 아르헨티나 군사 정부만이 운명을 피했다. 그 경우에는 혁명 평의회가 전 기간에 걸쳐 줄곧 혁명 평의회로 남아 있었는데, 그 결과 엄밀히 말해 그것은 독재 정권이라 불릴 수 없다. 보통 다른 사람들보다 더 중요한 한 명의 혁명 평의회 성원이 있었지만, 실제로 완전한 통제를 얻은 사람은 아무도 없었는데, 참으로 혁명 평의회의 성원들은 때때로 다소 관례적인 방식으로 은퇴했고, 그러면 다른 고위 군 장교들로 대체되었다.[38] 이것은 극히 드문 사건이고, 나는 다른 사례를 알지 못한다. 더욱 흔한 절차는 혁명 평의회가 한 사람으로 축소되는 것이다.

그런데 같은 것이 공산주의 국가들에도 발견되곤 한다. 레닌의 사망 후, 정당의 정치국이 사실상 강력했고 오직 점진적으로만 스탈린으로 대체된 기간이 있었다.[39] 스탈린의 사망 후에도 소집단이 있었다. 흐루시초프가 교묘하게 절대 권력 속으로 조종해 들어가고 있는 동안 처음에는 3명이, 그 다음에는 5명이 집단적으로 통치했다.[40] 흐루시초프 자

---

38) Paxton(1983), p. 90을 보라.
39) Fitzpatrick(1984), pp. 98-102를 보라.
40) 1953년 3월의 스탈린 사망과 1955년 초기의 흐루시초프의 효과적인 통제 장

신이 타도되었을 때, 이 경우 브레즈네프가 매우 빨리 완전한 권력을 수립할 수 있었기 때문에 매우 오랫동안은 아니었지만, 다시 한 번 집단 지도 체제가 있었다.[41)]

브레즈네프의 사망 후에 무슨 일이 일어나고 있었는지 말하기는 어려운데, 왜냐하면 안드로포프와 체르넨코가 아주 빨리 죽었기 때문이다. 고르바초프는 아직 매우 오래 통치하지 못했다.[42)] 그러나 시간이 지남에 따라 이 관행은 집단 지도 체제의 기간이 참으로 극히 짧은 관행으로 변하지 않을까 누구나 생각할 것이다. 집단 지도 체제의 모든 성원들은 그것이 1인 독재 체제로 변하는 이전의 사례들을 관찰했을 것이고 그래서 그것을 예상할 것이며 즉시 독재자가 되든지 독재자의 지지자가 되기 위한 조치들을 취할 것이라는 단지 그 이유 때문에 그렇다.

공산주의 국가들 가운데서 그 현상이 물론 러시아에만 국한되어 있는 것은 아니다. 중국에서 모택동의 사망 후에 같은 일이 일어났다.[43)]

악 사이의 집단 지도 체제 발전에 관해서는 Dmytryshyn(1984), pp. 265-273을 보라.

41) 1964년 10월의 흐루시초프에 대한 쿠데타와 1966년 3월-4월 브레즈네프 공산당 서기장 임명 사이에 대략 1년 반의 간격이 있었지만, 브레즈네프는 흐루시초프 추방 한 달 이내부터 집단 지도 체제에서 더욱 더 지배적인 위치를 손에 넣었고, 그 직후 어느 점으로 보나 유일한 지도자였다. Dmytryshyn(1984), pp. 334-336을 보라.

42) 안드로포프는 15개월의 통치 후 1984년 2월에 사망했다. 최근의 안드로포프 정권과 체르넨코 정권의 세부 내용들에 대해서는 「워싱턴 포스트」, 1985년 7월 28일자, p. 1을 보라.

43) 본질적으로 집단 지도 체제인 것이 1976년 모택동의 사망 후에 일어났는데, 거기서 화국봉은 "동배들 중의 첫째(first among equals)"로서 중국 공산당 의장으로 등장했다. 그러나 1980년 후기에 이르러 이 집단 지도 체제의 다른 성원, 등소평이 무혈 권력 투쟁에서 화국봉을 물리친 후 효과적으로 통제하게 되었다. 흥미롭게도 등소평은 의장이라는 칭호를 쓰지 않았다. Domes(1985),

다른 공산주의 국가들은 주로 진정으로 독립적이지 않고, 누가 독재자인가는 아마도 모스코바에서 결정될 것이다. 주지사가 독재자보다 더 적합한 말일지 모른다. 다소 독립적인 알바니아와 북한은 아직 통치 독재자의 사망을 경험하지 않았고,[44] 나는 유감스럽게도 티토가 죽은 후의 유고슬라비아의 역사에 관해 내가 그저 그리 많이 알지 못한다고 말하지 않을 수 없다. 거기서의 진행 내용들은 극히 복잡하고 어떠한 특별한 고정 유형도 따르지 않는 것 같다.[45]

경험적으로 혁명 평의회는 특성상 한 사람으로 축소되지만, 우리가 이것을 이론적으로 어떻게 설명할 수 있을까? 내가 혁명 평의회들이 남아메리카에서 아주 흔히 독재 정권으로 변한다는 것을 알고 있었음을 인정해야겠지만, 나는 사실상 아래의 이론을 내가 많은 경험적 문헌을 고찰하기 전에 내 스스로 개발했다. 따라서 어느 면에서 그것은 이전에 알려진 자료의 임시적(ad hoc) 설명과 내가 더 많은 남미 역사를 찾아봄으로써 검증한 가설 사이의 중간에 있다.

이론은 정말 아주 간단하다. 현재 어떤 투표 과정에 따라 국가를 통치하고 있는 다섯 사람들로 이루어진 집단이 있다고 가정해 보자. 그들 각각은 아마도 독재자가 되고 싶을 것이다. 한 사람이[46] 독재자가 되기 위한 행동을 취하기로 결정한다고 가정해 보자. 그는 성공하거나

---

pp. 116-176을 보라.

44) 알바니아의 독재자 엔버 호자(Enver Hoxha)는 최근에 정말 죽었는데, 그는 (물론 사망 전에) 자기의 후계자 라미즈 알리아(Ramiz Alia)를 주의해서 골랐다. 「워싱턴 포스트」, 1985년 8월 8일자, p. A27을 보라.

45) 티토의 사망 후, 유고슬라비아는 명목상으로 인정된 개인 통치자가 없었고, 정치국이 표면상 집단 지도 체제를 형성하고 있었다. 이러한 티토 후 조직을 야기한 결정들에 관해서는 Stankovic(1981), pp. 104-110을 보라.

46) 어쩌면 두 사람도.

실패할 터인데, 성공하는 경우에는 혁명 평의회는 한 사람으로 축소된다. 만약 그가 실패하면, 혁명 평의회의 나머지 사람들은 그를 혁명 평의회로부터 제거하거나[47] 그를 그대로 두거나 중에서 선택할 수 있다. 만약 그들이 그를 그대로 두면, 그들은 분명히 그에 의해서거나 음모에 아무런 비용이 없음을 알아차리는 혁명 평의회의 다른 구성원들에 의해서거나 그저 동일한 종류의 추가적인 음모들을 요구하고 있을 뿐이다. 반면에, 만약 그들이 그를 제거한다면, 그들은 혁명 평의회를 한 사람만큼 줄인다.

이것은 나머지 사람들 각각이 지금 더 강해졌다는 점을 의미하지만, 그것은 또한 다른 사람들 각각이 이제 자기가 유일한 독재자가 되는 데 성공할 기회가 더 많아졌다고 여긴다는 점도 의미한다. 그들이 음모자를 제거하고 다른 누군가를 외부로부터 들여올 수 있다—그리고 때때로 그렇게 했다—는 점이 사실이지만, 이것은 혁명 평의회의 다수파 쪽에서 자기들의 권력을 증대할 기회를 이용하지 못한다는 것을 뜻한다. 공식적으로 혁명 평의회의 성원으로 만들 셈이지만 사실상 기존 성원들 아래에 속하는 누군가를 외부로부터 들여오는 것도 가능한 하나의 방법이다. 그러나 역사적으로 그러한 외부 성원들이 가끔씩 그들의 후원자들에게 진정한 위험이 될 정도로 아주 강한 것으로 드러나기도 했다. 이 과정은, 시간이 흐름에 따라, 음모에 실패한 개인들의 점진적 배제를 통해서나 음모에 실패하지 않은 개인의 성공을 통해서 혁명 평의회가 단지 한 사람이 되도록 야기하는 경향이 있을 것임을 볼 수 있다.

---

47) 아마도 그 가장 영구적인 방법, 사격 분대에 의해.

동일한 결론에 도달하는 다른 가능한 길이 있다. 다시 다섯 명의 혁명 평의회를 가정하고, 그들 중 셋이 간부 회의(caucus)를 형성한다고 가정하자. 물론 간부 회의는 무엇을 해야 할지 먼저 결정해야 하고, 본질적으로 만약 그 집단이 여전히 투표하고 있다면, 그것은 그 자체 지배 집단이 될 것이다. 환언하면, 진정한 혁명 평의회는 다섯에서 셋으로 줄어든다. 이 셋 안에서는 각각이 제3자와 투표하는 것보다 더욱 빈번하게 함께 투표하는 경향이 있는 둘이 존재하기 쉽고, 그것은 더욱 더 규모가 축소되는 것을 뜻한다. 다시 한 번 말하자면, 이 모든 것은 혁명 평의회 내에서 효과적인 통치 집단의 점진적인 축소의 결과로서나 혁명 평의회의 나머지 사람들을 제거할 강력한 위치의 이용을 통해서 어떤 개인이 권력을 넘겨받을 가능성을 더욱 크게 만든다.

요컨대, 정부를 통제하는 소규모 투표 집단이 안정적인 상황인 것 같지는 않다. 그것은 법적 구조 내의 위원회와 다름을 주목하라. 집행 위원회를 임명하는 법인 이사회는 자기 자신의 잠재적 통제력을 위태롭게 하지 않는데, 왜냐하면 법원은 그 위원회에 반하는 이사회 과반수의 어떤 결정도 집행할 것이기 때문이다. 그러나 절대 정부를 통치하는 집단 내에서는 그러한 규칙을 집행할 외부 법원이 없다. 따라서 소집단은 한 사람으로 축소되는 경향이 있다.

앞에서 나는 민주주의를 꽤 많은 사람들이 투표로 결정을 내리는 상황으로 정의했다. 나는 어떠한 절대수도 제공하지 않았지만, 혁명 평의회의 축소에 관한 논의는 내가 염두에 두었던 것을 설명할 것이다. 투표하는 5-6백 명 집단은 투표 집단을 전복하려 드는 어떤 부분 집합의 의안도 쉽게 거부할 여유가 있다. 이것은 설사 그 부분 집합이 꽤 크다

할지라도 사실일 것이다. 따라서 역사적으로 그러한 대규모 투표 집단들은 비교적 안정적인 경향이 있었던 반면, 소규모 통치 집단, 혁명 평의회는 다소 빠르게 독재 체제로 바뀌는 경향이 있었다.

이 장에서 우리는 독재 정권의 내부적 작동에 관한 우리의 논의를 마무리한다. 나는 내가 더욱 엄밀하게 검증될 수 있는 이론을 제공할 수 있었기를 원하지만, 여러분이 방금 읽은 것은 내가 가지고 있는 것이다. 내가 앞에서 말한 것을 반복하면, 나는 이것이 다른 사람들로 하여금 필경에는 진정으로 엄밀한 독재 체제 이론을 생산할 연구를 할 마음이 들게 자극하기를 희망한다.

그 점과는 상관없이, 우리가 아직까지 다루지 않은 독재 정권과 사회와의 관계의 많은 측면들이 있다. 어느 면에서 우리는 독재 정권의 미시 정치에 관해 이야기해 왔는데, 이제 거시 정치로 관심을 돌릴 차례이다.

제8장 승계의 문제

지금까지 우리는 자기를 대체하려고 하고 있는 사람들 때문에 불안해하는 독재자들을 다뤄 왔다. 그러나 독재자들도 분명 나이가 들며, 죽음이나, 드물지만, 은퇴할 때 자기들을 대체하는 문제는 진정 문제이다. 우리가 밑에서 볼 것처럼, 이 문제에 대한 장기적인 해결책은 보통은 우리가 "독재자(dictator)"라고 부르기보다는 "왕(king)"이나 "황제(emperor)"라 부르는 세습 군주제의 발전이다. 그러나 이 문제로 관심을 돌리기 전에 우리는 권좌를 한 계통을 통해 전하는 전통이 아직 확립되지 않은 더욱 일반적인 상황을 검토해 보아야겠다.

그러면 늙어가고 있고 자기가 이 세상에 살날이 얼마 남지 않은 것을 깨닫는 한 독재자를 고찰해 보자. 비록 그가 자기 책임들의 몇몇을 다른 누군가에게 떠넘김으로써 어느 정도 자기의 업무 부담을 줄이기를 원할지도 모르지만, 우리는 우선 그가 은퇴하려고 하지 않는다고 가정할 것이다. 우리는 또한 그가 사실상 자기가 죽은 후 자기 나라의 상태를 걱정하고 있다고도 가정할 것이다. 그러나 이 걱정이 아주 강할 필요는 없다는 점을 주목하라. 우리 대부분은 어느 정도 공익에 관심이 있지만, 우리 자신에 대해 더욱 관심이 있다. 독재자는 아마도 보통은 자기가 죽은 후에도 자기 나라가 계속해서 잘 운영되길 희망할 것이지만, 그는 이 희망과 그것이 필요로 하는 행동들에 부여하는 우선순위가 암살을 피하는 데 필요한 행동들보다 덜할 것 같다.

여기서 독재자가 직면하는 기본적인 문제는 만약 자기가 공식적으로 후계자를 임명하면 자기가 그 후계자에게 자기를 죽이려는 강한 동기뿐만 아니라 그렇게 해도 벌 받지 않고 지낼 적당한 안정성을 준다는 점이다. 분명히 후계자가 자신의 힘으로 더욱 일찍 독재자가 되면 될수록—그의 관점에선—더욱 좋은데, 현 독재자의 수명을 단축하는 것이 승계를 빠르게 하는 분명한 방법이다. 두 번째로, 그리고 나는 이것이 더욱 중요하다고 믿는데, 현 독재자가 자기 마음을 바꿀 가능성이 항상 있다. 이런 독재적인 정권들 중의 하나에서 자기의 생애의 태반을 보냈고 독재자가 우리가 위에서 논의한 유형의 보호 활동에 끊임없이 종사하는 것을 관찰해 온 사람은 공식적인 후계자로서의 자기의 위치에 안전을 비교적 별로 느끼지 못할 것이다. 그는 자기가 육군 장관(minister of war)이었다가 갑자기 프랑스 대사가 된 것을 발견했던 때를 기억할지도 모른다. 비슷한 급격한 변경, 다른 누군가가 공식적인 후계자가 되는 것도 확실히 그가 꽤 있음직하다고 생각하는 일이다.

그러므로 그는 현 독재자를 제거할 강한 동기를 가지고 있다. 암살이 간단한 방법이다. 추방이나 심지어는 강제 은퇴를 마련하는 것도 가능할지 모른다. 그러나 하여간 임명된 후계자는 이제 자기가 계승할 사람을 제거하려는 강한 동기를 가지고 있다. 여기서 후계자가 이런 동기들을 가지는 유일한 사람이 아니라는 점을 말해 두자. 만약 독재자 주위의 다른 조신들이 이 특정 사람이 사실상 후계자가 될 것이라고 확신한다면, 자기들이 자기들의 생애의 훨씬 많은 시간을 현 독재자의 지배 아래서보다는 후계자의 지배 아래서 보낼 것이라는 이론에 따라, 그들은 자기들 나름의 조종을 계획하기 시작할 것이다.

현 독재자의 지위는 본질적으로 떨어질 것이고, 잠재적인 후계자의 지위는 올라갈 것이며, 독재자 측의 나쁜 건강이나 약함의 어떠한 조짐도 이 점을 더욱 강화시킬 것 같다. 시리아의 현 독재자의 동생은, 공식적으로 후계자로 임명되지는 않았지만, 아주 강력한 위치에 있었다. 그 때 그 독재자는 심장 발작을 일으켰고 치료로 상당한 기간을 보냈다. 그의 동생은 명백히 이것이 자기가 조만간 권좌에 오를 것을 나타낸다고 생각한 것 같고, 많은 다른 사람들도 같이 생각하여 그의 승계를 보장할 조치들을 취했다. 그 후 독재자는 회복했고 동생은 스위스로 추방되었다.[1] 그는 운이 좋았다. 더욱 흔한 절차는, 특히 시리아에서는, 그를 죽이는 것이었을 것이다.[2]

동기들에 대해서 이만하기로 하자. 나는 앞에서 후계자가 암살을 수행하는 데 안전하다고 말하였다. 이러한 기본적인 이유는 간단히 말해 그가 수사를 책임질 것이라는 점이다. 그는 독재자가 자연사했는지, 다른 누군가에 의해 살해당했는지, 그것이 정당화될 수 있는 상황에서 자기 후계자에 의해 살해당했는지 주장할 입장에 있을 것이다. 대체로 어느 누구도 그에게 아니라고 말하지 않을 것이다.

이 사실은 자기 자식에 의해 계승되는 왕들이 실제로 자연사했는지

1) 그가 병이 들었을 때의 그의 행동들로 보아, 하페즈 알아사드(Hafez Al-Assad) 대통령 자신은 (여섯 형제들 중의 하나인) 자기의 동생 리파트(Rifaat)를 자기의 일시적인 후계자로 지명하는 것의 바람직함에 관해 불확실했던 같다(「뉴욕 타임스」, 1984년 5월 17일자, I27: 1). 자기 힘으로 강력한 인물이었던 리파트는 후에 스위스로 추방되었다(「뉴욕 타임스」, 1984년 7월 17일자, I4: 1; 1984년 10월 31일자, I6: 3; 그리고 1984년 11월 27일자, I8: 4).

2) 암살 시도에 관한 시리아 법에 대해서는, 예를 들어 Kelidar(1976), p. 47; Nyrop(1979), p. 222를 보라.

를 사람들이 별로 확신할 수 없는 이유이다. 내 생각에는, 루이 14세는 나이가 든 사람들이 아주 흔히 그렇듯이 그저 노령으로 질병이 쌓여 죽었을 뿐이다. 그러나 실제로 증손자인 루이 15세나 아니면 루이 15세로부터 이익을 얻기를 기대한 조신들 중 하나가 그를 독살했는지 우리는 결코 알지 못할 것이다.

실제로 만약 당신이 역사를 대충 훑어본다면, 왕이 자기 장남에 의해 살해된 것으로 알려진 횟수는 결코 적지 않다. 나는 이것이 왕들의 가장 흔한 사망 원인이라고 자주 말한다.[3] 내가 실제로 사례들을 모두 세어보진 않았다. 만약 우리가 왕이 자신의 아들이나 아들의 공모자들 중의 한 명에 의해 살해당했으나 그 다음 아들이 암살을 숨기는 사례들을 더할 수 있다면, 우리는 훨씬 더 큰 숫자를 얻을지 모른다.

여기서, 지명된 후계자만이 유일한 위험이 아니라는 점을 주목하라. 일단 조신들이 자기들의 충성을 왕에게서 그의 후계자로 옮기기 시작하면, 불가피하게 자기들이 현 지배자 밑에 있는 것보다 후계자 밑에 있는 것이 더 나을 것이라고 느끼는 몇몇 사람들이 있을 것이다. 그들은 후계자 자신이 가지게 될, 암살로부터 처벌되지 않는 보호를 가지지는 않지만, 그럼에도 불구하고 그 후계자는 자기의 전임자가 사실은 심장마비를 한 것이 아니라 살해되었다는 어떠한 풍문이나 보고도 매우 열성적으로 찾아내려 할 것 같지 않다. 심지어 그가 그 문제에 관해서 정말 알고 있다고 하더라도 더 이상 수사를 진행하지 않기로 결정할지 모르는데, 왜냐하면 결국 그가 그 살해로 크게 이익을 보았기 때문

3) 적어도 장자가 계승하는, 정규적으로 확립된 승계가 존재하는 왕들의 경우 그렇다. 아래에서 이 점에 관해 더 다룰 것이다.

문이다.

심지어 조신들이 무엇인가를 직접적으로 해야 할 필요도 없다. 독재자의 개인적인 안전을 책임지고 있는 독재자 측근들이 그저 조금 부주의하기만 하면 된다. 이 기법이 수지가 맞지 않을지도 모른다는 점이 언급되어야겠는데, 왜냐하면 만약 외부인이 한 독재자를 암살하는 데 성공한다면, 대체로, 그의 수비대 대장이 그의 후계자의 수비대 대장이 될 것 같지 않기 때문이다. 그러나 그 수비대 대장은 처벌받지 않을 것 같고, 새로운 독재자가 고맙게 여기고서는 결국에는 자기에게 새로운 독재자의 안전에 부주의할 기회를 주지 않는 어떤 요직을 줄 것이라고 당연히 기대할 것이다.

그러면 독재자의 관점에서 볼 때 공식적인 후계자를 가지는 것은 위험하다. 심지어 우리가 민주 정치를 들여다 볼 때에도, 우리는 이런 종류의 일을 관찰한다. 미국에서는 대통령이 부통령을 가지는 것이 요구된다. 만약 대통령이 죽고 부통령이 승계하면, 다양한 절차들(그것들은 역사에 걸쳐 때때로 변화했다)이 자동적으로 한층 더 승계를 준비한다. 대체로 대통령과 그의 부통령 간의 관계가 빈약했다는 점은 주목할 만하다. 이것은 내 생각에 대통령이 부통령에 대해 자기를 암살하려 한다고 의심하기 때문이 아니라, 대통령도 부통령도 만약 대통령이 죽으면 부통령이 많은 이득을 얻을 것이라는 사실을 알고 있기 때문이다. 이것은 굳건한 우정의 기반이 아니다.

이것의 결과로, 다른 민주 국가들에서는 보통 공식적인 후계자가 전혀 없든지 아니면 공식적인 후계자를 상대적으로 종속적인 위치에 두려는 노력이 이루어진다. 닉슨 이전에는, 보통 부통령직은 본질적으로 성공하지 못한 정치인에게 제공되는 일자리로 생각되었다. 「나는 그대를 노래하네」(*Of Thee I Sing*)라는 뮤지컬에서,[4] 부통령 후보는 놀림받는 인물이다. 한 대목에서 그는 자기 어머니가 반대할 것이라고 생각하므로 부통령이 되고 싶지 않다고 말하는데, 그가 이야기 건네고 있는 직업 정치가는[5] 그에게 그녀가 결코 간파하지 못할 것이라고 말해 안심시킨다. 부통령을 종속적 위치에 두는 것은, 내가 말했던 것처럼, 전통이 되어 왔다.

미국의 경우, 이것은 닉슨과 함께 변했고, 그 이후로 부통령은 재임 중인 대통령이 두 임기를 끝낸 후에 자기 당의 공천 후보로 대통령직에 출마하도록 허용될 상당히 좋은 기회를 가지게 되었다. 이 변경은 대통령이 두 번을 넘는 임기를 가지는 것을 불가능하게 한 헌법 개정을 그저 반영하는 것일 수도 있다.[6]

다른 가능성은 간단히 말해 장래성이 없는 직위를 중요한 직위로 바꾸는 닉슨 씨의 능력이다. 확실히 그와 아이젠하워와의 관계는 결코 그리 가깝지 않았고, 그 자신과 애그뉴(Agnew)와의 관계도 그러했다.[7] 두 경우 다, 재임 중인 대통령이 자기의 부통령으로 하여금 두 번째 임

4) 1931년 조지 거슈윈이 작곡했다. Schwartz(1979), pp. 212ff; Chase(1955), pp. 628-629를 보라.
5) 전에 그를 웨이터로 착각한 직업 정치가.
6) 2기로의 대통령 임기 제한은 제22차 헌법 수정 제1절에 나타나 있고, 1951년에 채택되었다. 그 수정의 원문에 대해서는 Abraham(1980), pp. 237-238을 보라.
7) 닉슨과 아이젠하워 관계는 1952년 대통령 선거와 1956년 대통령 선거에서 아이젠하워가 공개적으로 닉슨을 자기가 선호하는 러닝메이트로 지명하기를 거절함으로써 개선되지 않았다(Larson, 1968, p. 8). 닉슨과 아이젠하워에 관해서는 또한 Rather and Gates(1974), 여기저기도 보고, 특히 pp. 74-75도 보라. 닉슨과 애그뉴와의 관계에 관해서는 Evans and Novak(1971), pp. 312-313, 402; Rather and Gates(1974), pp. 128, 255, 281을 보라.

기를 위한 선거에서 손을 떼게 하려는 노력이 있었다. 두 경우 다, 이것은 그에게 고위 내각 직위를 제공하는 형태를 취했고, 두 경우 다, 그것이 거절되었을 때 대통령은 그 사람을 몰아내는 정치적 비용이 편익보다 크다는 결론을 내렸다.[8] 물론 존슨은 험프리를 극도로 종속적인 위치에 두었지만, 그 때는 그것이 그의 부하들 모두에 대한 그의 습관이었다.[9]

세계의 몇몇 지역들에서 우리는 동일한 종류의 것을 관찰한다. 한국의 이승만 대통령은 종종 독재자로 불리지만, 나는 이것이 너무 단순하다고 생각한다. 그는 대체로 표가 정직하게 계산되는 선거들을 정말 치렀고, 꽤 자유로운 언론을 정말 가지고 있었으며, 입법부는 보통 그의 정적들에 의해 지배되었다.[10] 그러나 내가 한국에 있었을 때 그가 한국에서 이승만 자신보다 더 나이가 많고 더 노쇠한 유일한 저명 정치인을 자기의 부통령으로서[11] 가지고 있었다는 점은 주목할 만하다. 내가 지금까지 부통령을 본 단 한 번, 그는 자기 모자를 거꾸로 쓰고 있었다.

물론 결국 이승만 대통령도 아주 늙게 되어 후계자를 정말 결정했

8) Greenstein(1982), p. 234는 아이젠하워가 대통령 선거전으로부터 닉슨을 제거하려는 (재고된) 시도를 논하고 있다. 닉슨과 애그뉴의 비슷한 사례에 관해서는, 예를 들어 Rather and Gates(1974), p. 281을 보라.

9) Bornet(1983), pp. 320-321; Caro(1982), pp. 230, 234를 보라.

10) 남한에서 이승만 대통령 임기(1949-1960) 동안 자유 선거의 사용과 야당 권력의 정도는 Vreeland et al.(1975), p. 28; Allen(1960), pp. 101ff, 205ff에 언급되어 있다.

11) 헌법은 이승만이 자기의 망명 생활의 대부분을 보낸 미국의 헌법에 따랐다. 이승만의 부통령은 이시영이었다. 한국 헌법이 미국 헌법의 행들에 따라 본뜬 역사에 대해서는 Vreeland et al.(1975), pp. 143-149; Allen(1960), p. 218을 보라.

다. 이기붕은 상당히 충성스러웠던 것 같고, 사실상 이승만 대통령이 타도되었을 때 자기 가족들을 죽이고 자살했다.[12] 수상에게 공식적인 후계자를 가지도록 강제하지 않는 다른 통치 형태인 의회 민주주의에서는 어떤 수상도 후계자를 마련하기로 선택하지 않았다는 점은 주목할 만하다. 예를 들어, 영국의 대처 여사에게도, 독일의 콜에게도, 현재 우연히 이탈리아의 수상이 되는 누구에게도 공식적인 후계자는 없다. 다시 한 번 말하자면, 여기서의 위험은 후계자가 수상을 암살할지 모른다는 점이 아니라, 후계자의 임명이 권력 구조를 바꾸어서 후계자가 수상을 대체하는 것이 현실적으로 가능하게 될 것이라는 점일 것이다. 이런 상황에서 대부분의 정치인들은 그 위험을 무릅쓰지 않기로 선택해 왔다.

그런데 이것은 또한 대부분의 독재 국가들에 대해서도 사실이다. 공식적인 후계자를 지명하는 것은 드물다. 게다가, 그것은 보통 기존 독재자의 생애의 아주 후반기에서야 일어난다. 심지어 그 때도 독재자들은 자기들의 후계자들을 자주 바꾼다. 히틀러가, 전쟁의 발발 시에 고상한 몸짓을 하여 만약 자기가 죽으면 자기를 대체할 사람들을 임명하기로 결정했을 때, 기구 안에서 충분한 지지를 발전시켜 자기를 대체할 가능성이 실질적으로 없는 헤스를 선택한 것은 주목할 만하다.[13] 물

12) 아이가 없었던 대통령은 공식적으로 이기붕의 아들을 입양했다. 이승만을 바로 이은 사람은 윤보선이었다. 그의 치세는 단지 9개월만 계속되었고 박정희 장군에 의해 중단되었다. Vreeland et al.(1975), pp. 28ff를 보라.

13) 1939년 9월에 히틀러는 헤르만 괴링(Hermann Göring)을 자기의 첫 번째 후계자로, 루돌프 헤스(Rudolf Hess)를 서열에서 자기의 두 번째 후계자로 지명했다(Bullock, 1964, pp. 547-548). 그러나 몇 년 뒤에, 그가 1945년 4월에 사망하기 전에, 히틀러는 "자기의 육군 대장들에 대한 자기의 환멸감"을 보여주기 위하여 카를 되니츠(Karl Dönitz) 제독에게 자기를 이을 것을 요구하였다

론 무솔리니와 프랑코는 전혀 후계자를 가지지 않았다.[14] 초기에 프랑코 정권이 의식적으로 자기의 정부를 파시스트 이탈리아의 정부를 본떠서 만들었다는 풍문이 있다.[15] 그들은 이탈리아인들에게 현 독재자

(Jarman, 1961, p. 304). (헤스는 1941년 5월 스코틀랜드로 망명했다. Bullock, 1964, p. 643을 보라.) 되니츠가 대통령과 최고 사령관이 되자, 수상직은 요제프 괴벨스(Joseph Goebbels)에게로 갔고 당 장관(Party Minister)의 직위는 마르틴 보르만(Martin Borman)에게로 갔다(Jarman, 1961, p. 304; Bullock, 1964, pp. 795ff).

"가장 약한 후계자(weakest-successor)" 규칙은 (다소 수정된 형태로) 분명히 소련에서 나타난 것 같다. "서기장의 직위에 대한 중앙 위원회 내부에서의 권력 투쟁에서 . . . 최상의 경쟁자는 가장 강한 사람도 가장 유능한 사람도 아니다. 상은 보통 가장 무능하고 가장 무해한 것 같은 정치국원에게로 간다" Voslenskii, 1984, p. 255). 가능한 동기는? "정치국원들은 가능한 한 약한 서기장을 가지는 것을 편하게 여긴다. 아주 인간적인 특성이다. 당신이 약한 상관을 가질 때 생활은 더욱 편하다"(p. 367). 그러나 보슬렌스키가 언급하듯이, "동유럽 국가들에서는 정치적 게임의 규칙과 경력을 쌓는 규칙이 서방 국가들과 다르다. 야심 있는 서방 정치가는 주의를 끌고 대중으로부터 두드러지도록 노력해야 하는데, 왜냐하면 자기의 승진이 자기 정당의 활동적인 당원들이나 전체 선거민의 가능한 한 큰 비율의 호의에 달려 있기 때문이다. 동유럽에서 출세하는 정치인은 [현재의] 서기장의 호의와 다른 지도적 인물들의, 지지는 아니더라도, 반대의 결여에 모든 것을 걸어야 한다. 그러므로 그는 대중으로부터 두드러지지 않는 데, 자신으로 관심을 끌지 않는 데, 관심을 집중해야 한다. 그는 자기 동료들의 눈에 무해하고 심지어 다소 우둔하다는 인상을 만들어야 한다. 이것은 스탈린, 흐루시초프, 브레즈네프, 그리고 후에 체르넨코가 정상에 오른 방식이었다"(p. 263). 고르바초프는 이 규칙에 대한 예외일지 모른다. "약한" 후계자를 임명하는 상대적 편익(과 비용)에 관해서는, 또한 Tullock (1974), pp. 72ff를 보라.

14) 무솔리니는 세 아들, 브루노(Bruno), 로마노(Romano), 그리고 비토리오(Vittorio)를 가지고 있었는데, 그들 모두 한 동안 잠재적 후계자가 될 수 있었다. 불행하게도, 첫째는 자동차 사고로 죽었고, "비토리오는 주로 영화에 관심이 있었으며, 라몬(Ramon)은 재즈에 관심이 있었는데, 그것은 그들의 아버지에게 그들이 자기 어머니를 닮았고 진지한 지적 흥미를 결여했다는 많은 비탄을 야기했다. 비토리오는 이제 다양한 친구들과 관계들에 의해 정치에 한 역할을 하도록 부추겨졌는데, 그의 아버지는, 이 '왕족들(princes of the blood)'의 야망을 자극하는 것으로, 빈약한 판단을 보여주었다"(Smith, 1982, p. 310).

15) Blum, Cameron, and Barnes(1970), p. 943: "1936년 프란시스코 프랑코 장군은

의 대체를 위해 무슨 준비를 하고 있는지 물었다(프랑코는 군인이었고 아마도 자기 자신의 죽음에 대해 기꺼이 의식적으로 숙고하려 했을 것이다). 그들은 무솔리니가 죽었을 때 무슨 일이 일어날지에 대한 설명서도, 심지어 그런 준비가 없다는 명백한 진술도 얻을 수 없었다.

다소 재미있는 여담이지만, 내가 시카고 대학교 학생이었던 40년대 후반에 물론 공산주의자들인 일정 수의 학생들이 있었고 그들 가운데 많은 학생들이 자기들의 소속을 숨기려고 하고 있었다. 이것은 내가 코넬 대학과 예일 대학에서 중국어를 공부하고 있던 1951년과 1952년에도 역시 사실이었다. 나는 간단한 시험을 발견했다. 대부분의 내 지인들은 정치에, 특히 해외 정치에 관심이 많았다. 나는 그들에게 누가 스탈린을 이을 것으로 생각하는지 묻곤 했다. "비밀스런(secret)" 공산주의자들은 심지어 그 질문을 논의조차 하지 못했다. 나는 이것이 아마도 모종의 특면(dispensation)을 받았을 더욱 진지한 공산주의자들에게 먹혔을 것이라고는 상상하지 않고, 그래서 나는 결코 이 시험을 FBI에 제안하지는 않았다.

만약 우리가 독재 국가에서 높이 오른 다음 독재자가 죽었을 때 그를 대체하는 데 성공한 사람들을 고찰해 보면, 우리는 독재자에게는 완전히 안전하게 보였음에 틀림없을 사다트(Sadat)나 모이(Moi) 같은 사람들을 발견하기 쉽다. 사다트는 결국 나세르가 살아 있는 한 완전한 예스맨이었다.[16] 모이는 소(小)부족의 일원이었고 충분한 정치적 지

정부에 대항하는 반란을 이끌었다. . . . 프랑코는 프리모 드 리베라(Primo de Rivera)에 의해 창설된 팔랑헤당을 무솔리니의 파시스트와 히틀러의 나치스를 본떠서 재조직하였고, 그 모델보다 훨씬 더 오래 계속된 반동적 권위주의 체제를 수립하기 시작했다." 또한 Ben-Ami(1983), 여기저기도 보라.

16) 나세르와 사다트 사이의 관계에 관해서는, 예를 들어 Dekmejian(1971)을 보라.

원을 가지고 있지 않은 것 같았다.[17] 그러므로 그들이 외관상 약한 것 같은 것은 그들의 직위에 대한 자격 요건들 중의 하나였다.

그러나 심지어 여기에서도, 그들은 예외적이다. 대부분의 독재자들은 비교적 저명한 후보를 심지어 한 사람도 자기들의 후계자로 삼지 않는데, 왜냐하면 그들은 그것을 위험하게 여기기 때문이다. 명백히, 사다트, 모이, 그리고 발라게르(Balaguer)는 모두 정말로 큰 재능이 있는 사람들이었는데, 왜냐하면 그들이 자기들의 야심, 결단력, 그리고 영리함을 자기들이 받드는 독재자들에게서 숨기는 데 성공했기 때문이다. 그들이 아마도 비교적 중요한 직위에 앉혀졌을 이유는 독재자들이 그들이 적합한 후계자일 것이라고 생각했기 때문이 아니라, 독재자들이 그들이, 헤스처럼, 명백히 적합한 후계자가 아니라고 생각했고 그들이 그 중요한 직위를 그저 차지하고 있음으로써 더욱 유망한 후계자들이 독재자들의 생애 동안 독재자들에게 피해를 줄 수 있는 직위에 놓이는 것을 막을 것이라고 생각했기 때문일 것이다.

지금까지 승계의 문제를 논의할 때, 본질적으로, 나는 현명한 독재자는 승계를 위한 어떤 준비도 하지 않는다고 말해 왔다. 그는 명확하고 직선적인 승계 절차를 피하려고 한다. 그러므로 일단 그가 죽으면 실제 승계는 많은 잠재적인 후보들이 지위를 얻기 위해 조종하는, 어쩌면 어느 정도의 폭력을 동반하는, 재빠르게 쏟아져 나오는 음모가 될 것이다. 이 조종은 아마도 위에서 언급된 혁명 평의회(junta)의 형태를 띨지 모르지만, 또한 그렇지 않을지도 모른다.

나세르와 그의 전임자 모하메드 알리(Mohammed Ali) 사이의 관계에 관해서는, Nutting(1972), LaCourture(1974)를 보라.

17) 모이의 부족 기원은 Miller(1984), p. 28에 나타나 있다.

이런 종류의 것의 공공연한 변형을 예로 들어 보자. 중국 당 왕조의 초기에, 황제의 죽음으로 수도에서는 자기 아들들의 지지자들에 의해 소규모 내전이 벌어졌다. 시안(西安 · Sian)은 이런 전투의 일환으로 반복적으로 불타 내려앉았다.[18] 아들들 중의 한 명이 승리했고 다른 아들들은 패배했다.[19]

많은 아프리카 부족들은 이 절차를 거의 공식적인 의식으로 만들었다. 당나라 중국과 이 아프리카 부족들 양쪽 다의 경우 왕은 물론 일부다처이고 많은 아이들을 가지고 있다. 이 공식적인 내전은 효율적인 권력 이양과는 전혀 아무런 관련이 없으나, 그것은 현재 지배하고 있는 황제나 부족을 지배하는 추장이 자기 아이들 가운데 어떤 사람을 두려워할 필요가 별로 없음을 정말 의미한다.[20]

터키 제국의 후반기에 터키 파디샤도 다소 비슷한 제도를 사용했다. 이 경우에 파디샤는 보통 자기 형제들을 모두 처형했고, 그의 아들들은 그가 죽을 때까지 특수한 왕궁-감옥(palace-prison)에 갇혀 있었다.

---

18) 시안은, 또한 장안, 칭차오춘(Ching-chao-chun), 그리고 시안부(Hsi-an-fu)라고도 불렀는데, 당 왕조(618-907)가 시작될 때 중국의 서부 수도였다. Langer (1972), pp. 145, 363을 보라.

19) 당 왕조의 첫 번째 황제 이연은 그의 아들, "당 태종"이라는 칭호가 내려진, 이세민에 의해 계승되었다.
아들은 600년부터 649년까지 통치했다. 그의 치세는 "경쟁적 왕위 주장자들 [그의 형제들]과의 짧은 투쟁 후에" 시작되었다(Dupuy and Dupuy, 1977, p. 239). 그는 626년 7월 4일, "이세민이 자기 형제들을 죽인" 날에 계승 전쟁에서 승리했다(Wright and Twitchett, 1973, p. 246). 또한 상게서, p. 19와 Gungwu(1963), p. 203; Bingham(1970), pp. 119-120; Langer(1972), pp. 363ff 도 보라.

20) "아프리카 왕국들에서는 승계 규칙이 한 사람을 지정하는 것은 예외적이었다. 과반수의 사례들에서 많은 유자격 후보들 가운데서 선택이 이루어졌고, 그것들 중 몇몇에서는 경쟁은 군대의 경쟁이 될 것이 예상되었다"(Mair, 1977, p. 121; 또한 pp. 122-131을 보라).

그가 죽었을 때, 이 왕궁-감옥에서는 즉각 싸움이 일어날 것이고 그것에서 오직 하나의 아들만이 살아서 나타날 것이다. 잔인한 셀림(Selim the Grim)에 의해 처음 시작된 이 절차는 어떤 특정 파디샤의 임기 동안에든 왕좌를 얻기 위한 음모들을 아주 많이 제거했다. 물론 그것은 또한 다소 기이한 집합의 파디샤들을 낳기도 했다.

위 예들 세 가지 모두는 우리가 지금까지 논의해 온 비(非)세습 승계라기보다는 세습 승계의 사례들이다. 그러나 그들 셋 모두는 독재자를 대체하는 명확한 절차가 없을 때 그가 죽은 후 정말 진행되는 종류의 투쟁을 명백한 방식으로 보여주고 있다. 그것들은 어떤 의미에서 독재자가 죽고 그를 대체하는 절차가 없는 때는 언제나 일어나는 것에 관한 공개적이고 다소 과장된 모형이다.

우리가 위에서 말했듯이, 이 모든 것의 가장 있음직한 결과는 세습적 승계, 가급적이면 우리가 방금 묘사했던 것들보다 더욱 평화로운 세습적 승계일 것이다. 그러나 세습적 승계가 아니더라도 승계 문제가 적어도 어느 기간 해결되었던 상당히 성공적인 정부들의 몇몇 사례들도 있었다.

이것들의 가장 오래된 사례는 로마의 양(養)황제들이다. 독자는 기번(Gibbon)이 그 양(養)황제들의 통제의 세기가 인류 역사에서 절정이라고 생각했던 것을 기억할 것이다. 물론 결국 권좌는 세습적으로 되었다.[21] 보통 이 시기 동안 로마 제국은 강했고 평화스러웠으며[22] 번창

21) Sinnigen and Boak(1977)는 세습적 승계에 대한 규칙이 공식적으로 수립되고 부과되지는 않았고 이 기간 일련의 황제들에 의해 단순히 암묵적으로 채택되고 사용되었을 뿐이라고 지적한다(p. 432). Starr(1982, p. 38)은 그러한 규칙의 채택에 대한 가능한 근거를 제시한다. “그러한 유형은 아우구스투스 치하에서 이미 광범위하였고 사형이 선고된 정치범들의 재산으로부터의 유품들과 첨가

했다.

절차는 상당히 단순하고 알기 쉬웠다. 마지막 마르쿠스 아우렐리우스를 제외한 이 황제들의 각각은 아들이 없는 불행을 겪었다.[23] 그러므로 그들은 권좌를 이을 저명한 관리를, 보통은 군인을, 양자로 삼았다. 절차는 아주 평화로웠던 것 같고 왕좌를 얻기 위한 살해는 루머조차 존재하지 않는다. 그러나 많은 경우 새 황제가 그의 전임자들에게 다

물들에 의해 확장된 통치자의 개인 재산, 즉 파트리모니움(*patrimonium*)을 전하는 것을 법적으로 더 쉽게 하였다. 비록 이후의 통치자들이 때때로 토지를 총신(寵臣), 첩, 혹은 아내에게 선물했지만, 황제의 파트리모니움은 귀족들이 그 블록에 보내짐에 따라 더욱 커지는 경향이 있었다." Jouvenel(1962), pp. 327ff 참조.

22) 그러나 평화를 보편적으로 누리지는 못했고, 때때로 심지어 평화 유지자들(peace keepers)의 정체성에 관한 약간의 혼란조차 있었다. "비록 제국 문헌은 '산적 공격의 공포로부터' 여행을 보호한 제국 평화를 자주 찬양하지만, 항상 현실과 일치하지는 않았다. 그리고 여행자들은 특히 만약 그들이 주(主)도로를 벗어난다면 위험에 직면했다. 제국이 질서와 안전을 가져온다는 관례적인인 찬사에 가려져 있었지만, 사람들이 자기들의 의견 차이를 법 바깥에서 해결하고 더 약한 사람들을 희생물로 삼음에 따라 실제로는 폭력과 갑작스런 사망의 냄비가 비등하는 듯하였다. 아폴레이우스(Apuleius; 로마의 철학자, 풍자 작가—역주)의 악한 소설 『메타모르포세스』(모습을 바꾸는 이야기 · *metamorphoses*)의 주인공 루시우스(Lucius)는 마케도니아에 산적이 많은 것을 발견하였고, 그의 집단은 강도떼가 아니라는 것이 입증될 수 있을 때까지 사나운 개들과 돌멩이들을 가진 마을 사람들에 의해 거의 습격당하다시피 했다. 마르쿠스 아우렐리우스는, 황태자로서, . . . 자기와 자기의 동료들이 안토니누스 피우스의 왕실 별장 부근에서 목동들에 의해 강도로 오인되어, 자기들을 목동들이 말을 타고 공격해서 산개시켰다—목동들은 그것을 즐겁다고 생각하지 않았을지 모른다—고 익살조로 썼다"(Starr, 1982, pp. 118-119).

23) 마르쿠스 아우렐리우스는 아들을 가지는 불행을 겪었다. 로마 제국(기원전 27년-기원후 493)의 이 기간(98-161), "생리적 우연이 아들을 가지지 않은 일련의 '현제들'—트라야누스, 하드리아누스, 안토니누스 피우스—을 낳았다. 그러나 이 집단의 마지막, 마르쿠스 아우렐리우스는 아들을 가졌고, 코모두스(Commodus)는 (16살에) 정당하게 황제가 되어, 잘못 통치했으며, 192년 마지막 날에 교살(絞殺)되었다"(Starr, 1982, p. 39). 또한 Sinnigen and Boak(1977), p. 320도 보라.

소 분개했다는 점은 말해야겠다. 이것은 하드리아누스와 트라야누스의 경우에 특히 명백하다.[24] 또한 황제와 그의 양자는 육체적으로 별로 가깝지 않았던 것 같다. 이것이 중요했는지 아닌지 나는 알지 못한다.

여기서 일단 그 사람이 합법적으로 양자가 되면 그의 새 아버지가 그를 제거하는 것이, 불가능하지는 않았다 하더라도, 어려웠다는 점이 주목될 것이다. 게다가, 그 절차는 정상적인 기대 수명을 가정할 때 새로 입양된 아들이 그의 양아버지의 기대 수명에 대해 어떤 짓도 하지 않는다 하더라도 약 20년의 임기를 가질 그러한 방식으로 보통 일어났다. 그럼에도 불구하고 이것은 예외적인 절차인 것 같고 내가 알기로는 전혀 모방되지 않았다.

그것과 막연하게나마 닮은 것, 사실상 금세기에 나타난 새로운 발명품이 있다. 멕시코 정부는 1930년대 이후 6년간 지배한 다음 자기 후계자를 지명하고 은퇴하는 독재자를 가져 왔다.[25] 선험적으로 나는 이것이 성공할 것 같은 체제가 아니라고 말했을 것이지만, 지금까지 하여간 그것은 성공해 왔다. 게다가, 이 체제는 브라질에 의해 모방되었다. 유일한 기본적인 차이점은 브라질은 6년 임기가 아니라 4년 임기를 가졌다는 것이다. 비록 그것은 이제는 폐기되었지만, 여기서 다시 그것은 아주 성공적이었던 것 같다.[26] 물론 브라질 사람들은 멕시코 사람들보다 그 체제를 훨씬 더 짧은 기간 가졌고, 또한 야당을 제거하는 데 결코 멕시코 사람들만큼 아주 그렇게 극단적으로까지 나아가려고

24) "트라야누스와 하드리아누스는 개인적으로 양립 불가능했는데, 왜냐하면 고(故)황제가 자기 자신의 생애 동안 젊은이에게 많은 권력을 부여하여 젊은이를 부각시키는 일을 하지 않았기 때문이다"(Sinnigen and Boak, 1977, p. 314).

25) Needler(1982), pp. 8, 85, 89-93. 또한 Camp(1980), 특히 pp. 15-66도 보라.

26) 예를 들어 Roett(1978)을 보라.

하지는 않았다.[27] 멕시코는 브라질의 선례를 따르지 않았고 그 체제를 포기했지만, 멕시코의 현 대통령은 야당이 사실상 어느 정도 선거 운동을 하도록 허용된 "선거"에서 "선출"되었다.[28]

---

27) 상게서, pp. 76ff. 멕시코 야당들과 집권당에 의한 야당들의 취급에 관해서는 또한 Johnson(1984), p. 12도 보라. Fiechter(1975)는 20세기 브라질 정치 발전에 관한 개관을 제공한다.

28) Aiza, 「워싱턴 포스트」, 1985년 7월 16일자; Needler(1982), p. 58. 그러나 Scott (1964), pp. 297ff와 예를 들어 아래와 같은 언급을 하고 있는 Hellman(1983), pp. 127-128, 129을 참고하라. "심지어 오늘날에도, [멕시코] 정부는 공개적으로 별로 도전받지 않는다. 멕시코 언론에서 직접적인 대통령 비판을 금지하는 것은 신문 인쇄 용지의 공급에 대한 국가 독점에 의해 집행된다. 1935년 이후, 정부 기관이 가격을 정해 왔고 각 간행물에 대해 용지의 양을 할당해 왔다. . . . 공식적 정책에 비판적인 신문들과 잡지들은 종종 암시장에서 용지를 사거나 그런 간행물들이 정권의 반감을 살지 모를 날에 대비하는 호의적인 정기 간행물들로부터 '빌리지' 않을 수 없다. . . . 크리스마스 시즌은 멕시코 언론인들과 해외 언론인들에게 정부 인사들과 정당 인사들이 보낸 거대한 광주리의 술과 식도락 음식이 그들의 현관 앞 계단에 도달하는 것으로 특히 떠들썩해진다. 그러나 아마도 가장 미묘한 형태의 언론 통제는 많은 간행물들에서 유료 광고의 태반을 구성하는 정부 광고 예산의 사용을 통해서 행사된다. 예를 들어, 1982년 정부 광고가 취소되기까지, 명백히 독립적인 편집 방침을 유지하려고 시도하는 주간 남성 잡지, 「프로세소」(*Proceso*)는 매점 판매와 정기 구독으로부터 117,000달러를 얻었고 매주 그 페이지들에 실은 정부 광고 선전으로부터 53,000달러를 얻었다. . . . 역사적으로 제도 혁명당(PRI · Institutional Revolutionary Party, 멕시코 대통령이 이끈다)과 그것의 공식적인 야당 사이의 관계는 매우 긴밀해서 그 정당은 종종 '금전상의 원조를 받고 있는(kept)' 야당이라 불렸다. 참으로 몇몇 경우들에는 야당들에게 정부 자신이 자금을 공급하였다. . . . 표 도둑질, 투표소에서의 완력에 의한 압력, 그리고 온갖 종류의 선거 사기가 공식적인 정당의 선거 우위에 기여한다. . . . 멕시코에서의 선거 과정의 부패는 너무나 호의적으로 기록되어 있어서 최종 통계를 크게 에누리해서 보지 않는 사람들은 별로 없다. . . . 야당들은 압력 집단의 지위 이상은 결코 얻지 못했다.
여기서 다른 차이점은 멕시코 대통령과 기타 고위 관리들이 브라질보다 돈을 훨씬 더 많이 훔친 것 같다는 점이다. 나는 이 차이를 어떻게 설명해야 할지 모르겠다. 「워싱턴 포스트」, 1984년 6월 8일자, C15c; 「워싱턴 포스트」, 1984년 9월 8일자, E53c. Johnson(1984)은 "멕시코 역사의 식민지 시대에는 오늘날의 멕시코보다 부패가 덜했고 시민적 자유를 더 많이 존중했다"고 관찰하고 이전 체제와 관련해서 내가 말했던 것을 반복하면, 이것은 어떤 면에서도 정부를 운영하는 안정적인 방법 같지 않고, 나는 그것이 그렇게 오래 지속돼 왔다는 점에 무척 놀란다. 그러나 이것을 가능하게 하는 아직 발견되지 않은 기초적인 구조가 있을지도 모른다. 나는 독재 정부들에 관심을 가진 누구든지 그것을 진지하게 생각해 볼 가치가 있다고 생각한다.

평화적인 승계를 위한 세 번째 체제는 아주 오랜 기간 성공적이었다. 독재자는 자기가 독재자인 동안 자기에게 조언하는 투표 집단

"멕시코 사람들은 사기, 테러리즘, 심지어 대중의 아무런 동정심 표출 없이 거리에 누워 있는 사체들조차도 인생의 현실로 받아들인다. 이것은 거의 누구나 다가 확실히 패배하게 되어 있는 만인의 만인에 대한 투쟁과 아주 같은 것 같다"(p. 3).

물론 브라질의 정치적 부패도 역시 널리 퍼져 있었다(예를 들어, Haring, 1958, pp. 170, 171). 그러나 관료적 낭비와 비효율이 더욱 큰 문제인 것 같다. Daland(1981)는 암시하기를, "그 상황은 단골 후원 관직 임명으로부터 비롯된 단순한 무능—비록 우리가 이 요소를 경시해서는 안 되지만—이 아니다. 관료제에는 전 부류의 아무 일 안하기(*ociosos*)가 있다. 어떤 사람들은 무능하기 때문에 아무 일도 안한다. 어떤 사람들은 자기들의 후원자에 의해 보호받고 그것을 위해 일하려는 노력을 하지 않고도 직업 안정성을 가지기 때문에 아무 일도 안한다. 또 다른 사람들은 일하도록 허용되지 않기 때문에 아무 일도 안한다. . . ."

"젊은 법률가가 학업을 마치자마자 교육부에 전문적인 일자리를 얻었다. 자기의 업무에 관해 도대체 아무런 지시도 받지 않고 지낸 며칠 후, 그는 자기 주임을 찾아 가서 무엇을 해야 하는지 물었다. 주임은 그가 기다리면 나중에 지시가 있을 것이라고 대답했다."

"이러한 교환을 몇 차례 반복한 후에, 그 이상주의적인 젊은이는 일하지 않고 월급을 받는 것을 참을 수 없게 되었다. 그래서 그는 법에 따르면 수행되어야 하는 것이 분명한 다양한 프로젝트 제안들을 가지고 자기 주임에게 갔다. 그 상관은 몹시 위협적이 되어, 그 공무원에게 만약 분란을 일으키고 싶지 않으면 실제 일에 종사하라는 압력을 멈추어야 한다고 경고했다. 그래서 그 공무원은 포기했고, 토목 공학에서 경력을 시작하기로 결정했는데, 그것을 그 부로부터 장학금을 받아 했고, . . . 성공적인 기술자로서 민간 부문에 들어갔다"(pp. 216-217).

(voting body)을 임명한다. 그는 이 기간에 만약 그가 원한다면 그것의 구성원을 마음대로 바꿀 수 있다. 그가 죽자마자, 이 투표 집단은 누군가를, 반드시 항상 그런 것은 아니지만 보통은 그것의 구성원들 중 한 명을, 그의 후계자로 선출한다. 그러면 이 후계자는 처음에 그 투표 집단을 임명했던 사람처럼 그 투표 집단에 대하여 동일한 지배력을 가진다.

이 체제는 가톨릭교회에 의해 천 년간 사용되어 왔다.[29] 비록 이 특별한 일련의 지배자들에 전혀 문제가 없었다고 주장하기는 힘들겠지만, 그것은 상당히 잘 작동해 왔다. 상이한 추기경단들에 의해 한 명 이상의 교황이 선출된 많은 사례들도 있었다.[30] 대체로 승계가 평화로웠고 상당히 성공적인 지배자들의 집단을 만들어냈음에도 불구하고, 그것은 나이든 사람들을 선택하는 경향을 정말 가지고 있다.

이 체제는 소련에 의해 모방되었다. 이것이 의식적인지 아니면 그들이 그저 우연히 그 절차를 시작했는지는 분명하지 않다.[31] 하여간, 레

---

29) 교회의 초기 시대에는 교황이 로마에서 민중 투표(popular voting)에 의해 선출되었다. 따라서 추기경단의 통제는 교황 제도 그 자체보다 더욱 최근의 현상이다(Lynskey, 1952, pp. 93-94). 또한 Ranke(1913), vol. 2, pp. 5-19도 보라. 주교 역시 원래 평신도에 의해 선출되었다. Chadwick(1976), p. 165를 보라.

30) "복수" 교황의 선출은 1378년에 발생하여, 대분열(the Great Schism)(1378-1417)이라고 알려져 있는 교황 역사의 시대가 시작된다. 교황 그레고리 11세의 사망 후에 추기경단은 로마의 우르바누스 6세와 아비뇽의 클레멘트 7세라는 두 명의 "교황들"을 임명했다. 그러한 복수 임명은 15세기 초기까지 계속 일어났고, 각 경우 보통 "진정한" 교황을 결정하려는 추기경들의 회합으로 해결되었다. 때로는 베네딕트 13세와 같이 "사칭 교황(pretender-pope)" 혹은 반(反)교황(antipope)이 추기경들의 결정에도 불구하고 자신의 교황권을 주장하기를 고집하곤 했다. 간단한 사건 개요에 대해서는 Langer(1972), pp. 299ff를 보라.

31) 예를 들어 Harasymiw(1984); Hill and Frank(1983)을 보라. 나는 그것이 또한 세계의 다양한 지역들에서 많은 교회들에 의해 모방되기도 했을 것이라고 믿

닌의 사후, 정치국은 다소간 추기경단과 같은 역할을 수행해 왔다. 초기에, 예를 들어 레닌의 죽음 바로 직후에, 일인 통제를 확립하는 것에 약간의 시간이 걸렸다는 점이 지적되어야겠다.[32] 스탈린 사후 두 번째 승계 위기에서도 그것은 마찬가지였다. 흐루시초프가 타도되었을 때,[33] 아마도 그 타도를 교묘하게 공작했을지 모르는 즉각적인 후계자가 있었다. 물론 브레즈네프가 사망했을 때도 승계가 거의 즉각적이었고,[34] 안드로포프가 사망했을 때도 마찬가지였는데, 하기야 후자의 경우 명백히 그의 사망이 며칠간 감춰지긴 했다.[35] 체르넨코의 사망도 비슷하

지만, 그것들에 관해 확신할 정도로 충분히 알지 못한다. 모르몬교도나 메노파(Mennoites; 16세기에 부흥한 기독교의 한 파로 유아 세례, 병력 등을 거부—역주)와 같이 많은 교회들이 정말 매우 나이 많은 경향이 있는 장로회(board of elders)에 의해 통치되지만, 그것들 대부분은 그 회(會)의 정상에 한 통치자를 가지고 있지는 않다. 모르몬 교회의 내부적 논의에 관한 논의를 위해서는 O'Dea(1957), pp. 160ff, 176ff를 보라. 메노파 체제에 관해서는, 예를 들어 Hostetler(1968), p. 13을 보라.

32) Harasymiw(1984), p. 86; Blum, Cameron, and Barnes(1970), pp. 923-924. Voslenskii(1984, p. 255)가 지적하듯이, "서방의 대중은 종종 '크레믈린에서의 권력 투쟁'에 관해 이야기를 듣고 이것을 서방 의회를 활기차게 하는 것들과 유사한 끊임없는 견해 차이와 극적인 토론의 관념과 잘못 결부시킨다. 그런 종류의 것은 중앙 위원회에서 일어나지 않는다. 몇 년을 기다리고 있는 장기간 연장된 일이 있고, 그 과정에서 아마도 서구 정치가들에게는 생각할 수 없을 교활한 음모가 전개된다."

33) 나는 가톨릭교회의 역사에서 이것과 직접적으로 대응하는 사건을 알지 못한다.

34) Voslenskii(1984), pp. 370ff를 보라. 그가 언급하기를(p. 377), "안드로포프가 서기장의 자리를 얻을 확률은 현저해졌다. 그것은 심지어 컴퓨터에 의해서도 나타났다. 1981년 아이오와 대학의 컴퓨터는 누가 브레즈네프의 가장 가능성 있는 후계자가 될지 예측했다. 변수들—연령(60세에서 70세)과 국적(러시아) . . . —을 주었을 때, 그 결과는 한 사람으로 한정되었다. 그것은 안드로포프였다."

35) Voslenskii(1984), pp. 381ff는 안드로포프 서기장의 자리에 대한 체르넨코의 승계를 논하고 있다.

게 훨씬 더 젊은 사람에 의한 즉각적인 승계로 이어진 것 같다.

노인 정치(gerontocracy)를 향해 이동하는 경향은 물론 소련에서 특히 두드러지는데, 왜냐하면 초기 지배자들, 레닌과 스탈린은 거의 같은 세대의 구성원들이었기 때문이다. 그 때 이후 네 명의 지배자들은 다소간 동시대인들로 간주될 수 있다.[36)]

그러나 늙은 지배자로 이동하는 이러한 경향이 불변이 아님을 주목하라. 현 교황은 교황직의 기준에서 볼 때 젊은 사람이다.[37)] 나아가, 고르바초프 역시 비교적 젊은 사람이다.[38)] 그러나 두 경우 모두 그 "상대적으로 젊다"는 것은 그들이 50대 어딘가에 있다는 것을 의미한다. 사람들이 다투어서 미끄러운 기둥을 타고 오르는 다른 종류의 독재 체제나, 그 문제와 관련하여, 민주주의에서와 같은 훨씬 경쟁적인 체제에서는, 최고 지배자들은 그들이 처음 통제력을 장악할 때 더 젊은 경향이 있다.

자기의 일생을 통하여 통제력을 얻는 데와 적어도 어느 정도는 자기의 일이 계속되도록 비교적 평화로운 승계를 마련하는 데 관심이 있는 독재자의 관점에서 이 체제의 이점은 분명하다. 투표 집단은 그것의

---

36) Hough(1980), 특히 pp. 150-156; Voslenskii(1984), pp. 263ff를 보라. 실제로, 스탈린 이후 6명의 통치자들이 있었다. 짧고 정치적으로 혼란스러운 기간 통치한 게오르기 말렌코프(1953-1955); 니키타 흐루시초프(1955-1964); 콘스탄틴 우스티노보비치 체르넨코(1984-1985); 그리고 (이 책을 쓰고 있는 시점에서) 현 서기장 미하일 고르바초프가 포함된다.
비록 "동시대인들"이지만, 최근의 소비에트 통치자들은 "낡은" 정책들을 자기들 자신의 "정치적 스타일과 정책 선호"를 더욱 반영하는 정책들로 대체하는 경향이 있었다. Brown(1982)과 Bunce(1981)를 보라.

37) 교황 요한 바오로 2세는 1978년 선출되었을 때 58세였는데, 금세기에 선출된 가장 젊은 교황이었다(「뉴욕 타임스」, 1978년 10월 17일자, p. 16).

38) 고르바초프는 임명될 때 54세의 비교적 젊은 사람이었다. 그 당시 가장 젊은 정치국원이었다(「워싱턴 포스트」, 1985년 3월 12일자, A1c).

구성원들이 개인적인 토대에서 모든 정부 부문들에 대해 감독을 행사할 수 있도록 그리고 그들 중의 어느 누구도 매우 많은 권력을 갖지 않도록 알맞은 크기로 만들 수 있다. 게다가, 이 집단 안의 개인들은 음모를 꾸미는 데 다소의 어려움을 겪는데, 왜냐하면 그들은 발전되고 있는 것 같은 어떤 파벌들도 독재자로부터 숨기는 것이 매우 어려울 환경에서 문제를 정기적으로, 날이면 날마다[39] 논의하기 때문이다. 독재자는 이런 상황에서 절대적으로 안전하지는 않지만—흐루시초프는 결국 쫓겨났다—꽤 안전하고, 승계는 지금까지 공개적인 폭력을 수반하지 않았다.[40]

그 체제는 회원들이 정말 나이가 많을 때 아주 잘 작동된다는 점을 주목하라. 이것의 이유는 매우 단순하다. 만약 현 독재자가 나이가 많으면, 그를 대체하는 데 그리 오래 기다릴 필요가 없다는 점이 분명하다. 따라서 야심 있는 사람은 바로 지금 싸워서 활로를 개척할 강한 동

---

39) 실제로 일주일에 단 한 번의 공식적인 정치국 회합이—아마도 일부가 정치국원들로 구성되어 있고 수요일마다 모이는 똑같이 강력한 위원회인 사무국(Secretariat)과의 시간표 작성 갈등을 피하기 위하여(Hill and Frank, 1983, p. 68)—목요일에 있다(Voslenskii, 1983, p. 264). 그러나 정치국원들은 많은 외부 접촉을 분명 가진다. "덜 공식적이지만 흔히 사용되는 극히 중요한 의사 전달 통로는 전화다. 그것은 지방 수준에서 구나 시 위원회의 관공리들과 기초 조직 비서들, 경제 관리자들, 등 사이에서 끊임없이 사용된다. 중앙 위원회 회합들은 요약해서 보도 기관에 보고되지만, 아마도 대량 소비를 위한 이 기사들은 그것들이 토론될지 모르는 PPO(Primary Party Organization · 기초 정당 조직)들을 통하여 정당 일꾼들과, 적합하기로는, 대중 회원들에게 사적 대화로 상세히 설명될 것이다. 정당의 문제에 내재한 정보—예를 들어 정당 재정에 관한 것이거나 정당 문제를 수행하는 방법에서의—는 본질적으로 비공개로 유지된다"(Hill and Frank, 1983, p. 81).

40) 물론 누구나 다에 대해서는 아니지만. 소련에서는, "엘리트 직원의 급격한 교체가 있을 것 같다. 이것은 일정 범주의 사람들을 매우 행복하게 하고 다른 사람들을 슬프게 하는 것을 포함하여 많은 효과들을 가질 것이다(Harasymiw, 1984, p. 190).

기를 가지지 않는다. 더군다나, 그 모두 독재자의 죽음을 통하여 그리 멀지 않은 미래에 모종의 승진을 예상할 수 있는 이 큰 집합의 사람들에게는, 지지를 얻기 위한 뇌물로서의 승진은 약속하기가 더 어렵다. 마지막에 말하는 것이지만 결코 가장 덜 중요한 것이 아닌 것으로서, 독재자는 그 과정의 역학을 현저하게 바꾸지 않고 한 정치국원을 제거하고 그를 어떤 다른 사람으로 교체할 수 있다. 우리는 여기서 혁명 평의회(junta)의 축약에 관해 걱정할 필요가 없다.

비록 이 체제가 장점을 정말 가지고 있지만, 내가 아는 한, 가톨릭교회와 소련 공산당이 그것을 사용하는 유일한 곳이다. 물론 중국이 이 체제로 이동할 가능성은 아주 크다. 결국, 만약 우리가 스탈린이 권력을 장악한 직후의 소련을 관찰했더라면, 우리는 종국적인 결과를 관찰할 수 없었을 것이다. 중국은 러시아가 1920년대 첫 승계 위기 동안 그랬던 만큼 무질서한 방식으로 첫 승계 위기를 방금 경험했다.[41)]

독립적인 세 공산주의 지배 정당들, 북한, 알바니아, 그리고 유고슬라비아는 이 과정을 따르고 있는 것 같지 않다. 티토는 이제 죽은 지 꽤 오래 됐고, 유고슬라비아는 아직도 독재자나 이런 종류의 정치국 통제를 개발하지 못했다.[42)] 물론, 다시 한 번 말하자면, 이것은 첫 번째

41) 공산 중국의 최근의 승계 위기에 관한 논의를 위해서는 Chang(1984)을 보라.

42) "크렘린 주시(Kremlin-gazing)에 익숙한 비평가들에게 가장 분명한 것 같은 하나의 가능한 해결책은 새로운 강자가 대두하는 것일 것이다. 그러나 오늘날 유고슬라비아에는 이 역할을 하는 데 적합한 분명한 인물이 없다. 정당 지도자들은 항상 자기들의 공화국과 동일시되는 경향이 있었고, 60년대 이후 정당 조직에서의 경향도 이 태도를 강화해서, 티토를 이을 어떠한 야심 있는 후계자도 다른 공화국들로부터 예상되는 저항으로 방해받는다. . . . 군대는 유고슬라비아 정치에서 정당에 잘 대변되는 중요한 권력임에 틀림없고, 니콜라 루비치(Nikola Ljubici) 장군은 관직 장관(minister of offices)을 역임해 왔다. 만약 정말 심각한 민족주의 위기가 존재하면, 강한 사람이 질서를 다시 부과하고 유지

의 승계 위기일 것이고, 우리는 그것으로부터 그리 많은 것을 도출할 수 없다. 북한의 경우, 최초의 독재자가 아직 살아 있지만, 권좌를 가족에 유지하려는 준비가 있는 것 같다.[43] 준(準)독립적인 루마니아에서도 같은 일이 일어나고 있는 것 같다.[44]

아마도 현 독재자를 위태롭게 하지 않으면서 평화적인 승계를 마련하는 다른 방법들이 있을 것이지만, 이런 종류의 일에 대한 정규적인 제도적 구조에 관해 제공할 수 있는 예들의 수는 매우 한정되어 있다. 내가 그것들 모두를 발견했다고 주장하고 싶지는 않지만, 나는 매우 뚜렷한 예들로서 내가 놓친 것들이 없다고 생각한다.

그러나 우리가 위에서 말했듯이 보통은 세습적 승계가 궁극적인 결과이다. 유럽인 조상을 가진 사람으로서 우리는 세습적 승계를 장자에 의한 승계로 생각하는 경향이 있다. 이것은 반드시 다른 문화들에서도

하도록 군대가 뒷받침할 가능성이 있다. 그러나 현재로서는 군대가 통제 권력을 행사하기를 갈망한다는 아무런 증거도 없다. 그러므로 공화국 정당 지도자들은, 티토가 예견했듯이, 자기들의 다툼을 타협으로 해결하고 진정으로 집단적인 지도 체제에서 협조하지 않을 수 없을 것 같다. 유고슬라비아 국가가 지닌 사실상 연합적인 성질과 정당 조직 자체에서의 연방적인 요소들이 명백히 이런 종류의 해결책에 이바지한다. 그래서 티토 이후의 유고슬라비아는, 많은 다른 측면들에서와 같이, 표준적인 공산당 유형으로부터 벗어날 것이고 1인 지배를 피할 것이다"(Carter, 1982, pp. 256-257). 또한 Burg(1983), 특히 pp. 326-335도 보라.

43) 42살 김정일이 북한 주석인 73살의 김일성을 승계하기 위한 현행 계획들에 관해서는, Azia, 「워싱턴 포스트」, 1984년 8월 7일자와 「뉴욕 타임스」, 1985년 7월 9일자를 보라. 북한 헌법(1972)에 따르면, "비록 그가 4년마다 최고 인민 회의에 의해 선출되게 되어 있고 그가 이론적으로 자기의 직무 활동에 대해 최고 인민 회의에 책임을 지게 되어 있지만, 그의 임기에 대해 명시적인 헌법적 제약도 없고, 그가 실제로 어떤 정부 당국에도 책임을 지지 않는다는 사실에 관해서 아무런 모호성도 없다. . . . 헌법은 주석 승계의 질문에 관해서는 침묵하고 있다"(Vreeland, 1976, pp. 160-161).

44) Gilberg(1984), pp. 375-394.

사용되는 체제가 아니다. 여러분은 마르코 폴로가 육지로 중국에 갔지만 바다로 되돌아 온 것을 기억할지 모른다. 그가 그렇게 한 이유는 몽골 법에서는 막내아들이 자기 아버지를 계승했다는 점이다. 쿠빌라이 칸은 막내아들이 아니었고, 몽고에 사는 막내아들은 거대한 몽고 제국을 두 개로 쪼갠 반란을 이끌었다. 마르코 폴로가 갈 때처럼 고비 사막을 가로질러 되돌아오는 것은 안전하지 않았다.[45)]

물론 이것은 장자가 아닌 누군가에 의해 승계가 이루어진 유일한 사례가 아니다. 나는 위에서 승계가 후계자가 될 수 있는 사람들 사이에 사실상 일종의 전쟁(터키 제도의 경우, 한 궁전 감옥에 국한된 매우 작은 전쟁)을 수반한 사례들을 언급했다. 다른 사례들도 있다. 중국의 청 왕조는 아마도 중국이 지금껏 가진 것들 중 가장 강한 왕조였을 것이다.[46)] 내가 믿기로, 이렇게 된 기본적인 이유는 초기 시대에는 승계가 장자에게 가지 않았다는 점이었다. 황제는 자기 아이들 가운데서 승계할 자격이 있다고 생각한 아이를 뽑았다. 그는 일부다처제 통치자로서 항상 아주 많은 아들들을 가지고 있었으므로, 초기 황제들은 모두 특출한 재능을 가진 사람들이었다. 불행하게도 그들은 중국에 살고 있었고, 장자가 물려받아야 한다는 중국인들의 견해가 결국 채택되어 일단의 약한 황제들을 가지는 결과가 되었다.[47)]

다른 예들도 들 수 있을 것이다. 이집트의 파라오들이 보통 자기들의 여형제들과 결혼한 기본적인 이유는 이집트에서의 승계는 여자 계

---

45) Polo(1931); Blum, Cameron, and Barnes(1970), p. 49; Langer(1972), pp. 383-384를 보라.
46) 예를 들어 Kessler(1976); Spencer(1974)를 보라.
47) Langer(1972), pp. 575-579, 909-916; Kessler(1976), pp. 167ff를 보라.

통을 통해서 이루어졌기 때문이었다.[48] 현 모나코 왕자는 자기 아버지가 살아 있을 동안 자기 아버지를 승계했다.[49] 종합하면, 세습적 승계는 반드시 장자에서 장자로 이어지는 것이 아니다.

비록 우리가 승계가 장자에서 장자로 이루어지게 되어 있는 영역들에 국한한다 하더라도, 결코 한결같은 평화가 보장되지는 않는다. 우선, 혈통이 정말 끝난다. 즉, 현재 통치하는 왕의 아들이 없고, 합리적인 교체자인 것처럼 보이는 가까운 친척이 없다. 플로렌스의 우피치(Uffizi)는, 메디치가의 마지막 사람이 그녀의 유언장에 남긴, 플로렌스시에 준 선물이었다.[50]

우리는 계속할 수 있을 것이다. 세습적 승계는 확실히 평화로운 승계를 보장하지 않는다. 물론 이것의 명백한 예는 영국의 장미 전쟁이다. 그것은 왕좌에 대한 잠재적인 후계자가, 비록 반드시 가장 유망한 후계자는 아니었을지라도, 현존 왕을 타도했을 때 시작되었다. 그것은 수년간 또 수년간 또 수년간 계속되어, 주로 가까운 친척들끼리의 전쟁으로 되었다.[51] 최종 산물, 헨리 7세는 실제로 자기 혈관에 플랜태저넷(Plantagenet) 피를 가지지 않은 사람이었다.[52] 영국과 프랑스 사이에

48) 예를 들어 Cottrell(1969), p. 14에서 언급된 것처럼.

49) 현 모나코 통치자, 레이니에(Rainier) 3세 대공은 이번에는 **자기** 아들, 앨버트(Albert)가 그리 멀지 않은 미래에 자기를 잇도록 준비하고 있다(「뉴욕 타임스」, 1984년 2월 17일자).

50) "대량의 그림, 조상(彫像), 청동 제품, 희귀한 보석, 그리고 기타 예술 작품들"을 포함하고 있는 미술관인 우피치는 "마지막 메디치가 사람," 안나 마리아 루도비아(Anna Maria Ludovia, 1667-1743)에 의해 그녀가 죽기 직전 "새 대공(Grand Duke)과 그의 후계자들을 대표하여, 토스카나 국가(the state of Tuscany)에 영원히" 기증되었다(Young, 1930, p. 740. 또한 pp. 736-747도 보라).

51) Fisher(1906), pp. 1-24ff; Cheyney(1918), pp. 269ff; Dupuy and Dupuy(1977), pp. 419-423을 보라.

일어났던 길고 피비린내 나는 백년 전쟁은 영국 왕이 자기가 최근에 서거한 프랑스 왕에 대한 정통성 있는 후계자라고 결정했을 때 시동되었다.[53] 여러분들 중에 셰익스피어의 『헨리 5세』를 본 분들은 여자 혈통을 통한 승계를 금지한 살리카 승계법(the Salic Law of Succession)이 프랑스에서는 적용되지 않기 때문에 프랑스에서는 세습이 여자 혈통을 통해 이루어질 수 있다고 한 영국의 주장을 잘 알고 있을 것이다. 셰익스피어는 여러분들에게 만약 여성 승계가 허용되었다면 헨리 5세보다 더 나은 왕위 계승권을 가진 사람들이 대략 12명은 되었을 것이라는 점을 말해주지는 않는다. 그들 모두는 프랑스 사람들이었다.[54]

이 모든 것은 세습적 승계가 무수한 세대들에 걸쳐 아버지로부터 아들로 권좌를 평화롭게 승계하는 것을 보장하지 않는다는 점을 지적할 뿐이다. 그럼에도 불구하고 그것은 다른 방식들보다는 더 평화로운 것 같다. 나는 두 예, 비잔틴 제국 역사와 이집트의 맘루크 왕조(Mamluks) 역사를 생각할 수 있는데, 둘 다 대략 천 년을 계속했다.[55] 보통 3세대를 넘지 않지만 그들이 정말 세습적 승계를 가졌던 기간이 그들이 승계를 다투었던 기간보다 사정이 대체로 더 좋았음은 명백하다. "정통성 있는" 왕에 대한 민중의 헌신이 아주 현명했을지 모른다. 보통 사람들은 내전으로부터 얻을 것이 별로 혹은 전혀 없었고 잃을 것이 매우

---

52) Mackie(1957), pp. 47-50, 656a; Fisher(1906), pp. 1-15ff를 보라.

53) Seward(1978).

54) Blum, Cameron, and Barnes(1970), p. 225를 보라. 살리카 법에 관해서는 Langer(1972), p. 296을 보라. Harrison(1952)은 셰익스피어 "헨리 5세 왕의 생애"를 번각하고 있다(pp. 732-772).

55) 비잔틴 제국(324-1453)에 관해서는 Mango(1980)를 보라. 이집트의 맘루크 왕조(혹은 매멀루크 왕조 · Mamelukes)는 Muir(1896), 여기저기와 Harris(1971), pp. 461-466에서 논의되고 있다.

많았다. 불행하게도, 내전으로부터 이익을 얻을 수 있는 사람이 적어도 한 사람은 거의 항상 있었다.

하여간, 역사적으로 권좌에 대한 세습적 승계는 가장 흔한 통치 형태였다. 이것은 어느 승계나 다 다툼이 없다는 것을 의미하는 것이 아니라 단지 그것들의 대부분이 다툼이 없음을 의미할 뿐이다. 영국은, 대충 3세대마다 다툼이 있는 승계를 가져서, 유별나게 혼란스러웠던 국가이다. 우리 대부분은 우리의 역사를 영국 역사로 생각하므로, 이 유별난 혼란은 우리에게 세습 군주제의 특징으로 보일지 모른다. 사실상 나는 매 5세대가 더 나은 대략적 평균일 것이라고 생각한다.

이것은 세습 군주제의 역사적 기록에 관한 논의였지 왜 그것이 정말 아주 흔한 통치 형태인지에 관한 설명은 아니었다. 왜 세습 군주들이 세습적이지 않은 독재 정권들을 대체하는 경향이 있는가? 왜 우리가 오늘날 북한과 싱가포르의 독재자들이 분명히 세습적 승계를 계획하고 있는 것을 관찰하며 아이티의 지난 독재자가 사실상 자기 아버지의 세습적 후계자가 되는 것을 관찰하는가?[56] 왜 소모사가(家)는 오래갔을 뿐만 아니라 성공적이기까지 했고,[57] 그 문제와 관련하여 트루히요의 사망 후에 그의 아들이 가족 대농장(hacienda)을 계속 관리하지 못

56) 장-클로드 뒤발리에는 자기 아버지 프랑수와 뒤발리에 박사("아빠 박사(Papa Doc)")를, 그가 1971년에 죽은 후에, 승계하였다(「뉴욕 타임스」, 1971년 2월자; 「뉴욕 타임스」, 1971년 4월 23일자, 1:2). 그는 1987년에 시작되는 민주 선거에 명목적인 관심을 가끔씩 표명하곤 했다(「워싱턴 포스트」, 1985년 7월 7일자). 그의 아버지의 잔혹한 정권과 관행의 관점에서 볼 때(Diederich and Burt, 1969), 이 개혁들은 진지한 제안으로 간주되지 않았다.

57) 아나스타시오 소모사 데바일레(Anastasio Somoza Debayle)는 마침내 1979년 7월에 비난 공격을 받고 니카라과 대통령을 사임했다(「뉴욕 타임스」, 1979년 7월 18자).

하게 하는 데 왜 미국 정부의 직접적 개입이 필요했는가?[58)]

첫 번째로 말할 것은 아버지-아들 짝의 관점에서 볼 때 상황이 독재자와 자기 관리들 중 한 사람 사이의 관계보다 조금 더 쉽다는 점이다. 둘째로, 그리고 이것은 실제로 중요한 문제인데, 아들은 아버지보다 적어도 20년은 더 나이가 적은 경향이 있다. 따라서 비록 그가 자기 아버지가 죽을 때까지 기다린다 하더라도 그는 꽤 오래 개인적으로 통치할 가능성이 상당히 있다. 물론 이것이 항상 잘 되었던 것은 아니다. 루이 14세와 15세 둘 다 자기들의 아이들보다 더 오래 살았다.[59)] 결국 나세르에 의해 대체된 이집트 왕조를 창시한 무하마드 알리는 아주 오래 살아 그와 그의 극히 유능한 아들은 최종적으로는 거의 상호 증오하는 관계를 가지게 되었다.[60)]

그럼에도 불구하고, 대충, 장자는 자기 아버지가 죽기를 그저 기다리는 것이 현명하다. 그는 이것을 알고, 그의 아버지는 자기 아들이 이것을 안다는 것을 알아서, 아들에 의해 암살될 걱정이 세습적 승계 제

58) 예를 들어 Martin(1966); Crassweller(1966), pp. 261ff를 보라.

59) 1715년 프랑스의 루이 14세의 사망으로 "그의 5살 먹은 증손자 루이 15세가 왕좌에 앉게 되었다"(Blum, Cameron, and Barnes, 1970, p. 390. 또한 p. 454; Armstrong(1925), pp. 120ff; Krowenberger(1942), pp. 4-5도 보라. 1774년 루이 15세가 (천연두로) 사망한 후에, 그의 손자인 루이 16세가 20살에 왕이 되었다 (p. 462).

60) Sayyid-Marsot(1984, p. 83)이 언급하듯이, 무하마드 알리와 그의 아들 이브라힘(알리의 서른 명의 아이들 중의 하나)은 "비록 도덕적으로는 그들이 매우 달랐고 아버지와 아들 사이의 의견 충돌이 차후에 빈번해지게 되어 있었지만, 육체적으로는 서로 가깝게 닮았다. . . . 두 사람 사이에 정책과 책략에 관한 의견 충돌[뿐만 아니라], 이집트 사람들을 장교 계급으로 승진시키는 것에 관한 의견 충돌도 발생했다"(또한 상게서, pp. 223ff, 254ff; Lewis(1966), p. 167도 보라). 이브라힘은 1848년에 죽었지만, 자기 아버지는 아직 살아 있었다 (Mustafa, 1968, p. 300). 이브라힘의 군사적 업적에 관해서는, 예를 들어 Baer (1968), p. 139를 보라.

도에서는 지정된 후계자가 기존 정권의 고위 관리인 경우보다 더 적다. 내가 **더 적다**고 말하는 점을 주목하라. 꼼꼼히 계산해 보면 맏아들에 의한 살인이 맏아들이 승계하는 지역들에서 가장 흔한 왕의 사망 원인이라고 판명될 것이라는 나의 견해를 나는 이미 표명한 바 있다.[61)]

다른 측면으로서, 아버지와 아들 사이에 보통 어떤 애정 요소가 존재하고, 그것은 두 사람 다 다른 쪽의 만족으로부터 적어도 약간의 만족을 얻을 것임을 의미한다.[62)] 비록 그것이 완전한 상호 의존으로부터는 아주 멀지만 여기에 효용 함수들의 상호 의존이 존재한다. 이것 역시 아들이 자기 아버지를 죽일 가능성을 덜하게 한다. 이것의 가능성이 덜하다는 사실은 아버지가 그 문제에 관해 덜 걱정할 것임을 의미하고, 그래서 이것이 다시 이런 승계 방식을 더욱 가능성 있게 한다.

마지막 항목으로서, 우리가 아들이 후계자로 지명될지 모를 이유들에 관해 이야기하고 있지만, 이런 상황에서 아버지가 마음을 바꾸기는 어렵다. 그는 결국 단지 한 명의 장자만 가지고 있고, 많은 왕들은 사

61) 물론 이것은 어느 정도 당신이 다른 사망 형태들을 어떻게 분류하느냐에 달려 있을 것이다. 나는 그것이 "자연사(natural death)"보다 더 흔하지 않다고 확신하지만 만약 자연사가 질병들 사이에서 다시 세분된다면 나의 일반화가 타당할 것이라고 생각한다. 예를 들어 Jaszi and Lewis(1957)는 로마 제국의 멸망(그동안 "암살의 관행이 거의 정치적 제도가 되었다") 후에, "이런 종류의 정치적 살인은 또한 게르만 민족 이동 후의 시기에도 특징이 되었다"고 언급하고 있다. 가장 긴밀한 자연적 유대도 여기서는 무시된다. 형제 살해, 가장 가까운 친척들의 살인이 일상사가 된다. 이 상황은 카롤링거 왕조의 강력한 통치가 일정 질서와 통일을 강제할 때까지 지속되었다"(p. 152). 또한 Langer(1968), p. 161도 보라.

62) 또한 다른 쪽의 불행으로부터 불만족도 얻는다. 다윗의 아들 압살롬(장자가 아니다)이 자기 아버지에 반역하여 그를 예루살렘에서 쫓아냈다. 요압이 왕군을 이끌고 압살롬에 대항했을 때, 그는 다윗으로부터 압살롬에게 아무런 해를 끼치지 않도록 하라고 명령 받았다. 그럼에도 불구하고 그는 그를 죽였고, 다윗은 깊은 슬픔에 빠졌다(사무엘기 하권 제19장).

실상 단지 한 명의 아들만 가지고 있었다. 비록 그가 현 태자를 의심하고 화가 난다 하더라도, 그는 그저 어떤 다른 사람을 자기 장자로 임명하는 일을 거의 할 수 없다. 만약 그에게 다른 아이들이 있다면 그가 자기 아들을 죽일 수 있다는 것은 사실이다. 많은 왕들이 그렇게 했다. 그러나 이것은 극단적인 조치다.

이 모든 것의 결과는 아버지가 자기 아들에게 신뢰를 더 크게 가진다는 것이고, 그것은 이번에는 아들이 자기 아버지를 죽일 동기를, 만약 지정된 후계자가 그저 정권의 고위 관리라면[63] 그 지정된 후계자가 가질 동기보다, 훨씬 더 약하게 가지고 있다는 것을 의미한다. 이것은 다시 아버지가 자기 아들을 다른 사람들보다 더 믿을 수 있다는 것을 의미한다.

나는 위에서 양(養)황제와 그의 양(養)후계자가 좀체 서로 상당히 닮았던 것 같지 않다고 언급했다. 통치자가 자기 아들이 통치자의 지위에 관해 교육 받을 필요가 있다는 표면상 이론에 따라 자기 아들을 어떤 멀고도 군사적으로 중요하지 않은 성(省)에 태수로 임명하는 것은 드물지만 전례가 없지 않은 예방책이다.

그러나 더욱 더 흔한 예방책—그리고 이것은 세습 군주들이 썩 훌륭한 통치자가 되지 못하는 경향이 있는 이유들 중의 하나일지 모르는데—은 그저 아들에게 많은 유희거리를 제공하는 것이다. 아들에게 실제로 얼마든지 많은 멋진 폴로 경기용 작은 말들, 아름다운 첩들, 수영장들 등을 제공할 수 있다. 이것은 통상적으로 왕에게 자기 국가의 GNP

63) 아니면 압살롬과 같이 일부다처제 아버지의 많은 아들들 가운데서 단지 한 아들이라면.

의 매우 높은 비율의 비용 부담을 주지는 않을 것이고, 그가 즉각적인 승계에 진지하게 관심을 기울이지 않도록 아이에게는 충분한 기분 전환을 제공할지 모른다. 불행하게도, 이런 종류의 교육은 그를 훌륭한 왕으로 만들 것 같지는 않다.

이것들은 왕이 자기 아들을 후계자로 선호할지 모를 이유들이다. 우리는 또한 어째서 아들이 자기 아버지의 사망 후에 사실상 통제력을 장악할 수 있는지 설명해야 한다. 참으로, 우리가 역사를 보면 우리는 정통성 있는 후계자가 비록 그가 지명되지 않는다 할지라도 권력을 장악한 많은 사례들을 발견할 것이다. 엘리자베스 여왕이 사망했을 때, 그녀는 후계자를 지명하지 않았다.[64] 그러나 스코틀랜드 왕 제임스는 적합한 왕의 명백한 예였고 어려움 없이 권력을 넘겨받았다. 비슷하게, 군림하고 있는 프랑스 국왕이 사망한(백년 전쟁의 원인이 되었다) 직후, 프랑스 자체에서는 현존 국왕의 아주 먼 친척이 정통 후계자로서 평화롭게 받아들여졌다.[65] 물론 이것들은 왕조 전통이 이미 존재한 사례들이다. 왕조 전통이 전부터 존재하지 않을 때 세습 승계로 이동하는 것은 분명히 동일한 것이 아니다. 그러나 우리는 이것의 매우 뚜렷한 예 하나를 찾을 수 있다. 줄리어스 시저는 로마인들의 왕이 아니었지만, 그는 확실히 그 나라를 지배했다.[66] 시저의 암살 직후, 그 당시

---

64) Blum, Cameron, and Barnes(1970), p. 171. 그녀의 마지막 병 때 그녀는 자기 손을 자기 머리 위로 올린 것으로 보고되는데, 이것은 그녀가 이미 왕이었던 유일한 유망 후보, 스코틀랜드 왕 제임스(James of Scotland)에게 왕관이 가기를 원하는 것을 나타낸다고 해석되었다. 내게는 그녀의 몸짓을 이런 식으로 해석한 사람들은 이미 제임스 파(派)였을 것이라는 생각이 든다.

65) 예를 들어 Langer(1972), pp. 297-303; Seward(1978), 여기저기를 보라.

66) Mommsen(1928), 제33장 "구(舊)공화국과 신(新)군주제, 기원전 46-44년," pp. 362-396을 보라.

시저에 대한 그의 관계를 제외하고는 실질적으로 아무런 긍정적인 자질을 가지고 있는 것 같지 않았음에 틀림없는 젊은이 아우구스투스가 즉각 삼두정치(Triumvirate)의 일원이 되었다. 후에, 부분적으로는 그가 시저가(家)의 일원이었기 때문이고 부분적으로는 그가 매우 유능한 음모가였기 때문에, 그는 황제가 되었고 왕조를 수립했다.[67)]

많은 그리스 참주들은 자기 아들을 권좌에 앉히는 데 성공했다. 그러나 보통 이 경우들에는 아우구스투스의 경우 일어났던 것보다 더욱 확정적인 지명이 있었다.[68)] 내가 이런 종류의 것에 관한 예들을 찾기 위해서는 아주 옛날 역사로 되돌아가야 했다는 점을 주목하라. 19세기 역사는 이런 저런 종류의 절대 지배자들을 민주 정부들로 바꾸는 역사였다.[69)] 20세기는 다른 방향으로의 이동을 많이 보여주었지만,[70)] 대체로 이것은 현재로서는 아주 짧은 운영 시간을 가져서 특정 승계 방식으로 나아가는 일반적인 경향이 확립될 시간을 아직 가지지 못했다.

그러나 우리의 주제로 되돌아오면 어째서 "정통성 있는" 후계자, 보통은 아들이 자기 아버지를 이을 특별히 유리한 위치에 있는가? 이 질문에 대답하기 위하여, 우리는 셸링의 연구와 셸링 점(Schelling point)에 관한 우리의 앞의 논의로 되돌아간다.[71)] 고위 조신들 모두 물론 스

---

67) 줄리어스 시저와 아우구스투스 사이의 관계에 대해서는, Weinstock(1971), 여기저기, 특히 제8장, "왕정과 신성(神性)," pp. 270-286을 보라.

68) 그리스 참주들의 역사에 대해서는, 예를 들어 Perrin(1968)과 Turner(1963)을 보라.

69) 예를 들어 Langer(1972), 제5부 여기저기; Blum, Cameron, and Barnes(1970), 제11장-제29장; Ward, Prothero, and Leathes(1928)를 보라. 또한 Moore(1966); Elias(1982), pp. 258ff도 보라.

70) Langer(1972), 제6부와 제7부; Blum, Cameron, and Barnes(1970), 제4부; Johnson(1983).

71) Schelling(1980), 특히 pp. 113-115. 또한 Tullock(1974), pp. 75ff도 보라.

스로 새 독재자가 되고 싶을 것이지만, 그들 모두는 단지 한 사람만 승리할 것임을 알고 있다. 따라서 비록 그들이 항상 주된 기회를 보고 있지만, 그들은 또한 자기들 생각에 승리할 것 같은 사람은 누구든지 지지하는 데도 매우 관심을 기울이고 있다. 셸링이 지적했듯이 이런 상황에서는 현저함(conspicuousness)이 강력한 논거가 되기 쉽다. 그 아들을 지지하는 연합이 형성되기 쉬운데, 그가 매우 현저한 사람이라는 단순히 그 이유 때문이다. 현저하므로 각 정치가는 다른 정치가들이 그에게 이끌릴 것이라고 생각할 것 같다. 다른 정치가들이 그에게 끌릴 것이므로 나 자신도 그에게 가담하는 것이 더 낫다. 모든 정치가들이 이런 식으로 생각하므로 그 현저한 사람, 이 경우 정통성 있는 후계자가 큰 이점을 가지고 있고 아마도 승리할 것이다.

이 점은 만약 정통성 있는 후계자가 또한 아주 상당히 유능한 사람이기도 하다면 특히 사실일 것임을 주목하라. 그러나 그것은 결코 대부분의 경우들에 분명히 사실인 것은 아니다. 생물학자들은 "평균으로의 회귀(regression to the mean)"를 잘 알고 있는데, 여기에서는 일정 종의 평균으로부터 심하게 벗어난 특징들은 다음 세대에서는 덜 강력하게 표현되는 경향이 있다. 미끄러운 기둥을 타고 오른 원래의 독재자는 틀림없이 아주 상당히 유능하다. 그러나 그의 아들은 그렇지 않을지 모른다. 더군다나, 그의 양육은 그에게 그가 통치할 권리를 가지고 있다는 강력한 감정은 주지만 그것을 잘 할 큰 재능은 주지 않는 양육이었을 가능성이 매우 크다.

내가 세습적인 국가 통치자들이 전적으로 부적격이라고 주장하고 있는 것이 아니라, 단지 대체로 신 심판관(divine judge)이 최상의 통치자로서 선택할 특별한 국가 거주자들이 아니라고 주장하고 있을 뿐임을 주목하라. 아마도 국가 전체의 관점에서는 세습적 승계의 주된 이점은 세습적 승계가 독재자가 사망했을 때 내전을 피하고 참으로 그의 정통성 있는 후계자 외의 어떤 사람도 그를 암살하려고 시도하지 않게 할 것 같다는 점일 것이다. 승계는 적어도 대부분의 시간에는 평화로운 경향이 있고, 그것이 비록 무한한 은총은 아닐지라도 은총인 것은 확실하다.

그러나 비록 이것이 내 견해로는 대부분의 국가들에서 현 상황의 가능성 있는 결과는 될지라도 그것은 확실히 현 상황은 아니다. 설사 장기 예측은 세습 군주일지라도, 무질서한 승계, 정부 전복 기도, 쿠데타, 그리고 하여간 남미에서는 독재 체제와 민주주의의 교대가 단기 예측일 것 같다.

제9장 민주 정치와 전제 정치

이 책은 주로 절대적 지배에 관해 다룬다. 그래서 나는 지금까지 민주 정부들에 관해 별로 관심을 기울이지 않았다. 민주 정부들에 관한 나의 다른 책들에서 나는 통상적으로 전제 정부들에 전혀 관심을 기울이지 않았다. 그럼에도 불구하고 민주주의와 독재 체제 사이의 일종의 중간적인 상황들이 있고, 민주 정부가 독재 정권으로 바뀐다든지 군주제가 민주주의로 바뀌는 다른 분석 가능한 상황들도 있다. 이 장은 이런 상황들을 논의할 것이다.

현 어법에서 "민주주의"는 통상적으로 모든 성인들에게 투표가 허용되는 체제들에 국한된다.[1] 역사적으로 20세기 전에는 이 상황은 거의 알려져 있지 않았다. 그렇지만 투표자들이 있는 정부들은 그 당시에도 분명 존재하였다. 예를 들어 아테네에서는 정식 시민들이 극히 "민주적인" 방식으로 자기들의 업무를 수행했는데, 그러나 그들은 성인 주민들의 그저 소수일 뿐이었다.[2] 조지 2세의 영국에서는 하원이

1) 이스라엘은 이 규칙에 대한 예외인데, 왜냐하면 웨스트 뱅크(West Bank; 요단강 서안 지구로 1967년 이스라엘이 점령—역주) 아랍 사람들은 이스라엘 정부에 대한 투표가 허용되지 않는다는 사실에도 불구하고 민주 국가로 계산되기 때문이다. 때때로 그들은 지방 정부 조직들에 대해 자신들의 관리들을 선출하는 것이 허용된다. 이스라엘 사람들이 웨스트 뱅크 아랍 사람들에게 허용하는 한정된 정치적 권리들에 관해서는 Dunnigan and Bay(1985)를 보라. 또한 "West Bank Arabs Have Rarely Felt So Concerned," 「뉴욕 타임스」, 1985년 8월 11일자, p. E5도 보라.

명백히 정부의 중요한 부분이었고 투표로 자기의 업무를 수행했지만, 그것은 다소 기이한 절차에 의해 선출되었고 결코 가장 중요한 정부 부분이 아니었다.[3)]

이 사례들을 다루기 위하여 나는 투표가 통치 과정의 중요한 부분이 되는 사례들 모두에 대해 "선거 체제(electoral system)"라는 용어를 사용하고 있다. 따라서 현대적 의미에서 민주주의는 "선거 체제"의 하나의 특별한 유형이 된다. 우리는 선거 체제들을 그것들이 민주주의에 얼마나 가깝게 접근하는가의 면에서 분류할 수 있는데, 한 극단에는 신성 로마 제국이 있고, 1900년의 미국은[4)] 다른 극단에 매우 가깝다.

---

2) Bowra(1957, p. 82)가 지적하듯이, "8세기 말까지 세습 군주들은 그리스에서 거의 중요성을 잃었고 . . . 과두 집단과 평민 계급에 권력을 부여한 성문 헌법으로 대체되었는데, . . . 이 중 앞의 것은 귀족들의 통치를 의미했다. 반면 민주 정치는 그것의 통치가 전체 자유 남자 성인 주민들의 손에 있다고 주장하였다. 이것은 과두제보다 늦게 성장한 것이었고 항상 덜 흔했다." 또한 Forrest (1966), pp. 65-66도 보라. 비교적 소규모 선거 계급은 또한 스파르타의 "민주주의"에서의 사례이기도 했다. "스파르타 헌법에서의 '민주적' 요소들을 이야기할 때는 누구든 물론 전체 시민들이 헬롯(Helot)[스파르타에 의해 정복된 그리스 주민]을 모질게 학대하고 **페를로에치**(*Perloeci*)에게 권력을 허용하지 않는 지배 계급이었음을 기억해야"(Russell, 1945, p. 97) 하는데, 후자는 정치적 권력을 가지고 있지 않은 라코니아(스파르타의 수도)의 자유 거주민이었다.

3) 예를 들어 Kronenberger(1942), pp. 200-211; Spearman(1957), pp. 1-7, 52-59를 보라. 물론 Muir(1924, p. 16)가 지적하듯이, "모든 정부 제안들은 압도적 다수로 통과되었다. 그리고 이것은 부패가 대규모로—월폴(Horace Walpole; 영국의 저술가(1717-1797)—역주)이 심지어 꿈에 보았던 것보다 훨씬 더 낭비적인 규모로—사용되었다는 사실에 기인했을 뿐만 아니라, 더욱 더 하원의 대부분의 지방 명사들이 왕이 정부를 통제해야 한다는 점에 꽤 만족했고 그의 정책에 대해 다투지 않았다는 사실에도 기인했다. . . . 그리고 새로운 정체를 그렇게 받아들이는 데서 의회의 두 원이 국가 전체의 공중 감정에 반했다고 생각할 이유가 없다. 왕 자신과 그가 추구한 정책은 결코 인기 없는 것이 아니었다. . . . 만약 선거가 1770년과 1777년 사이 어느 때든 꽤 민주적인 방침에 따라 이루어질 수 있었다면, 왕의 정책을 지지한 정당은 그것이 구(舊)대표 체제의 변칙 아래에서 누렸던 것만큼 큰 다수를 얻었을 가능성이 있다.

그러나 선거 체제를 논의하기 전에 흔히 부분적 민주주의라 불리지만 사실상 그저 몇몇 독재 정부들의 한 측면일 뿐인 현상을 다루기 위해 잠시 본론에서 벗어나야겠다. 이것은 “일당 국가(one-party state)”이다. 그것의 기원은 단순하다. 다수의 현 독재 정권들은 민주 국가들 혹은 꽤 민주주의로 나아가는 중에 있는 국가들로부터 생겼다. 많은 사례들에서 독재 정권은 민주 국가에서 정당이 통제 수단을 얻으려고 투쟁하면서 시작되었다. 레닌을 예로 들어 보자. 나는 대부분의 그의 생애 동안 존재했던 러시아를 완전한 민주주의로 부르고 싶지는 않지만, 그것은 적어도 몇몇 선거 측면들을 가지고 있었고, 1917년 이전의 대부분의 그의 생애 동안 그는 정부의 관리라기보다는 정당 지도자였다. 그의 충성스러운 추종자들 모두는 당원이었다. 통제 수단을 장악했을 때 그가 자기 추종자들, 그 당의 구성원들을 자기가 배치할 수 있는 모든 권력 직위들에 배치할 것이라는 점은 물론 분명하였다. 또한 그가 공식적으로 그 당을 해체했어야 할 이유도 없었고, 그는 해체하지 않았다.[5)]

---

4) 여성들은 투표할 수 없었다. 제9차 수정 헌법이 통과된 1920년에 이르러서야 그들이 투표할 수 있었는데, 물론 영국에서는 보통 선거권이 30세 이상의 여성들에게 참정권이 부여된 1918년에 시작되었다. 이것은 10년 후에는 21살로 낮춰졌다. 예를 들어 Grun(1979), pp. 471ff를 보라.

5) 예를 들어 Fitzpatrick(1982), pp. 27, 29를 보라. 물론 Johnson(1983, p. 64)이 지적하듯이, “레닌은 소비에트가 자기의 정권에 부여한 가짜 정통성을 가능한 최대한으로 교활하게 사용하였다. . . . 그는 조심스럽게 두 수준에서 움직였다. . . . 표면상으로는 헌법적 제도와 공식적 합법성이라는 수준이 있었다. 그것은 쇼를 위한 것이었고, 실제 권력의 깊은 구조들은 경찰, 군대, 통신, 무기였다. . . . [1917년 11월 12일에] 볼셰비키들이 그저 참가 집단들 중의 하나로 선거가 실시되었다. 그것은 지금까지 러시아에서 실시된 처음이자 마지막 진정으로 의회제적인 선거였다.” 레닌은 1918년 1월 6일에 의회를 공식적으로 해체했다(예를 들어 상게서, pp. 71-72를 보라). 물론 오늘날에는 “특정 날짜에 선

그는 간단히 모든 다른 정당들을 불법화하고 자신의 정당을 정부 여당으로 존속시켰으며 그 국가를 일당 국가라 불렀다. 이것에 어떠한 직접적 동기라도 존재하는 한 그것은 아마도 독재 체제를, 현저하게 얇은 외관이었지만, 민주적 외관 아래 위장하려는 욕망이었을 것이다. 시간이 흐름에 따라 러시아 국가에서 공산당은, 정당으로서가 아니라 본질적으로 국가의 직원 통제부로서, 사실상 독립적인 권력을 발전시켰다. 그것은 부분적으로는 국가를 위한 선전 기관이었고 부분적으로는 노멘클라투라(nomenklatura·구(舊)공산권의 특권 계급)를 통해서 그것의 직원을 통제하는 조직이었다.[6] 아마도 그것이 스탈린과 흐루시초프와 같은 독재자들에 대해 지니는 이점은 자기들 밑에 있는 정부 관리들을 서로 분리시키는 데 사용할 수 있는 대안 통로를 제공하는 점에 주로 달려 있었다. 그러한 "정당"을 가지고 있지 않은 더욱 전통적인 정부들은 동일한 목적을 위해 다른 방법들을 사용했었다.

러시아는 현존하는 가장 오래 된 "일당 국가"인데, 당원 수가 확대되는 다소 간헐적인 경향이 있었다. 일이 현재대로 진행된다고 가정하면, 마치 결국 로마 황제들이 제국의 한 사람 한 사람의 주민 모두를

거를 실시하려는 초기 결정으로부터 후보의 선출, 지명 및 등록을 거쳐, 표의 계산과 선거 후 검표에 이르기까지 [공산]당이 개입하여 . . .'권위적인 제안'을 하고 . . . 투표자들을 투표장에 가도록 해서 그 이름에 선을 그어 지워 선거구에서 한 명의 승인된 후보에 반대 투표하지 못하도록 의도된 선전 운동을 이끈다. . . . 기회나 자발성의 여지는 없다. . . ."(Hill and Frank, 1983, pp. 110-111). 또한 Hill(1973, 1976); Scott(1969), 특히 p. 97; Clarke(1967); Jacobs(1970, 1972); Gilson(1968), 특히 p. 820; Friedgust(1979)도 보라.

6) Harasymiw(1984)는 노멘클라투라와 공산당의 회원 자격과 관련한 인사 및 채용 정책들의 논의를 제공한다. 또한 Armstrong(1961); Miller(1982); Hough (1980); Voslenskii(1984); D'Encausse(1980), pp. 16ff, 70ff, 139-149, 320-322도 보라.

시민으로 만들었듯이, 50년-75년이 지나면 그들이 러시아에 있는 한 사람 한 사람 모두를 자동적으로 당원으로 만들 것이라고 나는 예측할 것이다.

소련은 유일한 일당 국가가 아니다. 무솔리니와 히틀러 둘 다 정치 지도자로서 권력에 올랐고 두 사례 모두에서 자기들의 이전의 정당을 존속시켰다. 이 두 사례 어느 쪽에서도 이 정당은 소련의 공산당만큼 많은 영향력을 가지고 있지 않았지만, 여전히 그것은 두 사례 모두에서 통제 기구의 일부였다.[7)]

프랑코의 경우, 물론 그는 외부로부터 군인으로서 정부를 넘겨받았지만, 그에게 헌신하겠다고 선언하고 일당 지위가 주어진 한 정당이 있었다. 이 경우 프랑코는 큰 실질적 중요성을 가지고 있지 않은 팔랑헤당(Phalange)을 결코 진정으로 신뢰하지 않은 것이 꽤 명백한 것 같다.[8)]

---

7) 히틀러의 나치당 사용에 관해서는 Bullock(1964), 여기저기를 보라. 또한 Jarman(1961), pp. 79-94, 133-168도 보라. 이탈리아의 정치적 통제를 얻기 위한 수단으로서 무솔리니에 의해 1919년 3월 23일 설립된 파시스트당은 Johnson(1983), pp. 95-96, 97-103에서 논의된다. 참으로 존슨이 언급하듯이(p. 130), 자기의 파시스트당 사용에서 무솔리니는 "레닌의 분명한 실수들의 어느 것도 저지르지 않았다. 그는 비밀경찰을 창설하지도, 의회를 폐지하지도 않았다. 출판은 계속 자유로웠고 야당 지도자들도 자유로웠다. 몇몇 살인들이 있었지만 쿠데타 이전보다 더 적었다. 파시스트 대(大)평의회(Fascist Grand Council)가 국가의 기관이 되었고, 흑셔츠당(Blackshirts; 이탈리아의 국수(國粹)당—역주)이 합법화되어 1924년 4월의 선거들에 위협의 분위기를 제공했으며, 이것이 파시스트당에 큰 다수를 낳았다. 그러나 무솔리니는 자신을 정당 지도자로보다는 국가 지도자로 보았다. 그는 자기가 힘뿐만 아니라 동의에 의해 통치한다고 말했다."

8) 프랑코에게는 "군대야말로 오래 되고, 특정 계급에 속하지 않고, 비지역적이고, 정치에 관심이 없고, 부패하지 않고, 사심 없는 유일하게 진정으로 국가적인 제도였다. 만약 그것이 억압받는다면, 그것은 반란을 일으켰다. . . . 그렇지 않으면 그것은 봉사했다"는 연상들이 옳은 것 같다. 프랑코는 "어떤 형태든 정

대부분의 다른 일당 국가들에서의 정당들은 팔랑헤당이 프랑코 치하에 있을 때보다 훨씬 덜 중요하다. 그것들의 역사는 보통 식민 강국이 철수하고 있는 시기 동안 자기 정당을 이끌었고 자기가 정권을 잡았을 때 레닌처럼 그 정당을 폐지할 이유를 보지 못했던 정당 지도자의 역사다.

그럼에도 불구하고 대부분의 경우 그 정당은 다른 어떤 것보다도 장식적이다. 정부 안이나, 그 문제와 관련, 정부 바깥의 저명한 사람은 미국의 작은 도시의 실업가가 로터리 클럽의 회원인 것과 같은 이유로 그 정당의 당원이기 쉽다. 더 나아가서, 그들 대부분이 순수하게 사교적인 중요성을 로터리 클럽만큼 많이 가지고 있지 않다는 점을 제외하면, 그것은 아마도 로터리 클럽만큼 중요할 것이고 다소 동일한 기능을 가지고 있을 것이다.

미국의 작은 도시에서 우리가 유명한 사람이 로터리 클럽 회원이 아님을 발견한다면 꽤 놀랄 것이다. 작은 아프리카 독재 정권에서 우리가 중요한 사람이 그 정당의 당원이 아님을 발견한다면 우리는 다소 놀랄 것이다. 그러나 양 경우 모두 사실상의 권력 지레(lever)는 다른 곳에 놓여 있다. 짐바브웨의 무가베는 현재 자기 권력을 공고히 하려고 시도하고 있고, 그것의 일환으로서 일당 국가의 수립에 관해 이야기하고 있다. 일당 국가라는 말로 그는 단지 자기가 자기 반대자들의

치를 증오"했고 "두 개의 반란 운동, 팔랑헤당과 카를로스주의자들(Carlists; 돈 카를로스(Don Carlos)가(家)의 스페인 왕위 계승권을 주장하는 운동을 하는 사람들—역주)을 이용하여 그들을 자기의 지도력 아래 융합했지만, 그들의 역할은 보조적이었고, 참으로, 비굴하였다"(Johnson, 1983, p. 331). 또한 Ben-Ami(1983), p. 396도 보라. 그리고 프랑코의 군사 혁명에 관해서는 Weatcroft (1983), pp. 114-117을 보라.

모든 정치적 권력을 제거하려고 한다는 것을 의미한다. 무가베가 정당을 통제하는 것이 아니라 정당이 무가베를 통제한다고 생각하는 그 단일 정당의 어떤 당원이든 자기가 실수했음을 발견할 것이다.

대부분의 아프리카 일당 국가들의 경우처럼 이 경우에도 정당 그 자체가 통제 수단이 아님을 주목하라. 그것은 본질적으로 통제를 행사하는 사람들이 보통 그 회원으로 있는 협회이다. 다시 한 번 말하자면, 그것이 로터리 클럽에 유사한 정도는 그것이, 말하자면, 1920년대의 소련 공산당에 유사한 정도보다 훨씬 더 크다.

그러나 이것은 본론에서 벗어난 것이었다. 이 장의 요점은 민주 정부나 독재 정권이 서로 바뀌는 상황들에 관해 이야기하는 것과 매우 흥미로운 중간적인 상황을 논하는 것이다.

이야기할 첫 번째 것은 전제 정부가 민주 정부로 바뀌는 것은 말할 것도 없고 선거 체제로 바뀌는 것도 역사적으로 흔하지 않았다는 점이다. 자기의 역사 지식이 최근의 서양에 집중되는 경향이 있는 이 책의 보통의 독자는 이 점이 진실임을 깨닫지 못할지 모르는데, 왜냐하면 그것은 민주주의가 유럽에 걸쳐 퍼져 나갔던 시기였기 때문이다. 그렇지만 만약 그가 긴 역사 범위를 고찰한다면, 그것은 명백히 사실이다. 대부분의 전제 정권들은 다른 전제 정권들이 이어받는다. 전제 정권을 선거 체제가 이어받는 것은 왕조의 변경보다 훨씬 덜 흔하다.

반면에, 만약 우리가 다시 긴 역사 범위를 고찰하면, 우리는 전제 체제가 선거 체제로 변한 사례들을 발견하기도 할 것이다. 우리는 또한 선거 체제가 독재 체제에 굴복한 사례들도 발견할 것이다. 물론 양 사례에서 그 설명으로 가장 흔한 것은 자기 자신의 통치 체제를 부과하는 정복자를 가진 외국 정복이다. 아테네 전성기에 아테네는 다른 그리스 도시 국가들을 많이 정복했는데, 각 경우 정복된 도시에[9] 선거 정부 형태를 부과했다.[10] 물론 이 선거 정부는 대부분의 경우 아테네에 있는 상부 선거민(superelectorate)에 종속되어 있었다. 이 경우 대체된 정부들은, 이 책에서 제시된 다소 느슨한 기준에 따르면, 대체로 이미 선거 정부들이었지만, 훨씬 더 제한된 선거권을 가지고 있었다. 스파르타와 나중에 테베가 지배했을 때, 아테네 사람들이 "민주 정치(democracies)"라고 부르던 것을 대체한 정부들은 그 당시에는 "과두 정치(oligarchies)"라고 불렸다.[11] 이 책의 용어를 사용하여 우리는 그것들을 "선거(electoral)" 정부라고 부를 것이지만, 훨씬 더 소규모의 선거민을 가지고 있었다. 그들은 여전히 투표에 의해 통치되었지만, 단지 아주 소규모 집단만 투표하는 것이 허용되었다.

---

9) 그것이 모든 시민들을 노예로 팔지 않았을 때.

10) Forrest(1966)를 보라. 그가 언급하기를(p. 39), 아테네 제국은 "종종 야만적이고 이기적인 폭군으로 묘사된다. . . . 그러나 비록 아테네의 열광이 민주주의가 전혀 필요하지 않을 때 아테네로 하여금 가끔씩 민주주의를 부과하거나 적어도 장려하도록 이끌었을지 모르지만 . . . 사실상 상당한 정도로, 동맹국은 여전히 자주적인 채로 남아 있었다. . . . 만약 아테네의 규칙이 . . . 거칠고 인기가 없었다면 . . . 아테네의 백성들 중에 그것을 스파르타의 자유(Spartan freedom)와 간절히 교환하고 싶었던 사람들이 어떻게 그렇게 적었는지, 시칠리아의 대부분의 동맹국 대표단들이 시라쿠사 사람들로부터의 안전 제의를 받아들이기보다 아테네 사람들 곁에서 거의 확실한 죽음을 맞이하기를 더 원했는지 신기하다. 반란들이 일어났을 때 그것들은 거의 항상 반체제의 과두 정치 집정자들의 작업이었던 반면, 국민들은 종종 아테네 사람들의 복귀를 능동적으로 지지할 준비가 되어 있었다는 것이 신기하다. 스파르타의 자유를 30년도 경험하지 않은 후 제국의 얼마나 많은 이전 구성국들이 4세기에 새로운 아테네 동맹에 가담할 준비가 되어 있었는지 더욱 더 신기하다." 또한 Eisenstadt(1963), p. 106도 보라.

11) 그리스의 테베 시대(기원전 371-355)에 관해서는 Dupuy and Dupuy(1977), p. 43; Lander(1972), p. 77; Oman and Adam(1928), pp. 426-451ff를 보라.

그러면 외국 정복 문제를 가지고 계속하기로 하면, 로마인들은 대체로 자기들의 군대가 미치는 곳은 어디든지 지방 통치로서 선거 체제를 수립했다.[12] 로마가 가장 크게 팽창했을 때는 로마가 선거 체제였지만, 이것은 로마 그 자체가 선거 체제였다는 것을 의미하지는 않았다.[13] 물론 마케도니아는 결코 조금도 민주적이지 않았다. 선거의 지방 정부들을 계속 사용한 후속 왕국들도 민주적이지 않았다. 갈리아나 소아시아의 세습 왕국들을 상위의 로마 제국의 자치적 지방 구조들로 대체하는 것은, 비록 그 운동이 멀리까지 나아가지는 않았다 하더라도, 아마도 민주주의의 방향으로 나아가는 운동이었을 것이다.

카르타고 사람들 역시 선거 체제를 가지고 있었으므로 이것은 과거 카르타고 제국과 관련해서는 사실이 아니었을 것임을 주목하라.[14] 참으로, 로마 정복 직전 시기에 지중해는 보통 다소 한정된 선거인 집단을 가지는 선출된 정부를 가진 도시 국가들로 들끓었다. 로마는 이 체제를 부분적으로 근절하고 부분적으로 확대했지만, 그것을 지방 자치 체제로 전환하였다.[15] 미국에서처럼, 시간이 흐름에 따라 지방 정부들

12) 그리고 참으로 또한 마케도니아 사람들도 그렇게 했다. 예를 들어 Sinnigen and Boak(1977), pp. 59ff, 62ff, 97ff; Mommsen(1928), pp. 62-73을 보라. 마케도니아 사람들에 관해서는 Langer(1972), pp. 91-92를 보라.

13) Sinnigen and Boak(1977), pp. 133ff .

14) 비록 "호상(豪商)들(merchant Princes)"에 의해 통치되었을지라도 어느 정도 카르타고국은 부분적으로는 "상정된 문제들을 자유로이 토론하고 반대할" 자유가 있는 대중 집회에 의해 통제되었다. 그러나 집회의 의제는 이 "문제"가 도대체 어떤 것일지를 결정하는 장로회(council of elders)에 의해 결정되었다. Muller(1961), p. 104.

15) Sinnigen and Boak(1977), 제8장, "지중해의 정복, 제1단계: 기원전 264-기원전 201," pp. 96-116과 제9장, "지중해의 정복, 제2단계: 기원전 200-기원전 167," pp. 117-127. 또한 Mommsen(1928), 제2부, "지중해 국가의 정복, 기원전 264-기원전 133," pp. 89-168도 보라.

은 점점 덜 중요해지고, 중앙 정부는 더욱 더 중요해졌다. 물론 미국과 달리, 중앙 정부는 이때쯤 전제적이고 흔히 혼란스러운 군주제가 되었다.[16)]

더욱 최근에, 유럽 국가들도 다소 동일한 현상을 겪었다. 프랑스 공화국 시기 동안 선거 제도가 전 유럽에 걸쳐 부과되었고, 그것의 많은 측면들, 선출된 의회, 배심원제 등은 나폴레옹 제국 내내 계속 존재했다.[17)]

이러한 경험과 어쩌면 다른 요인들의 결과로, 19세기는 군주정이 우리가 "제한 전제 정치(limited autocracies)"라고 부르곤 하는 것으로 점차 바뀌고 그 다음 공화정이 되거나 스웨덴의 오늘날의 상황과 같이 내가 "장식적 군주정(decorative monarchies)"이라고 불러야 한다고 생

---

16) Gibbon(1914), Vol. I, pp. vff; Sinnigen and Boak(1977), 제23장, "전제 정치하의 행정," pp. 431-450.

17) 예를 들어 Gershoy(1957, p. 93)가 그 과정을 요약하듯이, "프랑스에 아주 가까이 위치했던 유럽 지역에서 [제1공화국(1792-1804)의] 주도적인 충동은 1792-1793년에는 노예 상태의 국민들을 해방하는 것이었다. . . . 민간들이나 장군들이나 다 같이 자기들의 나라가 승리를 거둘 뿐만 아니라 우월하며 자기의 군대가 얻은 자연적 경계에 대해 자연 법칙상 권리를 가지는 **강대국**(*La Grande Nation*)이라는 의식으로 물들어 있었다. . . . 합병되고 편입된 영토의 국민들은 받은 편익에 대해 이전처럼 계속해서 비용을 지불했다. 특권 귀족은 1799까지는 법적으로도 세속적으로도 지위를 빼앗겼고, 봉건 정체와 관료 정체는 완전히 뿌리가 뽑혔다. 국유 재산의 매각은 신속하게 진행되고 있었다. 점령 해방자들이 부과한 건전한 한계 내에서 직업은 본국 주민의 인재들에게 개방되어 있었다. 확실히, 곳곳에 존재하는 프랑스 민간 및 군 공무원들, 식량과 재료의 주기적 징발, 군 복무 의무, 산발적인 종교적 박해와 같은 오래된 불평들이 아직도 마음에 사무쳤다. 그러나 국민들은 다소간의 국민 주권을 실행하면서 자유로웠다. 위대한 의사인 시간이 오래된 것과 새로운 것을 조화시키기 위하여 그의 조수인 지갑의 도움으로 작동하고 있었다." 또한 상게서, pp. 57-58, 70-101도 보고, Blume, Cameron, and Barnes(1970), pp. 480-491, 515, 604를 참조하라.

각하는 것으로 변한 기간이었다.

이 19세기 선거 정부들은 세계 역사에서 가장 위대한 정복자들에 속했다.[18] 그들은 확실히 로마 및 마케도니아 사람들과 어깨를 나란히 할 자격이 있다. 그들의 제국들은 원래는 선거하지 않았지만, 시간이 흐름에 따라, 그들을 통제하는 유럽 국가들은 자기들의 식민지들에 대해 선거 제도 쪽으로 점차 움직이기 시작했다. 물론 동시에 그들은 본국에서 선거권을 확대하고 있었고, 그 결과 그들 대부분은 20세기 초에는 성인 보통 선거권을 가진 완전한 민주정이 되었다.

식민지들에서의 궁극적인 결과는 암울했다. 그들은 모두 민주적 제도들을 가지고 독립이 부여되었으나, 그들 대부분은 아주 빨리 전제 정치로 되돌아갔다. 그들이 독립 후 선거 제도를 유지한 정도는 그들이 식민지 체제하에서 그러한 제도에 대해 가졌던 경험의 양과 대충 상관관계가 있는 것 같다. 이 지역들에서 민주주의에 대해서든 혹은 참으로 어떤 종류의 선거 제도에 대해서든 그 전망은 빈약한 것 같다.

물론 민주주의의 가장 유명한 군사적 확대는 대략 독일 반과 이탈리아 전부에 민주주의 체제를 부과한 것이었다.[19] 일본에서는 기존 선거 체제가 여성에게 투표권을 주고 투표 연령을 낮춤으로써 완전한 민주주의로 바뀌었다.[20] 참의원도 또한 폐지되었다.[21] 이 세 나라들 모두 이

---

18) 물론 그 당시 이 국가들이 경험하고 있었던 산업 혁명은 기술 진보를 낳았는데, 그것은 무기 개발에 기여했고 그 결과 그들의 군사적 능력을 제고하였다. McNeill(1982), 제6장, "프랑스 정치 혁명과 영국 산업 혁명의 군사적 영향, 1789-1850," pp. 185-222와 제7장, "최초의 전쟁 산업화, 1840-84," pp. 223-261을 보라. 또한 Fieldhouse(1982), 제2부, "1815년 이후의 식민제 제국," pp. 177-371도 보라.

19) 이 운동들은 Dupuy and Dupuy(1977), pp. 683-688에 서술되어 있다.

20) 1945년에. Langer(1972), pp. 1344-1345를 보라.

전에 선거 제도들을 광범위하게 경험했었다.

이것들은 모두 민주주의가 외부 개입의 결과로 나타난 사례들인데, 나는 우리가 그것들에 아주 많이 관심을 기울일 필요가 없다고 생각한다. 강력한 군사 체제가 어느 정부 형태를 자기가 정복하는 국가들에 부과하는 것은 분명히 가능하다. 이 민주 정치들이 오래 계속될지 여부를 결정하는 것은 쉽지 않다. 대부분의 사례들에서는 수립된 민주주의가 제국이 철수함에 따라 거의 즉각적으로 붕괴했다. 그럼에도 불구하고 나는 우리가 여기서 군사력에 의해 민주주의가 퍼질 수 있으며 역사적으로 많은 경우 그래 왔다는 점을 정말 인정할 수 있다고 생각한다.

나는 예를 들어 미국과 캐나다가 분명히 선거와 관련도 없고 전제적이지도 않으며 참으로 분명히 정부조차도 아닌 다소 혼란스러운 체제의 지배를 이전에 받고 있었던 인디언 지역들로 들어간 것과 같이 민주 국가가 스스로 팽창한 사례들을 무시한다. 물론 라틴 아메리카에서는 스페인 사람들이 잘 조직된 왕국들을 많이 장악했지만, 이것은 정부의 형태를 바꾸지 못했다.[22] 그것은 한 전제 정치가 다른 전제 정치를 대체하는 것이었다.

그러나 이것들은 선거 정부들이 다른 지역들을 정복해서 자기들의 정부 형태를 그들에게 부과한 사례들이다. 물론 전제 국가들이 선거 체제를 가진 국가들을 정복하여 자기들의 정부 형태를 부과한 사례들

---

21) 예를 들어 Johnson(1983), pp. 179-190ff를 보라. Langer(1972), pp. 1344-1345는 현대 일본 정부에서의 여러 헌법적 변경들을 서술하고 있다.

22) 예를 들어 Fieldhouse(1982), 제2장, "아메리카에서의 스페인 제국과 포르투갈 제국," pp. 11-33과 제5장, "아메리카 제국들의 신화와 현실," pp. 84-99를 보라.

도 있다. 이것은 내 생각에 더 희귀한데, 그것이 가능성이 덜해서가 아니라 그저 선거 제제들 자체가 더 희귀하기 때문이다. 만약 리니(Ligny; 여기서 나폴레옹이 승리했음—역주)가 다른 길로 갔고 유럽 왕국들이 프랑스에 군주제를 다시 수립했더라면, 오직 한 정부만 모습을 바꾸었을 것이다. 프랑스 공화국이 리니를 획득했고 그 다음 계속해서 다른 많은 전투들을 이겼으므로, 그것은 많은 국가들의 정부를 바꿀 수 있었다.

그러나 역사적으로 선거 체제가 점령된 사례들이 많이 있다. 모든 그리스 도시 국가들은 마케도니아 사람들의 종주권의 지배를 받았는데, 마케도니아 사람들은 대체로 선거를 하는 지방 자치를 허용했다.[23] 그렇지만 명백히 아테네와 같은 지역들은 본질적으로 더 큰 전제적 왕국의 국가들이 되었다.[24] 비슷하게, 중세 시대에 수립된, 전부 다는 아니지만, 많은 선거 체제의 도시 국가들은 전제적인 이웃들에 의한 정복에 굴복했다. 대개 정복은 그들이 합병된다는 것을 의미했지만, 몇몇 사례들에서는 독립 왕조가 수립되기도 했다.[25] 다시 한 번 말하자면, 이것은 크게 흥미로운 문제가 아니다. 예를 들어 히틀러도 스탈린도 일단 그들이 체코슬로바키아를 점령했다면 자기들의 체제들을 체코슬로바키아에 부과할 수 있었음이 명백하다. 그럼에도 불구하고, 내가 위에서 말했듯이, 한 국가가 전제 국가이기를 그만두고 선거 체제 국가가 되는 가장 보편적인 단일의 이유는 그 자체 선거 체제를 가진 국가

23) Bowra(1957), p. 77. 또한 Forrest(1966), p. 42도 보라.
24) Muller(1961), pp. 221-222; Langer(1972), p. 78; Oman and Adam(1928), pp. 471-520.
25) Langer(1972), 제3부, C절, "후기 중세 시대," pp. 287-391; Blum, Cameron, and Barnes(1970), pp. 27, 31ff; Mango(1980), 46-59, 60, 220.

에 의한 정복일 가능성이 아주 클 것 같다. 비슷하게 한 국가가 선거 정부로부터 전제 정부로 이동하는 가장 보편적인 이유도 이웃 전제 군주에 의한 점령이다. 비록 이것이 충분히 사실이지만, 그것이 아주 흥미롭지는 않다. 전제 체제도 선거 체제도 처음에 이런 방식으로 생기지는 않았을 것이다.

우리가 알고 있는 한, 가장 초기의 정부들, 우리가 메소포타미아, 이집트, 그리고 중국에서 발견하는 정부들은[26] 모두 전제 정부들이었다.[27] 더 나아가서, 우리가 역시 말할 수 있는 한, 세계의 그 밖의 어느 곳에서나, 어쩌면 중앙 유럽을 제외하고, 동일한 상황이 존재하였다. 더 나아가서, 이 정부들의 어느 것도 외국 정복에 의하지 않고 선거 정부가 되었다는 증거가 없는 것 같다.

우리는 알렉산더와 그의 후계자들이 메소포타미아와 이집트 그리고 참으로 그 밖의 많은 지역을 포함하는 자기들의 제국 전체에 걸쳐서 자치적인 도시 국가들을 부과했다는 점을 언급했다. 물론 19세기 후기와 20세기 초기 이 지역들은 일시적으로 외부로부터 민주 국가들의 통제를 받았고, 몇몇 사례들에서는 이로 인해 짧은 간격의 국내 민주주의를 가지게 되었다.[28] 민주주의가 아주 성공적이었던 레바논은 지난 10년간 진정한 정치적 악몽을 겪고 지내 왔다. 그들은 선출된 정부를

---

26) 우리가 인도어 글자를 해독할 때까지는, 우리가 이것이 거기서도 사실이었는지 여부를 확신할 수 없다.

27) 예를 들어 Silverberg(1963), 여기저기; Langer(1972), pp. 27-34ff; Sayce(1928)를 보라. 수메르 정부는 선거를 사용한 것으로 해석될 수 있는 몇몇 측면들을 정말 가지고 있었다.

28) 세계의 이 지역에서 "기성의 그리고 위에서 부과된" 서양 선거 체제의 단기 지속의 문제는 Lewis(1966), 제10장, "서양의 영향," pp. 164-178에 언급되고 검토되었다.

여전히 가지고 있지만, 그 정부는 통치할 능력이 없다.[29)]

옛날 국가들에 대해서는 이 규칙에 대한 예외가 하나 있다. 명백하지 않은 이유들로, 페니키아 사람들은 일단의 도시 국가들에서 살았던 것 같다. 그들의 내부적 통치는 선거에 의한 것이었는데, 분명히 매우 한정된 선거민을 가지고 있었던 것 같다. 그럼에도 불구하고 그들은 엄격히 말해 국왕을 가지고 있지 않았다.[30)]

페니키아 사람들과 그들의 대(大)식민지 카르타고가 정확하게 왜 이런 정부 형태를 가지고 있었는지 우리는 모른다. 확실히 그것은 모든 면에서 특별히 기분 좋은 정부는 아니었다. 아이들의 인신 희생은, 그

---

29) Johnson(1983, p. 703)이 관찰하듯이, 물론 레바논에서 장기적인 정치적 안정성에 대한 가능성은 처음부터 아주 빈약했다.

30) Sayce(1928), p. 125. Silverberg(1963)가 암시하듯이(p. 127), 사실상 "이 페니키아 사람들 땅을 '국가'라고 부르는 것은 잘못이다. 심지어 그 지역을 서술하기 위해 '페니키아'라는 이름을 사용하는 것도 다소 부정확하다. 결코 페니키아 국가는 한 정부 아래 있지 않았다. 존재했던 것은 상업과 언어와 혈족 관계의 유대로 느슨하게 함께 묶인 독립된 도시들의 집단이었다." 또한 상게서, pp. 146-147도 보라. Sayce(1928), p. 124가 지적하듯이, "여러 국가들의 통치는 부의 과두제로 완화된 군주제였다. 왕은 지배 상인들, 제후들, 그리고 강력하고 부유한 족장들의 집단에서 그저 첫째일 뿐이었던 것 같다. 시간이 지나자 군주제는 완전히 사라졌고 그 자리를 재직 기간이 때로는 1년, 때로는 1년 이상, 때로는 심지어 종신토록 계속된 수페테스(suffetes) 혹은 '판사(judges)'가 차지하였다." Sayce는 정말로 "후계자 왕권은 잠깐 동안 폐지되었고, 티루스(고대 페니키아의 항구 도시—역주) 사람들은 수페테스 혹은 판사들을 선출했다"고 진술한다(p. 125). . . . 티루스 왕 히람(Hiram of Tyre)(기원전 969-936)에 관해서는 또한 예를 들어 Langer(1972), pp. 47-48도 보라. 카르타고에서는, "처음에는 또한 왕도 있었다. 그러나 기원전 400년에 이르러서는 세습 군주제는 매년 선출되는 두 명의 행정 장관, 종신직으로 임명되는 300명의 의원으로 된 원로원, 그리고 그 역할이 불분명한 104명의 의원으로 된 다른 의회를 포함하는 체제에 양보하였다"(Silverberg, 1963, p. 147). 사실상, "카르타고는 진정한 제국을 수립하지 않았다. 스페인과 아프리카에서는, 카르타고 식민지들이 모(母)도시의 직접적인 정치적 통제 아래 있었던 것 같지만, 지중해의 다른 서부 페니키아 도시들은 카르타고와 오직 약하게만 관계를 맺고 있었다"(상게서).

들의 로마인 적들의 선동이 그렇다고 말했듯이, 사실상 주요 현상이었다.[31]

여기서 나 자신의 견해를 제시한다면, 나는 페니키아 사람들이 바다의 민족들의 후예였다고, 대략 기원전 1500년에 대부분의 중동을 휩쓴 침입의 후예였다고 생각한다. 그들은 5-6백 년의 기간에 걸쳐 지중해의 북쪽 해안을 따라 아주 거대한 변화를 만든 바로 그 거대한 이방인 침입 파도의 일부였다.[32] 내 견해로는, 그리고 나는 이것이 단지 내 견해라고 강조하는데,[33] 그들은 도리아 그리스 사람들과는, 즉 결국 로마를 세운 부족들과는 차이가 있었는데, 주로 중동의 인구 밀도가 아주 높아서 대체로 그들이 토착민들에 흡수되었고 토착의 통치 기법들을 채택했다는 사실에서 그랬다. 그러면 페니키아 사람들은 그들의 옛날

31) Blum, Cameron, and Barnes(1970)가 진술하듯이(p. 9), "몰록(Moloch; 고대 셈족의 신으로 아이를 제물로 이 신에게 바침—역주)은 참배자가 자기에게 줄 수 있는 가장 좋고 가장 귀여운 아이를 요구했고, 부모는 자기의 장남이나 외아들을 제물로 제공하도록 요구받은 반면, 희생자의 울음은 드럼과 플루트의 소리에 파묻혔다. 아가토클레스(Agathocles; 시라쿠사의 참주(기원전 317-289년)—역주)가 카르타고 사람들을 패배시켰을 때, 시민들의 최고 귀족들은 속죄로 자기들의 아이들 3백 명을 발(Baal; 고대 셈족의 번식·태양의 신—역주)-몰록 신에게 제공했다. . . . 신관들은 신의 은총을 얻기 위해 자기 몸을 채찍질하거나 자기들의 팔과 가슴을 깊이 베었으며, 비슷한 공포들이 [여신] 아슈토레트(Ashtoreth; 고대 셈족 사이에서 널리 신앙된 풍요의 여신—역주)의 이름으로 행해졌다. 그녀를 위해서도 역시 소년들과 소녀들이 타 죽었고, 젊은 남자들은 그녀를 기리기 위해 스스로를 환관으로 만들었다"(Sayce, 1928, pp. 127-128).

32) 예를 들어 Sayce(1928), pp. 117-136; Oman and Adam(1928), pp. 27ff, 18ff를 보라. 또한 Silverberg(1963), pp. 130ff도 보라.

33) 나는 여기서 거짓된 겸손을 별로 부리지 않고 나의 견해를 제시하는데, 왜냐하면 다른 누구도 그 문제에 관해 많이 알지 못하기 때문이다. 적으나마 알려져 있는 것 모두에 관해서 쉽게 읽을 수 있지만 그럼에도 권위 있는 설명에 대해서는 Sanders(1985)를 보라.

형태들을 적어도 어느 정도 고수한 소(小)전초 기지가 될 것이다.

대략 그때 들어온 이 파도의 나머지는 크레타 문명과 미케네 문명을 파괴했다.[34] 그것은 그리스 암흑시대의 막을 열었고, 이 도리아 정복자들은 지중해 북쪽의 문명을 매우 심하게 후퇴시킨 것 같다.[35] 그럼에도 불구하고 그리스가 암흑시대로부터 벗어났을 때 그것은 더 이상 많은 소(小)왕국들의 국가가 아니라 선거를 하는 많은 소(小)정부들의 국가가 되었다. 그것들은 보통 과두제나 귀족제라 불린다.

우리는 이탈리아 반도에서 무슨 일이 일어났는지에 관해 매우 많이 알지 못한다. 침입자들이 도달했을 때 거기에는 글을 아는 사람들이 없었던 것 같다. 그러나 다시 한 번 말하자면 이 지역은 그리스 사람들이 암흑시대로부터 회복하는 것과 거의 같은 때에 역사에 분명 진입한다.[36] 그 당시에는 기본적으로 선거 제도를 가진 국가들이 많이 있었다.

이 모든 사례들에서 선거 제도는 어쩌면 한 왕이나 스파르타의 경우 두 왕을 포함할지 모름을 주목하라.[37] 그러나 이들은, 우리의 역사에서

---

34) 예를 들어 Forrest(1966), p. 45; Silverberg(1963), pp. 131, 135-155를 보라.

35) 그리스 암흑시대(기원전 1200년부터 대략 기원전 800년까지)는 소아시아로부터 내려 온 도리아 사람들에 의한 제1차 그리스 식민지 대이동의 결과로서 생겼다. 도시들이 파괴되었고 무역이 중단되었다. "그리스 사람들은 문맹이 되었고 작은 지방 공동체들로 전락하였다"(Langer, 1972, pp. 60-61). 또한 Oman and Adam(1928), pp. 51ff도 보라.

36) 사실상, 처음 그곳을 알아차리기 시작한 사람들은 도시 국가들을 수립하는 그리스 사람들이었다. Bowra(1957), p. 20을 보라.

37) Russell(1945)이 그것을 서술하듯이(pp. 96-97), "스파르타의 헌법은 복잡했다. 상이한 가문에 속하고 세습으로 승계하는 두 왕이 있었다. 전시에는 두 왕 중 한 왕이 군대를 지휘했지만, 평화 시에는 그들의 권력은 제한되었다. 공동체 축제에서 그들은 먹을 음식을 다른 사람의 두 배로 받았고, 그들 중 한 명이 사망했을 때 전체가 참가하는 추모가 있었다." Forrest(1966, p. 128)는 2중 군주제를 "스파르타 사람들은 초기 지도자의 쌍둥이 아들에서 기원을 찾았지만, 경쟁적인 도리아 집단들의 어떤 초기의 타협과 연합으로 더 그럴 듯하게 설명

제1대 로마 왕으로 기억되는 사람이 그랬듯이, 의도적으로 선출된 사람들이거나, 만약 그들이 세습적이라면 그 권력들이 심하게 제한된 사람들일 것이다. 우리가 이 지역에 관해서는 후기의 게르만 유럽 침입자들에 관해 아는 만큼 많이 알지 못하지만, 그들의 제도들은 비슷했을 것 같다.

우리는 게르만 민족에 대해 조금 더 아는데, 부분적으로는 그들의 제도들이 로마 역사가들에 의해 서술되었기 때문이고 부분적으로는 그것들의 잔존물이 비교적 한참 근대 시대까지 존재했기 때문이다. 예를 들어 니지니 노브고로드(Nizhni Novgorod)는 이 전통적인 방식에 의해 통치되었던 것 같다.[38] 독일 기사단(Teutonic Knights; 1190년 무렵, 애덕(愛德)을 실천하기 위해 독일 십자군의 장병들이 성지에서 설립한 수도 기사단—역주)을 쩔쩔매게 했으나 몽고에 싸움 없이 항복한 알렉산드르 네프스키(Alexander Nevsky)는 독일에 관해 이야기하는 로마 사가들에 의해 "왕"이라고 불린 종류의 지도자의 예이다.[39]

게르만 제도들은 간단했다.[40] 이 게르만족의 기본적인 정부 기관은

될 수 있는 이상한 제도"로 요약한다.

38) Langer(1972), pp. 185, 258-259, 331-333, 341-342는 노브고로드의 초기 정치사를 서술하는데, 이 도시는 원래 스웨덴 사람들에 의해 수립되었고(기원후 862년), 후에 독일 무역상들에 의해 상업 중심지로 지배되었으며(기원후 1150-1250년), 결국 이반 3세(대제)에 의해 정복되어 러시아 영토가 된 러시아에 있는 도시이다. 11세기에는 노브고로드의 정치 체제로서 "도시 자유민들의 집회(assembly of freemen, 베체(*Vieche*))가 완전히 발전하게 되었다"(p. 259).

39) 러시아 군사 지도자이자 노브고로드 대공이고 1252년 이후에는 블라디미르 대공인 알렉산드르 네프스키(기원후 1220-1263년)에 관해서는 예를 들어 Dupuy and Dupuy(1977), p. 178; Langer(1972), pp. 258-261, 340을 보라. 또한 Blum, Cameron, and Barnes(1970), pp. 47-48도 보라. 네프스키는 몽고 사람들의 러시아에서의 성공적인 정복 후에 결국 1240년부터 1263년까지 "몽고의 봉신(vassal of the mongols)"이 되었다.

전 주민의 집회였다. 물론 그들은 대체로 거대한 부족들이 아니었다. 이 집회는 왕을 선출할지도 다른 한 편 선출하지 않을지도 모른다. 통상적으로 이 왕들은 동일한 가문의 성원이었을지 모르지만, 그 가문 안에서 정규적인 승계 규칙은 없었다.[41] 더 나아가서 부족이 왕을 가져야 한다는 요건이 없었다.[42] 만약 어떤 사람이 왕으로 선출된다면 그는 죽을 때까지 계속 왕이었지만, 부족은 왕이 죽었을 때 다른 어떤 사람도 선출하지 않기로 결정할 수도 있다. 왕의 기본적인 역할은 전쟁 지도자였고, 그는 민회(folkmoot)에 완전히 종속되었지만, 물론 전시 동안에는 민회는 단지 드물게만 열렸다.[43]

로마 제국에의 침입은 이 부족들이 본질적으로 매우 상당한 기간 전쟁 중이었다는 것을 의미했다. 그 결과로서, 왕들은 내가 위에서 서술한 제도들을 세습적 승계와 진정한 통제를 가지는 진정한 왕국으로 아주 많이 전환할 수 있었을 것 같다. 그러나 민회의 통제의 편린들은 정말 남아 있었다. 더 나아가서 물론 선출된 지방 정부들을 포함하는 과

40) 나는 여기서 주로 Bury(1967)를 따른다.

41) 더욱 정확하게는, 게르만 체계 안에서 가능한 두 개의 구분되는 최고 통치자 유형들이 있었는데, 군주를 가지지 않은 부족들은 "백작(graf)이라 불리는 관리를 가지고 있었다. 백작은 왕의 기능과 의무에 해당하는 기능과 의무를 가지고 있었지만" 한 가지 중요한 차이가 있었다. "백작은 집회에 의해 선출되었는데, 집회는 자기들이 좋아하는 아무나 선출할 수 있다. 왕도 같은 방식으로 선출되었지만 . . . , 그의 경우에는 그들의 선택은 특정 가족, 왕가에 한정되어 있었다. 환언하면, 왕은 세습적이었고 백작 직위는 그렇지 않았다"(상게서, p. 13).

42) 상게서, pp. 12, 13.

43) 사실상, "왕의 존재나 부재는 거의 편의의 문제로서 기술될지 모른다. 그것은 결정적인 헌법적 중요성을 거의 가지지 않았다. 어느 게르만 국가에서나 다, 왕이 있건 없건, 자유민들의 집회는 주권적이었다. . . ."(상게서, p. 12; 또한 pp. 14-15도 보라).

거의 로마 구조의 많은 편린들도 남아 있었고, 물론 교회 자체도 많은 선거 측면들을 지니고 있었다.

따라서 누구나 중세 시대에는 왕에 대해 약간의(보통 매우 적은) 통제를 가질지 모르는 선거 정부들, "국가적인" 투표 집단들을 지닌 도시 국가들을 발견하였고, 지방 가톨릭 성당은 자기 자신의 임원들을 선출하는 "참사회(chapter)"를 가질지 모른다.[44] 비록 매우 한정된 투표에 의해 선출되기는 하지만 황제는 흔히 선출직 관리였고, 교황은 내내 선출직 관리로서, 원래는 다소 무질서한 집회에서 로마 국민들에 의해 선출되었고 나중에는 추기경단에 의해 선출되었다.[45]

근대 시대에 이르기까지는 이 선거 제도가 근본적으로 중요했다고 주장하기는 어려울 것이다. 그러나 정부들이 다시 한 번 선거에 의하게 될지 모른다고 믿을 두 가지 이유가 있었다. 첫째, 유럽에서의 교육은 아주 크게 희랍어와 라틴어에 의존하고 있었고,[46] 그래서 읽고 쓸 수 있었던 거의 모든 사람들이 과거의 선거 체제들의 존재를 알고 있었다. 더 나아가서 그들은 이 시기들을 문명의 절정으로, 그리고 자기들의 현재 상황을 종교를 제외한 모든 면에서 열등한 것으로 회고하는

---

44) 물론 더욱 흔하게는 그것은 어떤 상급 단체로부터 직접적인 통제를 받았다. 이 초기 동안 교황의 권한의 발전에 관해서는, 예를 들어 Ranke(1913), pp. 3ff를 보라. 로마 교회의 권한의 중앙 집권화를 향한 움직임에 관해서는 Sinnigen and Boak(1977), pp. 381, 480-485를 보라.

45) Sabine(1957, pp. 211-212)은 "종종 교황 선거를 로마 소(小)귀족이나 제국 정치의 노리개로 만들었던 옛날의 비공식적 종류의 선거를 대체하기 위해 11세기 후반에 성직자들이 질서 있는 선거 과정을 수립함으로써 헌법 제정에서 교황 제도가 모범을 보였다"고 논평한다.

46) Haskins(1957, p. 28)는 "고대 세계의 학문이 중세 시대에 전달된 것은 거의 전적으로 몇몇 표준적인 교과서들에 공식화되어 있는 대로였다"고 언급한다. 또한 상게서, pp. 66ff도 보라.

경향이 있었다.

둘째, 다소 신비한 그 국가, 영국이 있었다.[47] 시몽 몽포르(Simon Montfort)의 시대 이후, 영국의 왕들은 귀족들의 의회와 지방 지주들의 의회가 두 원에서 모이도록 다소 부정기적으로 소집했다.[48] 사실상, 이 집단들의 권력 수준은 결코 매우 명백하지 않았지만, 영국은 하여간 그 당시에는 왕권이 빈번하게 시비되는 매우 무질서한 국가였다.

그럼에도 불구하고 오렌지 공 윌리엄이 영국 왕이 된 때부터 영국은 전쟁들을 이기기 시작했고 또한 분명히 유럽에서 가장 경제적으로 발전된 국가가 되기 시작했다. 이것은 영국 제도들을 베끼는 경향을 초래했는데, 특히 볼테르와 몽테스키외가 결국 프랑스 혁명으로 귀결되는 지적 운동을 이끈 프랑스에서 그러했다. 프랑스 혁명 때에는, 분명히 루이 16세를 포함하여 실질적으로 프랑스의 누구든 영국의 그것을 본뜬 입헌 군주제를 지지했다. 물론 일들은 결국 그런 식으로 되지 않았다.

우리는 그 용어가 몽테스키외와 조지 2세에 의해 이해되는 의미에서 입헌 군주제를 논의해 왔다. 그러나 하여간 미국 독립 혁명 및 프랑

47) 나는 몇몇 스칸디나비아 국가들이, 특히 스웨덴이, 영국의 발전과 다소 비슷한 발전을 했다고 믿지만, 내가 그것들에 관해 많이 모른다는 점을 인정하지 않으면 안 되겠다.

48) Mackie(1957), pp. 562-567은 이 시기 동안 군주 정치와 의회 사이의 관계를 서술한다. “의회를 헌법적으로 두 원으로 분리한 후 1539년에 헨리 8세는 그럼에도 불구하고 의회가 모이기 전에 신중하게 의회를 ‘자기 편 일색으로 꾸몄다(packed).’ 그는 계획에 준비가 되어 있었고, 논쟁을 ‘관리했다(managed).’ . . . 그러나 ‘자기 편 일색으로 꾸미는’ 과정이 얼마나 멀리 나아갔는지는 불확실하다. . . . 의회는 왕이 숨겨 놓은 용수철을 누를 때 포효하는 ‘왕좌 밑의 사자(lion under the throne)’는 아니었다. 그러나 그것은 ‘관리’에 민감했고 헨리는 ‘관리’를 매우 잘 이해했다”(상게서, p. 437). 또한 Fisher(1906), pp. 434-435도 보라.

스 혁명과 더불어 근대 공화 정부들이 탄생했다.[49] 19세기에는, 비록 전체 다는 아닐지라도 대개 아주 큰 선거민을 가진 선거 체제가 전 유럽에 걸쳐 빠르게 퍼져 나갔는데, 그것은 물론 부분적으로는 프랑스 혁명 군대 때문이었고, 아주 중대하기로는, 나폴레옹 역시 적어도 이론적으로는 입헌 군주제를 신봉했기 때문에, 또한 프랑스 제국의 군대를 통해서기도 했다.

그동안 영국에서는 조지 3세가 미치게 되었고,[50] 영국 정부는 거의 전적으로 왕의 영향이 별로 혹은 전혀 없는 의회 정부로 되었다. 그러나 그것은 상원이 순전히 세습적이고 여전히 강력하며 하원이, 예를 들어 피트가(家)가 무조건 세습 6석을 소유하는, 일단의 기괴한 제도

49) 한 영국 학자가 쓰듯이, "미국 독립 전쟁은 초기의 민주주의 운동에 깊은 영향을 끼쳤는데, 왜냐하면 그것이 조지 3세의 활동에 강한 반대를 일으켰기 때문이고 아주 많은 사람들이 식민지들의 반란에 동정했기 때문이다. '대표 없이 과세 없다'는 구호는 대서양의 이쪽에서 따뜻한 반응을 확신하였다. 또한 식민지들이 패배했더라면 헌법에 관한 왕의 의심스러운 음모가 조장됐을 것이라는 느낌도 있었다. . . . 영국 사람들은 더 이상 자기들의 제도들이 다른 나라들의 제도들보다 더 우월하다고 자축하지 않았다. 프랑스 혁명이 너무나 장관(壯觀)이어서 비슷하게 불온한 미국 예가 지금 망각되었지만, 그것은 매우 중요했는데," 특히 그것의 경제적 효과에서 그랬다. "민주적 정부가 미국에 존재한 매년, 그것은 영국 정부에 더욱 파괴적인 대조가 되었다. 예를 들어 코브던(Cobden; 1804-1865, 영국의 제조업자, 상인, 경제학자, 정치가—역주)이나 레스터(Leicester)의 급진파 제조업자들과 같이 많은 제조업자들이 미국과 사업 계약을 체결했다. . . . 불만족한 누구나 다, 중산 계급, 근로자들, 비국교도들은 자연히 한 나라(미국)에서 작동한 체제가 왜 다른 나라에서는 작동하지 않는지 질문했다"(Spearman, 1957, pp. 48, 68).

50) Temperley(1925), pp. 69-73ff; Rigg(1925), pp. 423ff를 보라. 또한 조지 3세 왕의 발광에 관해서는 Griffin(1925), pp. 473-474를 보라. 왕이 병이 났을 때 생긴 의회에 대한 추가적인 문제는 진찰하는 의사의 정치적 정향을 식별하는 문제였다. 왕의 능력에 관해 하원에 보고하도록 요구받은 의사들은 "전문적으로뿐만 아니라 정치적으로도 달라서 상황의 어려움을 가중시키는" 경향이 있었다(상게서, p. 473).

들에 의해 선출되는 의회였다.[51] 이 체제가 근대 영국 민주주의로 전환된 것은 대략 1830년부터 진행된 일련의 개혁 운동들의 결과였고, 그들이 미국을 베끼고 있었는지, 대륙을 베끼고 있었는지, 아니면 선구적이었는지 말하기는 어렵다. 참으로 그 당시 영국을 통제하고 있던 사람들에게 자기들의 통제를 한 걸음 한 걸음 점차적으로 포기하게 할 마음이 들게 한 동기들은 특별히 분명하지 않다. 그것은 자유 무역과 제한 정부뿐만 아니라 민주주의 이상으로의 지적 전환과 아주 많이 같아 보인다.[52]

20세기에는 아마도 1914년에 절정에 이르렀을 민주주의는 우리가 계속되지 않기를 희망하는 긴 후퇴를 시작했다. 1914년에는 적어도 약간의 권력을 가지고 있는 모종의 선출된 의회를 적어도 가지고 있지 않은 국가는 태국과 에티오피아 단 두 나라뿐이었다.[53] 남아메리카 북부 지역과 중앙아메리카에서는 민주주의 국가들이 별안간 나타났다가 그 다음 독재자들이 그것들을 전복함에 따라 다시 별안간 사라지는 경

51) Cheyney(1918, p. 548)는 "[의회 부패의] 이 나쁜 관습은 찰스 2세 치세 이후 자라고 있었지만, 그것은 월폴(Robert Walpole; 영국의 수상을 역임(1715-1717, 1721-1742)한 정치가—역주) 아래에서 절정에 달했다. 일단의 하원 의원들을 가리키면서 월폴은 한 때 한 친구에게 '이 모든 사람들은 자기들의 값을 가지고 있다'고 말했다"고 언급한다.

52) Blum, Cameron, and Barnes(1970), pp. 567-572를 보라.

53) Langer(1972), pp. 980-1120은 이 당시의 전 세계 정치 구조를 요약하고 있다. 특히 에티오피아에 관해서는 상게서, pp. 872, 1078-1079를 보고, 또한 에티오피아 황제 하일레 셀라시에(Haile Selassie, 1916-1974)의 치세에 관해서는 Kapuscinski(1977)도 보라. 에티오피아가 노예제를 1924년까지 사실상 공식적으로 폐지하지 않았음을 주목할 수 있다. 이 시기 동안 태국의(샴의) 정치 체제는 Langer(1972), pp. 906, 1104-1105에서 논의된다. 또한 "지난 반세기 태국의 15-20개 쿠데타 시도들"이 현행 사태 진전의 면에서 검토되고 있는 「뉴욕타임스」, 1985년 9월 15일자 p. 2E도 보라.

향이 있었음이 사실이다.[54] 그러나 남아메리카의 최강국 세 나라, 브라질, 아르헨티나, 그리고 칠레는 선거를 사용했고 상당한 기간 동안 그랬다.[55] 다른 남아메리카 국가들도 "민주주의" 체제들에 적어도 입에 발린 말을 했고 사실상 때때로 선거를 사용했다.[56]

"선거 체제"에 관한 우리의 정의는 선거를 하는 국가가 소유하는 식민지도 선거를 하는 것으로 계산되는 정의임을 주목하라. 1840년에 실론(Ceylon; 스리랑카의 옛 이름—역주)의 거주민은 영국 선거에서 아무런 투표권을 가지고 있지 않았지만, 대부분의 런던 사람들도 마찬가지였다. 이 정의는 분명히 비판 받을 수 있지만, 정부가 런던의 선출된 수상에 의해 임명되는 홍콩과 총독이 그렇게 임명되지 않는 광둥(廣東) 사이에는 차이가 있다. 더 나아가서 1914년까지는 많은 주요 식민지들이 자기들의 지방 통치에서 선거 측면을 발전시키기 시작했다. 예를 들어 대영 제국의 다양한 지역들에서 지방의 선거들이 있었다. 미제국(American empire)에 존재했던 것은 분명히 독립 국가들로든지

54) Dupuy and Dupuy(1977), pp. 1048-1050; Langer(1972), pp. 1067-1069(또한 pp. 1241-1245). 또한 현행 사태 진전에 관해서는 "The Generals Still Run Latin 'Democracies,'" 「워싱턴 포스트」, 1985년 11월 10일자, pp. D1, D4도 보라.

55) 물론 이 시기 직후 아르헨티나는 "남아메리카에 해독을 끼치는 쌍둥이 해악, 군부 지배와 정치 둘 다의 희생이 되었다"(Johnson, 1983, p. 616). 존슨이 이 지역의 문제를 요약하면서 계속하듯이, "19세기에는 군사 **쿠데타**는 정부를 바꾸는 표준적인 수단이 되었다. 이 재난적인 관행은 보통 선거의 도래 후에도 계속되었다. 예를 들어 1920년-1966년 사이에 18개 라틴 아메리카 국가들에서 80개의 성공적인 군사 **쿠데타**들이 일어났는데, 에콰도르와 볼리비아가 각각 9개로 선두를 달리고 파라과이와 아르헨티나가 그 뒤를 이어 각각 7개였다."

56) 예를 들어 Langer(1972), pp. 1057-1066, 1239-1245를 보라. Moore(1967)는 덧붙여서 "라틴 아메리카의 많은 지역은 권위주의적 반(半)의회 통치의 시대에 머물러 있다"고 암시한다(p. 438).

아니면 상당한 비율로 미국의 자치적인 지역들로 전환되는 과정에 있었다.

물론 1914년 이후의 변화는 급격하다. 모든 동유럽은 이제 전제 정치의 지배를 받는다. 이전의 프랑스, 벨기에, 그리고 네덜란드 제국들의 대부분 똑같은 운명을 겪었고, 이전의 영국 제국에서는 단지 카리브 해(海) 몇몇 섬들, 인도, 그리고 실론만이 민주적이다. 이전의 프랑스 제국은 (잔존물로) 레바논에서의 경우를 제외하고는 더 이상 어떠한 민주주의적 요소도 가지고 있지 않다. 남아메리카에서 아르헨티나, 칠레, 그리고 브라질은 때로는 민주주의 국가이고 때로는 독재 체제 국가인 전통에 가담했다.[57] 이 모든 것은 선거 체제의 현저한 후퇴를 대변한다.

이것은 역사적 서술이었다. 우리가 이러한 것들을 단지 상세하게 서술하는 것 이상을 할 수 있을까? 나는 몇 가지 역사적 이론들을 대충 서술하겠다. 이것들 중 첫째 것은 보병이 기본적인 전투 부대이고 많은 군대가 필요한 시대에는 민주주의가 통치 형태가 되기 쉽다는 것이다. 우리는 사실상 민주주의가 발달한 시대는 모두 "보병" 시대였음을 지적하는 것으로 시작해야겠다. 그리스 도시 국가들은 자기들의 성인 남자 시민들을 보병으로서 전투하도록 동원하는 것에 주로 의존했다.[58]

57) 이 책을 쓰고 있을 때, 라틴 아메리카 전체에서 단지 6개만의 독재 정권들이 있었다. 이것은 아마도 기록이었을 것이지만, 최종 교정을 할 때에는 그것이 7개로 올랐다. 두 수치들은 낮은데, 아마도 변화의 전조가 될 것이다.

58) 사실상, 일정 관직들과 기능들에 대한 시민의 정치적 자격은 적어도 부분적으로는 그가 국가의 군사적 필요에 대해 할 수 있는 기여에 의해 결정되었다. "솔론의 시대(기원전 594년) 이래 아테네 사람들은 네 가지 국세 조사 계급들(census classes)로 나뉘었는데, 펜타코시오메딤노이(pentakosiomedimnoi)는 자기의 토지가 연간 곡물 500포대나 그에 상응하는 것을 생산할 수 있는 사람들

비슷하게, 로마 군단도 본질적으로 보병 군대였다.[59] 미국 독립 혁명은 보병이 1차적인 전투 부대였던 시기에 일어났고,[60] 근대 세계에 징병제를 도입하고 기본적으로 막대한 수의 병사들을 그것이 대항한 수가 적은 왕군들의 포화 속으로 던져 넣음으로써 전투들을 이긴 프랑스 혁명은 이 이론의 거의 완벽한 표현이었다.[61]

더 나아가서 로마 제국의 멸망은 본질적으로 기마 전사의 보병에 대한 승리였음이 지적되어야 한다. 아드리아노플(Adrianopole)은 로마 군단이 기병에 짓밟혀 쓰러진 첫 번째였다.[62] 아드리아노플로부터, 다른

이고, 히페이스(hippeis) 혹은 기병은 말을 길러 기병대로 무장할 여유가 있는 사람들이며, 제우기타이(zeugitai) 혹은 장갑 보병(hoplite; 갑옷과 투구를 걸치고 방패와 검과 창을 가진 완전 무장한 병사—역주)은 보병으로 무장하는 데 적합한 사람들이고, 테테스(thetes)는 그렇게 할 수 없는 사람들이다. 처음에는, . . . 이 계급들은 그 회원 지위가 일정 국가 관직들에 대한 자격을 수반한다는 의미에서 중요한 정치적 의의를 지니고 있었다. 5세기에도 여전히 이것은 공식적으로 그러했는데, 적어도 테테스에게 법률로 최고위 순수 문관직이 금지되었고 아르콘(archon; 고대 아테네의 아홉 통치자 중의 한 사람—역주)의 직과 단지 펜타코시오메딤노이에게만 최고 재정직이 맡겨졌던 정도로 그러했다"(Forrest, 1966, p. 22; 또한 Langer, 1972, p. 65를 보라).

59) Sinnigen and Boak(1977), p. 262. 또한 Luttwak(1976), pp. 40ff도 보라.

60) Montross(1944), pp. 417-439; Dupuy and Dupuy(1977), pp. 708-717; Kreidberg and Henry(1955), pp. 1-22; Wheatcroft(1983), pp. 14-20.

61) Montross(1944), pp. 450-458; Dupuy and Dupuy(1977), pp. 678ff; McNeill (1982), pp. 137-138, 144-206; Wheatcroft(1983), pp. 21-29; Hart(1955), pp. 113ff; Dupuy(1980), pp. 154-158; Dunn-Pattison(1928), pp. 400-403.

62) "로마 보병에 대한 중(重)기병의 최초의 대승리는 아드리아노플 전투(기원후 378년)에서 왔다. 동로마 제국의 황제 발렌스(Flavius Valens; 로마 제국의 동제(東帝)(364-378)—역주)는 동고트족(동게르만족의 한 파로서 이탈리아 반도에 동고트 왕국을 세움(493-555)—역주) 및 서고트족(게르만족의 서쪽 분파로 418년경에 왕국을 건설하여 남프랑스에서 507년까지, 스페인에서 711년까지 왕국을 유지함—역주)과의 결전을 위해 대군을 모았다. . . . 로마의 손실은 막대해서 . . . 아마 4만에 이르는 병사들이 죽었을 것이다. . . . 로마 기병대는 전투에 참가하지 않았고, 탈출해서 죽음을 피하는 데 성공했다"(Dupuy, 1980, pp. 39-40; 또한 Montross, 1960, pp. 86-87과 Dupuy and Dupuy, 1970, p. 157

300년 동안, 로마 군대는 주로 무장 기병대로 구성되었고,[63] 비잔티움 군대에서의 보병대의 회복은[64] 서유럽에서 되풀이되지 않았는데, 서유럽에서는 영국 궁수들이나 스위스 창병들이 더 옛날의 보병 우세를 회복할 때까지 기병대가 지배적인 전투 부대로 남아 있었다.[65] 비슷하게, 최근 몇 년간 민주주의의 후퇴는 기병대가 아니라 탱크, 항공기 등, 급히 훈련된 국민군 징집병들에게 실제로 적합하지 않은 무기들의 발전에 수반하여 일어났다.

그러나 그렇게 말했을 때 그 안에 이만큼의 진실만 있다. 반례들도 찾기가 쉽다. 그리스는 기병대 앞에서가 아니라 마케도니아 보병대 앞에서 멸망했다.[66] 현대 시대에는 많은 민주 정부들이 자기들이 선출한 정치적 지도자들에 의해서가 아니라 자기들의 장교들을 따르는 징집 군대들에 의해 전복되었다. 그리스의 대령들과 아르헨티나의 장군들은 단지 특정 예들일 뿐이다.[67] 나는 이 이론에 대해 칭찬할 것이 있다

도 보라).

63) 예를 들어 Eadie(1967); Sinnigen and Boak(1977), pp. 426ff; Dupuy(1980), pp. 36-41; Hart(1951), pp. 59-60을 보라.

64) Montross(1960), pp. 127-128은 10세기 비잔티움에서 기병대를 보병 혹은 "보병 궁수"로 대체한 것을 논한다.

65) 12세기부터 15세기까지 영국 군대에 고용된 영국의 장궁수(長弓手)에 관한 논의를 위해서는 상게서, pp. 168-172를 보라. 14세기의 스위스의 "미늘창 무장 병사(Halberdier)," 즉 창병에 관해서는 상게서, pp. 172-175를 보라. 양 유형의 병사들은 또한 Dupuy(1980), pp. 81-89에서도 논의되고 있다.

66) Dupuy and Dupuy(1977), pp. 43-44는 그리스가 마케도니아에 멸망한 것(기원전 355-356년)의 개략을 나타낸다. 필립 왕이 마케도니아의 전투 부대를 재조직한 결과로, "군대의 중추는 보병대였다"(p. 44).

67) 상게서, p. 134; Langer(1972), pp. 1251-1253은 아르헨티나에서의 이러한 관행들의 20세기 역사를 요약한다. 그리스에서의 비슷한 사건들에 관해서는 Macridis(1984); Dupuy and Dupuy(1970), pp. 1271-1272; 「뉴욕 타임스」, 1985년 11월 21일자, p. A7을 보라.

고 생각하지만, 그리 많다고 생각하지는 않는다. 결국 역사적으로 보병대는 그것이 가장 값이 싼 전투 부대라는 단지 그 이유만으로 통상적으로 지배적인 전투 부대가 되어 왔다. 그리고 지배적인 정부들은, 사실상, 민주 정부라기보다는 이런 저런 종류의 전제 정부였다. 내가 아는 한, 자기들의 방어를 위해 본질적으로 기병대에 의존한 어떠한 민주주의 국가들도 결코 존재하지 않았음이 진실이지만, 민주주의 국가들이 상대적으로 드물고 전장에서 기병대 지배가 상대적으로 드물다는 점을 인정할 때, 이것은 그저 우연의 일치일지 모른다.

우리는 이제 내가 민주주의의 전복에 관한 아리스토텔레스 이론이라고 부르는 것으로 관심을 돌린다.[68] 비록 참주정이 왜 과두정으로 대체될 것인지 결코 분명하지 않았지만, 아리스토텔레스는 일종의 순환적 정부 이론을 가지고 있었다. 그럼에도 불구하고 민주정의 전복에 관한 그의 이론은 적어도 몇몇 경험적 증거에 명백히 정말 들어맞는다.

그는 민주주의의 몰락에 대한 기본적인 이유가 본질적으로 우리가 오늘날 좌파 정치라고 부르는 것이라고 생각했다. 그는 스스로를 부유한 사람들로부터 보호하기 위하여 전문 직업적 경호대를 필요로 한다고 보통 사람들을 설득하는 데 성공한 "대중적(popular)" 지도자를 가설화했다. 일단 그 지도자가 이 사적 경호대를 가지면, 그는 그것을 일종의 비밀경찰로 전환했고, 도시 국가를 통제했다.[69] 일정 수의 그리스

68) 나는 여기서 "민주주의"에 관한 나의 정의가 아니라 그의 정의를 사용하고 있다. 그가 그 용어로 의미하는 바로는, 선거민은 크지만 전부 다는 아니었다. 특히 아리스토텔레스의 『정치학』, 제4권은 이 문제를 논한다. 그러나 참주제와 민주제에 관한 아리스토텔레스의 이론에 관한 개관과 논의를 위해서는 Sabine(1956), pp. 88-122를 보라. 또한 Jaszi and Lewis(1957), pp. 4-9와 여기저기도 보라.

69) 예를 들어 Sabine(1956), pp. 114-115를 보라.

참주들이 이러한 방향의 발전을 정말로 따랐음이 틀림없는 것 같다.[70] 더 나아가서 시저와 레닌 둘 다 그것의 일종의 근대화된 변형이라고 주장될 수 있는 것을 수행하였다.[71]

---

70) Forrest(1966), pp. 82ff. Sinnigen and Boak(1977), p. 76.

71) 시저가 권력에 오른 것에 관해서는 Mommsen(1928), pp. 374-376을 보라. 그가 주장하기를(pp. 375-376), 시저가 황제가 되었을 때, "그는—군사 국가의 진정한 기준인—근위병단도 형성하지 않았다. 심지어 장군으로서도 그는 오랫동안 통례적이던 경호원도 그만두었다. 그리고 비록 수도에서 암살자들이 끊임없이 따라다녔지만 그는 보통의 릭토르(lictor; 속간(束桿)을 가지고 집정관 등을 따라 다니며 죄인을 잡던 관리—역주) 호위로 자족했다." 그러나 그가 인정하기를(pp. 375-376), "오직 국민들의 신뢰에만 토대를 둔 왕정의 이 고상한 이상은 단지 환상일지 모른다. 국가의 격심한 조직 와해 가운데서 제8대 로마왕이 단지 법과 정의의 힘만으로 통치하는 것은 불가능했다. 그를 권좌에 올렸던 군대도 마찬가지로 별로 진정으로 다시 국가로 흡수될 수 없었다. . . . 수천의 칼들이 아직도 시저의 신호에 따라 그들의 칼집으로부터 날아왔지만, 그것들은 더 이상 시저의 신호에 따라 자기들의 칼집으로 되돌아가지 않았다. 시저의 창조물은 군인 군주제(military monarchy)가 되지 않을 수 없었다. 그는 귀족들과 은행가들의 정체를 타도하고 그 자리에 군사 정체를 두었다." 흥미로운 것은 시저가 자기 기병대에 용병의 사용을 도입한 것인데, "그가 부하 기병대를 믿을 수 없어서 어쩔 수 없이 하게 된" 정책 혁신이다(p. 374).

레닌의 통제 획득에 관해서는 Wolf(1969), pp. 82-99; Treviranus(1944), pp. 75-140; Fitzpatrick(1982), 여기저기; Johnson(1983), pp. 52ff, 66-86, 384; D'Encausse(1980), pp. 109-110을 보라. Johnson(1983)이 지적하듯이, "그의 권력 탈취의 초기 단계에서 레닌은 트로츠키가 페트로그라드 소비에트(Petrograd Soviet)를 통해 조직한 무장 집단들에 전적으로 의존했다. 그들은 부분적으로 정치적 동기를 가진 젊은 자객들, '검은 가죽의 짧은 상의를 입은 사람들(men in black leather jerkins)'로 이루어졌고 부분적으로는 탈영병들, 종종 코사크 사람들(Cossacks)로 이루어졌다"(p. 65). 1917년 12월 7일, 이 정치 경찰대를 감독하는 군사 위원회는 해체되었지만, 한 소대는 유지되어 "체카(Cheka · 반혁명, 태업, 투기 단속 비상 위원회의 약칭)"("전 러시아 비상 위원회")가 되었고 "'반혁명 및 태업'과 싸울 책임을 지게 되었다. 체카를 창설한 법령은 10년 이상 후까지 공개되지 않았고(「프라우다」, 1927년 12월 8일자), 그래서 레닌의 비밀경찰대는 그것의 존재 바로 그것이 공식적으로 인정되지 않았다는 의미에서 진정한 의미에서 처음부터 비밀경찰이었고, 그의 생애의 나머지 기간에도 계속 비밀경찰로 남아 있었다"(pp. 67-68).

물론 스탈린도 역시 비밀경찰을 고용하여, 그의 정치적 행동이 (보통 시민의 그러나 이 말을 했으므로, 국민들이나 정치적 좌파가 아니라 정치적 우파를 대변하는 독재 정권들이 민주주의를 전복한 사례들을 생각하기는, 조심스럽게 말하면, 쉽다. 다시 한 번 말하자면, 그리스 대령들과 아르헨티나 장군들이 분명한 예들이다. 따라서 비록 아리스토텔레스의 시나리오가 틀림없이 일어날 수 있지만 그것이 지배적인 절차라고 주장하기는 어려울 것이다. 내가 민주주의의 전복에 대한 두 주요 이론이라고 믿는 것을 버렸으므로,[72] 우리에게는 진정한 이론이라고 할 수 있는 것이 별로 남아 있지 않다.

역사적으로 선거 체제들은 때때로 매우 오랜 기간 계속되었다. 베니스는 그것이 마침내 나폴레옹(그 당시 일개 장군에 불과)에 의해 멸망될 때까지 거의 1000년이나 계속되었다.[73] 비슷하게 베아른(Béarn; 프랑스의 옛 지방—역주)도, 다시 한 번, 프랑스 혁명 군대가 그것을 전복하기까지 족히 500년은 지속되었다. 따라서 선거 체제는 오랫동안 지속될 수 있었다. 몇몇 독일 도시 국가들은 1870년의 독일 통일 직전

관점에서) "전적인 규칙 부재의 특징을 띠게 되었고 . . . 이런 이유로 예측 불가능하게 되었다. 한 예가 증거를 제시한다. 앞으로의 숙청이 준비되고 있었던 40년대 후기, 그 경찰은, 첫 단계로서, 형기를 방금 마친 죄수들이 갇혀 있는 지역들에서 소비에트 국가의 정치상 소수파에 대해 대대적인 체포를 수행했다. 이 과거의 죄수들은, 자기들의 체포를 지배하는 논리를 이해하려고 애써서, 마침내 그것이 단순히 알파벳 문제임을 발견하였다. 자기 이름의 첫 글자 때문에 개인은 숙청을 모면하거나 [그것을] 다시 경험할 수 있었다"(D'Encausse, 1980, pp. 41-42; 또한 Antonov-Ovseyenko, 1980, 여기저기도 보라).

72) 물론, 어떤 모호한 이유로 매우 강력한 선동가들이 민주주의를 전복하는 데 성공한다는 매우 오래 된 이론이 있다. 그저 사악한 사람들(보통은 군인들)이 그것을 전복한다는 똑같이 오래 된 이론이 있지만, 둘의 어느 경우에도 왜 그들이 그렇게 할 수 있는지에 관해서는 아무런 설명이 없다.

73) Pirenne(1937), pp. 198-200; Vernon(1925), pp. 605-607; Langer(1972), 238-240, 322-323, 496-497, 634-635, 700. 또한 Braudel(1979), pp. 466-467, 489-490; Blum, Cameron, and Barnes(1970), p. 102도 보라.

까지 지속되었다.[74)]

그럼에도 불구하고 그것은 선거 체제들의 통상적인 역사는 아니었다. 대체로 그것들은 평화 시에 군대를 유지하지 못했기 때문이거나 내부적 요인들로 말미암아 무너졌다. 그러나 그것들의 붕괴에 관한 어떤 일반 이론이든 그것을 개발하는 문제가 지금까지 나의 능력 밖이었다. 수없이 많은 별개의 이유들이 존재하는 것 같다.[75)] 그러나 내가 꽤 확실히 말할 수 있다고 생각하는 한 가지가 있다. 그것들은 의회에 의해서보다는 정부의 행정부에 의해 전복되는 경향이 있다.

이것의 이유들은, 내 생각에, 아주 단순하고 직접적이다. 대체로 의회의 확실한 다수파는 그 선거 체제가 무엇이든 선거 체제를 제거하고 독재 정권으로 대체함으로써 보통 손해를 보게 될 것이다. 반면에 행정부는 그 행정부의 수뇌가 누구든 그를 포함하여 이익을 얻을 많은 사람들을 확실히 포함하고 있다.

그것이 행정부의 엄밀하게 군사적인 부분이냐 다른 부분이냐 하는 문제는 여기서는 상대적으로 중요하지 않다는 점을 주목하라. 전통적으로 중앙 정부들은 아주 군사 기구였다. 따라서 나폴레옹과 같은 군인이 프란시아 박사와 같은 민간인보다 정부를 전복하는 것이 더 흔하다. 그러나 민간 전복에 비해 군사적 전복의 우세가 크지 않은 것은 정부에서 문관에 비해 군인의 우세가 크지 않은 것과 같을 것 같다. 기본적으로 독재 체제로의 이동을 이끄는 사람이 문관이건 군인이건 상관

74) Langer(1972), pp. 715-742.

75) 연합 형성의 변경과 정치적 이익을 얻기 위해 그러한 집단들을 형성하는 조직 비용의 변경과 같이. 내가 이러한 것과 정부의 구조 및 안정성에 영향을 미치는 다른 요소들을 논하고 있는 나의 논문, "The Roots of Order"(1981)를 보라.

없이 행정부는 독재 체제로의 이동으로 지위가 올라가는 경향이 있고 정부의 입법부는 지위가 낮아지는 경향이 있다.

왜 어떤 경우에는 행정관들이 선거 정부를 전복할 수 있고 다른 경우에는 그렇게 할 수 없는가? 나는 내가 명백한 답을 가지고 있지 않다는 점을 자백해야겠지만, 오랜 기간 지속된 선거 체제들을 포함하여 많은 선거 체제들이 행정관을 매우 약하게 하는 제도들을 지녀 왔다는 점은 말해야겠다. 베니스의 도지(doge; 베니스 공화국이나 제노바 공화국의 총독—역주)는 그 공화국의 생애 후반에는 단지 장식적인 인물이었다.[76] 실제 행정관 일은 10인 평의회(Council of Ten)라 불리는 순환 위원회에 의해 수행되었는데, 그 회원들은 1년 이상 연속해서 복무하는 일이 별로 없었다.[77] 현재의 스위스 공화국은 진정한 대통령 대신에 7인 평의회를 가지고 있다.[78] 대부분의 현대 의회 정부들의 빠르게

76) 베니스의 도지 직위의 기원과 발전에 관해서는, 예를 들면 Langer(1972), pp. 238-240, 322-323을 보라.

77) 1335년에 고안된 10인 평의회는 687년 제1대 베니스 도지의 선출과 더불어 시작된 일련의 선거 제도들로부터 생겼다. 1032년, 귀족들의 한 연합이 세습적 도지를 수립하려고 시도했지만, 그들은 패배했고, 대신 평의회(council)와 원로원(senate)이 창설되었다. 후에 도지의 임명은 평의회의 책임이 되었다(1171년). 한 민중 봉기는 "한정된 세습적 상업 과두제에 유리하게" 평의회의 회원 자격을 제한하려는 조치의 결과였다(상게서, p. 240). 더욱 심각한 반란, 티에폴로(Tiepolo)의 반역(1310년)은 마침내 1335년에 "긴급 공안 위원회(emergency committee on public safety)," 10인 평의회의 형성을 재촉했다. "따라서 베니스 정부는 대(大)평의회(즉 귀족 계급); 원로원(외무, 평화, 전쟁, 재정, 무역을 다루는 심의 및 입법 기관); 10인 평의회(도덕, 음모, 유럽 업무, 재정 [및] 전쟁부에 관심을 가지는 비밀 신속 대처 기관으로, 원로원 결정을 뒤집을 수 있다); **콜레기오**(*collegio*), 즉 내각(행정부); 도지와 그의 평의회로 구성되었는데, 도지 평의회는 10인 평의회와 함께 위원이 되어 17인 평의회를 만들었다"(상게서, p. 240; 또한 pp. 238-239도 보라).

78) 스위스 정치 제도의 기원은 Oechsli(1928), 여기저기서 논의되고 있다. 또한 Langer(1972), pp. 714-715; Blum, Cameron, and Barnes(1970), pp. 738-740;

교체되는 행정 지도자들도 역시 독재자가 될 충분한 권력을 어쩌면 결코 얻지 못할 특징을 가지고 있다. 그렇지만 이것은 상태의 진술이고 그 이상이 아니다. 나는 이 문제가 나를 당혹스럽게 함을 인정해야겠는데, 이 책의 독자들 중 누구라도 더 나은 설명을 제공한다면 나는 기쁠 것이다.

역의 질문은 민주제가 어떻게 독재 정권을 대체하는가이다. 여기에 적어도 몇몇 사례들에 대해서는 꽤 직선적인 설명이 있다. 남아메리카는, 그리고 나는 시간이 지나면 이것이 아프리카에도 나타나지 않을까 생각하는데, 본질적으로 일시적인 독재 정권들을 지녀왔다. 즉, 이런 저런 이유로, 자기들이 평생 동안 독재자로 남아 있다가 자기 아들에게 권좌를 물려 줄 수 있을 것이라고 여기지 못하는 독재자들을 지녀왔다. 물론 그 이유는 만약 자기가 자기 아들을 자기의 지정 후계자로 만들면 자기 아들이 자기를 죽일 것이라고 그들이 두려워하기 때문일지 모른다. 그들은 또한 자기들이 독립적으로 부유해질 수 있도록 아주 큰 금액의 정부 돈을 훔칠 수도 있다.

이런 상황에서는 은퇴가 바람직하지만, 만약 자기가 권력을 다른 개별 독재자에게 물려준다면, 자기가 항상 그의 반대편의 잠재적 지도자가 될 것이므로, 그 독재자가 자기를 죽일 매우 강한 이유들을 가질 것이라는 사실을 이 독재자들은 잘 알고 있다. 반면에, 만약 그들이 권력을 민주제에 넘겨준다면, 민주적 지도자들은 고마워할 것 같고, 하여간

Johnson(1983), pp. 605-607도 보라. 오늘날의 구조는 틀림없이 모든 주요 정당들이 행정 기관(연방 평의회(Federal Council))에 대변되는 "조화로운 민주주의(concordant democracy)"의 도입으로부터 생겼을 것이다. 그 체제는 새로운 법률을 만들기 위해서는 투표자가 직접 선거에서 의사 결정을 하도록 요구하는 일련의 개혁들 후에 1800년 후기에 처음 수립되었다.

그들이 자기 전임자들을 죽일 그렇게 큰 동기들을 가지지는 않는다. 틀림없이 민주제가 필경에는 다시 독재 체제로 되기도 할 것이지만, 그 때쯤이면 독재자는 죽고 없을지도 모르고, 그렇지 않더라도 충분히 나이가 들어 후임 독재자가 그를 처치하는 것이 필요하다고 여기지 않을 것 같다.

이런 상황에서는 민주 정부를 수립하는 것은 충분한 이유를 가지고 있다. 많은 남아메리카 독재자들은 그렇게 해 왔다. 물론 그들은 또한 현재의 민주주의가 지적으로 매우 인기가 좋다는 사실로부터도 이익을 얻고, 그래서 그들이 민주주의를 수립할 때는 그들은 덕이 높게 행동하고 있는 것처럼 보인다.

물론 이런 종류의 장치가 결국 영구적인 민주 정부에 이를 가능성도 항상 있다. 그러나 지금까지 남아메리카에서는, 비록 베네수엘라 정부가 지금 상당한 기간 민주주의를 해 왔지만, 그렇게 되지 못했다.[79] 현재 많은 저개발 국가들에서 강한 반민주적 전통을 가지고 있는 극좌파가 지적으로 지배적인 영향을 행사하는 것은 이런 측면에서 불행하다. 더 나아가서, 비록 미국, 영국, 그리고 스위스의 우파는 확고하게 민주적이지만, 남아메리카나 아프리카 같은 곳들에서는 그것은 확고하게 민주적이지 않다. 따라서 독재자는 적어도 하나의 큰 지식인 집단으로부터 거의 즉각적인 지지를 얻을 것을 예상할 수 있다. 이들이 브라질에서 그랬던 것처럼 우익 지식인이든, 오늘날의 니카라과 정부에 그런 것처럼 좌익 지식인들이든, 민주주의 관점에서는 똑같이 유해하다.[80]

---

79) Wheatcroft(1983), p. 159. 또한 Langer(1972), pp. 1258-1259도 보라.
80) 이 문제의 일반적인 논의들은 Revel(1984); Gasset(1957), 제8장, "왜 대중들이 개입하는가," pp. 68-77; Hayek(1979); Popper(1950), 제23장, "지식의 사회학,"

이 현상은 내 생각에 우리가 민주제가 독재 체제로 대체되는 기본적인 이유라고 간주할 수 있는 것은 아니다. 결국, 아프리카와 남아메리카에서 민주주의는 실제로 결코 수립된 적이 없다. 선거 체제들이 정말 꽤 확립되었던 지역들—많은 그리스 도시 국가들, 카르타고 도시 국가들, 그리고 그 문제와 관련하여 그 많은 것들이 선거 체제를 가졌던 중세 도시 국가들[81]—에서, 그리고 동유럽에서, 실패의 원인은 명백히 외국 정복이었다. 그럼에도 불구하고 선거 체제들이 국내적으로 멸망했던 많은 사례들이 있다. 주권적 로마 국민들은 더욱 주권적인 시저를 발견하였다. 많은 그리스 도시 국가들과 많은 중세 도시 국가들은 자기들의 선거 성격을 국내 독재자에게 잃었다. 물론 플로렌스는 가장 현저한 예이다.[82] 나는 프랑스 제1공화국과 제2공화국을 이 범주에 포함한다. 그것들은 그저 가장 미약한 선거 전통을 가진 나라에 의해 수립되었고, 다소 빨리 전복되었다. 그러나 제3공화국의 수립 때는 다소의 선거 전통이 있었고, 지금 보면 1800년 영국에서 선거 제도들이 안전했던 대략 그만큼 프랑스 민주주의가 안전할 것 같은 지점까지 그것이 발전하였다. 비록 독일인들이 직접적으로 페탱(Petain)에게 강요하지 않았고 사실상 상당한 정도로 그의 정부의 작동을 방해했지만, 페탱은 군사적 패배의 결과였다. 드골은 다소 독특한 현상이었고, 하여간 처음 2년을 제외하고는 그는 예외적으로 강력한 민주적 지도자로

특히 pp. 402-403; D'Encausse(1980), pp. 16-17; Mises(1963), 제9장, "사상의 역할," 특히 pp. 178ff; Weaver(1960), pp. 90-98에서 발견된다.

81) Mango(1980), pp. 46-59, 60, 220; Blum, Cameron, and Barnes(1970), pp. 20-23; Langer(1972), pp. 155-286.

82) Pirenne(1937), p. 204; Blum, Cameron, and Barnes(1970), p. 39. 또한 Braudel (1979), pp. 488-490도 보라.

행동했다.[83)]

민주 정체들은 만약 그것들이 잘 수립되어 있다면 전복하기가 참으로 어려운 것이 분명한데, 그렇게 하기 위해서는 지도자를 따라 행동을 취하는 데 아주 많은 사람들이 필요하고 그들 중 적어도 약간에게는 미래의 가망이 자기들이 보통의 투표 시민으로 남아 있는 경우보다 더 적을 것이라는 단지 그 이유 때문이다. 단순한 관성도 역시 여기서 의미를 가질지 모른다.

그러나 이 모든 것을 말했음에도 우리는 민주주의가 완전히 제거된 로마와 플로렌스, 그리고 그 문제와 관련하여 시라쿠사의 사례들을 여전히 분명 가지고 있다.[84)] 또한 이탈리아 사람들이 꽤 근대적인 선거 정부를 시작한 후 아주 상당한 시간이 흘렀을 때 이탈리아의 입헌 군주제가 무솔리니에 의해[85)] 전복된 일도 있다.[86)] 설사 그것이 설명하기가 꼭 쉽지 않다 하더라도 그것이 행해질 수 있음은 명백하다. 다시 한 번 말하자면 유감스럽게도 나는 왜 민주주의가 어떤 때는 작동하고 어

---

83) Bourgeois(1928a); Bourgeois(1928b); Bourgeois(1928c)를 보라. 또한 Langer (1972), pp. 627-640; 679-683, 686-693, 1180-1181; Blum, Cameron, and Barnes (1970), pp. 480-485, 616-621, 722-729, 979-980, 1040-1042; Johnson(1983), pp. 587-598; Fieldhouse(1982), pp. 322-324도 보라.

84) 시라쿠사는 기원전 413-410년에 민주적 개혁들을 실시했지만, 이것들은 아주 단명했다. 기원전 405년 디오니시우스(Dionysius) 1세가 10명의 장군들 중 한 명으로서 선거에 승리한 후 스스로 독재자가 되었다. 그의 아들 디오니시우스 2세도 그를 따라 기원전 345년까지 전제적으로 통치했는데, 그때 시라쿠사 사람들은 레온티니(Leontini)의 참주 히케타스(Hicetas)와 후에는 코린트의 티몰레온(Timoleon)이라는 두 명의 외국인 통치자들에게 정치적 봉사를 부탁했다. 예를 들어 Oman and Adam(1928), 제37장, "서쪽의 그리스 사람들, 기원전 413-338," pp. 407-418을 보라.

85) Blum, Cameron, and Barnes(1970), pp. 930-934를 보라.

86) 근대 이탈리아의 선거 체제 발전의 요약에 대해서는 예를 들어 Langer(1972), pp. 700-711, 998-1000을 보라.

떤 때는 작동하지 않는지 설명하는 이론을 내가 가지고 있지 않음을 말하지 않을 수 없다. 선거 제도의 장기적인 역사는 성공의 역사가 아니었지만, 그것은 단지 우리가 충분히 오래 기다리지 않았음을 나타내는 것일지 모른다. 오늘날 번창하고 있는 민주 정치는 아마도 계속 번창해서 점차 퍼져 전 세계를 차지할지 모른다.

그러나 나는 전제 정치가 본질적으로 인간 사회의 균형 상태라는 나 자신의 느낌을 독자로부터 감춰서는 안 되겠다. 물론 이것은 내가 그것을 좋은 것이라고 생각한다는 의미는 아니다. 물리학자들이 알듯이, 모든 건물들은 사실상 균형에서 벗어나 있고, 충분한 시간이 주어지면,[87] 필경에는 붕괴할 것이다. 나는 이 점이 그것들을 무너뜨릴 논거는 아니라고 생각한다. 비슷하게, 민주주의가 진정한 균형 상태가 아니라는 느낌은 간단히 말해 만약 우리가 그것을 조심스럽게 지키면 우리가 그것을 가질 수 있다는, 아니면 적어도 그것을 훨씬 더 길게 가질 수 있다는, 희망에서 그것을 더욱 조심스럽게 지키라는 논거로 간주할 수 있다.

그 상황은, 내 생각에, 선거 체제가 본질적으로 국지적 균형인 상황이다. 여러분은 가능한 모든 정부들이 그림 2에 나타나 있는 선에 따라 배열되는 것으로 생각할 수 있다. 선거 체제는 A로 표시되는 구역을 차지하고 전제 정치는 B에 있다. 분명히, 우리가 이 곡면 위에 공을 가지고 있다고 할 경우, 만약 그것이 A에 있다면 그것은 거기에 머물 것이지만, 만약 그것이 충분히 격렬하게 교란된다면 그것은 언덕을 넘어 B로 떨어질 것이다. 비슷하게, 정말 격렬한 교란이 일어난다면, B에

87) 많은 경우 100만 년 이상일지 모른다.

있었던 공이 우연히 A로 들어갈지 모른다.[88)]

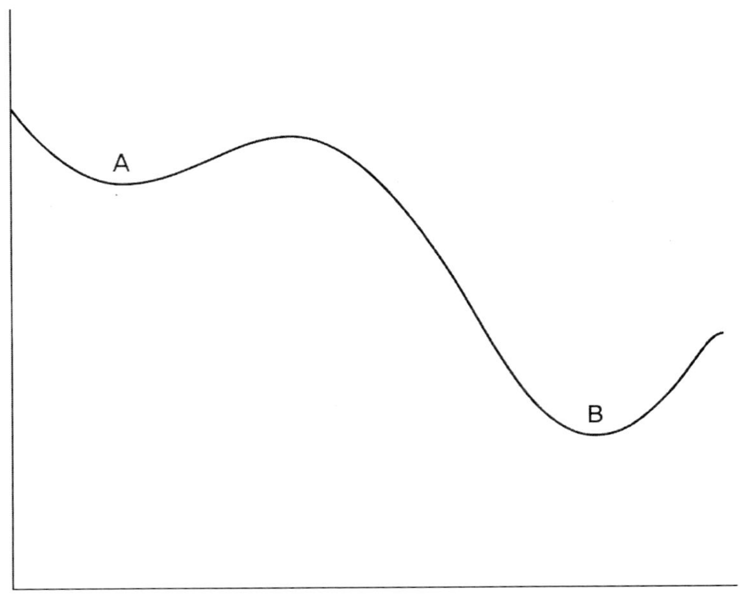

그림 2.

---

88) 비슷한 유추(및 나의 그림 2와 성질상 비슷한 그림)가 Carneiro(1982, pp. 111-112)에 의해 암시되었다. "물체가 변형을 겪고, 변형력이 철회될 때, 원래의 형태를 되찾는 능력의 탄성 . . . 일정 크기의 힘이 금속 막대의 고정되지 않은 끝에 적용되었다가 그 다음 철회되면, 막대는 튕겨서 제자리로 되돌아갈 것이다. 만약 힘이 증가하여 힘이 막대를 그것의 탄성 한계 이상으로 민다면, 막대는 영구적인 자세를 취할 것이다. 인간 사회도 마찬가지다. 사회 체제의 하나하나 다 탄성 한계를 가지고 있다. 그것은 일정 힘들—전쟁, 홍수, 기아, 폭동, 역병(疫病), 파업, 인플레이션, 실업—을 받을 수 있는데, 이 힘들의 크기가 과도하지 않은 한, 일단 영향력들이 가라앉으면 체제는 본질적으로 그것의 본래 상태로 되돌아 갈 것이다. 만약 그것이 이 한계치를 넘어 압박되지 않는다면, 사회는 자신의 옛날의 균형을 재수립할 수 있을 것이다. . . . 그러나 만약 사회가 이 탄성 한계치를 넘는 힘들을 받는다면, 사회의 기존 제도들은 이 힘들에 대항할 수 없을 것이다. 심한 압박을 받으면, 사회는 영구적으로 변형될 것이니, 즉 그것은 자신의 구조를 바꾸지 않을 수 없을 것이다."

이 역학적 유추는 그저 이 두 통치 형태들 사이의 관계에 관한 나의 견해를 나타내기 위해서 사용된 것이다. 다시 한 번 말하자면, 그것은 그것들의 상대적 가치들에 관해 말하는 것이 아무것도 없고, 그것들의 상대적 안정성에 관해서만 말한다. 물론 만약 우리가 진정으로 정확한 유추를 가지려고 한다면, 우리는 그 중 하나가 확실히 국지적 균형으로서 봉건제가 될 가능한 몇몇 다른 통치 형태들을 가진 다차원 공간에서 초곡면(hypersurface)을 가질 것이다.

지금까지 이 장은 이 책의 다른 장들보다 더욱 더 불만족스러웠다. 나는 이 점을 유감으로 생각하고 몇몇 나의 독자들이 그것을 개선할 수 있기를 희망한다. 내가 실제로 한 것은 문제에 대한 나의 해답보다는 문제들을 진열한 것이다. 그러나 여기서 나는 적어도 아주 성공적이었다고 주장될 수 있는 다른 중간적인 통치 형태로 관심을 돌리고 싶다. 몽테스키외는 자기의 『법의 정신』(*L'Espirit des Lois*)에서 자기가 입헌 군주제라 부른 것을 강력히 옹호했는데, 대충 말해 이것으로 그는 조지 2세 치하의 영국을 의미했다.[89] 누구의 기준으로도 이것은 참으로 극히 성공적인 정부였다. 다른 유럽 강대국들과 비교했을 때 인구의 면에서 실제로 그리 크지 않았던 한 국가가 유럽에서 지배적인 국가로 되었을 뿐만 아니라, 이 시기 동안 산업 혁명을 위한 기초도 놓았고, 자기의 주민들을 위해서 유럽의 거의 어떤 다른 곳보다 더 높은 1인당 소득도 가졌다.[90] 그러므로 비록 몽테스키외가 그 원인을 통치

89) 예를 들어 Spearman(1957), pp. 1-7.
90) Buer(1926); Cole and Deane(1965); George(1926); Ashton(1962)을 보라. 또한 Mantoux(1962); Ashton(1963)도 보라.

형태라고 믿은 것이 옳았는지 여부는 명백하지 않지만 몽테스키외의 찬양은 이해할 수 있다.[91]

여기서 잠시 멈추어서 이 정부가 작동하는 바를 매우 대략적인 용어로 서술해 보자. 첫째, 우리는 세부 사항들에 대해서는 큰 논란이 있다는 점을 말해야겠다. 예를 들어 몽테스키외와 네이미어는[92] 둘 다 영국의 정부에 관해 최대한 많이 알고 있다고 생각했지만, 그들의 묘사들은 여러 면에서 아주 다르다. 존 브루어는[93] 그 당시 영국 헌법이 어떻게 작동했는지 자기 자신이 알고 있다고 그렇게 확신하지는 않지만, 그는 하여간 그 두 명의 이전의 권위자들 어느 쪽과도 다른 그림을 분명 제시한다.

이 말을 하는 취지는 그 당시, 그리고 그 문제와 관련하여 오늘날에도, 그 정부의 정확한 작동은 상당한 논란의 대상이었다는 것을 그저 나타내자는 것뿐이다. 나는 매우 일반적인 서술이라고 내가 생각하는 것, 모든 논쟁 당사자들이 받아들일 것이라고 내가 생각하는 서술을 하려고 한다. 그러나 이 매우 일반적인 서술은 위에서 언급된 한 명 이상의 권위자들이 자기들의 연구에 포함시킨 일정 필수 불가결한 세부 사항들을 빠뜨리고 있다는 점에서 결함을 지니고 있을지 모른다. 그럼에도 불구하고 나의 서술은, 독자가 곧바로 발견하게 되듯이, 꽤 성공적인 많은 현대 정부들에 들어맞는다. 이 현대 정부들은, 18세기의 영국 정부가 그랬듯이, 저개발 국가들의 정부들이다. 따라서 이것은 우리

91) 나 자신은 이 통치의 적어도 한 측면이 근대 경제 체제의 발전에 대한 주요 이유들 중의 하나라고 주장하였다. "왜 산업 혁명이 영국에서 발생했는가?" 미발간 모노그래프, Public Choice Center, George Mason을 보라.

92) Namier(1965)를 보라.

93) Brewer(1976)를 보라.

가 저개발 지역들에서 통상적으로 발견하는 것들보다 더 나은 정부 형태일지 모른다.

그러면 그 상황은 무엇인가? 첫째, 정상에는 영국에서는 왕이라고 불리고 더욱 현대적인 예들에서는 독재자라 불리면서 의심할 나위 없이 매우 큰 권력을 가지는 한 사람이 있다. 그러나 또한 의회도 있다. 의회와 독재자 사이의 정확한 권력 분할은 전혀 분명하지 않다. 예를 들어 조지 3세가 간단히 자기 수상을 임명할 수 있었을까 아니면 그가 그렇게 할 수 없었을까? 나는 1776년에 살았던 누구도 확실하게 알 수 없었을 것이라고 생각한다.

둘째로, 만약 우리가 의회 그 자체를 보면, 우리는 다소 기이한 특징들을 많이 발견한다. 첫째, 우리가 그를 왕이라 부르든 독재자라 부르든 행정 수반은 누가 그 의회의 의원이 될지를 결정하는 데 명백히 영향력을 많이 행사한다. 그가 영향력을 많이 행사한다고 말하는 것은 그가 의회를 통제한다는 것을 의미하지는 않는다. 특징상, 의회의 약간의 의원들은 이런 저런 방식으로 직접 그에 의해 임명될 것이다. 그러나 두드러지게, 심지어 이런 의원들조차 때때로 그에 반대할 것이다.

내가 최근 한국에 갔을 때, 우리는 국회 옆을 차를 몰고 갔는데, 우리가 국회 옆을 지날 때 나를 초청한 경제학 교수는 자기 동료 한 명이 의원으로 임명되었다고 언급했다. 나는 "그가 항상 대통령에 동조하여 투표합니까?"라고 묻는 것으로 대응했다. 그는 내가 자기 말을 이해하지 못한 것 같다고 생각해서인지 그가 의원으로 임명되었다고 반복해 말했다. 나는 "예, 그렇지만 그가 항상 대통령에 동조해서 투표합니까?"라고 물었다.[94] 그는 "나는 사람들이 대통령에 의해 의원으로 임명되는 것을 찬성하지 않습니다."고 대답했다. 나는 "나도 찬성하지 않습니다만, 그가 항상 대통령에 동조해서 투표합니까?"라고 물었다. 그는 "항상은 아닙니다."라고 말했다. 이 관계는 조지 2세와 3세에게는 매우 친근했을 것이다.

더 나아가서 독재자나 왕에 의해 자리에 배치되지 않은 사람들 가운데는 다소 기이한 방법으로 거기에 도달한 사람들이 많이 있다. 나는 앞에서 의석 소유권을 언급했지만, 의석들은 또한 때때로 구매되기도 했다. 내가 좋아하는 예는 북 잉글랜드(North England) 한 선거구의 공인 정신이 투철한 사람들의 한 선의의 집단이었는데, 그들은 자기들의 의석을 경매에 붙였다. 돈은 도로를 보수하는 데 사용되게 되어 있었다. 그러나 다른 것은 대개 공인 정신이 덜 투철했다. 다시 한 번 말하자면, 이것은 내가 잠시 후 논의하게 될 많은 국가들의 특징이다.

마지막으로, 정확하게 왜 이 제도가 존재하는지 전혀 분명하지 않지만, 그것이 그 제도가 존재하지 않았다면 절대 통치자가 될 사람의 권력에 대한 제한임은 분명하다. 이제 몇몇 현대 예들로 관심을 돌리도록 하겠다. 브라질이 그랬듯이 멕시코가 꽤 명백한 예이다.[95] 남한, 타이완, 싱가포르, 그리고 타일랜드도 역시 좋은 예들이다.[96] 더 옛날로 거슬러 올라가서 보면, 시저의 때부터 대략 세베루스(Severus; 193-211

---

94) 그는 내가 남한이 기본적으로 독재 정권임을 모른다는 인상을 가지고 있었던 것 같다.

95) 멕시코의 입법부의 상원 및 하원과 멕시코 대통령 사이의 관계는 Hellman(1983), pp. 126-128ff; Johnson(1984), 제5장, "비교(秘教·esoteric) 민주주의의 실제," pp. 116-159에 논의되고 있다. 또한 예를 들어 브라질 대통령과 브라질 의회 사이의 갈등에 관해서는 Deland(1981), pp. 329-395도 보라.

96) 이 나라들의 현행 정치 제도들의 요약은 Paxton(1985), pp. 395(타이완), 766(남한), 1055-1056(싱가포르), 1170-1171(타일랜드)에 제공되어 있다.

년 기간 재임한 로마 황제—역주)의 때까지의 로마가 한 예로 간주될 수 있을 것이다.[97] 더 나아가서 19세기 유럽의 거의 모든 나라들이 이런 저런 때에 예들이 되었다.

만약 우리가 더 옛날의 예들을 보면, 그것들 모두는 과도적인 단계임이 드러났다. 물론 로마는 완전한 독재 체제로 이동했고 결국 세습 군주제로 되었다. 일반적으로 말해 유럽 국가들은 왕이 그저 명목상 우두머리인 현대 유형의 입헌 군주제로나 아니면 완전한 공화국으로 이동했다. 내가 지금 입헌 민주주의(constitutional democracy)라고 부르고 있는 것으로의 이동이 가장 늦게 1905년 이후에 일어난 러시아는

---

97) Mommsen(1928), pp. 29-55. 이것은 또한 스파르타 체제에도 사실이었다. 두 명의 왕 외에, 정부를 통제한 것은 "전 시민들에 의해 종신직으로 선출되지만 오직 귀족 가문들로부터만 선출되는 . . . (왕들을 포함한) 30인으로 구성되는 기관인 장로 위원회(Council of Elders)였다. 그 위원회는 형사 사건을 심리했고 의회(Assembly)에 상정되어야 할 문제들을 준비했다. 후자의 기관(의회)은 모든 시민들로 구성되었다. 그것은 발의권이 없었지만, 그 기관과 . . . 스파르타에 특유한 행정부(branch of government)에 회부되는 어떤 제안에 대해서든 가부 투표를 할 수 있었다. 후자는 다섯 명의 집정관들(ephors)이었다. 이들은 아리스토텔레스가 '너무 유치'했다고 말하고 베리(Bury)가 사실상 추첨이었다고 말하는 방식으로 전 시민들로부터 선출되었다. 그것들은 헌법에서 '민주적' 요소였는데, 명백히 왕들과 균형을 잡기 위해 의도된 것들이었다. . . . 어느 왕이든 전쟁을 위한 원정을 갈 때 그의 행동을 감시하기 위해 두 명의 집정관이 그를 동반했다. 집정관들은 최고 민사 법원이었지만 왕들에 대해서는 그들은 형사 관할권을 가지고 있었다"(Russel, 1945, p. 97). 스파르타 헌법은, 신화에 따르면, "늑대를 쫓아내는 자(Wolf-Repeller)"라는 의미의 리쿠르고스(Lycurgus)라 불리는 신에서 비롯되었다(상게서, p. 97). 스파르타 의회(혹은 "아펠라(Apella)")는 또한 Oman and Adam(1928), p. 64에서도 논의된다.
비슷한(그러나 더 약한) 제도적 제약들이 또한 고대 아테네에서도 존재하였다. "정치적 게임이 귀족 위원회 내부와 주위에서 행해졌는데, 이 위원회는, 만약 왕이 존재한다면 왕과 더불어, 유일한 통치 기관이었다. 대중의 지지가 없다면 재난을 초래할 수도 있는 긴요한 결정들(예를 들어 선전 포고)의 찬성과 반대를 보여 주기 위하여 가끔씩 대중 집회들이 열릴 수도 있었다. . . ."(Forrest, 1966, pp. 54-55). 또한 Oman and Adam(1928), pp. 62-63ff도 보라.

공포의 이반(Ivan the Terrible)의 군주제와 닮은 점들을 많이 가진 군주제로 되돌아갔다.[98)]

이것이 체제가 과도적이라는 점을 나타내고 그래서 내가 제시한 현대 예들이 결국에는 민주 국가나 군주 국가로 대체될 것이라는 점을 나타내는지 여부는 내가 대답하고 싶지 않은 질문이다. 바로 지금 브라질은 민주 국가가 되었고, 멕시코는 그 방향으로 움직이는 중일지 모른다. 타일랜드의 전개 상황들은 매우 복잡해서 무슨 일이 일어나고 있는지 명백하지 않지만, 그것이 장식적 왕을 가지면서 그래서 현대 유형의 입헌 군주제가 될 민주 국가로 나아가고 있다고 주장될 수 있을 것이다.[99)]

그러나 이러한 목록의 국가들의 인상적인 특징은 모두가 유난히 성공적인 국가들의 예들이라는 점이다. 현대 집합(modern set)의 국가들은 모두 경제적으로 매우 성공했고, 확실히 보통의 저개발 국가보다 자기들의 국민들이 살기에 더 쾌적한 곳들이다. 로마는 이러한 정부 형태의 통제 아래에 그 정상까지 올라서 그 다음 다시 하강한 것 같지만, 그 때 로마는 그것을 어떤 다른 나라보다 더 오래 가지고 있었다. 영국은, 물론 조지 2세 치하에서, 내가 위에서 언급했듯이, 국가로서 거의 환상적으로 성공적이었고, 19세기 여러 유럽 정부들은 자기들의 식민 제국들을 수립할 때 대부분의 세계를 정복했을 뿐만 아니라 장기간의 급속한 경제 성장을 하기도 했다.

---

98) 1917년 혁명 이전의 정치적 사건들에 관해서는 예를 들어 Werstein(1967); Fitzpatrick(1984), pp. 26-33을 보라. 또한 Johnson(1983), p. 59; D'Encausse (1980), pp. 8-10; Wheatcroft(1983), pp. 78-95도 보라.

99) "Thailand's Military Suffers Some Self-Inflicted Wounds,"「뉴욕 타임스」, 1985년 9월 15일자, p. 2E를 보라.

이 모든 것은 이것이 더 우월한 정부 형태라는 것을 나타내는가? 말하기 유감스럽지만 나는 그 질문에 답할 수 없다. 표본이 너무 적다. 이 외에도 나는 모든 국가들의 역사를 상세히 안다고 주장할 수 없고, 내가 아는 한 이런 형태의 정부에서 사정이 참으로 매우 안 좋았던 다른 예들이 있을지도 모른다. 나는 단지 그런 예를 하나도 모른다고 말할 수 있을 뿐이다. 또한 미래를 예측하는 것도 어렵다. 우리의 역사적 예들의 어느 것도 지금까지 지속되지 않았고, 현재 세계로부터 내가 고른 것들도 대체로 연륜이 아주 짧다. 가장 오래 된 멕시코가 대략 50년이다. 이 체제는 몽테스키외와, 그 문제와 관련, 균형 잡힌 정부들을 옹호했던 로크에게[100] 그 매력을 지니고 있었다. 그러나 이것은 상이한 통치 형태들 사이에 균형을 이룬 것이었지 더욱 집요한 어떤 것이 아니었음을 주목하라. 그는 그것이 예를 들어 공익을 특별히 극대화할 것 같다고 주장하지는 않았다.[101] 본질적으로 그는 그 두 통치 형태들

100) 물론 로크가 어떤 과반수 규칙 정부도 어떤 "정당하고" 비자의적인 절차적 규칙들을 따라야 한다고 믿었지만, 그럼에도 불구하고 그가 느끼기로는, "다수파는, . . . 사람들이 처음 사회로 통합하자마자, 자연적으로 자기들 안에 있는 전 공동체 권력을 가지므로, . . . 그 모든 권력을 사용할지 모르는데, 이것은 완전한 민주주의(perfect democracy)다. 그렇지 않고 **법률을 만들 권력을 소수의 가려낸 사람들 손에 넣을지 모르는데, . . . 이것은 과두제(oligarchy)다.** 그렇지 않고 **한 사람 손에 넣으면 . . . 이것은 군주제(monarchy)다.** 만약 그와 그의 상속자들에게 주면 그것은 세습 군주제(hereditary monarchy)다. 만약 종신토록 그에게만 주면, . . . 선거 군주제(elective monarchy)다. 그래서 사정에 맞게 이것들 가운데서 **공동체는, 자기들이 좋다고 생각하는 바에 따라, 합성되고 혼합된 통치 형태들을 만들지 모른다."** 로크는 계속해서 강조하기를, **"국가(commonwealth)라는 말로 내가 내내 의미하는 것으로 이해되어야 하는 것은 민주정이나 어떤 통치 형태가 아니라 어떤 독립적인 공동체이다. . . ."**(Locke, 1947, ed., pp. 186-187, 강조 추가). 또한 Sabine(1956), pp. 534ff도 보라.

101) 물론 정치 제도들의 그러한 "균형(balance)"을 단일 당파가 원하는 구조로 대체하는 것은, 특히 만약 그것이 혁명을 통해서 달성된다면, 선호되는 것은 아니지만. 나는 이 문제를 *The Social Dilemma*(1974)에서 논한다.

각각이 칭찬 받을 어떤 것을 가지고 있고 조합이 바람직하다고 생각했다. 오늘날 우리 대부분은 독재제-진정한 군주제는 그것을 칭찬할 것을 별로 혹은 전혀 가지고 있지 않고 그래서 민주주의를 절충하는 것은 바람직하지 않다고 느낄 것이다. 그럼에도 불구하고 이러한 통치 형태는 정말 존재하고 있고, 반복하자면, 내가 볼 수 있는 한, 그것은 다소 훌륭한 역사적 기록을 가지고 있다.

이 장은, 내 생각에, 심지어 이전 장들보다 상당히 더 불만족스러웠다. 몇몇 일반적인 유형들이 정말 있는 것 같지만, 나는 그것들을 설명하는 어떤 이론도 발견할 수 없다. 나는 이 점을 사과하고, 나의 독자들이 이 장에 관한 나 자신의 비판을 단순히 반복하는 대신 그것을 대체할 어떤 것을 제공하기를 희망한다.

맺음말

독자가 이 책을 읽기 시작했을 때보다 지금 전제 정치에 관해 더 많이 알았으면 하는 것이 나의 희망이다. 독자가 전제 정치에 관해 새로운 질문들을 가지게 되고 이 질문들이 그가 처음 가졌던 질문들보다 더 잘 형성되었으면 하는 것 역시 나의 희망이다. 서문에서 언급되었고 본문에서 여러 번 반복된 주제로 되돌아가면, 나의 의도가 전제 정치에 관한 우리의 지식을 증진하는 것이었지만, 나는 확실히 내가 모든 문제들을 풀었다고 주장하지는 않을 것이다. 나는 적어도 몇몇 나의 독자들이 계속해서 나의 아이디어들을 발전시키거나, 그것들의 기각을 시도하거나, 대안적인 접근법을 개발하기를 희망한다. 전제 정치는 역사상으로도 오늘날의 세계에서도 모든 점에서 가장 흔한 통치 형태다. 그것이 훌륭한 통치 형태가 아닐지 모르지만, 우리는 그것을 이해하도록 최선을 다해야 한다. 이 책은 그런 방향으로의 한 걸음이었지만, 더욱 많은 발걸음들이 필요하다.

부록

아래의 명제들은 엄밀히 말해 검증 가능한 가설들이 아니다. 그것들은 이 책의 새로운 접근법과 상세한 추론이 암시하는 경험적 연구를 위한 제안들이다. 그럼에도 불구하고 그 연구는 오늘날 가장 흔한 정부 형태에 관한 우리의 지식을 증진할 뿐만 아니라, 이 경우 이 책의 일반적 접근법과 상세한 추론이 옳은지 여부에 관한 증거도 제시한다. 다시 한 번 말하자면, 나는 이 책이 전제 정부 연구의 시작이기를 희망한다. 그것은 마지막 말일 것을 의도하지 않는다.

제1장: 서론

1. (타도되는) 대부분의 독재자들은 민중 봉기보다는 자신의 정권의 고위 관리에 의해 타도된다.

2. 쿠데타에 의해 독재자가 변경되어도 정책 변경이 비교적 별로 크지 않은 것이 보통이다.

3. 진정한 민중 봉기는 드물다.

4. 독재자들은 대부분의 특정 정책들에 강한 집착을 가지고 있지 않다. 이 점은 장기간 종사한 독재자들을 조사하여 자기들의 초기의 정책들을 고수하는 것이 정치적으로 현명하지 못할 때 얼마나 흔히 그들

이 자기들의 초기의 정책들을 고수했는가를 관찰함으로써 검증될 수 있다.

제2장: 쿠데타와 그 예방

1. 독재자들과 기타 전제 군주들은 근본적으로 불안정하다. 이 점은 실제로 검증된 적이 없지만, 상이한 독재자들이 권력을 잡는 빈도를 보여주는 표를 개발하는 것이 매우 유용할 것이다. 세습 군주들에 대해서도, 특정 왕조들이 얼마나 오래 권력을 소유했는가를 보여주는 비슷한 표가 도움이 될 것이다.

2. 면밀한 연구를 통해서 무작위 표본의 세습 통치자들과 독재자들의 평균 지능에 관한 어떤 질적인 관념을 얻는 것이 가능할 것이다. 만약 이 책이 옳다면, 왕들은 자기 스스로 권력에 오른 독재자들보다 덜 영리할 것이다.

3. 독재자들이 제거되지 않도록 구해 주는 사람들과 조직들은 물질적 보상을 받는 경향이 있으나, 그 결과로 그들의 권력이 줄어든다.

이 장과 관련해서 제안된 검증 가능한 가설들은 아주 별로 없었다. 그 이유는 내가 하나님의 눈에는 그러한 가설들이 없을지 모른다고 생각해서가 아니라 독재자를 둘러싼 측근 집단에서 무슨 일이 일어나고 있는지에 관한 자료가 유난히 빈약하기 때문이다. 누구나 다 자기 자신의 행동들은 비밀로 유지하려는 동기가 강하고, 그것들 대부분이 꽤 성공적이다.

제3장: 전쟁

1. 어느 군대에 의한 군사적 성공은 그 군대의 장들에게 기존 독재자를 타도하려고 할 마음이 들게 할 것 같다.

2. 어느 국가든 그 국가가 유지하는 군대의 힘과 그 군대에 의해 독재자가 타도될 확률 사이에는 양의 상관관계가 있다.

3. 어느 독재자든 그 독재자가 유지하는 군대의 힘과 그가 외국인들에 의해 타도될 가능성 사이에는 음의 상관관계가 있다.

4. 장교들과 부대들을 순환시키는 군대는 그렇게 하지 않는 군대보다 정부를 전복할 가능성이 낮을 것 같다.

5. 최고 사령부로서 위원회를 가지는 육군과 해군은 독재자를 타도할 가능성이 낮을 것 같다.

제4장: "민중" 봉기

1. 민중 봉기로 보이는 것이 보통은 아마도 두 집단들 중 더 인기 있는 집단이 승리할 정부 내 분열이라는 것이 이 장의 주제다.

2. 정부의 전복에 사실상 간여하는 사람들의 수는 보통 아주 적다. 확실히 국민들의 반(半)보다 훨씬 적고 어쩌면 2-3퍼센트보다도 훨씬 적을 것이다.

3. 정부의 고위 관리들을 제외한 어떤 사람들 사이의 비밀 모의도 정부를 전복하는 데 별로 성공적이지 못했다.

4. 부패의 수준이 높은 정부는 상대적으로 정직한 정부보다 전복을 적발하는 수단으로서 고문을 훨씬 더 많이 사용할 것 같다.

제5장: 정통성과 윤리

1. 외국 점령군들은 민중 봉기에 의해서는 별로 쫓겨나지 않는다.

제6장: 독재권의 사용

1. 은퇴하는 데 성공하는 독재자들 대부분은 매우 잘 살지만 엄청나게 부유하지는 않다.

2. 독재자 쪽에서 확고한 정책 선호가 결여되어 있다는 점은 오랜 기간 재직한 독재자들의 정책을 관찰함으로써 아주 편리하게 검증할 수 있다. 만약 그들이 정책에 대해 강한 개인적 선호를 가지고 있다면, 정책은 그 기간 내내 계속 안정적인 경향이 있을 것이다.

3. 평균적으로 독재자 변경은 비교적 별로 크지 않은 정책 변경을 야기한다. 대부분은 대통령직에서 공화당이 민주당을 대체할 때 일어나는 것보다 더 크지 않다.

제7장: 독재자 되기

1. 보통의 쿠데타는 이미 꽤 높은 직위에 도달한 사람이 기존 독재자에 대항해 수행된다.

2. 덜 흔하긴 하지만, 쿠데타는 정부에서 높은 계급에 오른 다음 이런 저런 이유로 나라를 떠나 외부로부터 반대 세력을 조직한 사람에 의해 수행되기도 할 것이다.

3. 대부분의 독재자들은 재임 중에 공식적인 후계자를 갖지 않는다.

4. 고위 관리들 사이에서 독재자를 타도하기 위해 면밀하게 고안된 음모는 드물다.

5. 혁명 평의회(junta)는 보통 한 사람에 의한 통제로 축약된다.

제8장: 승계의 문제

1. 타도되지 않는 독재자들은 은퇴하기보다는 죽을 때까지 계속 집권하는 강한 경향을 가지고 있다. 이 점은 심지어 그들이 중병에 걸린다 하더라도 마찬가지다.

2. 독재자가 공식적 후계자를 정말 임명할 때에도 독재자는 후계자를 의심하기 때문에 독재자가 후계자를 제거할 가능성이 아주 높다. 여기서 검증은 (후계자가 있을 때) 독재자들의 공식 후계자들이 짧은 기간만 재직하는 경향이 있는지 여부가 될 것이다.

3. 세습 군주제들은 다른 전제 정치 형태들보다 국내적으로 더욱 평화로운 경향이 있다. 세습 규칙이 어떤 개인을 특정할 때에만 이 점이 사실임을 주목하라.

4. 왕의 아들이나 다른 후계자에 의한 정치적 살인의 숫자를 세는 것은 그러한 사람이 자기의 범죄를 감추기 위해 사용할 수 있는 편의(便宜) 때문에 극히 어렵다. 그러나 면밀한 역사적 연구는 여기서 꽤

훌륭한 수치를 만들어 낼 것이고, 따라서 이것이 매우 흔한, 어쩌면 가장 흔한, 사망 원인으로 드러날 것이라는 나의 가설이 검증될 수 있을 것이다.

5. 현재의 독재 체제가 결국에는 세습적으로 될 것이라는 나의 예측은 이론적으로 검증될 수 있지만, 불행하게도 적어도 100년은 기다릴 필요가 있을 것이다.

6. 민주 정부를 전복하는 쿠데타는 입법부나 사법부보다 행정부에서 비롯되는 경향이 있다.

7. 군대가 행정부의 다른 구성원들보다 쿠데타로 민주주의를 전복할 가능성이 더 높지만, 이러한 우세가 크지 않은 것은 군인이 특성상 행정부의 다른 부분들에 대해 가지는 개인적 우세가 크지 않은 것과 같다.

8. 제한 전제 정치(limited autocracies)는 평균보다 상당히 더 효율적인 경향이 있다.

제9장: 민주 정치와 전제 정치

1. 민주주의가 징집 보병의 군사적 우세와 실제로 관련이 있는지 여부는 통계적 회귀 분석으로 쉽게 검증될 수 있다.

2. 민주 정치, 전제 정치, 그리고 과두 정치의 흥망에 관한 아리스토텔레스 이론은 간단히 그러한 변화가 올바른 방향으로 진행된 사례들의 수를 셈으로써 꽤 쉽게 검증될 수 있을 것이다. 문제는 다양한 정부들이 이 세 형태들에 관한 아리스토텔레스의 다소 모호한 정의를 충족시키는지 확인하는 것일 것이다.

참고문헌

Abraham, Henry J., *The Judiciary: The Supreme Court in the Governmental Process* (5th Edition) (Boston: Allyn and Bacon, Inc., 1980).

Allen, Richard C., *Korea's Syngman Rhee* (Rutland, VT: Charles E. Tuttle Company, Publishers, 1960).

Antonov-Ovseyenko, Anton, *The Time of Stalin: Portrait of a Tyranny* (New York, NY: Harper & Row Publishers, 1981).

Ardrey, Robert, *The Hunting Hypothesis* (New York, NY: Atheneum, 1976).

Armstrong, Edward, "The Burbon Governments in France and Spain," in Ward, A. W., Prothero, G. W., and Leathes, Stanley, *The Cambridge Modern History, Volume VI: The Eighteenth Century* (New York, The Macmillan Company, 1925), pp. 120-144.

Armstrong, John A., *The Politics of Totalitarianism: The Communist Party of the Soviet Union from 1934 to the Present* (New York, NY: Random House, 1961).

Ashley, Maurice, *The Greatness of Oliver Cromwell* (New York, NY: Collier Books, 1966).

Ashton, T. S., *The Industrial Revolution, 1760-1830* (Cambridge: Cambridge University Press, 1962).

______, "The Treatment of Capitalism by Historians," in Hayek, F. A. (ed.), *Capitalism and the Historians* (Chicago: Phoenix Books [The University of Chicago Press], 1963), pp. 36-61.

Aubyn, Giles St., *The Year of Three Kings: 1483* (New York, NY: Atheneum, 1983).

Axelrod, Robert, *The Evolution of Cooperation* (New York, NY: Basic Books, Inc., 1981).

Baer, Gabriel, "Social Change in Egypt: 1800-1914," in Holt, D. M. (ed.), *Political and Social Change in Modern Egypt: Historical Studies from the Ottoman Conquest to the United Arab Republic* (London: Oxford University Press, 1968), pp. 135- 161.

Bakhash, Shaul, *The Reign of the Ayatollahs: Iran and the Islamic Revolution* (New York, NY: Basic Books, 1984).

Ball, Alan R., *Modern Politics and Government* (2nd Edition.) (London: Macmillan, 1977).

Barnett, Correlli, *The Desert Generals* (New York, NY: Ballantine Books, 1960).

Batchelder, Robert C., *The Irreversible Decision, 1939-1950* (New York, NY: Macmillan, 1961).

Bemis, Samuel F., *The Diplomacy of the American Revolution* (Bloomington, IN: Indiana University Press, 1957).

Ben-Ami, Shlomo, *Fascism from Above: The Dictatorship of Primo de Rivera in Spain, 1923-1930* (Oxford: Clarendon Press, 1983).

Berdyaev, Nicolas, *The Origin of Russian Communism* (London: Geoffrey Bles, 1948).

Bingham, Woodbridge, *The Founding of the T'ang Dynasty: The Fall of Sui and Rise of T'ang, A Preliminary Survey* (New York, NY: Octagon Books, 1970).

Bjorklund, Oddvar, Haakon Holmboe, Anders Rohr, and Berit Lie, *Historical Atlas of the World* (New Edition) (New York, NY: Barnes and Nobles, Inc., 1980).

Blennerhassett, Lady, "The Doctrinaires," in Wart, A. W., Prothero, G. W., and Leathes, S. (eds.), *The Cambridge Modern History: Vol. X, The Restoration* (New York, NY: The Macmillan Company, 1907), pp. 40-70.

Blondel, Jean, *An Introduction to Comparative Government* (London: Weidenfeld & Nicolson, 1969).

Blum, Jerome, Cameron, Rondo, and Barnes, Thomas G., *The European World, A History* (2nd Edition) (Boston: Little, Brown and Company, 1970).

Bornet, Vaughn Davis, *The Presidency of Lyndon B. Johnson* (Lawrence, Kansas: University Press of Kansas, 1983).

Bourgeois, Emile, "The Orleans Monarchy," in Ward, A. W., Prothero, G. W., and Leathes, Stanley. (eds.), *The Cambridge Modern*

History: Vol. X, The Restoration (New York, NY: The Macmillan Company, 1907), pp. 475-516.

______, "The Fall of Constitutionalism in France, 1840-1848," in Ward, A. W., Prothero, G. W., and Leathes, Stanley (eds.), *The Cambridge Modern History, Vol. XI: The Growth of Nationalities* (New York, NY: The Macmillan Company, 1928a), Chapter II, pp. 22-42.

______, "The French Republic," in Ward, A. W., Prothero, G. W., and Leathes, Stanley, *The Cambridge Modern History: Volume XI* (New York, NY: Macmillan, 1928b), pp. 96-141.

______, "The Third French Republic," in Ward, A. W., Prothero, G. W., and Leathes, Stanley (eds.), *The Cambridge Modern History, Vol. XII: The Latest Age* (New York, NY: The Macmillan Company, 1928c), Chapter V, pp. 91-133.

Bowra, C. M., *The Greek Experience* (New York, NY: New American Library, Inc., 1957).

Brams, Steven J. and William Riker, "Models of Coalition Formation in Voting Bodies," *Mathematical Application in Political Science*, Vol. 6 (Charlottesville, VA: University Press of Virginia; 1972).

Braudel, Fernand, *The Wheels of Commerce, Vol. II*, in *Civilization and Capitalism, 15th-18th Century* (New York, NY: Harper & Row Publishers, 1982).

Brewer, John, *Party Ideology and Popular Politics at the Accession of*

George III (Cambridge: Cambridge University Press, 1976).

Brown, Archie, "Leadership Succession and Policy Innovation," in Brown, Archie and Kaser, Michael (eds.), *Soviet Policy for the 1980's* (Bloomington, IN: Indiana University Press, 1982), pp. 223-253.

Bruce, Anthony, *The Purchase System in the British Army, 1660-1871* (London: Royal Historical Society, 1980).

Buer, M. C., *Health, Wealth and Population in the Early Days of the Industrial Revolution* (London: G. Routledge & Sons, 1926).

Bullock, Alan, *Hitler: A study in Tyranny* (Revised Edition) (New York, NY: Harper & Row Publishers, 1964).

Bunce, V., *Do New Leaders Make a Difference?: Executive Succession and Public Policy Under Capitalism and Socialism* (Princeton, NJ: Princeton University Press, 1981).

Burg, Steven L., *Conflict and Cohesion in Socialist Yugoslavia: Political Decision Making Since 1966* (Princeton, NJ: Princeton University Press, 1983).

Burgess, John W., *The Middle Period, 1817-1858*, in the *American History* series (New York, NY: Charles Scribner's Sons, 1897).

Burn, A. R., *The Pelican History of Greece* (Great Britain: Penguin Books, 1984).

Bury, J. B., *The Invasion of Europe by the Barbarians* (New York, NY: W. W. Norton & Co., 1967).

Callahan, Raymond, *The East India Company and Army Reform, 1783-1798* (Cambridge, MA: Harvard University Press, 1972).

Camp, Roderic A., *Mexico's Leaders* (Tucson, AZ: The University of Arizona Press, 1980).

Cantor, Norman, F., *The English: A History of Politics and Society to 1760* (New York, NY: Simon and Schuster, 1970).

Carneiro, Robert L., "Successive Reequilibrations as the Mechanism of Cultural Evolution," in Schieve, William C. and Allen, Peter M. (eds.), *Self-Organization and Dissipative Structures: Applications of the Physical and Social Science*s (Austin, TX: University of Texas Press, 1982), pp. 110-115.

Caro, Robert A., *The Years of Lyndon Johnson: The Path to Power* (New York, NY: Alfred A. Knopf, Inc., 1982).

Carr, Raymond, "Spain and Portugal, 1793-1840," in Crawley, C. W. (ed.), *The New Cambridge Modern History: Vol. IX* (Cambridge: Cambridge University Press, 1965), pp. 439-461.

Carrere D'Encausse, Helene, *Confiscated Power* (New York, NY: Harper & Row Publishers, 1980).

Carter, April, *Democratic Reform in Yugoslavia: The Changing Role of the Party* (Princeton, NJ: Princeton University Press, 1982).

Chadwick, Henry, *The Early Church* (New York, NY: Penguin Books, 1976).

Chang, David W., *Zhou Enlai and Deng Xiaoping in the Chinese*

Leadership Succession Crisis (Lanham, MD: University Press of America, Inc., 1984).

Chase, Gilbert, *America's Music* (New York, NY: McGraw-Hill Book Co., Inc., 1955).

Cheyney, Edward P., *A Short History of England* (Revised Edition) (Boston: Ginn and Company, 1918).

Chorley, Katherine C., *Armies and the Art of Revolution* (London, 1943).

Clarke, Alan, *Barbarossa: The Russian German Conflict, 1941-1945* (New York, NY: New American Library, 1966).

Clarke, Roger A., "The Composition of the Supreme Soviet, 1958-1966," *Soviet Studies*, Vol. XI (1967), pp. 53-65.

Clausewitz, Carl Von, *On War* (Baltimore, MD: Penguin Books, 1968).

Cole, W. A. and Deane, Phyllis, "The Growth of National Incomes," in Habakkuk, H. J. and Postan, M., *The Cambridge Economic History of Europe, Volume VI: The Industrial Revolutions and After: Incomes, Population, and Technological Change (Part I)*, (Cambridge: Cambridge University Press, 1965), Chapter 1, pp. 1-55.

Conford, Francis M., "Introduction," to *The Republic of Plato* (New York, NY: Oxford University Press, 1945).

Corning, Peter A., *The Synergism Hypothesis: A Theory of Progressive Evolution* (New York, NY: McGraw Hill Book Co., 1983).

Cottrell, Leonard, *The Warrior Pharaohs* (New York, NY: G. P. Putnam's Sons, 1969).

Crassweller, Robert D., *Trujillo: The Life and Times of a Caribbean Dictator* (New York, NY: Macmillan Company, 1966).

Crofts, Alfred and Buchanan, Percy, *A History of the Far East* (New York, NY: Longsman Green and Co., 1958).

Crozier, Bernard, *DeGaulle* (New York, NY: Charles Scribner's Sons, 1973).

Dahl, Robert, A., *Polyarchy Participation and Opposition* (New Haven, CT: Yale University Press, 1971).

Daland, Robert T., *Exploring Brazilian Bureaucracy: Performance and Pathology* (Washington D. C.: University Press of America, 1981).

Davies, Norman, *Heart of Elrode: A Short History of Poland* (Oxford: Clarendon Press, 1984).

DeJouvenel, Bertrand, *On Power: Its Nature and the History of its Growth* (Boston: Beacon Press, 1962).

Dermejian, R. Hrair, *Egypt Under Nasser* (Albany, NY: State University of New York Press, 1971).

Diederich, Bernard and Burt, Al, *Papa Doc: The Truth About Haiti Today* (New York, NY: Avon Books, 1969).

Dmytryshyn, Basil, *U. S. S. R.: A Concise History* (New York, NY: Charles Scrbner's Sons, 1984).

Domes, Jurgen, *The Government and Politics of the People's Liberation Army* (Boulder, CO: Westview Press, 1985).

Downey, Fairfax, *The Grande Turke: Suleyman the Magnificant, Sultan of the Ottomans* (New York, NY: Minton, Balch, and Co., 1929).

Downs, Anthony, *An Economic Theory of Democracy* (New York, NY: Harper & Row Publishers, 1957).

Dunn-Pattison, R. P., "The General War," in Ward, A. W., Prothero, G. W., and Leathes, Stanley (eds.), *The Cambridge Modern History Series Volume VIII, the French Revolution* (New York, NY: Macmillan Co., 1925), Chapter XIV, pp. 398-446.

Dunnigan, James and Bay, Stephen, *A Quick and Dirty Guide to War: Briefings on Present and Potential Wars* (New York, NY: William Marrow and Company, 1985).

Dupuy, R. Ernest and Dupuy, Trevor, N., *The Encyclopedia of Military History, from 3500 B. C. to the Present* (Revised Edition) (New York, NY: Harper & Row Publishers, 1977).

Dupuy, T. N., *The Evolution of Weapons and Warfare* (New York, NY: Bobbsw-Merrill Co., Inc., 1980).

Dziewanowski, M. K., *Poland in the 20th Century* (New York, NY: Columbia University Press, 1977).

Eadie, John W., "The Development of Roman Mailed Cavalry," *Journal of Roman Studies* 57 (1967), pp. 161-173.

Eisenstadt, S. N., *The Political Systems of Empires* (New York, NY: The Free Press, 1963).

D'Encausse, Helene Carrere, *Confiscated Power: How Soviet Russia Really Works* (New York, NY: Harper & Row Publishers, 1980).

Ekelund, Robert B. and Tollison, Robert D., *Mercantilism as a Rent Seeking Society: Economic Regulation in Historical Perspective* (College Station, TX: Texas A&M University Press, 1981).

Evans, Bergen, *Dictionary of Quotations* (New York, NY: Delacarte Press, 1968).

Evans, Rowland, Jr. and Novak, Robert, D., *Nixon in the White House: The Frustration of Power* (New York, NY: Random House, 1971).

Fainsod, Merle, *Smolensk Under Soviet Rule* (Cambridge, MA: Harvard University Press, 1958).

Farago, Ladislas, *The Last Days of Patton* (New York, NY: Berkley Books, 1982).

Fiechter, Georges-Andre, *Brazil Since 1964: Modernization Under a Military Regime, A Study of Interactions of Politics and Economics in a Contemporary Military Regime* (New York, NY: John Wiley and Sons, 1975).

Fieldhouse, D. K., *The Colonial Empires A Comparative Survey from the Eighteenth Century* (2nd Edition) (London: The Macmillan

Press Ltd., 1982).

Fisher, H. A. L., *The History of England from the Accession of Henry VII to the Death of Henry VIII, 1485-1547* (New York, NY: Kravs Reprint Co., 1969).

Fisher, H. A. L., *The History of England from the Accession of Henry VII to the Death of Henry VIII, 1485-1547*, in Hunt, William and Poole, Reginald L. (eds.), *The Political History of England* (in Twelve Volumes) (New York, NY: Longsmans, Green and Co., 1906), Vol. V (Reprint Co., 1969).

FitzGibbon, Constantine, *20 July* (New York, NY: Berkley Publishing Co., 1956).

Fitzpatrick, Sheila, *The Russian Revolution, 1917-1932* (New York, NY: Oxford University Press, 1984).

Forrest, W. G., *The Emergence of Greek Democracy, 800-400 B. C.* (New York, NY: World University Library, 1979).

Fortescue, G. K., "The Directory," in Ward, A. W., Prothero, G. W., and Leathes, Stanley (eds.), *The Cambridge Modern History, Vol. VIII: The French Revolution* (New York, NY: Macmillan Co., 1928), Chapter XVI, pp. 487-520.

Friedgust, Theodore H., *Political Participation in the U. S. S. R.* (Princeton: Princeton University Press, 1979).

Friedrich, Carl J., *An Introduction to Political Theory* (New York, NY: Harper & Row Publishers, 1967).

Friedrich, Carl J., and Brzezinski, Zbigniew K., *Totalitarian Dictatorship and Autocracy* (2nd Edition) (New York, NY: Praeger, 1966).

Fugate, Bryan I., *Operation Barbarossa* (Novato, CA: Presidio Press, 1984).

Gasset, Jose Ortega y., *The Revolt of the Masses* (New York, NY: W. W. Norton & Co., Inc. 1957).

Gelman, Harry, *The Brezhnev Politburo and the Decline of Detente* (Ithaca, NY: Cornell University Press, 1984).

George, M. Dorthy, *London Life in the Eighteenth Century* (New York, NY: A. A. Knopf, 1926).

Gershoy, Leo, *The Era of the French Revolution, 1789-1799: Ten Years That Shook the World* (Princeton, N. J.: D. Van Nostrand Co., Inc., 1957).

Gibbon, Edward, *The History of the Decline and Fall of the Roman Empire*, in Seven Volumes (London: Methuen and Company, 1914).

Giliberg, T., "Political and Social Developments in Rumania," *Current History*, 83 (November 1984), pp. 375-394.

Gilison, Jerome M., "Soviet Elections as a Measure of Dissent: The Missing One Percent," *American Political Science Review*, Vol. LXII (1968), pp. 814-826.

Gipson, Larence Henry, *The British Empire Before the American Revolution, Vol. V, Zones of International Friction: The Great*

Lakes Frontier, Canada, The West Indies, India, 1748-1754 (New York, NY: Alfred A. Knopf, 1942).

Gittings, John, *The Role of the Chinese Army* (London: Oxford University Press, 1967).

Glubb, John Bagot, *The Empire of the Arabs* (Inglewood Cliffs, NJ: Prentice-Hall, 1965).

Goldhammer, Herbert, *Reality and Belief in Military Affairs*, Rand Report, R-2448-NA (Santa Monica, CA: Rand Corporation, 1979).

Grampp, William, *Economic Liberalism: Volume 1* (Chicago: University of Chicago Press, 1960).

Green, V. H. H., *The Hanoverians, 1714-1815* (London, England: Edward Arnold, 1965).

Griffeth, Samuel B., *The Battle for Guadal Canal* (New York, NY: Bantam Books, 1980).

Griffin, Martin J., "Great Britain, 1756-1793: The Years of Peace and the Rise of the Younger Pitt, 1782-1793," in Ward, A. W., Prothero, G. W., and Leathes, Stanley (eds.), *The Cambridge Modern History, Vol. VI: The Eighteenth Century* (New York, NY: Macmillan Co., 1925), Chapter XIII, pp. 475-478.

Grum, Bernard, *The Timetables of History: A Horizontal Linkage of People and Events* (New York, NY: Simon & Schuster, Inc., 1979).

Gulick, E. V., "The Final Coalition and the Congress of Vienna, 1813-1815," in Crawley, C. W. (ed.), *The New Cambridge Modern History, Vol. IX* (Cambridge: Cambridge University Press, 1965), pp. 639-667.

Gungwu, Wang, *The Structure of Power in North China During the Five Dynasties* (Stanford, CA: Stanford University Press, 1963).

Haberstam, David, *The Making of a Quagmire* (New York, NY: Random House, 1965).

Hamill, Hugh M., Jr. (eds.), *Dictatorship in Spanish America* (New York, NY: Alfred A. Knopf, 1965).

Han Woo-Keun, *The History of Korea* (Translated by Kyung-Shik Lee) (Honolulu, HI: East-West Center Press, 1970).

Harasymiw, Bohdan, *Political Elite Recruitment in the Soviet Union* (New York, NY: St, Martin's Press, 1984).

Haring, Clarence H., *Empire in Brazil: A New World Experiment with Monarchy* (Cambridge, MA: Harvard University Press, 1958).

Hare, Paul and Kirby, Maurice, *An Introduction to British Economic Policy* (London, England: Wheatsheaf Books, 1984).

Harris, William H. and Levey, Judith S. (eds.), *The New Columbia Encyclopedia* (New York, NY: Columbia University Press, 1975).

Harris, J. R., *The Legacy of Egypt* (2nd Edition) (Oxford: Clarendon Press, 1971).

Harrison, G. B., *Shakespeare: The Complete Works* (New York, NY: Harcourt, Brace, and Jovanovich, 1952).

Hart, B. H. Liddell, *Strategy* (New York, NY: Frederick A. Praeger, 1955).

Hayek, F. A., *The Counter-Revolution of Science: Studies on the Abuse of Reason* (Indianapolis, IN: Liberty Press, 1979).

Haskins, Charles Homor, *The Rise of Universities* (Ithaca, NY: Cornell University Press, 1957).

Hellman, J. A., *Mexico in Crisis* (2nd Edition) (New York, NY: Holmes and Meier Publishers, 1983).

Henderson, Gregory, *Korea: The Politics of the Vortex* (Cambridge, MA: Harvard University Press, 1968).

Henderson, Nicholas, *Prince Eugen of Savoy* (New York, NY: Frederick A. Praeger Publishers, 1964).

Hibbert, Christopher, *The Days of the French Revolution* (New York, NY: William Marrow and Company, 1980).

Hill, Ronald J., "Patterns of Deputy Selection to Local Soviets," *Soviet Studies*, Vol. XXV (1973), pp. 196-212.

______, "The CPSU in a Soviet Election Campaign," *Soviet Studies*, Vol. XXVIII (1976), pp. 590-598.

Hill, Ronald J. and Frank, Peter, *The Soviet Communist Party* (2nd Edition) (Boston, MA: George Allen and Unwin, 1983).

Himmelfarb, Gertrude, *Lord Acton* (Chicago, IL: University of Chicago

Press, 1968).

Hirschman, Albert O. "On Democracy in Latin America," *The New York Review*, Vol. XXXIII, No. 6 (April 1986).

Hirst, David and Beeson, Irene, *Sadat* (London: Faber and Faber, 1981).

Holborn, Hajo, *A History of Modern Germany, 1840-1945* (Princeton, NJ: Princeton University Press, 1982).

Hostetler, John A., *Amish Society* (Revised Edition) (Baltimore, MD: The Johns Hopkins Press, 1968).

Hough, Jerry F., *Soviet Leadership in Transition* (Washington, D. C.: The Brookings Institution, 1980).

Hough, J. F., and Fainsod, M., *How the Soviet Union is Governed* (Cambridge, Mass: Harvard University Press, 1979).

Hoveyda. Fereydain, *The Fall of the Shah* (New York, NY: Wyndham Books, 1980).

Hume, David, Esq., *Essays, Literary, Moral, and Political* (London, England: Ward, Lock & Co., 1870).

Ingram, J. K., "Karl Marx," in Higgs, Henry (ed.), *Palgrave's Dictionary of Political Economy: Volume 2* (London: Macmillan, 1925), pp. 704-706.

Jacobs, Everett M., "Soviet Local Elections: What They Are, and What They Are Not," *Soviet Studies*, Vol. XXII (1970), pp. 61-76.

______, "The Composition of Local Soviet, 1959-1969," *Government and Opposition*, Vol. 7 (1972), pp. 503-519.

Jarman, T. L., *The Rise and Fall of Nazi Germany* (New York, NY: Signet Books, 1961).

Jaszi, Oscar and Lewis, John D., *Against the Tyrant: The Tradition and Theory of Tyrannicide* (Glencoe, IL: The Free Press, 1957).

Jennings, George H., *An Anecdotal History of the British Parliament* (New York, NY: D. Appleton and Co., 1883).

Johnson, Chalmers, *Revolutionary Change* (Stanford, CA: Stanford University Press, 1966).

Johnson, John J. *The Military and Society in Latin America* (Stanford, CA: Stanford University Press, 1974).

Johnson, Kenneth F., *Mexican Democracy: A Critical View* (3rd Edition) (New York, NY: Praeger Publishers, 1984).

Johnson, Paul, *Modern Times: The World from the Twenties to the Eighties* (New York, NY: Harper & Row Publishers, 1983).

Jouvenel, Bertrand de, *On Power: Its Nature and the History of its Growth* (Boston, MA: Beacon Press, 1962).

Kapuscinksi, Ryszard, *The Emperor: Downfall of an Autocrat* (New York, NY: Harcourt, Brace, and Jovanovich, 1977).

Kay, Hugh, *Salazar and Modern Portugal* (New York, NY: Hawthorn Books, Inc., 1970).

Karnaw, Stanley, *Mao and China* (New York, NY: Viking Press, 1972).

Keegan, John, *Six Armies in Normandy* (New York, NY: Viking Press, 1982).

Kelidar, A. R., "Government and Ideology," in Sinai, Anne and Pollack, Allen (eds.), *The Syrian Arab Republic: A Handbook* (New York, NY: American Academic Association for Peace in the Middle East), pp. 45-58.

Kessler, Lawrence D., *K'ang-hsi and the Consolidation of Ch'ing Rule, 1661-1684* (Chicago, IL: The University of Chicago Press, 1976).

Kinross, Lord, *The Ottoman Centuries* (New York, NY: Morrow Quill, 1977).

Knollenberg, Bernhard, *The Origin of the American Revolution, 1759-1766* (New York, NY: The Free Press, 1961).

Kreidberg, Marvin A. and Henry, Merton G., *The History of Military Mobilization in the United States Army, 1775-1945* (Washington D. C.: Department of the Army, 1955).

Kronenberger, Louis, *Kings and Desperate Men: Life in Eighteenth-Century England* (New York, NY: Vintage Books (Random House), 1942).

Kung, Hans, *Does God Exist?: An Answer for Today* (New York, NY: Doubleday, 1980).

Kushler, Dorothy, *The British Redcoat, 1775-1783* [text accompanying chart] (Washington D. C.: National Park Service, 1976).

Laband, D. N., "Is There a Relationship Between Economic Conditions and Political Structure," *Public Choice Journal*, Vol. 42, No. 1

(1984), pp. 25-38.

LaCourture, Jean, *Nasser, A Biography* (New York, NY: Alfred A. Knopf, 1974).

Langer, William, L., *An Encyclopedia of World History* (5th Revised Edition) (Boston, MA: Houghton Mifflin, 1968 and 1972).

Larson, Arthur, *Eisenhower, the President Nobody Knew* (New York, NY: Scribner's Sons, 1968).

Lewis, Bernard, *The Arabs in History* (New York: Harper Torchbooks [Harper & Row], 1966).

Lewis, Naphtali and Reinghold, Meyer (eds.), *Roman Civilization, Sourcebook I: The Republic* (New York, NY: Harper Torchbooks [Harper & Row], 1966).

Lewitter, L. R., "The Partitions of Poland," in Goodwin, A. (ed.), *The New Cambridge History: Vol. VIII* (Cambridge: Cambridge University Press, 1965), pp. 333-359.

Lloyd, Christopher, "Armed Forces and the Art of War," in Goodwin, A. (ed.), *The New Cambridge History: Vol. VIII* (Cambridge: Cambridge University Press, 1965), pp. 174-190.

Locke, John, *Two Treatises of Government*, Cook, Thomas I. (ed.). (New York, NY: Hafner Publishing Co., Inc, 1947).

Loewenstein, *Political Reconstruction* (New York, NY: Macmillan Co., 1946).

Lunt, William E., *Papal Revenlles in the Middle Ages, Vols. I and II*

(New York, NY: Octagon Books, 1965).

Luttwak, Edward, N., *The Grand Strategy of the Roman Empire* (Baltimore, MD: The Johns Hopkins University Press, 1976).

Lynskey, Elizabeth M., *The Government of the Catholic Church* (New York, NY: P. J. Kennedy and Sons, 1952).

Machiavelli, Niccolò, *The Prince*, translation by Luigi Ricci (New York: New American Library, 1976).

Macdonald, J. R. M., "The Thermidorian Reaction and the End of the Convention," in Ward, A. W., Prothero, G. W., and Leathes, Stanley (eds.), *The Cambridge Modern History: Volume XIII* (New York, NY: Macmillan, 1928), Chapter VIII, pp. 211-244.

Mackie, J. D., *The Early Tudors, 1485-1558*, in Clark, G. N. (ed.), *The Oxford History of England* (Oxford: The Clarendon Press, 1957).

MacMullen, Ramsay, *Soldier and Civilian in the Later Roman Empire* (Cambridge, MA: Harvard University Press, 1963).

Macridis, Roy C., *Greek Politics at a Crossroads: What Kind of Socialism?* (Stanford, CA: Hoover Institution Press, 1984).

Mahan, Alfred T., *The Influence of Sea Power upon History, 1660-1783* (New York, NY: Sagamore Press, 1957).

Main, Jackson T., *The Sovereign States, 1775-1783* (New York, NY: New Viewpoints, 1973).

Mair, Lucy, *African Kingdoms* (Oxford: Oxford University Press, 1977).

Mango, Cyril, *Byzantium: The Empire of New Rome* (New York, NY: Charles Scribner's Sons, 1980).

Mantoux, Paul, *The Industrial Revolution in the Eighteenth Century* (New York, NY: Harper & Row Publishers, 1962).

Marr, Phebe, *The Modern History of Iraq* (Boulder, CO: Westview Press, 1985).

Martin, John Bartlow, *Overtaken by Events: The Dominican Crisis from the Fall of Trujillo to the Civil War* (Garoen City, NY: Doubleday and Company, Inc., 1966).

McCormick, Robert E. and Tollison, Robert D., *Politicians, Legislation, and the Economy: An Inquiry into the Interest-Group Theory of Government* (Boston: Kluwer, 1981).

McNeill, William H., *The Pursuit of Power: Technology, Armed Force, and Society Since A. D. 1000* (Chicago: The University of Chicago Press, 1982).

Merkl, Peter H., *Modern Comparative Politics* (New York, NY: Holt, Rinehart & Winston, 1970).

Miller, John H., "The Communist Party: Trends and Problems," in Brown, Archie and Kaser, Michael (eds.), *Soviet Policy for the 1980s* (Bloomington, IN: Indiana University Press, 1982), pp. 1-34.

Miller, Norman N., *Kenya: The Quest for Prosperity* (Boulder, CO: Westview Press, 1984).

Mills, Richard M., "The Soviet Leadership Problem," *World Politics,* Vol. XXXIII, No. 4 (1981), pp. 590-613.

Mises, Ludwig von, *Human Action: A Treatise on Economics* (Chicago: Contemporary Books, Inc., 1963).

Mommsen, Theddor, *Rome, from Earliest Times to 44 B. C.*, in Lodge, Henry Cabot (ed.), *The History of Nations* (New York, NY: P. F. Collier and Son, Co., 1928), Volume II.

Montague, F. C., "Louis XVI," in Wart, A. W., Prothero, G. W., and Leathes, S. (eds.), *The Cambridge Modern History: Vol. VIII, The French Revolution* (New York, NY: The Macmillan Company, 1928), pp. 79-118.

______, "The National Assembly and the Spread of Anarchy," in Ward, A. W., Prothero, G. W., and Leathes, S. (eds.), *The Cambridge Modern History: Vol. VIII, The French Revolution* (New York, NY: The Macmillan Company, 1928), pp. 145-275.

______, "The Elections of the States General," in Ward, A. W., Prothero, G. W., and Leathes, S. (eds.), *The Cambridge Modern History: Vol. VIII, The French Revolution* (New York, NY: The Macmillan Company, 1928), pp. 119-144.

Montross, Lynn, *War Through the Ages* (Revised 3rd Edition) (New York, NY: Harper & Row Publishers, 1960).

Moore, Barrington, Jr., *Social Origins of Dictatorship and Democracy* (Boston, MA: Beacon Press, 1966).

Morton, W. Scott, *China, Its History and Culture* (New York, NY: Liddencott and Crowell, 1980).

Mosher, Steven, *Broken Ground: The Rural Chinese* (New York, NY: The Free Press, 1983).

Muir, Ramsay, *A Shorh History of the British Commonwealth, Vol. II: The Modern Commonwealth, 1763 to 1919* (Yonkers-on-the-Hudson, New York, NY: World Book Company, 1924).

Muller, Herbert J., *Freedom in the Ancient World* (New York, NY: Harper & Brothers, 1961).

Mustafa, Abdel Rahim, "The Breakdown of the Monopoly System in Egypt after 1840," in Holt, P. M. (ed.), *Political and Social Change in Modern Egypt: Historical Studies from the Ottoman Conquest to the United Arab Republic* (London: Oxford University Press, 1968).

Nagy, Charles J., *Political Parties and System Flexibility* (Washington, D. C.: University Press of America, 1981).

Namier, Sir Lewis, *England in the Age of the American Revolution* (London, England: Macmillan, 1963).

______, *The Structure of Politics at the Accession of George III* (2nd Edition) (London, England: Macmillan, 1965).

Needler, Martin, *Mexican Politics: The Containment of Conflict* (Stanford, CA: Hoover Institution Press, 1982).

Nelson, Harold D. (ed.), *Poland: A Country Study* (Washington, D. C.:

American University Area Handbook Series, U. S. Government Printing Office, 1983).

Newhall, Richard A., *Muster and Review: A Problem of English Military Administration, 1420-1440* (Cambridge, MA: Harvard University Press, 1940).

North, Douglas C., *Structure and Change in Economic History* (New York, NY: Norton and CO., 1981).

North, Douglas C. and Thomas, Robert Paul, *The Rise of the Western World: A New Economic History* (London: Cambridge University Press, 1973).

Nutting, Anthony, *Nasser* (New York, NY: E. P. Dutton and Company, Inc., 1972).

Nyrop, R. F. (ed.), *Syria: A Country Study (Area Handbook for Syria)*, American University Area Handbook Series (Washington, D. C.: American University, 1979).

______ (ed.), *Iraq: A Country Study (Area Handbook for Iraq)*, American University Area Handbook Series (Washington, D. C.: American University, 1979).

______ (ed.), *Panama: A Country Study (Area Handbook for Panama)*, American University Area Handbook Series (Washington, D. C.: American University, 1980).

O'Dea, Thomas F., *The Mormons*, (Chicago, IL: The University of Chicago Press, 1957).

Oechsli, W., "The Achievement of Swiss Federal Unity," in Ward, A. W., Prothero, G. W., and Leathes, Stanley (eds.), *The Cambridge Modern History, Volume XI: The Growth of Nationalities* (New York, NY: Macmillan Co., 1928), Chapter VIII, pp. 234-261.

Oliveira Marques, A. H. de, *History of Portugal, Volume II: From Empire to Corporate State* (New York, NY: Columbia University Press, 1972).

Oman, C. W., "The Undred Days, 1815," in Ward, A. W., Prothero, G. W., and Leathes, Stanley, (eds.), *The Cambridge Modern History, Vol. IX: Napoleon* (New York, NY: Macmillan Co., 1907), Chapter XX, pp. 616-645.

Oman, C. W. and Adam, G. Mercer, *Greece*, in Lodge, Henry Cabot (ed.), *The History of Nations* series (New York, NY: P. F. Collier & Son Co., Publishers, 1928), Vol. II.

Onate, Andres D., "Hua Kuo-Feng and the Arrest of the Gang of Four," *China Quarterly*, 75 (September 1987), pp. 540-566.

O'Neill, Richard, *Suicide Squads* (New York, NY: Ballantine Books, 1981).

Parry, V. J., et al., *A History of the Ottoman Empire to 1730* (London: Cambridge University Press, 1976).

Paxton, John, *The Statesman's Yearbook: 1983-1984* (New York, NY: St. Martin's Press, 1983).

______, *The Statesman's Yearbook: 1985-1986* (New York, NY: St.

Martin's Press, 1985).

Penkovskii, Oley, *The Penkovskii Papers* (New York, NY: Doubleday, 1965).

Perrin, Bernadotte (trans.), *Plutarch's Lives* (Cambridge, MA: Harvard University Press, 1968).

Pirenne, Henri, *Economic and Social History of Medieval Europe* (New York, NY: Harcourt, Brace, and Jovanovich, 1937).

Polanyi, Karl, Arensberg, Conrad M., and Pearson, Harry W. (eds.), *Trade and Market in Early Empires* (Chicago: Henry Regnery Co., 1957).

Polo, Marco, *The Travels of Marco Polo* (New York, NY: Grosset and Dunlap, 1931).

Popper, Karl R., *The Open Society and Its Enemies* (Princeton: Princeton University Press, 1950).

Potholm, Christian P., *The Theory and Practice of African Politics* (Englewood Cliffs, NJ: Prentice Hall, 1979).

Prifti, Peter R., *Socialist Albania since 1944: Domestic and Foreign Developments* (Cambridge, MA: MIT Press, 1978).

Ranke, Leopold von, *The History of the Popes During the Last Four Centuries, Volumes I-III* (London: G. Bell and Sons, Ltd., 1913).

Rather, Dan and Gates, Gary Paul, *The Palace Guard* (New York, NY: Harper & Row Publishers, 1974).

Revel, Jean-Francois, *How Democracies Perish* (New York, NY:

Doubleday and Co., Inc., 1984).

Ridgeway, Mathew, *The Korean War* (Garden City, NY: Doubleday and Co., 1967).

Rigby, T. H., *Communist Party Membership in the U. S. S. R., 1917-1967* (Princeton, NJ: Princeton University Press, 1968).

Rigg, J. M., "Great Britain (1756-1793): The King's Friends," in Ward, A. W., Prothero, G. W., and Leathes, Stanley (eds.), *The Cambridge Modern History, Vol. VI: The Eighteenth Century* (New York, NY: The Macmillan Co.., 1925), Chapter XIII, pp. 423-456.

Rodzinski, Witold, *The Walled Kingdom: A History of China from Antiquity to the Present* (New York, NY: The Free Press, Macmillan, 1984).

Roett, Riordan, *Brazil: Politics in a Patrimonial Society* (New York, NY: Praeger Publishers, 1978).

Rose, J. Holland, "Bonaparte and the Conquest of Italy," in Ward, A. W., Prothero, G. W., and Leathes, Stanley (eds.), *The Cambridge Modern History, Vol. VIII: The French Revolution* (New York, NY: Macmillan Co., 1928), Chapter XVIII, pp. 553-593.

Rosser, Richard F., *An Introduction to Soviet Foreign Policy* (Englewood Cliffs, NJ: Prentice-Hall, 1969).

Russell, Bertrand, *A History of Western Philosophy* (New York, NY:

Simon and Schuster, 1945).

Sabine, George H., *A History of Political Theory* (New York, NY: Henry Holt and Co., 1956).

Sanders, N. K., *The Sea Peoples: Warriors of the Ancient Mediterranean* (Revised Edition) (London: Thames and Hudson Ltd., 1985).

Sartori, Giovanni, *Parties and Party Systems: A Framework for Analysis* (Cambridge: Cambridge University Press, 1976).

Sayce, Archibald Henry, *Ancient Empires of the East*, in Lodge, Henry Cabot (ed.), *The History of Nations* series (New York, NY: P. F. Collier & Sons Co., 1928), Vol. I.

Sayyid-Marsot, Afaf Lutfi Al, *Egypt in the Reign of Muhammad Ali* (Cambridge, MA: Cambridge University Press, 1984).

Schapiro, Leonard, *The Communist Party of the Soviet Union* (2nd Edition) (London: Methuen, 1970).

Schelling, Thomas C., *The Strategy of Conflict* (Cambridge, Mass.: Harvard University Press, 1960).

Schwartz, Charles, *Gershwin: His Life and Music* (New York, NY: Da Capo Press, Inc., 1979).

Scott, Derek J. R., *Russian Political Institutions* (4th Edition) (London: Allen & Unwin, 1969).

Scott, Robert E., *Mexican Government in Transition* (Revised Edition), (Urbana, IL: University of Illinois Press, 1964).

Sculc, Tad, *Twilight of the Tyrants* (New York, NY: Holt, Reinhart, &

Winston, 1959).

Seward, Desmond, *The Hundred Years War: The English in France, 1337-1453* (New York, NY: Atheneum, 1978).

Sheridan, James E., *Chinese Warlord, the Career of Feng Yu-Hsiang* (Stanford, CA: Stanford University Press, 1966).

______, *China in Disintegration: The Republican Iraq in Chinese History, 1912-1949* (New York, NY: The Free Press, Macmillan, 1975).

Silverberg, Robert, *Empires in the Dust: Ancient Civilizations Brought to Light* (New York, NY: Chilton Books, 1963).

Sinnigen, William G. and Boak, Arthur E., *A History of Rome to A. D. 565* (6th Edition) (New York, NY: Macmillan Publishing Co., Inc., 1977).

Slobodan, Stankovic, *The End of the Tito Era* (Stanford, CA: Hoover Institution Press, 1981).

Smith, Dennis Mack, *Mussolini* (New York, NY: Alfred A. Knopf, 1982).

Smith, Peter, *Labyrinths of Power: Political Recruitment in Twentieth Century Mexico* (Princeton, NJ: Princeton University Press, 1979).

Smith, Richard J., *China's Cultural Heritage: The Chi'ing Dynasty, 1644-1912* (Boulder, CO: Westview Press, 1983).

Soustelle, Jacques, *Daily Life of the Aztecs on the Eve of the Spanish*

Conquest (Stanford, CA: Stanford University Press, 1970).

Spearman, Diana, *Democracy in England* (New York, NY: The Macmillan Co., 1957).

Spence, Jonathan D., *Emperor of China: Self-Portrait of K'ang-His* (New York, NY: Alfred A. Knopf, Inc., 1974).

Springborg, Robert, *Family, Power, and Politics in Egypt* (Philadelphia, PA: University of Pennsylvania Press, 1982).

Starr, Chester G., *The Roman Empire, 27 B. C. - A. D. 476* (New York, NY: Oxford University Press, 1982).

St. Aubyn, Giles, *The Year of the Three Kings: 1483* (New York, NY: Atheneoni, 1983).

Tapsell, R. F., *Monarchs, Rulers, Dynasties and Kingdoms of the World* (New York, NY: Facts on File, 1982).

Temperley, Arnold and A. J. Grant, *Europe in the Nineteenth and Twentieth Centuries (1789-1950)* (London and New York, NY: Longmans, Green, 1952).

Theodoracopulos, Taki, *The Greek Upheaval* (New Rochelle, NY: Caratzas Brothers, 1978).

Thomas, Hugh, *Cuba, or the Pursuit of Freedom* (London: Macmillan, 1971).

Tolkien, J. R. R., *The Silmarillion* (Boston, MA: Houghton Mifflin, 1977).

Tolstoy, Nikolai, *Stalin's Secret War* (New York, NY: Holt, Rinehart and

Winston, 1981).

Treviranus, G. R., *Revolutions in Russia* (New York, NY: Harper & Brothers, Publishers, 1944).

Trevelyan, G. M., *History of England, Volume II: The Tudors and Stuart Era* (Garden City, NY: Doubleday, 1953).

Trythall, John, *Franco: A Biography* (London: Macmillan Press, 1970).

Tullock, Gordon, *The Politics of Bureaucracy* (Washington D. C.: Public Affairs Press, 1965).

______, *The Organization of Inquiry* (Durham, NC: Duke University Press, 1966).

______, *The Social Dilemma: The Economics of War and Revolution* (Blacksburg, VA: University Publications, 1974).

______, "The Roots of Order," in Tullock, Gordon (ed.), *Toward a Science of Politics* (Blacksburg, VA: Public Choice Center, 1981), pp. 121-130.

______, "Why Did the Industrial Revolution Occur in England?" unpublished monograph (Fairfax, VA: Public Choice Center, George Mason University, 1985).

Turner, Paul, *Selected Lives from the Lives of the Noble Grecians and Romans, Volumes I and II* (Carbondale, IL: Southern Illinois University Press, 1968).

Vernon, H. M., "Italy and the Papacy," in Ward, A. W., Prothero, G. W., and Leathes, Stanley (eds.), *The Cambridge Modern*

History, Volume VI: The Eighteenth Century (New York, NY: Macmillan Co., 1925), Chapter XVI, pp. 586-610.

Von Hayen, Victor W., *Realm of the Incas* (New York, NY: Mentor Books, 1957).

Voslenskii, Michael, *Nomenklatura: The Soviet Ruling Class, An Insider's Report* translated by Eric Mosbacher (Garden City, NY: Doubleday and Co., 1984).

Vreeland, Nena, et al, *Area Handbook for South Korea* (2nd Edition) American University Area Series (Washington, D. C.: American University, 1975).

Wakeman, Frederic, Jr., *The Fall of Imperial China* (New York, NY: The Free Press, Macmillan, 1975).

Ward, A. W., Prothero, G. W., and Leathes, Stanley, *The Cambridge Modern History: Volume IX: Genealogical Tables and Lists* (New York, NY: Macmillan, 1907).

______, *The Cambridge Modern History: Volume XIII: Genealogical Tables and Lists* (New York, NY: Macmillan, 1911).

______, *The Cambridge Modern History: Volume XI: The Growth of Nationalities* (New York, NY: Macmillan, 1928).

Weaver, Richard M., "Concealed Rhetoric in Scientistic Sociology," in Schoeck, Helmut and Wiggins, James W. (eds.), *Scientism and Values* (New York, NY: D. Van Nostrand Co., Inc., 1960), pp. 83-99.

Weigley, Russell F., *Eisenhower's Lieutenants* (Bloomington, IN: Indiana University Press, 1981).

Weil, T. E., et al., *Area Handbook for Paraguay* (Washington D. C.: U. S. Government Printing Office, 1972).

Weinstock, Stefan, *Divus Julius* (Oxford: Oxford University Press, 1971).

Werstein, Irving, *Ten Days in November: The Russian Revolution* (Philadelphia: Macrae Smith Co., 1967).

Werth, Alexander, *Russia Under Khruschev* (New York, NY: Hill and Wang, 1961).

Wheatcroft, Andrew, *The World Atlas of Revolutions* (New York, NY: Simon and Schuster, 1983).

Whittlesey, Derwent, *The Earth and the State, A Study of Political Geography* (New York, NY: Henry Holt and Co., 1944).

Wilson, Edward O., *Sociobiology* (Cambridge, MA: Harvard University Press, 1975),

Wilson, H. W., "The War of 1812-1815," in Ward, A. W., Prothero, G. W., and Leathes, Stanley (eds.), *The Cambridge Modern History, Vol. VII: The United States* (New York, NY: Macmillan Co., 1907), Chapter X, pp. 335-348.

Wittfogel, Karl, *Oriental Despotism: A Comparative Study of Total Power* (New York, NY: Vintage, 1981).

Wolf, Eric R., *Peasant Wars of the Twentieth Century* (New York, NY: Harper Torchbooks (Harper & Row Publishers, 1969).

Wright, Arthur, F. and Twitchett, Denis (eds.) *Perspectives on the T'ang* (New Haven, CT: Yale University Press, 1973).

Young, G. F., *The Medici* (New York, NY: Modern Library, 1930).

Young, Peter and Lawford, J. P., *History of the British Army* (New York, NY: G. P. Putnam's Sons, 1970).

옮긴이 소개

황수연 : 서울대 경영학과를 졸업하고 서울대 행정대학원에서 석사와 박사 학위를 취득하였다. 경성대 행정학과 교수로 재직 중이다. 『관료제』(루트비히 폰 미제스 지음・2010년도 대한민국학술원 선정 우수학술도서)와 같은 역서를 발간하였다.

황인학 : 서울대 인문대 철학과에 재학 중이며 수학을 복수 전공하고 있다. 한국고등교육재단 대학특별장학생이다.

전제 정치

지은이 | 고든 털럭
옮긴이 | 황수연・황인학

초판1쇄 인쇄 | 2011년 1월 20일
초판1쇄 발행 | 2011년 1월 30일

펴 낸 이 | 김대성
펴 낸 곳 | 경성대학교출판부
출판등록 | 1985년1월28일 제331-1985-000001호
주 소 | 부산광역시 남구 대연동 110-1
전 화 | (051) 663-4195, 4196
팩 스 | (051) 663-4199
홈페이지 | www.ks.ac.kr/~press

• 잘못된 책은 구입하신 서점에서 바꾸어 드립니다.
• 이 도서는 2009학년도 경성대학교 출판부 번역서 지원금으로 출판되었음.

ISBN 978-89-7314-224-8 (93300)